글로벌 마케팅

서민교, 이건희, 권순환, 정재휘, 배문규 공저

이프레스

머/리/말/

최근 우리 기업을 둘러싼 국내외 시장 환경의 가장 큰 변화는 시장 글로벌화의 가속화, 신흥시장의 부상, SNS 미디어와 온라인 매체의 대중화라고 할 수 있다. 이러한 시장 환경 아래에서 글로벌 기업과의 국내외 경쟁을 극복하고 지속적으로 성장하기 위해서는 우리 기업도 적극적인 해외진출을 통하여 글로벌 경영으로 나아가지 않을 수 없다. 우리 기업이 세계시장으로 나아가기 위해서 가장 필요한 것이 글로벌 마케팅에 대한 이해와 적용이다. '유통학'이라는 다소 직설적인 이름으로 국내에 도입되었던 '마케팅'은 경영학 분야에서 어느새 필수적인 영역으로 자리 잡았다. 또한 학문 영역에서 뿐만이 아니라 산업 전반에서 '마케팅'은 필수불가결한 분야로 자리매김하였다.

이러한 마케팅의 범위와 대상은 한국 경제의 성장과 더불어 확대되었다. 전 세계를 대상으로 한 글로벌 다국적기업의 출현과 한국 시장으로의 진출, 그리고 역으로 한국 기업들이 글로벌 시장에 적극적으로 진출하게 됨에 따라 마케팅의 개념과 그 내용이 달라질 필요가 있었다. 이전의 '유통학'의 수준을 넘어선 새로운 영역에 대한 정립이 필요해진 것이다. 마케팅 활동의 전반적 영역이 국제화되었고, 글로벌 마케팅은 해외시장 진출을 준비하는 기업부터 활발한 활동을 전개 중인 기업 모두에게 중요 사항이 되었다.

그렇다면 글로벌 마케팅을 언급할 때 주의할 점은 무엇인가?

글로벌 마케팅은 내수시장 마케팅과 다른 환경에 직면한다는 점에서 차이를 나타낸다. 글로벌 시장의 경쟁환경은 기업의 지속 가능한 경쟁우위를 불확실하게 만들고 있다. 그렇기 때문에 글로벌 마케팅에서는 이러한 심화된 경쟁에서 살아남을 수 있는 고도의 전략과 정보가 중요하다. 아울러 이는 다국적기업의 전략 수립에 큰 영향을 미칠 수 있다.

이처럼 마케팅의 중요성은 해가 지날수록 커지고 있고, 대학은 물론 산업계 현장에서도 이를 가르치고 배우려는 사람들이 증가하고 있는 실정이다. 경영학을 전공하는 학생들이 가장 많이 수강하는 수업으로서의 마케팅 관련 과목을 넘어서, 마케팅의 중요성을 인지하고 이를 체계적으로 학습하려 노력하는 재직자 및 재취업자를 대상으로 하는 재교육 역시 절실한 것이 최근의 현실이다.

이 책은 이러한 글로벌 마케팅 교육의 필요와 그 중요성을 인지하고, 이를 효과적으로 교육할 수 있는 내용을 중심으로 구성하였다. 각 장에서는 해당 주제에 따라 글로벌 다국적기업의 활동을 이해하고 구체적으로 마케팅 영역의 핵심개념과 실제 사례를 탐구, 설명하고 있다. 아울러 일반적 마케팅 활동의 개념과 주요 내용 설명에 그치지 않고 구체적인 사례와 실무에 대한 팁을 추가하여 내용을 더욱 풍부하게 구성하고자 하였다. 이 책의 특징은 다음과 같다.

첫째, 가장 적절한 최근의 도입 사례와 마무리 사례를 제시하고 있다. 경영 환경의 변화는 빠르게 진행되고 있다. 때문에 어제의 1등 기업이었을지라도 오늘은 어려움에 처할 수 있는 것이 경영의 현실이다. 그렇기 때문에 경영학 교재는 이러한 특성을 시의적절하게 반영할 필요가 있다. 그러나 최적화된 사례를 개발하는 일은 항상 저자들에게 가장 큰 어려움이기도 하다. 다행히도 이 책의 공동저자들은 이러한 문제점을 충분히 인지하고, 충분한 논의의 과정을 거쳐 최신 사례를 발굴하기 위해 각별한 노력을 아끼지 않았다.

둘째, 이 책은 어려운 개념과 이론 중심의 교재가 아닌 실용서적으로서 실무 활용이 가능하도록 구성하였다. 전체적 내용을 이론 중심이 아닌 기업에 바로 활용 가능한 영역으로 설정하여 실무 중심 교재로 구성하였다. 따라서 이 책을 활용하여 수업하는 교수와 학생들이 글로벌 환경에 필요한 마케팅 영역의 핵심개념과 실무 사례 그리고 활용방법을 폭넓게 활용할 수 있을 것으로 기대한다.

셋째, 이 책은 매 장(chapter)마다 내용과 사례 그리고 마무리에 있는 중심 내용에 대한 질문에 이르기까지 일관성을 유지하는 체계로 구성하였다. 다수의 교재가 방대한 내용을 다루는 과정에 내용과 형식에서 일관성을 유지하지 못하는 오류를 보이기도 한다. 이 책은 이러한 문제를 사전에 예방할 수 있도록 각 장의 주요 학습목표를 구체적으로 제시하고 사례 역시 이에 부합하는 내용으로 구성하였다. 이로써 글로벌 마케팅 영역을 세분하여 독립된 장으로 구성하면서도 각 장 안에서 일관성을 유지하는 동시에 영역 간의 개연성을 유지하고 있다.

이미 시중에는 대학교재를 목표로 한 많은 저작이 있다. 그 중에 이 책이 가장 우수하다고 감히 단언하기는 쉽지 않다. 그럼에도 이 책은 국내 유수 대학의 마케팅 관련 전공교수들이 공동으로 참여하여 논의의 질을 높였다는 점과 오늘의 현실을 반영하려 노력한 측면에서 의미를 가지고 있음을 자신할 수 있다. 덧붙여, 이 책을 쓰는 내내 모든 저자가 가장 중요하게 생각했던 대로, 이 교재로 수업하는 모든 학생들이 마케팅 영역에서 실무적 감각과 실전 사례를 풍부하게 익힐 수 있기를 희망한다.

2023년 7월 28일

서민교 외 저자 일동

차/례/

02 CHAPTER 글로벌 마케팅의 이해

PART 02 글로벌 마케팅 환경

GLOBAL MARKETING

03 CHAPTER 글로벌 경제 환경

04 CHAPTER 글로벌 사회 · 문화 환경

05 CHAPTER 글로벌 정치 · 법률 환경

글로벌 마케팅 전략 PART 03

GLOBAL MARKETING

06 CHAPTER 글로벌 마케팅 조사

07 CHAPTER 글로벌 마케팅 전략

글로벌 마케팅 관리 및 통제 PART 04

GLOBAL MARKETING

08 CHAPTER 글로벌 제품관리

09 CHAPTER 글로벌 가격관리

10 CHAPTER 글로벌 유통관리

11 CHAPTER 글로벌 촉진관리

GLOBAL MARKETING

글로벌 마케팅은 국경을 넘어 이루어지는 마케팅 활동이다. 따라서 글로벌 마케팅 개념을 이해하기 위해서는 기업이 왜 국경을 넘어 사업영역을 확대하는지, 즉 기업의 국제화 개념과 일반적인 마케팅 개념에 대한 이해가 선행되어야 한다. 이러한 이론적 기초 위에 글로벌 마케팅의 개념을 살펴본다.

GLOBAL
MARKETING

PART 01

글로벌 마케팅의 이해

CHAPTER 01

GLOBAL MARKETING

기업의 국제화

학습목표

글로벌 마케팅은 국경을 넘어 이루어지는 마케팅 활동이므로 글로벌 마케팅의 출발점은 기업이 국경을 넘어 사업 영역을 확대하는 것, 즉 기업 국제화로부터 시작된다. 이 장에서는 기업 국제화에 관하여 그 개념과 동기, 단계 및 과정 등에 대해 학습한다.

01 CHAPTER 기업의 국제화

도입사례 **쿠쿠 밥솥 · 경동 보일러 한국보다 더 잘 팔리는 곳**

보일러 전문 기업 경동나비엔은 지난해 창사 이래 최대 매출(1조1609억원)을 달성했다. 수출 호조 덕분이었다. 작년 전체 매출의 3분의 2를 해외에서 벌어들였다. 경동나비엔은 북미 · 중국 · 러시아 등 전 세계 47국에 보일러와 온수기를 수출하고 있다. 2022년 무역의 날에는 업계 최초로 5억불 수출의 탑을 수상했다.

2022년 우리나라 무역 적자는 472억달러(약 62조원)에 달했다. 14년 만에 첫 적자였던 데다가 규모로도 사상 최대였다. 최근 13개월 연속 무역 적자가 이어지고, 수출도 6개월 연속 감소하는 등 한국 경제 버팀목에 적신호가 켜진 상황이다. 이런 어려운 대외 무역 환경 속에서도 일찌감치 수출에 눈을 돌려 성과를 내는 국내 중견 기업들도 있다. 경동나비엔(보일러 · 온수기), 대동 · TYM(농기계), 코웨이(정수기 렌털), 쿠쿠(전기밥솥) 등이다. 이 기업들은 국내 내수 시장이 사실상 포화 상태에 이르렀다는 판단에 일찌감치 해외로 눈을 돌려 기술력과 현지화 전략으로 성과를 거두고 있다.

❖ 해외시장 개척한 K-중견 명가들

기업(분야)	경동나비엔 (보일러)	TYM (농기계)	쿠쿠 (밥솥)	코웨이 (정수기)
지난해 매출	1조 1609억원	1조1661억원	7556억원	3조8561억원
주요 성과	세계 47국에 수출, 매출 3분의 2 이상 해외에서 발생	매출 7037억원. 미국 시장에서 발생	중국 · 미국 법인 매출 전년 대비 각각 35%, 80% 성장	말레이시아 법인 사상 최초로 매출 1조원 돌파

경동나비엔은 지난해 해외 시장에서 거둔 호실적에 대해 "품질 경쟁력과 현지화 전략이 뒷받침된 결과"라

고 했다. 국가별로 난방 문화와 인프라가 다르다는 특성을 고려해 현지시장 맞춤형 제품을 출시했다는 것이다. 미국에선 큰 탱크에 물을 데운 후 필요할 때 사용하는 저탕식 온수기를 주로 사용해 왔다. 하지만 이 방식은 식구 한 사람이 온수를 많이 쓰면 다음 사람은 그만큼 온수를 쓰지 못하고 물을 데우는 시간도 오래 걸려 에너지 효율이 낮다. 반면 한국의 콘덴싱 온수기는 보일러를 작동했을 때 발생하는 배기가스 열을 재활용해, 에너지 효율을 높이면서 물을 데울 수 있다. 경동나비엔은 2008년 북미 시장에서 한국식 콘덴싱 온수기를 출시해 큰 성공을 거뒀다. 2008년 당시 연간 2만대 수준이었던 북미 콘덴싱 온수기 시장은 지난해 80만대로 40배가량 성장했다.

▲ 경기도 평택 경동나비엔 서탄공장에서 물류 공정에 배치된 로봇이 보일러를 수출국별로 분류해 적재하고 있다. /경동나비엔

국내 시장 대비 해외 시장에서 좋은 성과를 거두는 또 하나의 분야가 농기계다. 국내 농기계 1 · 2위인 대동과 TYM은 지난해 사상 최대인 1조4637억원, 1조1661억원의 매출을 올렸다. 연평균 성장률 1.7% 정도로 정체된 국내 농기계 시장 대신 넓은 정원과 마당이 있는 집이 많은 미국 시장을 적극적으로 공략한 결과다.

▶ 철저한 현지화… 제조 과정 할랄 인증까지

이 기업들은 십수 년 전부터 해외진출에 주력해온 만큼 현지화 전략에도 공을 들였다. 밥솥이 주력인 쿠쿠는 중국 · 베트남 · 북미 시장에서 좋은 성과를 거두고 있다.

코웨이는 지난해 전체 매출 3조8561억원 중 1조4019억원이 해외법인에서 발생했고, 이 중 말레이시아 법인 매출액이 처음으로 1조원을 넘었다. 코웨이 관계자는 "2000년대부터 현지에 진출해 방문 판매 위주로 정수기 렌털 시장을 공략해왔고, 무슬림 국가라는 말레이시아 특성을 고려해 필터 등 각종 부품 제조 과정에서 할랄 인증을 통과했다"고 했다.

출처: 조선일보 (2023.4.7). (https://n.news.naver.com/article/023/0003756411?sid=101)

01 기업 국제화의 의의

1980년대 후반 이후 우리는 국제화(internationalization)라는 용어를 자주 접하게 되었다. 그 중에서도 기업의 국제화라는 표현이 대표적이다. 어떤 사람은 국제화라는 말은 이미 낡은 것이며 세계화(globalization)라는 표현을 사용해야 한다고 주장하기도 한다.

이러한 개념에 엄밀하게 정의가 내려진 것은 아니지만 일반적으로 기업의 국제화·세계화라는 말은 동일한 개념으로 사용되기도 하고, 때로는 다음과 같은 의미로 구분되어 사용하기도 한다. 기업의 국제화란 특정 국가에 거점을 두고 있는 기업이 대상 시장 또는 경영활동의 범위를 해외시장으로 확대시켜 나가는 과정을 의미한다. 반면 최근에 널리 사용되고 있는 세계화라는 개념은 기업의 국제화가 심화되어 기업의 국적이 특정 국가에 속한다는 인식 없이, 각국의 시장을 분리된 개별 시장으로 보는 것이 아니라 전 세계의 시장을 하나의 통합된 단일시장으로 파악하고 효율적으로 국경을 초월하여 기업 활동을 수행하는 것을 의미한다. 즉, 세계화는 보다 고도화된 국제화 단계라고 할 수 있다.

기업의 국제화는 두 가지 의미로 파악할 수 있다. 하나는 기업 활동의 측면에서 기업이 세계 여러 나라로 확대되어 가는 과정을 의미한다. 다른 하나는 기업의 주체 측면에서 기업을 경영하는 태도를 심화시켜 국제경쟁력을 향상하여 세계 일류기업으로 변화되는 과정이다.

1) 기업 활동의 변화

기업 활동의 변화는 기업의 활동이 점진적으로 세계 여러 나라로 확대되는 과정을 의미하며, [그림 1-1]에서와 같이 네 가지 측면에서 파악할 수 있다. [그림 1-1]에서 A기업은 특정 지역시장을 중심으로 다양한 사업을 전개하는 국제사업의 다각화에 중점을 두고 있다. B기업의 경우는 주요 단일사업을 중심으로 시장, 참여방식 및 경영기능 범위를 확대해 가는 특징을 보여 주고 있다.

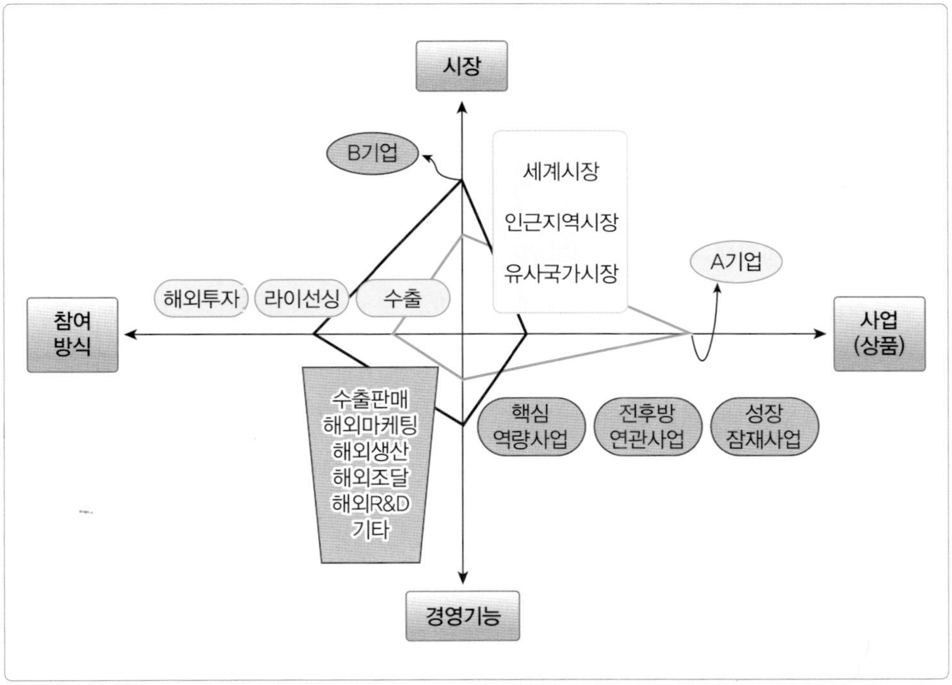

❖ 그림 1-1 기업 활동의 확대 과정

출처: 이장로, 신만수 (2008). 국제경영, p.8.

(1) 시장(지리적 범위)의 확대

국제화가 진행됨에 따라 점진적으로 기업 활동의 지리적 범위(geographic scope)가 한 국가에서 여러 국가로 확장되고 있다. 일반적으로 국제화의 초기 단계에서는 기업이 위치한 국가와 지리적으로 근접한 국가나 문화, 상관습, 산업화 수준, 역사적 동질성 등의 측면에서 심리적 거리가 가까운 나라로 진출한다. 그 후 국제화가 심화됨에 따라 점차 지리적으로나 문화·환경 등에서 먼 나라로 진출하게 된다. 예를 들어, 스웨덴에 소재한 기업의 경우 최초로 해외투자를 실행할 때 아시아나 남미보다는 지리적으로 가깝고 심리적 거부감이 낮은 북유럽의 다른 시장으로 우선 진입하다가 점진적으로 유럽의 다른 나라 등으로 확대 진출하게 된다.

(2) 사업 범위의 확대

국제화가 진행됨에 따라 세계시장에서 여러 가지 사업을 동시에 수행할 수 있을 정도로 사업 범위(business scope)가 넓어지게 된다. 국제화 초기에는 기업은 우선적으로 핵심 역량사업을 중심으로 국제화를 해나가다가 어느 정도 경험을 축적한 후에 기존 사업 또는 상품과 연관성이 높은 사업의 해외진출을 도모하게 된다. 그리고 더 나아가서는 해외시장에서의 사업 기회를 이용하여 새로운 사업부문에 진출하기도 한다.

(3) 경영기능의 확대

국제화가 진행됨에 따라 기업이 세계 어느 곳이든지 가장 효율적인 국가에서 경영기능을 수행할 수 있도록 국제 활동에 포함되는 기능 범위(functional scope)가 넓어진다. 예를 들어, 생산, 원자재 조달, 연구개발, 재무, 인사 등과 같은 경영관리의 다양한 분야들이 국제적으로 확장되어 세계 여러 나라에서 수행되게 된다.

(4) 참여방식의 확대

기업이 새로운 국가나 사업에 진출함에 따라 수출, 라이선싱, 직접투자 등 진출방식이 다양해지며, 국제화가 진행되면 현지시장에 대한 기업의 시장 개입 수준이 심화된다. 즉, 일반적으로 간접 혹은 직접수출을 통한 진출로 시작하여, 점차 라이선싱 등 계약투자방식을 병행하다가, 이후 자회사 설립과 같은 해외직접투자로 전환하는 방식을 취하게 된다.

2) 기업 주체의 변화

기업의 활동이 국제화됨에 따라 기업 주체, 즉 기업을 경영하는 최고경영자의 경영철학이나 태도 또는 지향점이 달라진다.

차크라바티와 펄뮤터(Chakravarthy & Perlmutter)는 국제화에 따른 기업의 변화를 〈표 1-1〉과 같이 본국지향형(ethnocentric), 현지지향형(polycentric), 지역지향형(regiocentric), 세계지향형(geocentric) 기업으로 구분하고 있으며, 이를 영어의 머리글자를 따서 'EPRG 프로파일(EPRG profile)'이라고 한다. 기업의 국제화가 심화될수록 기업을 경영하는 방식이 본국지향형에서 현지지향형으로, 지역지향형에서 더 나아가 세계지향형으로 변화하게 된다.

❖ 표 1-1 펄뮤터의 EPRG 프로파일

구분	본국지향형	현지지향형	지역지향형	세계지향형
목표	수익	공적 수용	수익 및 공적 수용	수익 및 공적 수용
전략	범세계적 통합 전략	국별 반응 전략	지역통합 및 국별 반응 전략	범세계적 통합 및 국별 반응 전략
조직	계층적인 제품사업부	계층적인 지역사업부	매트릭스를 통한 제품 및 지역조직	네트워크 조직

관리 (목표설정방향)	상 → 하	하 → 상	지역과 자회사 간 상호타협	모든 수준에서 협상
(커뮤니케이션)	계층적	거의 없음	수직적 및 수평적	수직적 및 수평적
(자원의 배분)	본사 결정	자회사 결정	지역 본사가 자율 배분	범세계적 배분

출처: Chakravarthy, B. & H. Perlmutter (1985), pp.3-10.

(1) 본국지향형

본국지향형(ethnocentric) 기업은 기업의 활동과 자원배분이 본국시장을 중심으로 이루어진다. 해외시장은 본국에서 생산한 제품 수출시장으로서의 의미를 지니며, 조직은 수출부 또는 국제사업부의 형태를 띠게 된다. 이 형태의 경우 주로 본국시장의 수요를 충당하기 위해 국제경영활동을 하며, 해외에서의 기업 활동은 모회사의 생산활동에 부수되는 부차적인 사업 활동이다. 따라서 현지국 자회사에 대한 경영통제권은 모회사에 귀속되며 모회사가 사용하는 제반 경영 전략이 별다른 수정 없이 현지시장에 그대로 적용된다.

(2) 현지지향형

현지지향형(polycentric) 기업은 기업의 활동과 자원배분이 현지시장을 중심으로 이루어진다. 기업의 해외투자에 의해 현지시장에 자회사가 설립되고 현지시장은 상품의 생산지인 동시에 판매시장으로서 중요한 의미를 지닌다. 본국 모기업의 조직은 지역사업부 형태를 띠며, 해외 자회사는 자율적으로 목표를 정하고 현지시장에 맞는 전략을 수립하여 기업 활동을 수행하게 된다. 이 형태는 의사결정에서의 권한, 의사소통방법, 인원구성 등의 여러 조직과 경영면에서 경영자들이 자회사 중심적인 태도를 가진다. 유럽이나 미국의 기업들은 과거 현지국에 진출한 후, 그 나라에서의 활동은 모두 현지 관습에 맞추어 일하도록 하였다.

(3) 지역지향형

지역(권역)지향형(regiocentric) 기업은 기업의 활동과 자원배분이 지역시장을 중심으로 이루어진다. 해외 자회사의 수가 늘어나면서 지역 내 자회사 간의 협력이 요구된다. 모기업은 소수의 지역 본사를 통하여 해외 자회사를 관리한다. 지역 본사는 그 지역 내 해외 자회사들과 협의하여 경영 목표를 설정하고 전략을 개발함으로써 현지시장에 적응하면서 지역적 통합을 꾀한다.

(4) 세계지향형

세계지향형(geocentric) 기업은 기업의 활동과 자원배분이 세계시장을 중심으로 이루어진다. 본국과 해외시장의 구별 없이 국제적 관점에서 최적의 국가에 기업 활동을 배치하고 전사적 관점에서 전략을 수립하며 해외 자회사들의 경영관리를 통합한다. 연구, 생산, 마케팅, 물류, 정보 등의 기업 활동이 네트워크 조직구조를 통하여 범세계적으로 연계된다. 이 형태의 기업은 경영자가 전 세계를 하나의 활동무대로 보며 특정국에 구애받지 않는 태도를 가진다. 펄뮤터는 진정한 의미의 다국적기업은 이런 형태의 기업이라고 주장했다. 세계지향형 기업은 본국과 현지국에 보편적으로 사용될 수 있는 경영방법을 모색하고, 전 세계를 무대로 합리적인 경영 전략을 수립하고, 이러한 전략을 현지에 수행할 때 현지조건에 맞추어 수정하려는 태도를 지닌다. 또한 직원 채용에 있어서도 국적에 관계없이 가장 능력 있는 사원을 적재적소에 배치한다.

Brief Case 글로벌 경영 "아예 현지에 동화하라"

현대·기아차의 글로벌 생산 거점은 선진국과 신흥시장국으로 나뉜다. 전통적인 거대 자동차시장인 미국과 유럽, 그리고 이른바 브릭스(BRICs)로 일컬어지는 신흥시장인 인도, 중국, 러시아, 브라질이다.

차 판매 신장률이 높은 신흥시장은 공통적으로 관세장벽이 높다. 러시아는 30%, 인도는 62%, 브라질 35%, 중국은 23%의 관세가 수입차에 붙는다. 현지에서 생산되는 차량에는 이 같은 관세가 붙지 않는다. 현지 생산거점의 목적은 이 같은 관세회피 외에 환율이나 원자재가격 폭등과 같은 경제요인에 대한 위험을 분산시키는 데 있다.

▲ 현대차가 유럽 시장을 겨냥해 개발한 모델인 i40(위). FIFA 공식 스폰서인 현대차는 작년 월드컵 기간을 전후해 '100만 개의 축구공! 아프리카 드림볼 프로젝트 로드 투어' 행사를 진행, 차량을 구입한 고객들의 기부로 축구공 100만 개를 마련하여 아프리카 지역에 기부했다.

하지만 현대·기아차의 현지화 전략은 현지 생산에 그치지 않는다. 아예 현지시장에 동화되는 것에 가깝다. 현지 고객의 성향을 치밀하게 파악해 현지 사정에 맞는 전략차종을 내놓고, 현지에 맞는 마케팅을 펼치고 있다.

현대·기아차의 현지화 전략은 '현지 생산거점+현지 전략모델+현지 밀착마케팅'을 뜻하는 신3현주의로 요약된다. '3현주의'란 원래 "현장에서 보고, 현장에서 느끼고, 현장에서 해결한 뒤 확인한다"는 정몽구 현대차그룹 회장의 현장경영철학을 의미한다. 최근 현대·기아차가 글로벌 자동차 메이커로 급성장함에 따라 '신3현주의'가 주목받고 있다.

신3현주의를 잘 실현한 사례로는 러시아 전략차종인 쏠라리스(Solaris)가 꼽힌다. 러시아 전략형 엑센트인 쏠라리스는 탄생부터 러시아 고객에게 맞췄다. 차 이름도 동명의 러시아 영화 제목에서 따왔으며, 추운 겨울이 긴 러시아의 환경적 요인을 감안한 기술을 대거 장착했다. 낮은 기온에서도 시동을 잘 걸 수 있는 배터리, 눈이 많은 점을 감안해 타이어의 머드 가드를 기본으로 적용했다. 급출발과 급제동이 빈번한 러시아 운전문화를 고려해 '급제동 경보장치'도 장착했다. 이런 덕분에 쏠라리스는 러시아 시장에서 지난 9월까지 6개월 연속 수입차 브랜드 1위를 기록했다.

쏠라리스뿐만이 아니다. 중국 시장의 경우 중국형 아반떼인 '위에둥'과 중국형 프라이드 'K2'가 현대·기아차의 중국 실적을 주도하고 있으며, 유럽에서는 i30, i40시리즈가 선전하고 있다. 현대차 측은 "현대·기아차가 2001년에 비해 10년 사이에 전 세계 자동차 판매가 두 배 이상 성장한 것은 선진시장, 신흥시장 구분 없이 현지 전략형 모델을 대거 투입한 것이 주효했기 때문"이라고 말했다.

출처: 조선일보 (2011.10.31). 저자 편집.

현대·기아차 연도별 글로벌 판매 (단위: 대)

02 기업 국제화의 동기 및 이점

1) 기업 국제화의 동기

앞서 기업 국제화의 개념과 특징에 대해서 간략하게 알아보았다. 그러면 왜 기업들은 국경을 넘어 사업을 확대하는 기업 국제화를 추구하는가?

먼저 기업의 국제화 동기를 기업 외부적·환경적 요인에서 찾아보자.

❖ **표 1-2** 기업 국제화 촉진요인

1. 국제무역환경의 자유화	2. 기술의 발전
• 자유무역을 저해하던 장벽의 감소 • 사회주의 경제의 개방	• 커뮤니케이션 • 정보가공기술 • 수송기술

3. 통신수단의 발전	4. 소비자 기호의 동질화
• 지구적 조정 및 통합능력의 증대 • 지구적 정보탐색능력의 증대 • 정보지식의 국제교류 활발	• 제품의 현지적합성의 증가 • 지구적 단일시장의 증가

출처: 서민교, 박병일 (2013). 글로벌 경영, p.10.

위에 제시한 요인들 중에서도 특히 첫째, 제2차 세계대전 이후 재화, 서비스 및 자본의 자유로운 이동을 가로막던 장벽이 상당폭 감소하고, 둘째, 다양한 분야에서의 급격한 기술발전이 전 지구적으로 이룩되었다는 두 가지 거시요인들이 국제화를 촉진하는 데 크게 기여하였다. 이를 조금 더 구체적으로 설명하면, 1920년대와 1930년대 동안 각국은 국제교역과 해외직접투자를 가로막는 가공할 장벽들을 설치 운용하였다. 그러나 제2차 세계대전 이후 서방 선진국들은 국가 간 재화, 서비스 및 자본의 자유로운 이동을 막는 장벽들을 점차 제거하기 시작하였다. 이러한 국제교역 장벽의 제거는 지금 현재 우리가 생각하는 국제화를 가능하게 하는 시발점으로 작용하였으며, 여기에 더하여 획기적인 기술의 발전(제2차 세계대전 이래로 커뮤니케이션 기술, 정보가공기술, 수송기술 등에서 많은 발전이 이루어졌다)이 국제화의 움직임을 가속화하는 역할을 함으로써 이를 우리의 현실로 만들어 주었다. 그러나 이상에서 설명한 기업의 외부적·환경적 요인만으로는 기업이 국제화를 추구하는 보다 근본적인 이유를 설명할 수 없다.

그러면 기업이 국제화를 추구하는 근본적인 이유나 동기는 무엇인가? 그것은 기업의 생존(survival)과 성장(growth)을 위해서이다. 기업은 생존과 성장을 위해 시간이 지날수록 더 많은 매출과 이익을 달성해야 하는데, 그러기 위해서는 더 큰 시장을 확보해야만 한다. 따라서 기업은 점진적으로 사업 활동의 범위나 지리적 활동의 범위를 확대하는 국제화를 추구하게 된다.

기업의 국제화 동기를 크게 수출과 해외투자로 나누어 보다 자세하게 살펴보자.

(1) 수출 동기

① 유휴시설 활용

한국의 자동차, 조선, 철강산업 등과 같이 다른 제품의 생산으로 쉽게 전환할 수 없는 특수한 생산시설에 의해 생산되는 제품의 경우 국내시장 규모가 적으면 유휴시설 문제가 발생한다. 따라서 유휴설비를 활용하기 위해 기업들은 수출을 계획하게 된다.

② 원가절감

넓은 해외시장을 상대로 생산량을 증대함으로써 규모의 경제효과, 경험 축적에 따른 경험곡선효과, 대량구매나 대량수송 등으로 인하여 원가절감을 가져올 수 있고, 이는 가격경쟁력과 시장점유율을 제고시키는 원천이 되기도 한다.

③ 제품수명주기의 연장

제품수명주기는 제품과 국가에 따라 다르다. 이러한 국가 간 제품수명주기의 차이를 이용하여 제품수명주기를 연장할 수 있다. 예를 들면, 한국 시장에서 수요가 줄어드는 성숙기 후반에 있는 제품이라고 할지라도 아시아의 다른 국가에서는 도입기에 있을 수 있다. 이때 기업은 아시아의 다른 국가에 수출 또는 해외투자를 통하여 판매시장을 지속적으로 유지함으로써 제품의 수명주기를 연장할 수 있고 투자된 생산설비를 오랫동안 활용할 수 있다.

④ 위험분산

기업이 다수의 국가시장에서 여러 가지 사업을 하는 경우 위험을 분산할 수 있다. 국가 및 산업에 따라 경제발전 단계가 다르고 경기 상황이 다르기 때문이다. 예컨대 중국의 경제개발에 따른 철강 수요의 증가와 수출 기회의 증대는 한국 기업들에게는 국내수요의 감퇴에서 오는 위험을 어느 정도 완화시킬 수 있다. 또한 수출시장이 다변화되어 있을 경우 경쟁 상황의 변화나 수요 패턴의 급격한 변화에서 오는 판매량 감소를 극소화시킬 수 있다.

(2) 해외직접투자 동기

기업의 해외투자 동기를 전통적 동기와 최근 동기로 구분하여 살펴보면 다음과 같다.

① 전통적 동기(traditional motivations)

- 주요 원자재나 부품 등의 확보를 위해
- 외국의 저비용 노동력을 활용하기 위해
- 관세장벽, 수입규제 또는 무역협정 등에 의한 각종 정부규제를 뛰어넘기 위해
- 국내시장이 포화상태이거나 과도한 경쟁으로 새로운 시장을 확보하기 위해
- 과잉생산제품이나 공급 초과로 인한 재고를 처분하기 위해
- 해외시장으로 수송비용이 과다하거나 수송 자체가 어려운 경우
- 경기변동으로 인한 기업의 제반위험을 시장 다각화로 회피하고자 할 경우
- 제품이나 기술의 수명주기를 연장하기 위해 수출이나 해외생산을 통하여 시장을 개척하는 경우

② 최근의 동기(emerging motivations)

- 규모의 경제가 중요한 산업에서 글로벌 스케일의 생산 및 유통을 통하여 경쟁력을 확보하고자 할 경우
- 다국적화를 통하여 이질적이고 다양한 시장에서의 활동으로 글로벌 학습능력을 확보하기 위해
- 세계시장에서의 신기술, 제품개발, 마케팅 기법 등과 관련한 추세와 노하우를 확보하기 위해
- 범세계적인 전략을 수립, 추진함으로써 시장 기회를 보다 적극적으로 이용하고자 하는 경우
- 국내나 외국의 경쟁업체에 대항해서 특정 시장국 혹은 지역시장에 선발적으로 진입하여 시장을 선점하기 위해

2) 기업 국제화의 이점

기업은 성장과 생존을 위해 국제화를 진행한다는 것을 살펴보았다. 여기서 다음과 같은 의문을 제기할 수 있다. 과연 국제화는 기업의 성장과 생존을 가능하게 하는가? 달리 표현하면 국제화를 진행하고 있는 기업은 국내기업에 비해 기업의 성장과 생존 면에서 유리한가?

이러한 의문에 대해 물론 반드시 그런 것은 아니지만 일반적으로 이익 기회의 포착이라는 점에서 그렇다고 할 수가 있다.

기업의 국제화에 따른 이점을 구체적인 예를 들어 설명하기는 어렵지만 기업의 국제화가 얼마나 진행되었는가를 건물의 높이에 비유해볼 수 있다.

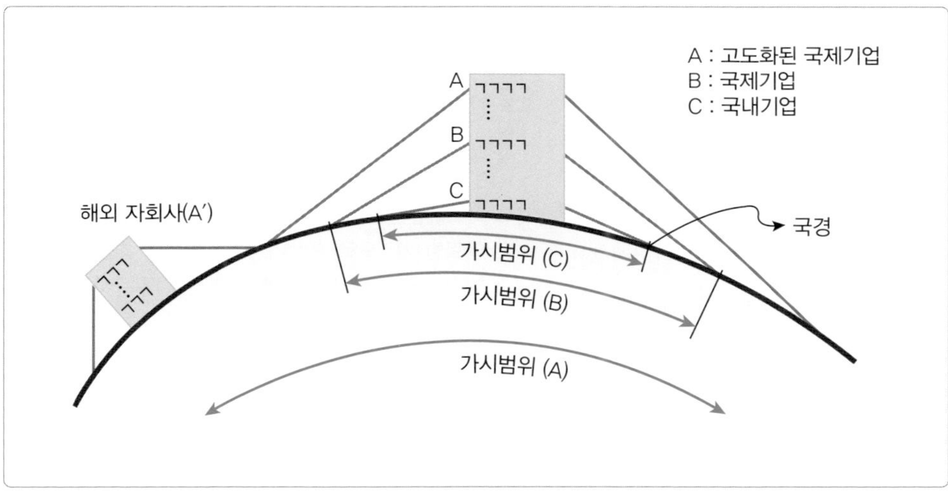

❖ 그림 1-2 기업 국제화의 가시범위

출처: 방호열 (1990). 국제경영학, p.37.

[그림 1-2]에서 국내기업(C)은 지상에서 높지 않은, 예를 들면 건물의 1~2층 부문에 해당되며, 국제화의 정도가 높을수록 고층건물의 상층부에 가까워진다고 할 수 있다. 그런데 지상에서 높게 올라갈수록 가시범위가 넓어진다. 즉 멀리 볼 수 있을 뿐 아니

라 그 시야도 넓어진다. 따라서 국제화가 진행될수록 가시범위(이익기회의 범위)는 넓어진다고 할 수 있으며, 도중에 높은 산(무역장벽 및 각국 간 경영 환경의 현격한 차이 등)으로 인하여 시야가 가릴 경우에 그 범위는 좁아진다고 할 수가 있다. 그런데 고도화된 국제기업(A)은 해외 자회사와의 연결을 통하여 지구 전체를 조감할 수 있는 시야를 가질 수 있으며, 이에 따라 각국에 산재한 이익 기회를 포착할 수 있다.

Brief Case 해마다 10% 성장 폭스바겐의 비결은 '지속가능한 세계화'

독일 자동차 기업 폭스바겐은 최근 10년간 연평균 10.5% 성장(매출액 기준)했다. 기업 CEO들에겐 꿈 같은 숫자다. 같은 기간 프랑스의 경쟁 자동차업체 푸조의 연평균 성장률은 2.5%였다. 소비재 대기업 P&G는 10년간 연평균 7.6% 성장한 반면, 동종 업계 경쟁기업 미국 클로락스(Clorox)는 3.1% 성장했다.

▲ 폭스바겐은 독일 시장에 만족하지 않고 세계로 진출해 글로벌 기업으로 자리 잡았다. 그 결과 최근 10년간 매출이 평균 10.5%씩 성장했다. 안전한 내수 시장에 머물러 성장이 지체된 프랑스의 자동차 회사 푸조와 대비된다. 사진은 폭스바겐의 대표 모델인 골프.

경쟁기업을 멀찌감치 따돌린 폭스바겐과 P&G, 뒤처진 푸조와 클로락스를 가른 차이는 무엇이었을까? 전자는 용감하게 세계시장에 나가 글로벌 기업이 되었다. 후자는 안전한 자국 내수시장에 머물렀다. 이것이 지난 20여 년간 거대한 세계화의 물결이 낳은 결과다. 하지만 최근 한층 더 복잡 미묘해진, 새로운 양상의 글로벌 시대로 진입하고 있기 때문에 여기서 또 새로운 기회를 찾을 수 있다. 그래서 '글로벌라이제이션(globalization · 세계화)'은 여전히 모든 기업과 기업 경영자의 숙제이며, 선택이 아닌 필수다. 한국 기업은 특히 더 그렇다. 내수시장은 저출산, 고령화 등으로 구조적 저성장에 접어들었고, 배나 비행기로 실어 나르는 수출 모델은 한계에 이르렀다. 반면 신흥국 인구와 중산층은 빠르게 늘어나고 있다. 중국, 인도, 인도네시아 같은 주요 이머징 국가에는 의욕 넘치는 국가 지도자들이 등장하여 강력한 성장정책을 이끌고 있다. 미국도 다시 성장 가능한 시장으로 떠오르고 있다. 최근 스타트 기업들이 처음부터 미국, 중국 등 세계시장을 상대로 창업에 나서는 이유다. 10년 후를 내다보는 기업 CEO에게 '글로벌라이제이션을 해야 하는가?'라는 질문은 더 이상 의미가 없다. 제대로 된 질문은 '어떻게 해야 성공하고, 지속 가능할까?'이다.

출처: 조선비즈 (2015.2.12). 저자 편집.

03 기업의 국제화 과정

기업의 국제화는 특정 국가에 거점을 두고 있는 기업이 대상 시장 또는 경영활동의 범위를 점진적으로 해외시장으로 확대시켜 나가는 과정을 의미한다. 일반적으로 내수지향 단계 → 수출지향 단계 → 현지시장지향 마케팅 단계 → 현지시장지향 생산 단계 → 세계시장지향 단계를 거쳐 점진적으로 국제화가 진행된다.

Brief Case 태생적 글로벌 기업(Born Global). 창업부터 세계시장 노리는 슈퍼 벤처

기업의 국제화 과정은 국내시장에서 시작해서 경험과 능력이 축적됨에 따라 점진적으로 해외로 시장기반을 확대해 가는 것이 일반적이다. 그러나 최근에 태생부터 글로벌 시장 전체를 목표로 하여 모든 전략 및 운영을 글로벌하게 수행하는 기업들이 나타나고 있는데, 이들을 태생적 글로벌 기업(Born Global)이라고 한다. 이들은 규모는 크지 않지만 하이테크나 지식기반 자원, 혁신적인 사고와 탄력적인 조직문화를 바탕으로 초기부터 세계시장을 창출하면서 공략하는 특징을 가지고 있다.

대표적인 한국 기업의 사례를 들어보자. 별명이 '돈키호테'였던 소년은 고 정주영 현대그룹 명예회장의 자서전을 읽고 꿈을 키웠다. 소년은 25세가 되자 음악사업을 하겠다며 무작정 미국 뉴욕으로 날아갔다. 브로드웨이 뮤지컬을 한국에 들여오려 했으나 실패했다. 할렘가를 전전했지만 좌절하지는 않았다. 센트럴파크를 달리는 뉴요커들로부터 아이디어를 얻어 2008년 구글 안드로이드 마켓에 운동관리 애플리케이션(앱) '카디오 트레이너'를 선보였다. 이 앱은 이때부터 줄곧 건강 카테고리 1위를 지키고 있다. 그의 앱은 일본 NTT 도코모의 스마트폰에도 기본으로 채택된다. 맨해튼에 회사를 차린 정세주 '워크스마트랩' 대표(31)의 얘기다. 그는 "큰물에서 좋은 회사를 만들고 싶었다"며 "영어를 한 마디도 못했고 토익 토플 점수도 나빴지만 마음이 있으면 통한다는 걸 배웠다"고 말했다.

창업 초기부터 세계시장에 뛰어드는 '본 글로벌' 기업이 늘고 있다. 기술력과 글로벌 마인드로 무장한 한국의 본 글로벌들은 좁은 시장을 벗어나 더 큰 꿈을 꾼다. 특히 어릴 적부터 세계문화를 접한 '글로벌 키즈'들은 해외시장을 두려워하지 않는다.

출처: 동아일보 (2011.4.1). 저자 편집.

1) 내수지향 단계

대부분의 생산과 마케팅에 관련된 경영활동이 국내에서 운영된다. 국내시장을 목표로 하고 있으며 아직 국제화가 진행되기 전의 상태이다. 해외시장으로 진출할 여력이 부족하거나 국내시장에만 집중해야 할 정도로 기업의 규모가 작을 경우 또는 국내시장이 해당 기업이나 업계 전체의 생산능력에 비해 충분히 큰 경우이다.

2) 수출지향 단계

국제화 초기의 수출을 지향하는 단계로서 해외시장의 상대적 중요성이 증가하고 관심도 증가함에 따라 국내생산과 수출을 동시에 수행하게 된다. 그러나 아직 수출에 대한 역량이 부족해서 수출 활동은 주로 외국 바이어나 국내 무역전문업체에 의존하는 등 직접적인 마케팅 활동은 거의 없거나 지극히 초보적인 수준에 머무는 경우이다. 대부분 중소기업의 경우 자체 브랜드보다는 주문자가 요구하는 상표를 부착한 제품인 OEM(original equipment manufacturer's brand: 주문자부착상표) 수출을 하는 등 이 단계를 벗어나지 못하고 있다. 그 이유는 고유상표의 개발과 이에 대한 국제적 인지도 제고능력 부족, 기업의 국제화에 필요한 인적 및 물적자원이 부족하기 때문이다.

3) 현지시장지향 마케팅 단계

이 단계에서도 해외시장에 대한 공급은 주로 국내생산 후의 수출에 의존하지만 앞 단계와의 차이는 현지의 마케팅 활동에 적극 개입한다는 점이다. 이 단계에서는 OEM 수출방식에 벗어나 자체 브랜드를 개발한 후 현지 마케팅법인을 설립하여 브랜드 관리를 포함한 제품, 가격, 유통, 촉진 등의 여러 마케팅 활동을 독자적으로 수행한다.

4) 현지시장지향 생산 단계

이 단계는 현지에서의 마케팅 활동은 물론 현지시장에서의 수요충족을 위하여 자체적인 현지 생산시설까지도 갖추는 단계를 말한다. 비록 현지 생산시설에 대한 자원의 투입이 많아지기 때문에 위험이 커지는 점도 있지만 현지 생산시설을 갖추는 이유는 현지시장의 자사제품에 대한 수요가 규모의 경제를 실현할 정도로 크거나 수입제품에 대한 수입장벽을 우회하는 수단 등의 목적으로 이루어진다. 또한 현지국 소비자들의 욕구를 파악하여 신속하게 대응할 수 있다는 장점이 있다.

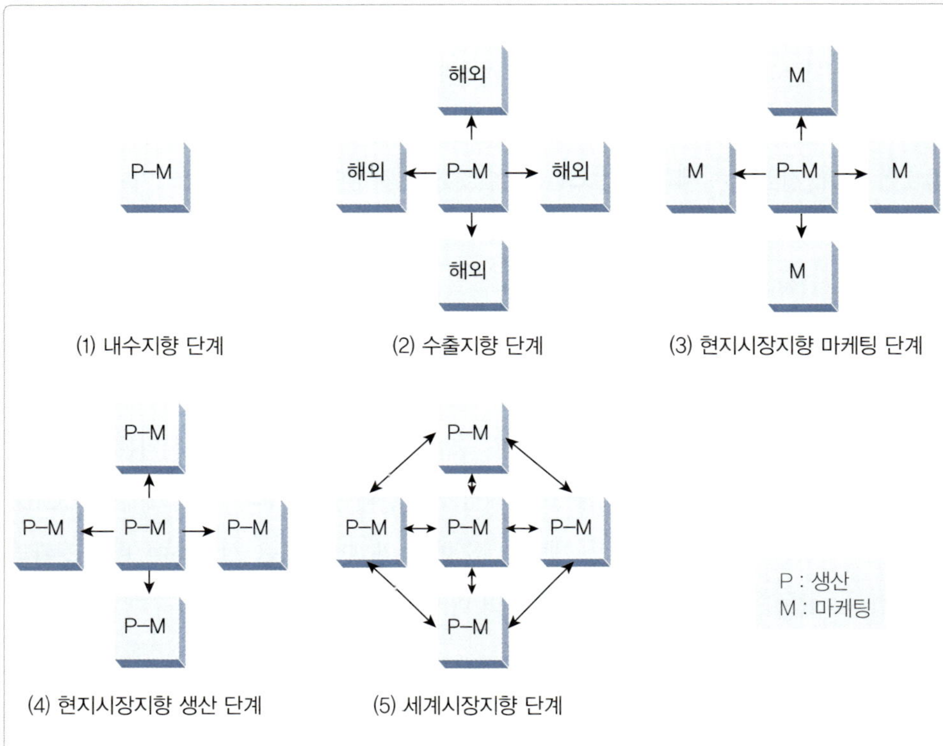

❖ **그림 1-3** 기업의 국제화 과정

출처: 김주헌 (2012). 국제마케팅, p.25.

5) 세계시장지향 단계

가장 국제화가 많이 진전된 단계로 복수의 생산입지와 복수의 시장국가 간의 유기적인 연결관계를 주요 특징으로 한다. 즉, 다수의 국가에서 해외 생산시설을 보유하고 있으며, 수요가 발생하는 국가들도 다수 존재하고 있어서 특정 국가의 생산법인은 현지시장에서의 수요를 충족시킬 수 있는 제품을 생산할 뿐만 아니라 제3국에 대한 수출까지도 수행하게 된다. 경우에 따라서는 해당 국가의 내수시장 공급 없이 전량 수출될 수도 있다.

이 단계에서의 경영 목표는 전 세계적인 관점에서 최적화를 구현하는 것이며, 조달 및 생산과 마케팅 등의 모든 부문에서 글로벌한 관점이 요구된다.

지금까지 설명한 다섯 단계의 국제화 과정은 [그림 1-3]과 같다. 특히 이 그림의 마지막 세계시장지향 단계에서 국가시장 간에 양방향의 화살표가 표시된 것은 복수의 생산 입지와 시장 국가가 서로 독립적으로 존재하는 것이 아니라 상호 유기적인 연결관계가 있음을 의미한다.

마무리사례 **글로벌 500대 기업 중 韓 16곳…진출업종도 8개로 열세**

전경련 자료…포춘 글로벌 500대 포함 한국 기업 수, 주요국보다 뒤쳐져
한국 기업, 21개 업종 중 8개 진출에 불과…산업 포트폴리오 다양성 낮아

❖ 국가별 500대 기업 선정 현황(개수)

구분	중국	미국	일본	독일	프랑스	영국	한국
개수(개)	136	124	47	28	25	18	16
비중(%)	27.2	24.8	9.4	5.6	5.0	3.6	3.2

* 주: 비중은 2022년 선정된 500개 기업 중 해당 국가가 차지하는 비율 산정
* 자료: Fortune Global 500 List

글로벌 500대 기업 중 한국 기업은 16개에 불과한 것으로 나타났다. 중국과 미국 기업이 100개를 크게 웃도는 것과 대조적이다.

22일 전국경제인연합회가 '2022 포춘 글로벌 500(이하 글로벌 500)'의 국가별 현황을 분석한 결과, 한국은 글로벌 주요 기업의 수, 매출액, 진출 업종 등 지표에서 주요국에 비해 경쟁력이 낮았다.

글로벌 500에 포함된 기업 중 중국 기업이 136개(27.2%)로 가장 많고, 미국 기업이 124개(24.8%)로 미·중 기업 비중이 전체의 52.0%를 차지했다. 일본 기업은 47개(9.4%), 독일 기업은 28개(5.6%), 프랑스 기업은 25개(5.0%), 영국 기업은 18개(3.6%) 순이었으며, 한국 기업은 16개(3.2%)에 불과했다.

글로벌 500에 선정된 기업의 국가별 매출액 분석결과, 미국 기업의 총 매출액은 11조 2000억 달러, 1사당 평균매출액은 904억6000만 달러로 중국(11조 달러, 1사당 809억8000만 달러)보다 앞섰다. 글로벌 500에 선정된 한국 기업의 총 매출액은 9962억 달러이며, 1사당 평균매출은 623억9000만 달러로 주요국(G5·중국) 중 가장 낮은 수치를 보였다.

❖ 국가별 500대 기업 선정 현황(매출) (단위: 억$)

구분	미국	중국	일본	독일	프랑스	영국	한국
매출액	112,173	110,127	29,986	20,959	16,320	12,662	9,982
평균매출	904.6	809.8	638.0	748.5	652.8	703.4	623.9

*주 1) 매출액은 포춘 글로벌 500에 포함된 국가별 모든 기업의 매출 합산
2) 평균매출은 매출액을 국가별 포춘 글로벌 500에 포함된 기업 수로 나누어 계산
* 자료: Fortune Global 500 List

2022년 포춘 글로벌 500의 국가별 업종 분포 현황을 분석한 결과, 글로벌 500에서 분류한 21개 업종 중 미국이 19개 업종에 분포해 가장 다양한 업종에 진출한 것으로 나타났다. 이어 중국 15개, 일본 · 프랑스 각 13개, 독일 11개, 영국 8개 순으로 조사됐다.

글로벌 500 업종에는 우주항공 & 국방, 의류, 비즈니스 서비스, 화학, 에너지, 엔지니어링&건설, 금융, 식료품&잡화, 음식료&담배, 헬스케어, 호텔/식당&레저, 생활용품, 산업재, 재료/소재/금속, 미디어, 자동차&부품, 유통, 전자/반도체, 통신, 운송, 종합상사 등이 있다.

포춘 글로벌 500에 속한 한국 기업은 총 8개 업종에 진출했으며, 전자/반도체, 금융, 자동차, 에너지 등 4대 업종에 12개 기업(75.0%)이 집중돼 있고, 우주항공, 헬스케어와 같은 신산업에 진출한 포춘 글로벌 500 한국 기업은 전무했다.

❖ 국가별 업종 진출 현황과 한국 기업의 진출 현황(2022년)

국가별 업종 진출 형황('22)

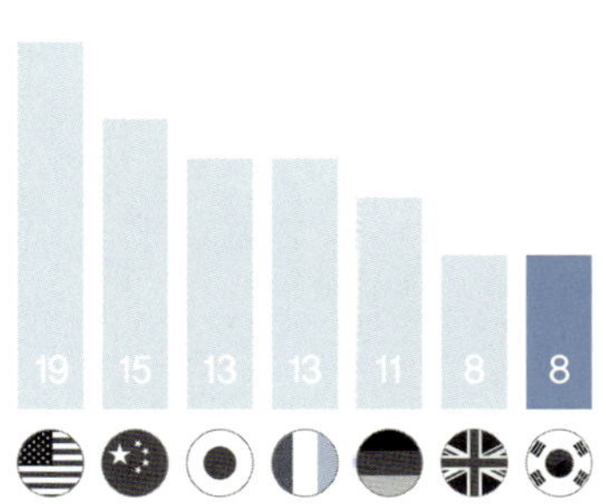

한국기업의 업종 진출 형황('22)

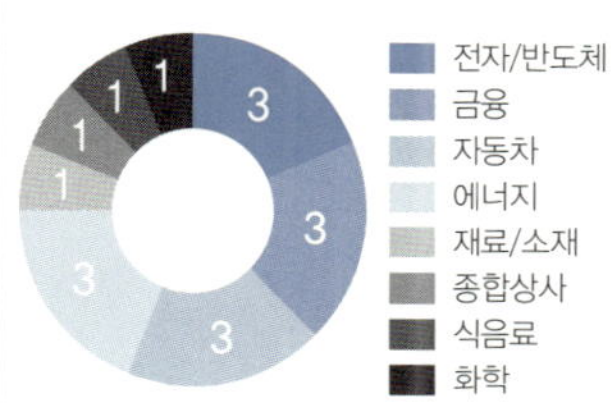

업종	기업
전자/반도체	삼성전자, LG전자, SK하이닉스
금융	한화, KB금융지주, 삼성생명
자동차	현대자동차, 기아자동차, 현대모비스
에너지	SK, 한국전력, GS칼텍스
재료/소재	포스코
종합상사	삼성물산
식음료	CJ
화학	LG화학

* 자료: Fortune Global 500 List

한국 기업이 진출한 업종의 수는 글로벌 500에서 업종별 분류를 시작한 2015년 이후 큰 변동이 없는 것으로 조사됐다. 2015년 당시에도 포춘 글로벌 500 중 한국 기업은 8개 업종에 분포해 있었으며, 매년 6~8개 업종을 유지한 것으로 나타났다.

수출 주력업종에서의 한국 기업과 글로벌 1위 기업의 실적 분석에서도 우리 기업의 열세가 나타났다. 전자/반도체, 자동차, 재료/소재/금속, 화학 등 4개 업종 분석결과, 글로벌 1위 기업의 연간 매출액이 국내 1위 기업에 비해 1.5~4.6배 수준 높은 것으로 나타났다.

유환익 전경련 산업본부장은 "한국 기업에 대한 높은 수준의 규제로 기존 산업에서의 경쟁력이 약화될 뿐만 아니라, 신산업 분야에서 성공하는 기업을 찾아보기 어려운 것은 매우 아쉬운 상황"이라며 "글로벌 시장에서 한국을 대표할 수 있는 기업을 육성하기 위해 대기업에 대한 차별규제를 완화하는 것이 필요하다"고 강조했다.

글로벌 1위 기업 대 국내 1위 기업의 매출액 비교

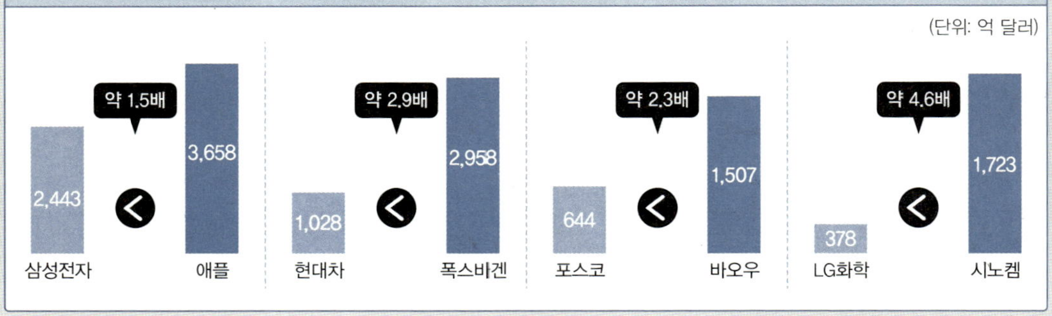

* 자료: Fortune Global 500

출처: 데일리안 (2022.12.22). 글로벌 500대 기업 중 韓 16곳…진출업종도 8개로 열세.
(https://n.news.naver.com/article/119/0002669056?sid=101)

학 · 습 · 정 · 리 · 문 · 제

1. 기업 국제화의 개념과 동기, 이점에 대해서 설명하시오.

2. 펄뮤터 교수의 EPRG 프로파일에 대해 설명하시오.

3. 일반적으로 기업 국제화는 점진적으로 이루어진다. 일반적인 점진적 기업 국제화 과정에 대해 설명하시오.

4. 태생적 글로벌 기업(Born Global)에 대해서 설명하시오.

GLOBAL
MARKETING

CHAPTER 02

GLOBAL MARKETING

글로벌 마케팅의 이해

학 습 목 표

글로벌 마케팅은 국경을 넘어 이루어지는 마케팅 활동이다. 따라서 일반적인 마케팅의 기본 개념에 대한 이해가 선행되어야 하며 이를 바탕으로 글로벌 마케팅의 개념과 연구의 필요성, 특성, 주요 내용을 살펴본다. 성공적인 글로벌 마케팅 관리자가 되기 위한 자세 등을 배운 후, 마지막으로 이 책의 구성과 체계에 대해서 알아본다.

GLOBAL MARKETING

02 CHAPTER 글로벌 마케팅의 이해

도입사례 마케팅의 아버지 필립 코틀러의 '성공하는 마케팅의 7가지 비밀'

▶ 머리가 아닌 가슴으로 마케팅을 마케팅하라

오늘날, 세계에서 가장 성공적인 기업들의 비법은 뭘까? 코틀러 교수는 "소비자들의 열광적인 사랑"이라고 답했다. "피터 드러커(Peter Drucker)는 '마케팅의 목표는 사람들을 열망 속으로 몰아넣는 판매방법을 발견하는 것'이라고 말했죠."

그렇다면 소비자들의 사랑을 얻는 방법은? 그의 설명은 명쾌했다. "이렇게 생각해 보죠. 왜 지구상에 수많은 종류의 음료수가 있는 데도 계속해서 '새로운 음료수'들이 생기는 걸까요?" 탁자 앞에 놓인 탄산음료를 가리키며 그는 말을 이어갔다. "처음 사람들은 갈증을 해결하기 위해 콜라를 마셨고, 그 다음엔 에너지를 얻기 위해 게토레이를 마셨어요. 그러다 이제 또 건강을 위해 비타민 드링크를 마시죠. '사랑받는' 마케팅은 이처럼 아직까지 충족되지 않은 소비자들의 불만을 끊임없이 찾아내 해소해 주는 겁니다."

▲ 필립 코틀러(Philip Kotler)는 그 이름 자체가 브랜드가 되어 버린 마케팅 분야의 살아 있는 전설이다. 경영학계에서 가장 영향력 있는 학자 중 한 사람이 되었으며, 특히 마케팅 분야에서는 독보적인 존재라는 세계적 명성을 얻었다. 기업 경영에서 생소했던 '마케팅'이라는 개념을 널리 확산시킨 인물이다.

그는 '마케팅으로 우뚝 선' 세계적 브랜드 7가지를 소개했다.

1. 스타벅스(Starbucks) - "꿈을 팔아라"

— 개인적으로 '가장 똑똑하다'고 생각하는 기업은 어딘가요?

"스타벅스! 한 마디로 소비자들의 심적 상태를 가장 잘 파악했다고 볼 수 있죠. 가장 영리한 기업은 소비자들의 '마인드 셋(mind set)'을 효과적으로 파고듭니다. 계속해서 변화하는 소비자의 관심이나 원하는 것을 전략적으로 파악한 후, 해결책을 제시하는 거죠. 마케팅이란 결국 소비자들을 위한 문제 해결을 개발하는 과정이니까요."

— 스타벅스가 어떤 문제를 해결한거죠?

"스타벅스는 사무공간과 집 사이에 존재하는 '제3의 공간'을 개척했습니다. 즉, 기존에 해소되지 않고 있던 소비자의 문제를 찾아내, 이를 해결한 겁니다. '시간에 구애받지 않고 어딘가 편히 앉아 친구와 얘기도 하고, 일도 하고, 책도 읽고 싶다'는 사람들의 마음을 읽은 겁니다. 새로운 비즈니스 모델을 창조한 거죠. 사실, 엄밀히 마케팅을 정의해 보라면 '한 차원 더 높은 스타일로 소비자 욕구를 충족하는 것(satisfying needs in superior fashion)'을 들 수 있는데, 이걸 스타벅스가 해냈습니다."

— '한 차원 더 높다'란 말은 결국 무엇을 뜻하는 건가요?

"소비자 욕구를 그냥 충족하는 게 아니라, 한 차원 더 높은 '가치'까지 얹어 주는 거죠. 스타벅스의 커피엔 꿈도 함께 들어 있습니다. 사람들은 스타벅스 매장에 앉아 커피를 들이키면서 '내가 무언가 독특한 문화를 향유하고 있다'는 꿈을 꿉니다. 런던이나 맨해튼 한 복판에도 똑같은 모습으로 누군가 커피를 마시고 있는 모습을 떠올릴 수도 있죠. 이와 같이 최고의 브랜드는 소비자들의 문제를 해결해 주고, 꿈을 팝니다. 비슷한 형태로는 도서관형 서점 '반스앤노블'을 들 수 있어요. 이곳은 '서점에서 편히 앉아 시간을 보내며 우아하게 책을 읽고 싶다'는 소비자 욕구를 해결했죠."

2. 앱솔루트 보드카(Absolute Vodka) - "평범함에 비범한 가치를 더해라"

— 꿈을 판다…. 평범한 것을 뭔가 특별한 것으로 전환한 대표적인 브랜드를 꼽는다면?

"앱솔루트 보드카가 좋은 예에요. 왜냐하면 보드카는 사실, 별다를 게 없는 술이니까요. 러시아에 가면 너도 나도 다 마시는 게 보드카죠. (웃음) 하지만 단 세 가지 전략이 보드카를 아주 특별하게 만들었습니다. 일단 첫째는 '병'이에요.

— 병의 디자인을 말씀하시는 건가요?

"그렇죠. 앱솔루트 보드카가 담긴 반투명 병 디자인은 안에 있는 술이 맑아(pure) 보이도록 합니다. 시원하게 김이 서린 것처럼 보이기도 하고…. 둘째는, 그 병이 항상 광고 어딘가에 등장한다는 점입니다. 이 회사는 최고의 아티스트를 고용해 광고가 화제가 되도록 만듭니다. 숨바꼭질처럼 정말 재미있죠. 셋째,

그들이 많은 고급 미술 전시회(아트쇼)들을 스폰서했다는 점을 꼽을 수 있어요. (그는 이 대목에서 무언가 비밀스러운 이야기를 하려는 듯, 의자를 테이블 쪽으로 바짝 끌어 당겼다.)

— 미술품 후원이요?

"들어보세요. 미술품은 '부자'들이 늘 관심을 갖는 분야에요. 보통 먹을 것도 없는데 미술품에 관심을 갖겠어요? 이런 고급 전시회들을 후원하면서 이 회사가 얻은 것은? 바로 보드카 한 병에도 남들보다 돈을 더 많이 지불할 용의가 있는 상류층 소비자들을 만나게 된다는 겁니다. 이런 식으로 보드카는 흔한 술에서 프리미엄 술로 거듭납니다."

3. 퍼듀팜(Perdue Farm) - "내 닭들은 행복해!"

— 흠…. 그렇다면 정말 제품은 별 볼 일 없는데, 마케팅만으로 우뚝 선 브랜드가 있다면 어떤 걸 꼽으시겠어요? '마케팅의 가장 극적인 사례'가 있다면?

"아! 재미있는 사례가 하나 있어요. 닭고기가 특별하다고 생각해본 적 있어요? 내 입엔 거의 비슷비슷한데…. 그런데 미스터 퍼듀(Mr. Perdue)라는 사람은 자신의 닭들이 특별하다고 주장했죠. 자신이 기른 닭들이 다른 닭들보다 '행복하다'는 것이었어요."

— 닭이 '행복'하다고요? (그는 한참을 웃은 후, 이야기를 이어나갔다.)

"그는 자신의 닭들이 남들이 기르는 닭들보다 더 잘 먹고, '주거환경도 친화적'이라고 말했죠. 닭장에 갇혀 있지 않고, 맘껏 들판을 뛰어 논다는 것이었어요. 좋은 환경 때문에 그랬는지 모르겠지만, 퍼듀팜의 닭고기는 노르스름한 색으로, 다른 닭들보다 부드러워 보이기는 해요. 광고 문구도 '나처럼 터프한 사람만이 연한 닭고기를 만들 수 있다(you need a tough man to make soft chicken)'로 정했죠. 미스터 퍼듀는 사실 닭처럼 생겼어요. 진짜에요. 닭들과 정말 사랑에 빠져서 그런가? (웃음) 그래서 사람들은 10~50%나 돈을 더 주고 퍼듀팜의 닭고기를 사기 시작했어요. 개인 농장에서 시작해 퍼듀팜은 미국 전역에서 세 번째로 큰 닭고기 공급업체가 됐죠. 지금은 그가 죽고 아들이 이어받았는데, 평범함을 특별함으로 바꾼 대표적인 예에요."

4. 멕시코 시멕스(CEMEX) - "딱딱한 시멘트에 감성을 불어넣다"

— 재미있는 사례네요. 또 다른 사례가 있나요?

"멕시코의 시멘트 기업 시멕스가 있죠. 사실, 시멘트 회사가 전 세계적으로 소비자들의 감성을 자극하는 경우는 드뭅니다. 사랑의 비법은 사회공헌활동에 있었어요. 이들은 멕시코의 가난한 사람들에게 집이 필요하다는 점을 알았고, 이들이 돈이 없어 집을 살 수 없다는 사실도 알고 있었죠. 이 사람들은 청사진

(blue print)과 벽돌만 있다면 스스로 집을 지을 용의가 있는 사람들이기도 했습니다. 시멕스는 이에 착안해 거대 캠페인을 진행합니다. 가난한 사람들이 땅을 살 수 있도록 대출을 도와주고, 집을 지을 수 있도록 맞춤 청사진도 제공하고, 할부로 벽돌을 살 수 있게 했죠. 정말 가슴 뭉클한 캠페인이죠? 이 캠페인 덕택에 가난한 사람들은 보금자리를 갖는다는 소박한 꿈을 이루게 됐습니다. 이런 게 바로 내가 말하는 가치 마케팅(value marketing)의 대표적인 사례죠. 시멘트 회사에 뜨거운 감성을 더한 거죠."

시멕스는 연매출 18조 원으로 세계 3위의 시멘트 제조업체이자 멕시코에서 가장 존경받는 기업이다. 1985년 매출이 3000억 원도 채 안됐지만, 2000년까지 활발한 M&A를 통해 연평균 20% 이상의 고속성장을 거듭해왔다. 창업자의 손자인 로렌조 잠브라노 현 CEO는 다양한 신성장동력을 발굴해왔다. 시멕스는 '고객사업지원 프로그램'을 통해, 단순히 시멘트를 판매하는 데 그치지 않고 시멘트를 사가는 고객들에게 자금대출·건축컨설팅 등 건설과 관련한 통합적인 서비스를 제공한다.

5. 애플(Apple) - "광신도를 이끄는 집단"

— '가치 마케팅'의 또 다른 사례들을 꼽는다면?

"제품이나 브랜드가 아예 하나의 문화적인 코드가 되는 경우도 있죠. 애플이 가장 대표적인 경우입니다. 애플은 세계의 젊은이들이 온 마음을 바쳐 사랑하는 기업이에요. 광(狂)팬들도 많죠. 스티브 잡스는 매년 정기적으로 획기적인 신제품을 손에 쥐고 대중 앞에 나타납니다. 젊은이들이 주로 모이는 클럽 같은 곳에 귀에 MP3를 꽂고 흔들거리며 나타나기도 하죠. 그는 마치 '애플교'의 교주와 같은 사람입니다. 진정한 애플 러버(lover)는 아이팟, 아이폰, 맥 등의 제품과 더불어 스티브 잡스의 이미지도 사랑합니다. 하지만 이 '사랑'도 진짜 혁신(innovation)이 뒷받침되지 않으면 힘을 못 쓰겠죠."

6. 캘러웨이(Callaway) - "흥미 없는 사람도 끌어들여라"

— 자신의 상품에 전혀 무관심한 사람들을 새로운 소비자군으로 끌어 들인 브랜드도 있지 않습니까?

"캘러웨이는 은퇴한 부자 노인들이 의외로 골프를 안 친다는 사실을 발견하고 당황했습니다. 심지어 테니스를 즐겨 치는 건강한 노인들마저 골프를 안 쳤죠. 이들의 심리를 분석한 결과 '헛스윙'에 대한 두려움이 있었죠. 다른 사람들 앞에서 망신을 당하면 어쩌나 하는 심리가 녹아 있었습니다. 그래서 캘러웨이는 빅 버사(Big Bertha)라는 새로운 클럽 헤드를 제작했습니다.

— 클럽 헤드를 크게 만들어서 헛스윙할 확률을 낮춘 거군요.

"맞아요. 이렇게 해서 캘러웨이는 골프를 치지 않는 사람들을 골프를 치는 사람들로 바꾸어 놓았죠. 피터 드러커는 '내 고객이 아닌 고객에도 내 고객만큼이나 관심을 기울이라'고 했어요. 비고객은 잠재적 고객과 비잠재적 고객으로 나뉘죠. 비잠재적 고객은 일단 제쳐 둬도 됩니다. 당신이 해야 할 일은, 잠재적 고객이 왜 제품을 안 사는지 이유를 정확히 파악하는 거예요. 잠재적 고객이 아직 구매를 하지 않는 데는 분명 이유가 있고 그에 따른 해결책도 있을 것입니다."

7. 볼보(Volvo) - "무언가를 상징해라"

— 새롭게 시장에 진입하는 신규 기업들에게 어떤 조언을 해주시겠습니까? 이미 너무 큰 브랜드 파워를 가진 기업이 업계를 지배하고 있다면, 이러한 상황에서 기업은 어떤 마케팅 전략을 사용해야 할까요?

"일단 당신의 브랜드 이름이 무언가를 상징해야 합니다. 볼보! 볼보는 '안전'의 대명사에요. 볼보는 자동차 기업 중 차 안에 내비게이션(navigation)을 가장 늦게 내장한 회사 중 하나입니다. 이유는 단 하나, '안전에 해가 된다'는 것이었죠. 내비게이션을 작동하고, 거기에 신경을 쓰다 보면 사실 안전에 소홀해지는 것도 사실입니다. 볼보도 결국 대세를 따라 차 안에 내비게이션을 설치하기는 했지만 수천 번의 시험을 거쳐 가장 '안전한 위치'에 달았다고 광고했죠."

— 하나의 약속이라도 제대로 지키는 게 중요하겠군요.

"최악의 브랜드는 '우리는 당신을 위해 이것저것 뭐든지 다 합니다'라고 말하는 브랜드에요. 특징이 없으면 곧 도태되기 십상이죠. 기업들은 경쟁력 있는 '날(edge)'이 있어야 돼요. 경쟁력 있는 약속 말이죠. '이 회사는 적어도 이것은 꼭 지킨다'는 이미지는 소비자들의 마음속에 확고한 믿음과 강한 신뢰로 자리 잡습니다. 브랜드와 소비자와의 끈끈한 연결 고리는 이렇게 탄생하는 겁니다."

출처: 조선일보, Weekly Biz 제26945호 (2007.8).

01 마케팅의 기초 개념

1) 마케팅이란

글로벌 마케팅을 효과적으로 수행하기 위해서는 먼저 마케팅에 대한 이해가 전제되어야 한다. 기업의 경영활동 중에서 가장 광범위하고도 포괄적인 기능 분야는 마케팅이라고 할 수 있으므로 '마케팅이란 무엇인가'를 한 마디로 정의하기는 쉽지 않다.

마케팅에 대해서는 지금까지 여러 학자들에 의해 다양한 정의가 내려졌지만, 미국마케팅학회(American Marketing Association: AMA)의 2007년 정의가 가장 일반적으로 받아들여지고 있다. 이에 따르면 마케팅이란 '고객, 의뢰인, 파트너 및 사회 전반에 가치가 있는 것을 창출·의사소통·전달·교환하는 활동, 기관, 그리고 과정'으로 정의하고 있다.

이러한 마케팅의 정의는 개념적으로 정교하기는 하지만 너무 추상적이어서 실제로 활용할 수 있는 마케팅의 정의로는 적합하지 못한 경우가 많다. 따라서 현실적으로 "마케팅은 고객만족을 통해 이윤을 추구하는 활동"으로 정의되기도 한다. 즉, 마케팅은 한편으로는 고객의 장기적 욕구를 충족시키면서 다른 한편으로는 기업의 목표, 즉 이윤추구를 하는 활동이다. 따라서 마케팅 관리자의 임무는 이윤추구와 고객만족이라는 두 가지 목표가 상충되지 않고 조화롭게 달성될 수 있는 방법을 찾아내어 이를 실행하고 감독하는 일이라고 할 수 있다.

마케팅의 개념을 이해하기 위해서는 판매 개념과 마케팅 개념의 차이에 대한 이해가 중요하다. 과거의 마케팅 개념은 기업 중심의 생산이나 판매지향적 개념이었으나 현대적 마케팅은 고객중심적 개념으로 변화하고 있다. 과거의 판매지향적 개념은 제품의 판매와 촉진 활동의 강화를 통해 매출을 증가시켜 이윤을 남기려는 것이었지만, 고객중심적 마케팅 개념은 시장의 고객들이 가진 욕구를 통합된 마케팅 활동을 통해 만족시킴으로써 이윤을 창조하려는 것이다. 즉, 고객지향적 마케팅 철학을 채택하고 있는 기업들은 고객을 단순히 상품의 판매 대상으로 보지 않고 그들이 상품과 관련하여 갖고 있는 문제들을 완전히 해결하여 만족을 얻을 수 있도록 하는 것이 목표이다. 따라서 상품기획, 가격결정, 광고, 판매촉진, 유통경로 관리 등의 모든 마케팅 활동의 초점이 시장의 고객들에게 맞추어져 일관성 있게 통합되고 조정된다.

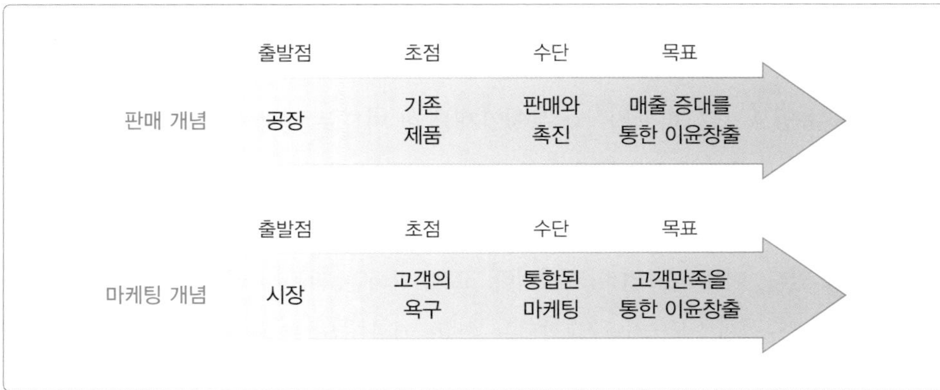

❖ 그림 2-1 판매 개념과 마케팅 개념의 차이

출처: P. Kotler & G. Armstrong (1998). Principles of Marketing (8th ed.), p.14.

최근에는 환경오염, 자원부족, 인구의 폭발적 증가, 세계적인 기아와 빈곤문제 등이 사회적인 중요 이슈로 등장함에 따라 사회적 마케팅(social marketing) 개념이 주목을 받고 있다. 즉 기업이 고객의 욕구를 발견하여 이를 충족시켜 주는 것이 장기적인 측면에서 볼 때 고객은 물론 사회 전체의 이해와 반드시 일치하지 않는 경우도 발생할 수 있다. 예컨대 의류용 세척제 산업의 경우 하얀 옷을 바라는 소비자의 욕구를 충족시켰으나 강과 하천을 오염시키고 물고기를 죽게 하는 등 환경을 오염시킨다거나, 청량음료 산업의 경우 1회용 용기의 사용을 증가시킴으로써 편의성을 바라는 소비자의 욕구를 충족시켰지만 엄청난 자원의 낭비와 환경오염을 초래하는 경우를 들 수 있다.

따라서 오늘날 기업은 사회 전체의 이익, 소비자 욕구충족, 기업 이윤의 세 가지 측면을 모두 고려하여 균형잡힌 마케팅 의사결정을 해야 한다. 그린마케팅(green marketing)이 대표적 예이다.

최근에는 이러한 흐름을 반영하여 다국적기업의 글로벌 사회적 책임(global CSR)이 강조되면서, 다국적기업들은 국경을 넘어 현지국에서 다양한 사회적 책임활동을 통해 기업과 이해관계자의 관계를 통해 기업이 추구하는 사익과 사회가 추구하는 공익을 동시에 얻기 위해 노력하고 있다. 대표적인 예로 판매·영업 등 기업의 경영활동과 사회적인 이슈를 연계시키는 마케팅 기법인 '코즈마케팅(cause marketing)' 등이 있다.

Brief Case **제품 팔고 좋은 일도 하고… 마케팅 날개 단 사회 공헌**

▲ 코카콜라가 작년 말 미국과 캐나다에서 선보인 한정판 흰색 콜라 캔

코카콜라는 작년 말 미국과 캐나다에서 회사의 상징이나 다름없는 빨간색 콜라 캔 대신 북극곰이 그려진 흰색 제품을 선보여 시장의 주목을 받았다. 코카콜라가 파격적인 디자인을 내놓은 것은 세계야생동물기금협회(WWF)와 함께 북극환경보호 캠페인인 '아크틱 홈(Arctic Home)'을 진행하면서다. 온난화로 생존 환경을 위협받는 북극곰을 돕자는 취지로 진행된 이 캠페인에서 코카콜라는 소비자들이 제품에 적힌 코드번호를 문자메시지로 보내거나, 아크틱 홈 캠페인 웹사이트에 입력하면 일정액을 기부할 수 있게 했다. 이 캠페인은 소비자들의 큰 호응을 끌었고, 약 5개월 만에 코카콜라는 180만 달러(약 22억 원)가량의 기부금을 모을 수 있었다.

세계적으로 기업의 사회적 책임(Cooperate Social Responsibility: CSR)이 중요해지면서, 기업의 경영활동과 사회공헌을 연계시키려는 움직임이 늘고 있다. 대표적인 것이 '코즈마케팅(cause marketing)'이다. 일방적으로 기부나 봉사활동에 나서는 대신, 기업도 실익을 얻을 수 있도록 공익과의 접점을 찾는 것이다.

출처: 조선일보 (2012.11.29). 저자 편집.

2) 마케팅 믹스의 변수

마케팅은 하나의 시스템으로서 통제불가능한 외부환경 속에서 기업 내부의 제품·가격·유통경로·촉진 등의 요소를 통제함으로써 기업의 목표를 달성하게 된다. 마케팅 믹스(marketing mix)는 표적시장에서 마케팅 목표를 달성하기 위해 기업이 활용하는 마케팅 도구들의 집합을 말한다. 일반적으로 마케팅 믹스는 4P를 가리키는데 자세히 살펴보면 [그림 2-2]와 같다.

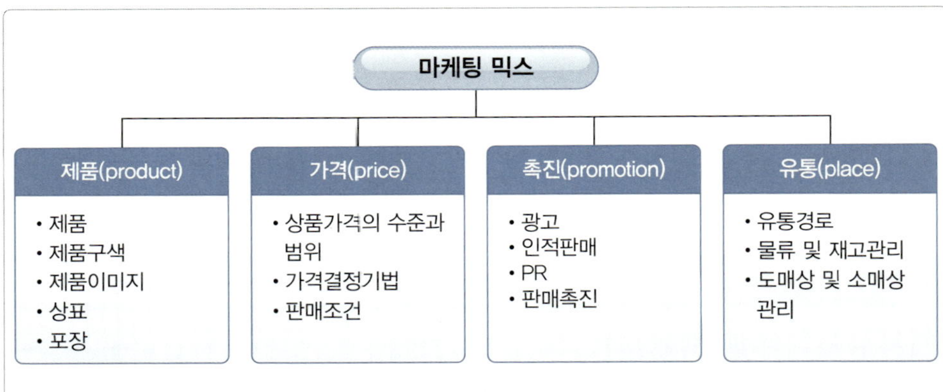

❖ **그림 2-2** 마케팅 믹스의 구성요소

- 제품계획(product planning): 제품, 제품구색, 제품 이미지, 상표, 포장 등의 개발과 관련된 의사결정을 말한다.
- 가격계획(price planning): 가격계획은 상품가격의 수준과 범위, 가격결정기법, 판매조건 등을 결정하는 것을 갈한다.
- 촉진계획(promotion planning): 광고, 인적판매, PR(public relations), 판매촉진 등을 통해 고객이나 일반대중들에게 의사를 전달하는 일에 관한 의사결정을 말한다.

• 유통계획(distribution planning): 유통경로를 설계하고, 물류 및 재고관리, 도매상 및 소매상의 관리를 위한 계획을 세우는 것을 말한다.

3) 마케팅 관리 과정

마케팅 관리(marketing management)는 기업이 마케팅 목표를 달성하기 위해 마케팅 환경을 분석한 결과를 토대로 마케팅 전략을 수립하고 마케팅 믹스에 관한 계획을 만들어 이를 수행하고 실행하는 일련의 과정을 말한다. 마케팅 관리 과정은 크게 상황분석(마케팅 환경의 시장 기회 및 위협분석), 마케팅 목표의 설정, 마케팅 전략의 개발(STP의 결정), 마케팅 프로그램의 개발, 마케팅 프로그램의 실행과 평가의 5단계로 구성된다.

마케팅 계획 수립 과정의 첫 번째 단계는 상황분석이다. 기업은 환경에 대한 분석을 통해 환경이 주는 기회(opportunity)와 위협(threat)요인을 파악하고, 경쟁사와 자사에 대한 내부역량의 비교분석을 통해 강·약점(strength and weakness)을 파악하게 되는데, 이를 SWOT(strength, weakness, opportunity, threat) 분석이라고 한다.

SWOT 분석을 통해 외부환경의 기회와 위협, 자사의 강·약점이 파악되면, 기업은 다음으로 마케팅 목표를 설정해야 한다. 흔히 고려되는 마케팅 목표는 이익의 증대, 매출 혹은 시장점유율의 증대, 고객만족도의 향상 등을 들 수가 있다.

기업의 마케팅 목표가 설정이 되면 기업은 그 목표를 달성하기 위한 마케팅 전략을 개발하는 단계로 들어간다. 기업의 마케팅 전략은 시장 세분화(segmentation), 표적세분시장의 선정(targeting), 그리고 포지셔닝(positioning)의 3단계로 구성되는데, 흔히 표적마케팅 혹은 STP 전략으로 불린다. 마케팅 전략의 첫 번째 단계인 시장 세분화는 매력적인 표적세분시장의 발견을 위해 전체 시장을 다양한 기준을 사용하여 동질적인 고객으로 구성된 각 세분시장으로 나누는 과정이다. 마케팅 전략의 두 번째 단계는 각 세분시장의 매력도를 평가하여 높은 수익을 실현할 수 있는 가장 매력적인 하나 또는 그 이상의 세분시장을 선정하는 것이다. 마케팅 전략의 마지막 단계는 선정된 표적시장에서 경쟁사와 차별화된 포지션을 정립하는 과정인데, 이를 시장 포지셔닝(marketing positioning)이라고 부른다.

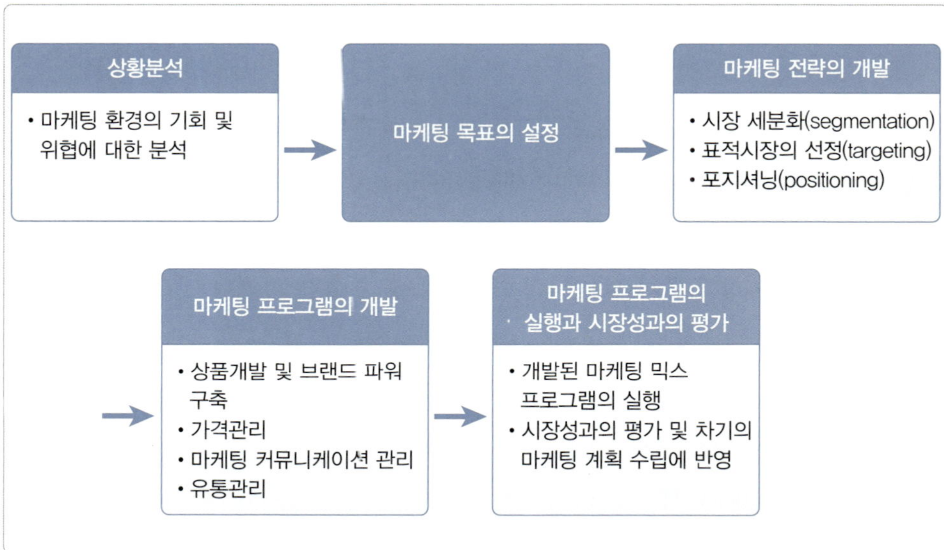

❖ **그림 2-3** 마케팅 관리 과정

표적세분시장의 선정과 경쟁사와의 차별화된 위상을 정립하는 포지셔닝 결정이 완료되면, 기업은 이를 실행하기 위한 구체적인 마케팅 프로그램을 개발하는 단계로 들어간다. 마케팅 프로그램의 개발은 앞에서 설명한 4P의 마케팅 믹스를 중심으로 이루어진다.

마케팅 계획 수립 과정의 마지막 단계는 개발된 마케팅 믹스 프로그램을 실제로 실행하고 그 결과를 평가하여 차기의 마케팅 계획 수립에 반영하는 과정이다.

02 글로벌 마케팅의 의의

1) 글로벌 마케팅의 개념

마케팅은 국내시장에서 이루어지기도 하지만 국경을 넘어 세계시장이 하나의 시장처럼 된 현재 글로벌 시대에는 국제적인 마케팅 활동이 빈번히 수행되고 있다. 이처럼 '국경을 넘어 2개국 이상에서 일어나는 마케팅 활동'을 글로벌 마케팅(global marketing)이라고 한다.

글로벌 마케팅의 정의는 그 주된 활동 내용이나 강조점, 해외시장의 개입 정도, 혹은 학자에 따라 다양한 명칭이나 정의가 존재하고 있지만, 일반적으로 미국마케팅학회의 2007년도 마케팅의 정의를 원용하면 글로벌 마케팅이란 '둘 이상의 국가를 대상으로 고객, 의뢰인, 파트너 및 사회 전반에 가치가 있는 것을 창출·의사소통·전달·교환하는 활동, 기관, 그리고 과정'으로 정의할 수 있다.

보다 현실적인 측면에서 정의해 보면 '글로벌 마케팅은 글로벌 기업이 통제불가능한 국내환경과 글로벌 환경의 제약하에서, 제품(product), 가격(price), 유통(place) 및 촉진(promotion) 등의 통제가능한 마케팅 4P 요소들을 결합하여 기업의 마케팅 목표를 달성하기 위한 기업 활동'이라고 할 수 있다.

글로벌 마케팅의 정의나 명칭은 다음에 살펴볼 글로벌 마케팅의 발전 단계에 따라 국제마케팅, 다국적 마케팅 등과 구분하여 사용되는 경우도 있지만, 때로는 혼용하여 사용되기도 한다. 이 책에서는 글로벌 마케팅으로 통일하여 사용하기로 한다.

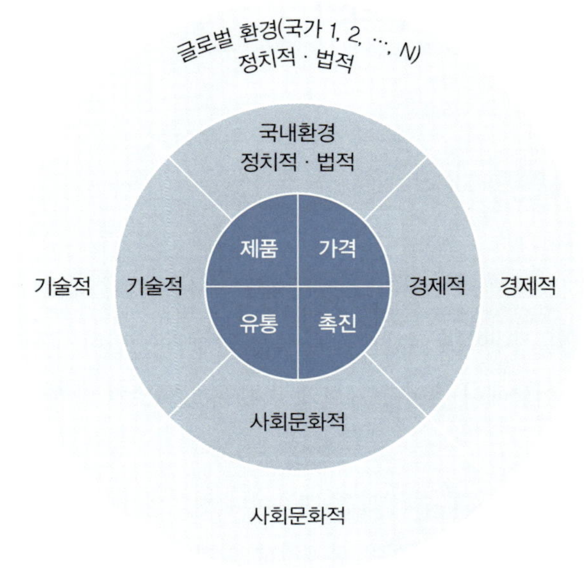

❖ **그림 2-4** 글로벌 마케팅의 환경요소와 마케팅 믹스(4P)의 변수

출처: 박주홍 (2010). 글로벌 마케팅, p.9.

2) 글로벌 마케팅의 특징

글로벌 마케팅은 일반적인 마케팅의 이론과 개념, 그리고 기법이 그대로 이용되지만 기본적으로 하나의 국가 내에서만 이루어지는 국내 마케팅(domestic marketing)과는 국경을 넘어 2개국 이상에서 이루어진다는 점에서 다음과 같은 큰 차이가 있다.

(1) 시장환경의 상이

국내 마케팅은 단일한 시장환경에서 수행되지만 글로벌 마케팅은 서로 상이한 환경을 지닌 복수의 서로 다른 국가시장을 대상으로 수행된다는 점에서 차이가 있다. 해외시장은 국내시장과 경제적·문화적·정치적·법률적 환경이 다르며, 또한 이와 같은 시장환경은 해외시장에서도 국가에 따라 달라진다.

이러한 마케팅 환경은 기업의 입장에서는 통제가능한 마케팅 믹스 변수와는 달리 통제 불가능한 주어진 여건이며, 마케팅 기회를 포착할 수 있는 기회의 원천이자 마케팅 활동을 제약하는 위협요소가 되기도 한다. 따라서 글로벌 마케팅 관리자는 국내의 마케팅 환경에 더하여 복수의 이질적인 국가의 환경, 즉 글로벌 마케팅 환경을 분석하고 이해한 후에 이를 바탕으로 적절한 글로벌 마케팅 전략과 계획을 수립·집행해야 한다.

(2) 국가 간의 이전 활동

글로벌 마케팅의 또 다른 특징은 국가 간의 이전, 즉 국경을 넘는 활동을 전제로 한다는 점이다. 글로벌 마케팅은 재화 및 용역, 자본·기술·인력 등의 생산요소, 마케팅 전략과 프로그램, 그리고 마케팅 기법과 시스템의 국가 간 이전을 포함한다. 따라서 글로벌 기업은 내부적 요인과 해당 국가시장의 환경 등 외부적 요인을 고려하여 가장 효과적인 진입방식(emtry mode)을 결정해야 한다.

(3) 다수국가시장

글로벌 마케팅 활동은 2개국 이상에서 동시에 수행된다. 따라서 다수국에서 동시다발적으로 이루어지는 마케팅 기능을 누가 수행하며, 전사적인 관점에서 이러한 활동을 어떻게 조정하고 통제하는가의 문제가 제기된다.

3) 글로벌 마케팅의 발전 단계

글로벌 마케팅은 일반적으로 기업의 국제화 정도에 따라 다음의 5단계를 거치면서 발전한다.

(1) 국내 마케팅

기업이 내수시장만을 대상으로 마케팅 활동을 전개하는 경우이다. 국내 마케팅(domestic marketing)은 내수시장이 충분히 크거나 해외진출에 필요한 인적·물적자원이 부족한 중소기업인 경우가 많으며, [그림 1-3]과 같이 기업의 국제화 단계 중 '내수지향 단계'에 해당하는 마케팅 활동이라고 볼 수 있다.

(2) 수출 마케팅

수출 마케팅(export marketing)은 해외시장을 대상으로 하는 수출 활동 중심의 활동이다. 그러나 해외시장에서의 마케팅 활동은 초보적 단계로서 주로 해외 바이어의 요구조건에 수동적으로 반응하여 적극적인 해외시장에서의 마케팅 활동이나 시장조사 활동이 없이 국내 수출업자나 외국 바이어를 통해 수출을 하게 된다. 앞서 살펴본 기업의 국제화 단계 중 '수출지향 단계'에 해당하는 마케팅 활동이다.

(3) 해외 마케팅

해외 마케팅(foreign marketing)은 기업 국제화 단계 중 '현지시장지향 마케팅 단계'에 해당하는 마케팅 활동으로 국내생산한 물품을 수출을 통해 해외시장에 공급하되 현지시장에서의 마케팅 활동에 적극 개입하는 형태이다. 즉 현지 바이어에 의존하기보다는 독자적인 현지 판매법인 등을 설립하여 현지시장이나 소비자에 대한 직접인 시장 조사와 더불어 브랜드 관리는 물론 촉진, 유통 활동에도 적극 개입하게 된다.

(4) 다국적/국제 마케팅

다국적/국제 마케팅(multinational/international marketing)은 기업 국제화 단계 중 '현지시장지향 생산 단계'에 해당하는 마케팅 활동으로서 다수의 해외시장에 자체 생산시설을 갖추고 생산 및 마케팅 활동을 하는 것을 말한다. 그러나 다국적/국제 마케팅은 각각의 국가를 상이한 시장으로 보며 각 개별 해외시장에서의 접근과 해당 시장에서의 마케팅 활동을 주요 과제로 삼되, 각 국가시장을 대상으로 하는 마케팅 활동 간에 통합과 조정이 없다는 점에서 국가별 접근(multidomestic approach)이라고 할 수 있다.

(5) 글로벌 마케팅

글로벌 마케팅(global marketing)은 기업국제화의 마지막 단계인 '세계시장지향 단계'에 해당하는 마케팅이라고 할 수 있으며, 복수의 해외 생산입지와 복수 시장 간의 유기적 연결을 통해 세계적 관점에서의 최적화를 추구한다. 즉 전 세계를 하나의 동질적인 시장으로 간주하고 표준화된 제품을 강조하는 기업의 마케팅 활동에 초점을 두며, 범세계적인 통합과 조정능력이 매우 중요하다.

03 글로벌 마케팅 관리자의 과업 및 기본 자세

글로벌 마케팅 관리자의 과업은 '글로벌 마케팅의 목표를 달성할 수 있도록 국내외의 통제불능 요소하에서 마케팅 의사결정의 통제가능 요소(4P)를 잘 조합·관리하는 것'이라고 할 수가 있다. 앞의 [그림 2-4]에서 살펴본 바와 같이 글로벌 마케팅 관리자는 국내환경에 더하여 이질적인 글로벌 마케팅 환경하에서 마케팅 활동을 수행해야 하며, 이러한 이질적인 글로벌 환경은 기업에게 기회요인이자 위험요인이 된다. 따라서 글로벌 마케팅 관리자는 이질적인 글로벌 환경이 주는 기회를 최대한 활용하고 위험을 최소화시키면서 기업의 글로벌 마케팅 목표를 달성할 수 있도록 기업 내부의 통제가능 요소(4P)를 적절히 믹스한 글로벌 마케팅 전략을 구사해야 한다.

그러면 글로벌 마케팅 관리자가 이러한 과업을 수행하기 위해 어떠한 기본 자세를 가져야 하는가?

첫째, 자기준거기준(self-reference criterion: SRC)과 본국지향형(ethnocentric) 태도를 버려야 한다. 자기준거기준이란 자기의 익숙한 문화의 가치관 및 의식구조에 의해 다른 문화를 평가하려는 경향이다. 예컨대, 일부 동남아 국가에서는 밥을 먹을 때 젓가락을 사용하지 않고 오른손을 사용한다. 그렇다고 해서 우리의 시각으로 불결하다고 생각해서는 안 된다. 본국지향형 태도는 펄뮤터 교수의 EPRG 프로파일에서 살펴본 바와 같이 모든 마케팅 활동이나 조직의 구성이 본국 중심적으로 이루어지는 경우이다. 예컨대, 한국인의 경우 세계의 중심은 한국이며 우리식대로의 생활방식을 아낀다. 한국적인 것을 아끼고 소중히 여기는 데는 문제가 없다. 하지만 이와 같은 본국 중심적인 사고는 국제경영활동에 큰 장애요인으로 나타나고 있으며, 무엇보다도 본국 중심적 사고방식이 해외에서 저지르는 큰 실수는 본국에서 하는 방식을 해외에서 그대로 적용하려고 할 때 흔히 발생한다. 예를 들어, 다른 사람 앞에서 야단을 친다든가, 여사원에게 차 심부름을 시킨다든가, 작업 중에 화장실을 못 가게 하는 등 한국에서 하던 식으로 현지고용인에게 강요하다가 노사분규를 일으키는 경우를 자주 보게 된다.

그러므로 글로벌 마케팅 관리자는 우리가 익숙한 가치관으로 타 문화를 평가하려는 자기준거기준이나 된장찌개가 맛있다고 외국인에게 억지로 먹이는 식의 본국지향적 태도에서 벗어나 글로벌 관점에서 사고하고 행동하는 지혜가 필요하다.

둘째, 글로벌화된 사고(think globally)와 글로벌 비즈니스 에티켓, 외국어 구사능력을 갖추어야 한다. 즉, 변화하는 글로벌 환경을 한눈에 조망할 수 있어야 할 뿐만 아니라 글로벌 마케팅을 효과적으로 수행하기 위한 외국어 구사능력과 비즈니스 에티켓을 갖추어야 한다.

셋째, 글로벌 마케팅 관리자는 무엇보다도 글로벌 마케팅을 효과적으로 수행하기 위한 글로벌 마케팅 역량(global marketing competence)을 배양해야 한다. 글로벌 마케팅 역량은 환경적 역량(environmental competence), 분석적 역량(analytic competence), 전략적 역량(strategic competence), 기능적 역량(functional competence), 관리적 역량(managerial competence) 등으로 구성된다. 글로벌 시장의 정치·경제·사회·문화·법률적 환경에 대한 지식, 즉 환경적 능력을 갖춤과 동시에 이에 대한 정보를 분석하여 글로벌 시장 기회를 분석하여 의사결정을 하게 하는 분석적 능력이 필요하다. 또한 이를 바탕으로 장기적인 글로벌 마케팅 전략을 수립하는 전략적 기능과 아울러 제품·가격·유통·촉진 등 4P의 각 기능별 영역을 종합하여 글로벌 마케팅 프로그램을 디자인하는 전략적 능력이 필요하다. 마지막으로 효과적으로 글로벌 마케팅 성과를 낼 수 있도록 조직을 준비하고 성과를 통제하는 관리적 능력이 필요하다.

Brief Case 기업 울린 글로벌 에티켓

국내 한 종합무역상사에서 근무하는 A부장은 러시아 주재원으로 근무하던 5년 동안 '표정관리'가 가장 힘들었다고 고백한다. 보드카로 대표되는 독한 술 문화, 길고 추운 겨울과 짧은 여름, 비싼 생필품 물가보다 더 그를 괴롭혔던 것은 '웃지 않기'였다.

A부장은 "미국이나 유럽에서는 처음 만나는 사람과 웃는 얼굴로 인사하지만 러시아에서는 이를 '비웃음'으로 생각하고 불쾌해한다."면서 "특히 기업 간 협상 자리에서 보이는 웃음을 '접대용 미소'라고 생각해 절대 신뢰하지 않는 편이다."라고 말했다. A부장은 한국에서는 좋은 인상이라는 얘기를 종종 들었지만 러시아에서만큼은 '굳은 얼굴'로 일할 수밖에 없었다.

해외에서 활약하는 현지 주재원과 기업인들은 "매너가 성공을 만든다."라며, 현지 문화와 에티켓에 각별히 주의할 것을 촉구한다. 비즈니스 매너 전문가인 카리 헤이스태드 컬처 코치 인터네셔널 대표는 "보통 기업들이 해외진출을 할 때 그 나라의 법규, 세금 등에 대해 열심히 공부하지만 그만큼 중요한 것이 또 있다."면서 "그것은 문화적인 실수를 줄이는 것이다."라고 말했다.

▶ 공(公)은 공(公), 사(私)는 사(私)

공사를 명확히 구분해야 한다는 말은 누구나 안다. 하지만 한국에서처럼 했다가는 해외에서 낭패를 보기 십상이다.

국내 한 대기업이 폴란드에 현지법인을 세운 직후 있었던 일이다. 법인장으로 파견된 B전무는 직원들과 주 3~4회씩 저녁 회식 자리를 가졌다. 짧은 시간에 직원들과 친해지겠다는 그만의 노하우였다. 그러나 한 달 후 돌아온 것은 수북이 쌓인 초과근무수당 청구서였다.

"회식은 업무의 연장선이다."라는 원칙은 한국과 폴란드 모두 동일하게 적용됐지만 한국에서는 '감내'를, 폴란드에서는 '대가'를 요구한다는 게 차이점이다.

개인적인 질문도 함부로 해서는 안 된다. 2년 전까지 국내 기업의 미국 디트로이트 현지 지사에서 근무했던 C실장이 현지인 채용면접을 볼 때다. 그는 직장 경험, 업무능력 모두 출중한 한 지원자에게 "혹시 결혼은 했냐?"고 물었다. 하지만 지원자는 "왜 그런 걸 묻느냐."라고 물었다. '아차' 싶어서 바로 사과했다. C실장은 "지원자가 나를 고소했다면 법적 처벌을 받을 수도 있는 사안이었다는 얘기를 듣고 가슴을 쓸어내렸다."라고 말했다.

한국에서는 '사적인 일'이지만 해외에서는 '공적인 일'로 생각해야 하는 분야도 있다. 종교가 대표적이다. 한국 직장에서는 종교보다 일이 우선이라는 인식이 강한 편이지만 해외에서 종교에 대한 배려가 없으면 정상적인 업체 운영이 불가능할 수 있다.

LG상사 인도네시아 현지법인은 금요일 점심시간을 다른 근무일보다 30분 길게 운영하고 있다. 이슬람권에서 매주 금요일 열리는 합동예배 '주무아' 때문이다.

인도네시아 동부 칼리만탄 지역에서 3년간 근무했던 정도훈 LG상사 석탄산업부 대리는 "계약상으로 점심시간은 낮 12시부터 오후 1시까지나, 금요일은 오전 11시 30분부터 오후 1시까지 운영해 현지 직원들이 주무아를 지킬 수 있게 배려했다."라고 말했다. 그는 "한국에선 종교가 없는 사람도 많고 이를 이상하게 바라보지도 않지만 인도네시아는 대부분이 이슬람인이라 계약 조건만 들이대면서 근무시간을 지키라고 하면 반발을 부를 수 있다."고 말했다. 인도네시아 등 이슬람 국가에서는 금요일 정오를 전후로 비즈니스 약속을 잡는 것도 피해야 한다.

▶ 한국이 좋은 나라라고 느낄 때

2010년 독일 현지에 필라멘트 부품을 납품하게 된 한 중소기업 D영업부장은 납품업체 임직원들을 현지 식당으로 초대했다. 계약 성사로 한껏 들뜬 그는 비싼 음식을 잔뜩 먹은 뒤 신용카드를 건넸다. 그러나 웨이터로부터 "신용카드 결제가 안 된다."라는 답변을 듣고 눈앞이 캄캄해졌다. 현금이 없던 D부장은 결국 납품업체 임원에게 돈을 빌려 음식값을 지불했다.

'첨단, 경제 강국'이라는 이미지와 달리 독일에서는 신용카드 결제가 안 되는 곳이 많다. 독일에서 통역 일을 하는 문기덕 씨는 "독일에서는 신용카드 결제가 의무사항이 아닐 뿐더러 굳이 수수료를 부담하면서 서비스를 제공할 필요가 없다고 생각하는 식당 주인이 많다."라며 "지금도 상황은 크게 달라지지 않았다."라고 말했다.

멕시코 등 라틴 문화권에서는 약속시간이 지켜지지 않는 경우가 많다. 반드시 그런 것은 아니지만 약속시간에 도착한다는 의미는 '약속 30분 후'를 뜻하는 경우가 많다. 만찬이 오후 8시에 시작한다고 해서 제시간에 도착하면 아무도 없는 경우가 많다는 게 현지 경험자들의 얘기다.

아르헨티나 부에노스아이레스 무역관에서 근무했던 심재상 KOTRA 과장은 "라틴계 사람들 성격이 느긋한 편인 데다 현지 교통체증도 심해 약속시간이 지켜지지 않는 경우가 많다"면서 "현지인뿐 아니라 한국 사람들도 늦는 경우가 많고 서로 용인되는 분위기 덕분에 약속시간 때문에 큰 문제가 생기는 경우는 드물다."라고 말했다.

▶ 어려운 식사 예절과 주도

외국인과의 식사 자리는 쉬울 것 같으면서도 어렵다. 가까워질 수 있는 기회이면서도 자칫 그 문화를 모르면 무례한 사람으로 오해받기 십상이다.

중국에서는 생선을 뒤집어 먹어서는 안 된다. 중국인들에게 생선은 '배'를 상징한다. 생선을 뒤집는 것은 배의 전복으로 여겨 불길하게 여긴다. 식사 중 젓가락을 그릇 위에 두는 것도 불운을 상징한다.

한국과 유럽의 웨이터 · 웨이트리스 문화도 다르다. 한국에서는 손님이 필요한 일이 있으면 종업원이 보일 때마다 부르고 심지어 벨까지 눌러 부른다. 유럽이나 호주 등 서양 문화권에서는 담당직원이 처음부터 끝까지 한 테이블을 책임진다. 이 때문에 다른 직원을 불러서도 안 되고 필요한 게 있어도 담당직원이 직접 테이블에 오거나 눈이 마주칠 때까지 기다리는 게 일반적이다.

▶ 우리와는 다른 팁 문화

팁 문화도 신경 써야 한다. 중국, 일본 등에는 팁이 없다. 하지만 같은 유럽도 나라나 상황에 따라 요율이 다르다. 무역투자진흥공사(KOTRA) 관계자는 "무역사절단이 미국 뉴욕 맨해튼의 한식당에서 식사한 적이 있는데, 계산하고 나온 후 종업원이 따라 나와 추가 팁을 요구했다."라고 말했다. 그는 "저녁 팁은 보통 18~20%인데 5%만 계산하고 나와 팁을 주수입원으로 하는 종업원이 억울한 마음에 달려 나왔던 것이다."라고 말했다.

중국에서는 "술 없이 사회적 관계가 이루어지지 않는다."라는 속담이 있을 정도로 술이 비즈니스의 중요한 요소다. 술을 잘 마시지 못하는 경우 술을 잘 마시는 '술상무'를 대동하는 것도 하나의 방법으로 권장될 정도다. 다만 한국과 달리 술자리에서 업무 얘기는 거의 하지 않고 일상적인 얘기로 친밀도를 높이는 게 중요하다.

러시아에서는 술이 보드카를 의미하며 보드카를 거절하거나 보드카에 다른 술을 섞어 마시는 사람은 겁쟁이로 간주된다. 특히 술자리 주재자가 인사말과 함께 권하는 첫잔은 반드시 잔을 비워야 한다. 안 그러면 주재자를 무시한 꼴이 된다.

일본에서는 술을 마실 때 상대방 잔에 술을 계속 채워줘야 한다. 술잔에 술이 있다고 권하지 않는 것은 자리를 끝내고 싶다는 뜻으로 해석된다.

출처: 경향 비즈앤라이프 (2015.4.10).

04 글로벌 마케팅의 주요 내용

(1) 글로벌 마케팅 목표의 설정

글로벌 기업의 전체적인 기업 목표와 마케팅 목표를 설정한 후 그 테두리 안에서 글로벌 마케팅 목표를 설정하게 된다.

기업이 해외시장에 진출하기 전에 그 목적을 명확히 설정하는 것이 중요하다. 일반적으로 기업은 판매시장 확보, 경쟁자 견제, 생산기지 확보 등 기업들은 다양한 전략적 목적을 가지고 해외시장에 진출하게 되는데, 이 중에서 가장 중요한 목적이 무엇인가를 명확하게 하여야 한다.

(2) 글로벌 마케팅 환경의 분석

글로벌 기업을 둘러싸고 있는 경제적, 문화적, 정치적·법적 환경을 분석해야 한다. 국내와 이질적인 글로벌 마케팅 환경은 기업에 기회요인이기도 하지만 위험요인이 되기도 한다. 그러므로 효율적으로 글로벌 마케팅을 수행하기 위해서는 글로벌 마케팅 환경에 대한 철저한 이해와 분석이 필요하다.

(3) 글로벌 시장조사와 글로벌 마케팅 전략의 수립과 집행

글로벌 마케팅 환경을 분석하여 의사결정에 도움이 되도록 글로벌 시장조사를 한 후, 이에 근거하여 글로벌 마케팅 전략을 수립해야 한다. 보다 구체적으로 글로벌 기업은 다음에 대해 의사결정을 해야 한다.

① 해외시장 진출 여부에 대한 결정(go/no go decision)

- 해외시장 진출 여부의 결정

② 해외시장조사와 진출 대상국의 결정(country selection)

- 해외시장에 대한 정확한 정보의 수집과 객관적 분석
- 시장 세분화와 표적시장 선정 및 포지셔닝(STP 전략)

③ 시장진입방식의 결정(entry mode decision)

- 크게 수출, 라이선싱, 투자 중에서 선택

(4) 글로벌 마케팅 믹스 전략의 수립과 집행

글로벌 마케팅 관리자는 시장환경이 상이한 여러 해외시장을 대상으로 기업 내부에서 통제가능 요소인 글로벌 제품 전략, 글로벌 가격 전략, 글로벌 유통 전략, 글로벌 촉진 전략을 수립하고 실행하여야 한다. 이러한 글로벌 마케팅 믹스 전략을 어느 정도 표준화할 것인가, 아니면 현지적응화할 것인가도 결정해야 한다.

(5) 글로벌 마케팅 관리

글로벌 기업이 세계 여러 나라에서 마케팅 활동을 수행하게 되면 전사적인 관점에서 마케팅 활동을 조정하고 통제하여야 한다. 이를 위하여 먼저 글로벌 마케팅 업무를 효과적으로 수행할 조직을 설계한 후, 마케팅 활동을 적절히 통제하여야 한다.

(6) 글로벌 마케팅의 미래

최근 글로벌 마케팅에서의 주요 이슈가 무엇인가에 대한 분석을 통해 앞으로의 글로벌 마케팅의 미래를 조망한다.

05 이 책의 구성 및 주요 내용

이 책은 총 5부 13개의 장으로 구성되어 있으며, 주요 내용은 다음과 같다.

먼저 '제I부 글로벌 마케팅의 이해'는 이 책의 도입부문으로서 기업의 국제화(제1장)와 마케팅의 기본 개념을 기초로 글로벌 마케팅의 개념(제2장)에 대해 알아본다.

'제II부 글로벌 마케팅 환경'은 글로벌 마케팅 환경을 글로벌 경제 환경(제3장), 글로벌 사회문화 환경(제4장), 글로벌 정치·법률 환경(제5장)으로 나누어 살펴본다.

'제III부 글로벌 마케팅 전략'은 글로벌 시장 기회를 분석하기 위한 글로벌 마케팅 조사(제6장)를 살펴본 후 글로벌 STP 전략과 해외시장 진입 전략(제7장)을 살펴본다.

'제IV부 글로벌 마케팅 관리 및 통제'는 먼저 글로벌 마케팅 4P별로 글로벌 제품관리(제8장), 글로벌 가격관리(제9장), 글로벌 유통관리(제10장), 글로벌 촉진관리(제11장)를 살펴본다. 마지막으로 글로벌 마케팅을 수행하기 위한 조직과 통제(제12장) 등에 대해 설명한다.

'제V부 글로벌 마케팅의 미래'에서는 최근 이슈가 되고 있는 글로벌 인터넷 마케팅과 글로벌 CSR 관리(제13장)를 중심으로 살펴본다.

이상의 내용을 정리하여 도표로 구성하면 [그림 2-5]와 같다.

제 I 부 글로벌 마케팅의 이해

- 제1장 기업의 국제화
- 제2장 글로벌 마케팅의 이해

↓

제 II 부 글로벌 마케팅 환경

- 제3장 글로벌 경제 환경
- 제4장 글로벌 사회 · 문화 환경
- 제5장 글로벌 정치 · 법률 환경

↓

제 III 부 글로벌 마케팅 전략

- 제6장 글로벌 마케팅 조사
- 제7장 글로벌 마케팅 전략

↓

제 IV 부 글로벌 마케팅 관리 및 통제

- 제8장 글로벌 제품관리
- 제9장 글로벌 가격관리
- 제10장 글로벌 유통관리
- 제11장 글로벌 촉진관리
- 제12장 글로벌 마케팅의 조직 및 통제

↓

제 V 부 글로벌 마케팅의 미래

- 제13장 글로벌 마케팅의 새로운 이슈

❖ **그림 2-5** 이 책의 구성 및 주요 내용

한편 앞에서 살펴본 글로벌 마케팅 관리자가 갖추어야 할 역량(global competence), 글로벌 마케팅의 주요 내용을 중심으로 이 책의 구성을 살펴보면 〈표 2-1〉과 같다.

❖ **표 2-1** 글로벌 마케팅 관리자의 전문능력과 글로벌 마케팅의 주요 내용 및 이 책의 구성

글로벌 마케팅 관리자가 갖추어야 할 역량	글로벌 마케팅의 주요 내용	관련 이 책의 구성
환경적 역량	글로벌 마케팅 환경의 분석	제Ⅱ부 글로벌 마케팅 환경 제3장 글로벌 경제 환경 제4장 글로벌 사회・문화 환경 제5장 글로벌 정치・법률 환경
분석적 역량 및 전략적 역량	해외시장조사 및 글로벌 마케팅 전략의 수립	제Ⅲ부 글로벌 마케팅 전략 제6장 글로벌 마케팅 조사 제7장 글로벌 마케팅 전략
기능적 역량 및 관리적 역량	글로벌 마케팅 믹스 전략의 수립과 집행 글로벌 마케팅의 관리	제Ⅳ부 글로벌 마케팅 관리 및 통제 제8장 글로벌 제품관리 제9장 글로벌 가격관리 제10장 글로벌 유통관리 제11장 글로벌 촉진관리 제12장 글로벌 마케팅의 조직 및 통제 제Ⅴ장 글로벌 마케팅의 미래 제13장 글로벌 마케팅의 새로운 이슈

마무리사례 정의선과 아키오의 엇갈린 전략…포니와 크라운에 있다

❖ 현대차 포니와 도요타 크라운

> 포니는 오늘날 현대차를 만든 차
> 사람을 위한 진보 계속되도록 최선
>
> **정의선 회장**

> 크라운은 일본의 성공・자부심 상징
> 전 세계가 일본의 크라운 알게 되기를
>
> **도요다 아키오 회장**

현대차 포니	구분	도요타 크라운
1975년	첫 출시	1955년
조르제토 주지아로	디자인	나카무라 겐야
현대차 첫 독자 생산 모델	특징	도요타 첫 양산형 모델
1990년 단종	현재	2022년 16세대 모델 출시
아이오닉5 디자인에 영향	비고	내수용에서 16세대부터 40여 개국 수출

"포니라는 독자 모델 생산으로 축적된 정신적・경험적 자산은 오늘날 현대차를 만들었습니다. 정주영 선대 회장의 인본주의 철학과 정몽구 명예회장이 강조한 품질・기본을 바탕으로 저는 미래 모빌리티를 통해 사람을 위한 진보가 계속되도록 최선을 다하겠습니다." (지난 7일 정의선 현대차그룹 회장)

"창업자인 도요다 기이치로는 대중을 위한 승용차로 일본인의 삶을 풍요롭게 만들고자 했습니다. 크라운은 일본의 세계적 기술과 숙련된 노동력을 결합해 일본의 성공과 자부심을 상징해왔습니다. 전 세계가 일본의 크라운(왕관)이 무엇인지 알았으면 합니다." (지난해 7월 도요다 아키오 도요타자동차 회장(당시 사장))

현대차그룹과 도요타자동차의 두 창업 3세가 각각 브랜드 최초 독자 모델의 가치를 재조명하고 나섰다. 지난해 도요타가 일본에서 하이브리드 모델 16세대 크라운을 공개하기에 앞서 1세대 모델을 복원했고, 현대차는 최근 '포니 쿠페 콘셉트'(시제차)를 원형 그대로 되살려냈다.

현대차그룹을 세계 3위 완성차 기업으로 성장시킨 정의선 회장, 대규모 리콜 사태로 최악의 위기에 빠진 도요타를 세계 1위로 올려놓은 도요다 아키오 회장. 새로운 전성기를 이끌어낸 두 회장이 이제 와 과거를 되짚는 이유는 무엇일까.

과거를 알아야 미래에 대처할 수 있다는 게 두 회장의 공통된 인식이지만, 발언을 들여다보면 미묘한 차이가 있다. 정 회장은 33년여 전 단종된 모델을 밑받침 삼아 미래 모빌리티 사업의 청사진을 제시한 반면, 도요다

회장은 세대를 바꿔가며 70년 가까이 판매되고 있는 모델로 과거의 영광을 계승하자는 데 집중했다. 포니와 크라운은 지금의 현대차와 도요타를 설명하는 상징적인 모델로 꼽힌다. 하지만 디자인을 대하는 태도에서는 차이가 크다.

현대차 포니, 도요타 크라운
상징적인 모델 전면 내세워

鄭 회장, 미래 모빌리티 강조
아키오는 과거의 영광 계승

디자인 철학서도 확연한 차이
현대차, 외부인재 영입해 변신
도요타, 전통 · 순혈주의 고수

현대차는 부족한 점이 있다면 외부 전문가 영입을 마다하지 않았다. 1975년 출시된 포니는 이탈리아 자동차 디자이너 조르제토 주지아로의 디자인으로 완성됐다고 해도 과언이 아니다. 고(故) 정주영 회장이 1973년 말 이탈리아 토리노를 방문해 자동차 디자인을 직접 요청한 이후 주지아로는 포니, 포니 엑셀, 프레스토, 스텔라, 쏘나타 1 · 2세대 등 현대차 초기 모델을 디자인했다. 포니 쿠페 콘셉트도 주지아로의 디자인 결과물이다.

1955년 출시된 크라운은 도요타 소속 엔지니어들의 손끝에서 완성됐다. 나카무라 겐야라는 이름의 도요타 수석엔지니어가 크라운 1세대 모델의 외관 디자인부터 서스펜션 기술까지 책임졌다. 1세대 크라운은 일본의 기술로 일본 고유의 고급차를 만들겠다는 목표로 만들었다.

고유의 것을 강조하는 도요타의 자세는 현재 인적 구성에서도 나타난다. 2019년부터 도요타의 디자인 부문 수장을 맡고 있는 사이먼 험프리스는 국적만 영국일 뿐 1994년 도요타에 입사한 도요타맨이다. 험프리스에 앞서 도요타 디자인을 책임졌던 후쿠이치 도쿠오도 1974년 대학 졸업 직후인 스물네 살에 도요타에 입사했다. 이 같은 순혈주의는 도요타가 차량 디자인에 있어 변화를 추구하되 기존 결과물을 계승하는 경향이 강한 이유로 통한다.

반면 현대차그룹 디자인을 책임지고 있는 루크 동커볼케 현대차그룹 최고창의력책임자(CCO), 이상엽 현대디자인센터장, 카림 하비브 기아디자인센터장 등은 모두 외부 출신이다. 현대차그룹은 디자인을 총괄하는 자리에 유럽 · 미국 자동차 회사를 거치며 실력을 인정받은 이들을 영입해 글로벌 시장을 겨냥한 자동차 디자인으로 호평을 받고 있다. 포니 쿠페 콘셉트 디자인을 차용한 수소전기차 콘셉트 'N 비전 74'의 경우 지난해 영국 자동차 전문매체 탑기어가 선정한 '올해의 인기 차량'으로 선정됐다.

1937년 설립된 도요타는 1967년 세워진 현대차가 따라가야 할 목표로 여겨졌다. 미래를 위한 밑받침이 된 포니와 과거의 영광을 재현하고자 하는 크라운. 브랜드 헤리티지(유산)에 대한 두 회장의 시각차는 현대차와 도요타의 현 상황에서도 그대로 묻어난다. 2009년부터 올해 초까지 사장 신분으로 도요타를 이끌었던 도요다 아키오 회장은 "하이브리드가 미래"라며 전기차 전환에 소극적인 모습을 보이다가 현재 경영 일선에서 한발 물러선 상태다. 올해 들어 도요타는 2030년까지 전기차 연간 350만대를 판매하겠다며 전동화 전략을 가속화하고 있지만 이조차 현대차그룹의 목표치(364만대)를 뒤쫓는 형국이다.

출처: 매일경제 (2023.6.8). 정의선과 아키오의 엇갈린 전략…포니와 크라운에 있다.
(https://m.mk.co.kr/news/business/10755562)

학 · 습 · 정 · 리 · 문 · 제

1. 마케팅이란 무엇인가?

2. 글로벌 마케팅의 개념에 대해 설명하시오.

3. 글로벌 마케팅이 일반적인 국내 마케팅과 구별되는 주요 특징은 무엇인가?

4. 글로벌 마케팅의 발전 단계에 대해 설명하시오.

5. 글로벌 마케팅의 주요 과제 및 내용은 무엇인가?

6. 글로벌 마케팅 관리자의 과업은 무엇이며, 갖추어야 할 기본 소양은 무엇인가?

GLOBAL
MARKETING

글로벌 기업이 국내시장이 아닌 해외 현지시장에서 마케팅 활동을 수행할 경우, 기업의 성과에 가장 큰 영향을 미치는 변수는 바로 글로벌 경제, 사회 · 문화, 정치 · 법률적 환경이다. 따라서 글로벌 마케팅을 수행하는 기업의 최고경영자, 특히 글로벌 마케팅 실무 책임자는 기업의 마케팅 성과를 향상시키기 위해 반드시 해외시장의 경제적 환경, 사회 · 문화적 환경을 이해하고, 현지 환경에 적합한 최적의 마케팅 전략을 수립해야 한다.

또한, 해외시장의 고유한 정치 · 법률적 환경에 위배되지 않는 범위에서 마케팅 전략을 수립 · 수행해야 하며, 현지국에서 발생할 수 있는 정치적 위험을 최소화하는 노력도 선행되어야 한다. 따라서 Part 2에서는 글로벌 기업의 성공적인 글로벌 마케팅 전략 수립 및 수행, 성과 창출을 위해 반드시 이해해야 하는 글로벌 경제, 사회 · 문화, 정치 · 법률적 환경에 대해 학습한다.

GLOBAL
MARKETING

PART 02

글로벌 마케팅 환경

CHAPTER 03

GLOBAL MARKETING

글로벌 경제 환경

학 습 목 표

이 장에서는 세계 각국의 경제 시스템의 차이에 대해 이해하고, 경제발전 단계에 따른 글로벌 마케팅 대응방안에 대해 학습한다. 또한 각국의 경제발전에 대한 성과와 잠재력을 측정하는 방법에 대해 이해한다.

03 CHAPTER 글로벌 경제 환경

도입사례 코로나-19와 글로벌 경제

2021년 7월 전국경제인연합회 조사결과 전 세계 주요 경제단체의 84.1%는 코로나-19의 반복적인 국제적 재발을 2021년 세계 경제의 특징으로 예상하고 있다. 경제단체 중 47.4%는 코로나-19의 국제적 발발로 인해 단기적으로 경제성장이 지연될 것으로 전망했고, 10.5%는 장기적으로도 경제회복이 늦춰질 것으로 예상했다. 즉, 세계의 경제단체 중 총 57.9%가 코로나-19로 인해 단기적 · 장기적으로 경제회복이 미루어질 것으로 예상하고 있는 것이다.

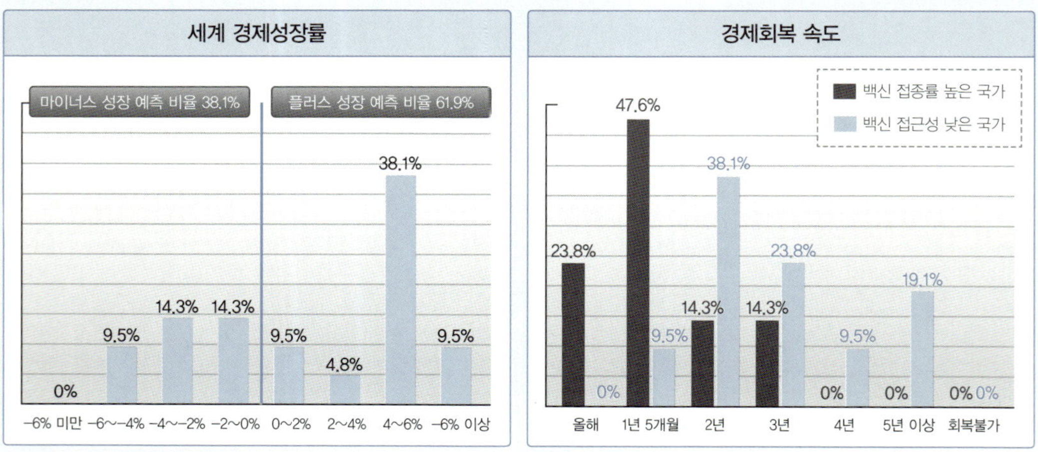

출처: ChosunBiz (2021.7.4). 세계경제단체 60% 코로나 국지적 발발로 경제성장 지연.

세계경제단체 52.4%는 국제통화기금(IMF)가 예상한 2021년 세계 경제성장률 6%보다 낮은 경제성장률을 전망했고, 마이너스 경제성장률을 예상한 경제단체도 38.1%로 집계됐다. 이는 백신 접종률에 따라 각국의 경제회복 속도가 격차를 보일 수 있다는 전망 때문이다.

코로나-19는 당장 글로벌 기업의 운영에 큰 영향을 미쳤다. 글로벌 기업들은 코로나-19에 대응하기 위해 직원 안전관리를 포함한 비상경영체제를 구축하고, CSR(Corporate social responsibility) 활동을 강화하고 있다. 더불어 글로벌 가치사슬의 재편성과 디지털 전환 움직임에도 속도를 내고 있다.

대다수 글로벌 기업들은 직원의 안전을 최우선 목표로 하고, 임직원의 임금삭감이나 근무시간 감소를 통해 재정을 확보하였다. 또한, 자사 생산설비를 전환하거나 유관기업과의 협력을 통해 의료 · 보호용품을 생산하고, 사회 취약계층에 위생 · 방역용품을 기부하는 등 CSR을 통해 기업과 제품의 브랜드 이미지를 제고했다.

코로나-19의 확산으로 인해 각국 정부와 기업들은 기존의 공급망에 불안함을 느꼈고, 탈피 움직임을 강화하기 시작했다. 이는 향후 글로벌 기업의 탈중국과 각국의 보호무역주의 심화로 전개될 전망이다. 코로나-19의 확산은 기업의 판매방식에도 큰 영향을 주었다. 안전하고 편리한 비대면, 온라인 채널이 주목받으면서 기업의 디지털화에도 속도가 붙었다. 기업은 소비자들과의 판매 및 소통수단뿐만 아니라 조직 내부에서도 디지털 기술혁신의 필요성을 느끼게 된 것이다. KOTRA는 '글로벌 기업의 코로나-19 대응 사례와 포스트 코로나 신전략' 보고서에서 현재 위기를 극복하고 미래를 선도할 수 있는 경영 화두로 '직원안전 · 사회공헌', '온라인 마케팅', '디지털 전환'을 꼽았다.

직원 안전관리와 CSR 운영의 사례로 '월마트'를 들 수 있다. 월마트는 폭증한 쇼핑 수요에 대응하기 위해 직원들을 대상으로 시급 인상과 보너스 제공은 물론 무료 원격의료 서비스까지 지원했다. 매장 운영시간을 단축하고 청소 · 소독을 강화했으며, 노인, 기저질환자 등 코로나-19 감염 위험이 높은 소비자를 위한 별도의 쇼핑 시간을 마련하고 컨시어지 서비스(Concierge service)를 도입하였다. 컨시어지 서비스는 소비자가 차에서 내릴 필요 없이 주차장 안에서 직원을 통해 물건을 주문하면 직원이 제품을 가지고 나와 차에 실어주는 서비스다. 이밖에 늘어난 온라인 구매 수요 충족을 위해 온라인 판매방식에도 변화를 줬다. 주문한 상품을 2시간 내 집으로 배송하는 '특급배송 서비스'를 런칭하고 주차장 픽업 및 배송 서비스 역량을 확대하는 것 등이다.

독일 자동차기업인 아우디(Audi)도 디지털 방식의 사업을 통해 성과를 거둔 기업 중 하나다. 코로나-19 확산으로 생산 · 물류가 막히면서 전 세계 자동차 시장은 글로벌 공급망이 붕괴되고 수요가 급감하는 등 큰 위기에 직면했다. 여기에 전시회 취소와 영업중단 등으로 상황은 더 악화했다. 생활필수품 판매점을 제외한 대부분의 상점 영업이 중단되면서 독일 일부 자동차 기업은 언택트(Untact) 마케팅에 주목했다. 아우디도 그 중 하나로, VR기기를 활용한 디지털 라이브 컨설팅을 선보이며 새로운 서비스를 개시했다. 고객이 원하는 대리점을 선택해 약속을 정한 후 컴퓨터, 태블릿, 스마트폰 등으로 대리점 직원에 연결하면 대리점 직원은 VR 기능을 통해 잠재고객을 원하는 자동차로 데려가 차량의 세부사항과 기능을 설명하는 형태다. 상담 중에는 성능 및 장비 옵션과 같은 추가정보가 디스플레이에 표시되며, 컨설턴트는 이를 사진과 비디오로 만들어 고객에 제공할 수도 있다. 또한, 글로벌 동영상 앱으로 인기몰이 중인 틱톡(Tiktok) 등 새로운 채널을 통한 마케팅을 꾸준히 시도하고, 위챗(We-Chat), 오토홈(Autohome)과 같은 네트워크를 통해 고객과 접촉한 결과 아우디는 중국 시장 내 온라인 계약으로 1~3월 약 1만대의 판매 실적 기록할 수 있었다.

코로나-19는 세계 경제성장에 부정적인 영향을 주었으며, 물자, 서비스, 인력의 이동을 방해하여 글로벌 기업의 사업을 어렵게 만들고 있다. 그러나 어려움 속에서도 일부 기업은 사업방식을 디지털방식으로 전환하고, 새로운 상품과 서비스를 개발하여 오히려 전화위복의 기회로 삼고 있다.

출처: KITA (2021.1.6). 2021년 세계경제 이슈.
ChosunBiz (2021.7.4). 세계경제단체 60% "코로나 국지적 발발로 경제성장 지연"
KITA (2020.8.14). 코로나-19위기, 글로벌 기업들은 이렇게 대응했다.

01 경제 시스템 대한 이해

세계 경제는 2차 세계대전, 구소련의 붕괴와 같은 일련의 사건을 거치면서 큰 변화를 겪어 왔으며, 그중 가장 큰 변화 중 하나는 시장의 글로벌화일 것이다(Piketty, 2014). 글로벌화란 넓은 의미에서 각 국가의 상호협력이 확대되는 현상을 의미한다. 즉 국가 간 상품, 서비스, 자본, 기술, 인적자원의 이동에 있어 장벽이 사라지고, 세계 경제가 통합되는 것이다(Friedman, 2006). 세계시장이 글로벌화됨에 따라, 국가 간 무역과 경제통합은 심화되고, 각국의 소비자는 글로벌 상품과 서비스에 쉽게 접근할 수 있게 되었다. 또한 기업은 새로운 소비자와 성장의 기회를 찾아 글로벌 시장에 진출하기도 하고, 반대로 해외의 글로벌 기업들이 본국에 진출하여 경쟁이 심화되기도 한다.

2019년 12월에 발생하고 전 세계로 확산된 코로나-19 바이러스는 글로벌 경제에 막대한 영향을 주었다. 도입사례에서 소개한 것처럼 코로나-19는 전 세계에 확산되었고 내수경제 위축, 원유가격의 폭락, 글로벌 공급망의 충격, 금융 변동성 증대를 유발시켜 세계 경제에 부정적인 영향을 주고 있다(삼정 KPMG 경제연구원, 2020). 코로나 팬데믹이 장기화될수록 상품과 서비스, 자원의 이동, 국가 간 협력이 제한되고, 글로벌 경제의 침체를 가속화하여, 결국 기업의 경영활동에도 부정적인 영향을 주게 된다(Deloitte, 2020). 아울러, 2차 세계대전 이후 꾸준하게 진행되어 왔던 글로벌화, 세계화 추세는 미국과 중국의 무역분쟁으로 인해 다시 자국 중심의 국수주의로 전환되고 있으며, 글로벌 경제에서 파생된 불확실성을 최소화하기 위해 기업은 공급망의 재배치, 디지털 전환 등의 노력을 기울이고 있다.

이렇듯 각국의 글로벌 경제환경은 기업의 경영성과에 긍정적인 영향을 주기도 하지만, 코로나-19와 같이 외부환경의 급격한 변화가 글로벌 경제활동을 침체시킬 경우 기업 경영활동에 부정적인 영향을 줄 수 있다. 따라서 기업의 경영자들은 각국의 경제시스템에 대한 이해와 함께 기업 경영성과에 영향을 줄 수 있는 경제지표에 대한 분석을 필수적으로 수행해야 한다.

경제 시스템은 각 국가의 정치, 사회, 제도, 문화 시스템의 영향을 받으며 함께 발전하기 때문에 국가별로 매우 상이하지만, 크게 민주주의, 전체주의라는 정치적 이데올로기를 사용하여 경제 시스템을 구분할 수 있다. 먼저 민주주의국가의 경우 경제활동에서 의사결정의 주체는 개인이며, 개인의 의사결정에 의해 자유롭게 자원의 배분방식을 결정할 수 있다. 또한 경제적 이익과 번영을 추구하는 시장경제의 원칙을 지지하며, 개인의 사유재산을 인정한다. 대표적으로 미국, 캐나다, 영국, 한국 같은 국가를 들 수 있다. 반대로, 전체주의국가의 경우 자원의 배분은 정부의 계획에 의해 결정되며, 개인의 사유재산을 대체로 인정하지 않는다. 대표적인 국가로 중국, 쿠바, 러시아 등이 있다.

따라서, 민주주의, 전체주의라는 정치적 이데올로기를 경제적 시스템에 적용하게 되면, 자원의 배분방식(개인 대 정부)과, 자원 소유의 주체(개인 소유 대 국가 소유)의 기준에 따라 크게 시장경제(market economy), 중앙계획경제(centrally planned economy), 혼합경제(mixed economy)로 구분할 수 있다(Daniels, Radebaugh, & Sullivan, 2019).

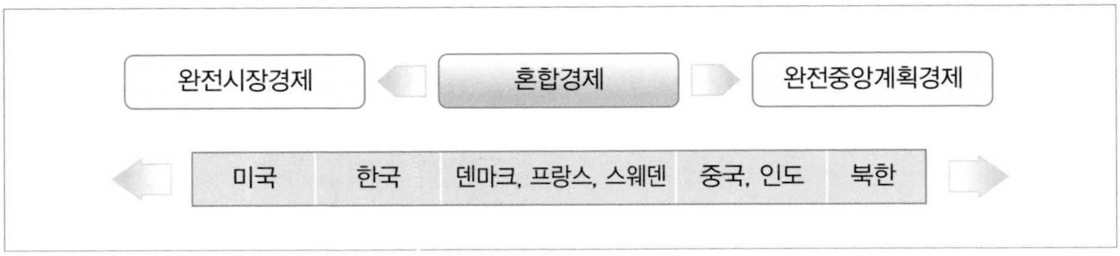

❖ **그림 3-1** 경제시스템의 비교

1) 자본주의경제체제

시장경제(market economy) 혹은 자본주의(capitalism)체제라고 하며, 생산(제품, 서비스)과 자원(예를 들면 철광석, 원유, 인적자원, 자본)의 종류와 분배 과정이 개인과 기업에 의해서 결정되는 체제이다. 간단히 말해서 개인이 어떤 제품과 서비스를 소비(수요)할지를 결정하고, 기업은 제품과 서비스를 얼마만큼 생산(공급)할지를 결정한다. 수요(demand)와 공급(supply)의 법칙에 의해 생산된 제품과 서비스의 가격이 시장에서 결정되며, 일반적으로 수요가 증가하면 가격이 상승하고, 수요가 감소하면 가격은 하락한다.

예를 들어, 석유화학제품을 생산하는 기업은 원재료인 원유의 가격변동에 따라 기업의 이익이 좌우되기 때문에 원유 가격에 높은 관심을 기울이게 된다. 원유 가격은 계절, 수요, 각국 정부의 정책, 이해관계 등 여러 가지 변수들 간의 상호작용에 의해 결정된다.

만약 중국, 인도, 러시아, 브라질 등 신흥국에서 단기간에 걸쳐 현저한 원유 수요 증대가 나타나거나, 반대로 정치적 이유로 인해 석유수출국기구(OPEC)가 원유생산량을 줄이게 되면 수요와 공급에 의해 가격이 결정되는 시장 메커니즘(market mechanism)에 따라 원유 가격은 상승하게 된다. 이러한 경우 석유화학제품을 생산하는 관련 기업은 물론 소비자에게도 영향을 미치게 된다.

(1) 시장경제의 특징

시장경제의 가장 큰 특징 중 하나는 재산권(property rights), 즉 개인의 사적 소유권을 인정한다는 것이다. 시장에 참여하는 개인 혹은 기업의 재산권이 정당화된다는 의미는 다른 경쟁자보다 더 나은 제품과 서비스를 생산하게 될 경우 더 많은 이윤 창출이 가능하게 되고, 이윤은 다시 개인의 부의 축적을 가능하게 한다는 것이다. 재산권의 인정은 개인과 기업의 이윤추구의 동기부여를 높이고, 시장이 원하는 제품과 서비스를 만드는 데 자원이 투입되고, 생산활동이 이루어지게 한다(North, 1990). 따라서 경제 시스템 전체적으로 자원배분의 효율성을 높여 후생수준이 향상된다. 또 다른 특징 중 하나는 개인과 기업 같은 민간의 자율적인 선택을 최대한 존중한다는 점이다. 아담 스미스는 국부론에서 자유방임주의(Laissez-faire) 원칙, 즉 개인이 법을 어기지 않는 범위에서 경쟁을 통해 이윤추구 행위를 할 수 있으며, 보이지 않은 손에 의해 수요와 공급이 자율적으로 결정되기 때문에 시장은 효율적으로 작동할 수 있다고 주장하였다(Smith, 1776). 미국, 캐나다, 영국, 싱가포르, 스위스가 좋은 예다. 중국이나 베트남, 러시아 같은 사회주의국가들도 시장경제체제의 우월성을 인정하여 경제 시스템 부분은 사회주의에서 시장경제체제로 전환하고 있는 추세이다.

(2) 시장경제에서 정부의 역할

일반적으로 시장경제에서는 정부가 시장에 거의 개입하지 않지만 공공성, 시장경제의 보호와 관련한 이슈가 발생할 경우 개입하기도 한다. 정부가 시장에 개입하는 경우는 대표적으로 다음과 같다.

① 독과점 방지

시장경제체제에서는 개인, 기업 간 자율적인 선택과 경제활동을 보장하지만, 때로는 개인 혹은 기업이 일부 경제활동을 독점할 경우 발생할 수 있는 폐단을 방지하기 위해 시장에 개입하는 경우가 있다. 대표적인 예로 2021년 8월 31일 대한민국 국회에서 통과된 구글갑질방지법이 있다. 애플과 구글은 앱(App) 결제 시 30% 수수료를 부과하는데, 이것은 애플과 구글이 만든 플랫폼 구조에서 파생된 독점적 지위를 남용하고, 대한민국의 인터넷 기술기업, 스타트업, 콘텐츠 기업의 생태계를 파괴시킨다고 판단했기 때문이다. 비슷한 사례로 2023년부터 적용되는 디지털세가 있으며, 디지털세를 부과하는 목적은 애플, 구글과 같은 글로벌 플랫폼 기업의 탈세와 독점을 방지하기 위해서이다.

② 재산권 보장

시장경제체제의 가장 큰 특징 중 하나는 재산권의 인정이다. 재산권의 인정은 개인과 기업의 이윤추구 행위에 대해 정당성을 부여하기 때문에, 부의 축적에 대한 동기부여를 발생시킨다. 또한 법과 제도와 같은 사법 시스템은 재산권을 보호해 주고, 투자 및 기술개발 등 사업과 관련된 불확실성 줄여 주어 사업과 경제발전을 촉진시킨다. 재산권의 보장은 다국적기업의 해외직접투자와도 관련되어 있는데, 다국적기업은 투자에 대해 법적, 제도적으로 보호받을 때 투자가 활성화된다. 만약, 현지국이 투자와 관련해서 상당한 잠재력을 보유했다고 하더라도, 재산권을 보호하는 법적 시스템이 미비할 경우 투자를 보류하는 것이 일반적이다.

2) 중앙계획경제

중앙계획경제(planned economy) 혹은 공산주의(communism)체제라고도 하며 시장에 의해 자원, 생산물의 분배가 결정되는 것이 아닌 국가에 의해 결정되는 시스템이다. 국가가 자원의 배분, 생산물(상품, 서비스, 재화 등)의 종류와 양을 결정하기 때문에 시장의 역할은 배제된다. 자본주의경제체제와는 달리 개인과 기업의 사유재산권이 인정되지 않기 때문에 이윤추구에 대한 동기는 발생하지 않는다. 중앙계획경제체제에서는 국가가 모든 것을 소유하고 통제한다. 따라서 자본주의경제체제에서 발생할 수 있는 폐단인 시장실패 문제, 예를 들어, 기업의 독과점 문제, 실업, 금융사건, 대공황 등과 같은 문제는 정부가 직접 개입하고 해결한다. 중국, 쿠바, 러시아(구소련), 베트남 등의 국가가 대표적이다. 비록 중앙계획경제체제에서는 자본주의경제체제에서 발생할 수 있는 문제점을 해결할 수 있는 장점은 가지고 있지만, 자원의 배분이 국가에서 전적으로 이루어지다 보니 시장의 수요를 정확히 예측하기 어렵다. 자원을 시장 수요의 법칙에 의해 분배되는 것이 아니라 국가에 의해 전적으로 결정하므로 국가의 의사결정이 반드시 시장의 수요와 일치하지 않는 경우가 발생한다. 그로 인해 자원의 배분과 생산효율성이 감소하게 된다. 이러한 문제를 인식하여 최근 러시아, 중국, 베트남과 같은 국가들은 경제운영 부분만큼은 자본주의경제체제를 받아들이고 있다. 이러한 국가들을 신흥경제권 혹은 transitional economy라고 하며, 중앙계획경제에서 시장경제로 넘어가는 과도기적 단계라 볼 수 있다(Peng, 2003). 국가의 정책에 따라 조금씩 차이는 있지만 시장에 의한 자원의 분배, 생산, 사유재산권에 대해 어느 정도 개인, 기업에게 위임해 주고 있으며 현재 경제개혁을 추진 중이다. 중앙계획경제체제를 유지하는 국가들은 정치적·사회적 통제를 목표로 국정을 운영하고 있지만, 경제개혁의 중요성도 인정하고 있다. 지구상에서 순수한 사회주의경제체제를 유지하고 있는 국가는 2022년 기준 북한이 유일하다.

3) 혼합경제체제

혼합경제체제(mixed economy)란 자본주의경제체제와 중앙계획경제체제가 혼합되어 있는 시스템이다. 다시 말하면, 자원의 배분과 생산의 의사결정을 시장에 전적으로 맡기지 않으며, 정부의 계획에만 의존하지도 않는 시스템이다. 현재 대부분의 국가는 완전한 자본주의경제체제 혹은 중앙계획경제체제를 옹호하는 국가는 없으며, 자본주의 혹은 중앙계획경제체제를 선택하는 정도의 차이만 있다. 북한을 제외한 지구상 대부분의 국가는 혼합경제체제를 채택하고 있다.

예를 들면, 미국의 경우 기본적으로 자본주의경제체제를 따르고 자원의 배분과 생산, 투자와 관련해서 개인과 기업의 의사결정에 의존한다. 그러나 2007년 미국에서 발생한 서브프라임 모기지 사태(subprime mortgage crisis)로 인해 리먼브라더스가 파산하고, 전 세계 금융위기가 발생하였는데 근본적인 원인은 부동산에 대한 무분별한 대출, 즉 인간의 이기심을 시장이 조절하지 못해 발생한 것으로 볼 수 있다. 이때 미국 정부는 금융시장을 자유시장경쟁 원리에 맡기지 않고 정부가 직접 시장에 개입함으로써 금융위기를 극복할 수 있었다. 이 경우 미국은 엄밀히 이야기하면 100% 순수 자본주의경제체제라기보다는 정부의 통제도 가능한 혼합경제체제라고 볼 수 있다. 또한 자본주의경제체제에서 가장 큰 문제 중 하나는 부의 공평한 분배인데, 혼합경제체제에서는 자본주의경제체제에서 강조하는 민간부분의 사유재산권과 부의 축적을 인정하면서, 빈부격차를 줄이기 위한 평등을 강조하여 부의 불평등함을 줄이려 노력한다.

정치적으로 공산주의체제를 유지하고 있는 중국, 러시아도 최근에는 개인, 기업 등 민간에게 상당한 의사결정권을 부여하고 있다. 비록 공산주의체제가 자본주의체제의 문제점인 부의 평등한 분배를 해결하기 위해 마르크스에 의해 제시되었지만, 국가가 모든 것을 계획, 예측하여 자원을 분배하고 생산하는 데는 한계가 있었다. 사유재산이 인정되지 않아 경제적 가치 창출에 대한 개인의 동기부여 창출에 실패하였고, 이 점이 공산주의 계획경제가 붕괴된 주된 이유이다. 이러한 실패를 거울삼아, 공산주의국가들은 경제 부분만큼은 자본주의체제를 받아들여 경제성장을 유도하고 있다. 예를 들어 중국의 경우 생산에서 정부와 국영기업(state owned enterprise) 비중은 점진적으로 줄어들고 있으나, 민간과 민영기업(private enterprise)의 비중은 증가하고 있으며, 전체 생산의 70%를 차지하고 있다(Green & Keegan, 2020).

혼합경제의 큰 특징 중 하나는 국민들에게 높은 수준의 복지혜택을 제공하는 것이다. 안정적인 실업급여의 제공과 폭넓은 의료복지 혜택, 연금 등이 그 예라 할 수 있다.

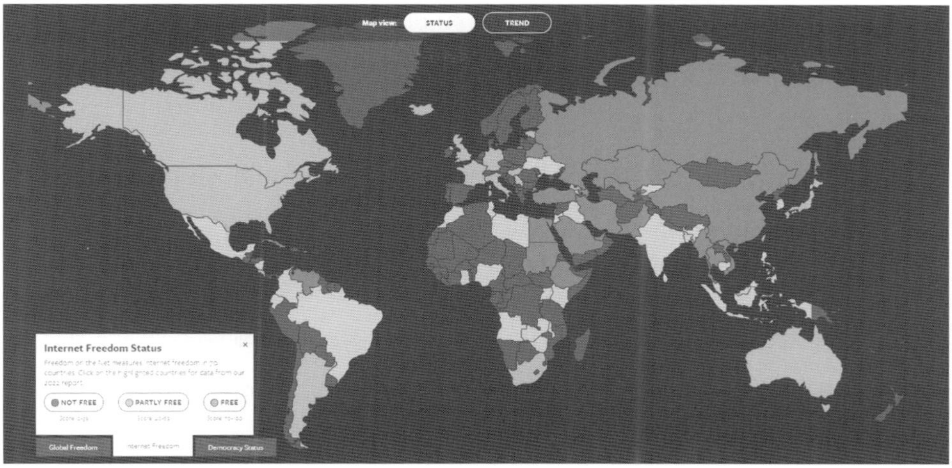

❖ 그림 3-2 국가별 경제자유지수(2022년)

출처: Freedom House (2023). (https://freedomhouse.org/explore-the-map?type=fotn&year=202)

혼합경제 국가로는 서유럽의 덴마크, 독일, 노르웨이, 스페인, 스웨덴, 아시아의 인도, 인도네시아, 말레이시아, 파키스탄, 한국, 남미의 아르헨티나 등을 들 수 있다. 다국적기업의 경우 대체로 경제에 대한 자유도가 높은 국가를 선호한다. 이유는 경제적 자유도가 높은 국가일수록 다국적기업의 투자와 운영의 자유를 보장해 주기 때문이다. 또한, 재산권을 보호해 주므로 다국적기업의 수익과 번영을 정당화할 가능성이 높다.

02 경제발전 단계

한 국가의 경제발전 수준은 다양한 정치적, 경제적, 사회적 지표로 설명할 수 있다. 따라서 국가의 경제발전 단계는 국가별로 상이하며, 시장잠재력에서도 차이가 발생하게 된다.

한 국가의 경제발전 수준에 대한 이해가 점차 더 중요해지는 이유는 최근 대부분의 글로벌 기업들은 신흥 경제국을 중심으로 새로운 사업 기회를 찾으려 하는 경우가 많기 때문이다. 신흥 경제국의 경우 대다수 국민들은 선진국에 비해 상대적으로 소득 수준이 낮을 수 있지만, 인구증가율, 1인당 국민소득(Gross National Income: GNI) 등의 지표에서 빠른 성장률을 보이기 때문에 시장성장률 측면에서 볼 때 매력적으로 볼 수 있다. 글로벌 기업들이 최근 베트남, 인도, 인도네시아 등의 국가에 꾸준히 진출하는 이유는 경제적 지표에서 선진국에 비해 빠른 성장률을 보이고 있으므로 미래 성장 가능성을 염두한 것이라 볼 수 있다. UN은 경제발전 단계에 따라 국가를 크게 선진국, 개발도상국, 신흥경제국으로 구분하고 있다.

1) 선진국

선진국(developed countries), 산업화된 국가(industrial countries), 고소득국가(high-income countries)로 불리며 1인당 국민총소득이 13,205달러 이상이다(World Bank, 2022). 고소득으로 인해 국민생활 수준은 매우 높으며, 훌륭한 의료, 교육, 복지 시스템의 혜택을 누리고 있다. 선진국은 제조업과 함께 서비스 부분이 전체 국부의 반 이상을 차지하고 있다. 노동집약적 산업보다는 기술, 특허, 지적자산 등을 개발하고 사업화하는 지식집약적 산업이 발달해 있으며 높은 수준의 과학기술을 보유하고 있다. 때문에 창의성, 기술, 혁신 등이 경제성장을 촉진하는 중요한 자원이다. 이러한 기술과 지식, 혁신 덕분에 소비자와 기업은 다양한 상품이나 서비스를 사용할 수 있다.

도로, 항만, 에너지, 인터넷과 같은 사회간접자본과 법, 제도 등이 고도로 발달해 있어 기업을 설립하고 운영하기에 적합한 환경을 보유하고 있다. 이 단계의 대표적인 국가는 미국, 캐나다, 영국, 독일, 프랑스, 일본, 한국 등이다.

❖ 표 3-1 국가별 혁신지수(2022년)

순위	국가	점수	소득 순위	지역 순위
1	스위스	64.6	1	1
2	미국	61.8	2	1
3	스웨덴	61.6	3	2
4	영국	59.7	4	3
5	네덜란드	58.0	5	4
6	한국	57.8	6	1
7	싱가포르	57.3	7	2
8	독일	57.2	8	5
9	핀란드	56.9	9	6
10	덴마크	55.9	10	7
11	중국	55.3	1	3
12	프랑스	55.0	11	8
13	일본	53.6	12	4
14	홍콩	51.8	13	5
15	캐나다	50.8	14	2
16	이스라엘	50.2	15	1
17	오스트리아	50.2	16	9
18	에스토니아	50.2	17	10
19	룩셈부르크	49.8	18	11
20	아이슬란드	49.5	19	12

출처: Global Innovation Index (2022).

2) 신흥산업국

신흥산업국(newly industrialized countries), 신흥경제국(emerging economies)이라

불리며, 산업화를 통해 빠른 경제성장을 보이는 국가들을 일컫는다. 신흥산업국은 금융, 정치 시스템, 사회 인프라 구조가 선진국 수준에 근접하고 있으며, 주로 노동집약적 제조업을 중심으로 수출 중심적인 경제정책을 추구하는 경향이 있다. 급격한 산업화와 수출 주도 정책, 생산성의 향상으로 소득 수준은 점점 높아지고 있으며, 소비도 급격하게 증가하고 있는 추세이다. 글로벌 기업은 생산시설을 주로 신흥산업국에 설립하는 경향이 있는데, 이유는 글로벌 기업을 유치하기 위해 세금면제, 각종 인센티브 제공 등 투자조건이 좋기 때문이다. 또한 선진국에 비해 노동임금, 물가, 임대료 등 각종 부대비용이 저렴하기 때문에 글로벌 기업을 설립했을 때 비용 측면에서 유리하다. 대표적인 국가는 중국, 인도, 러시아, 남아프리카공화국, 브라질, 멕시코, 칠레, 말레이시아 등이다.

3) 개발도상국

개발도상국(developing countries)은 보통 저소득국가 및 중간소득국가를 총칭하며 1인당 국민총소득이 2022년 세계은행 기준 1,085~4,256달러 사이, 13,205달러 미만이다.

보통 열악한 사회간접자본과 저소득이 특징이며, 주로 농업, 광업, 석유산업 등 노동집약적이고 특정 생산분야에 의존하는 경우가 대부분이다. 선진국과 신흥산업국에 비해 에너지, 도로, 항만 등 사회 인프라 구조, 법률적 제도가 발달하지 않아 인적, 물적, 자본의 이동이 비효율적이고 비용이 많이 발생하는 구조이다. 따라서 기업의 설립과 운영 시 선진국 시장에 비해 많은 제약이 발생할 수밖에 없다. 예를 들어 글로벌 기업이 의류공장을 설립한다고 한다면, 도로, 항만, 전기, 통신과 같은 사회 인프라가 갖추어져 있어야 하는데, 이러한 인프라 구조가 갖추어지지 않았다면 인프라를 갖추기 위한 모든 비용을 글로벌 기업이 부담할 수밖에 없다. 낮은 교육으로 인한 높은 문맹률은 글로벌 기업에게 노동자를 위한 추가교육을 요구하며, 정치적 불안정성은 위험성을 가중시키게 된다. 따라서 글로벌 기업은 개발도상국의 성장 가능성을 평가하고 투자의사를 결정하되, 인프라 구조 미비, 낮은 교육 수준, 정치적 위험에 따라 발생할 수 있는 비용 등을 고려해야 한다.

개발도상국들 중에는 신흥산업국가로 도약할 수 있는 충분한 잠재력을 갖춘 국가도 있지만 대부분 경제적, 정치적, 사회적 발달 수준은 낙후되어 있다. 아프리카, 중동지역의 여러 국가, 그리고 과거 공산주의국가였던 몇몇 아시아 국가들과 동유럽 국가들이 여기에 속한다.

03 경제발전에 대한 성과와 잠재력 평가

1) 경제성과의 측정

글로벌 기업의 경영자는 현지 국가에 투자의사를 결정했을 경우 먼저 경제발전 단계와 수준을 이해해야 한다. 왜냐하면 국가의 경제 단계 수준은 기업의 성장 가능성과 직결되기 때문이다. 예를 들어, 최근 한국의 글로벌 기업들이 인도, 베트남 지역으로 많이 진출하고 있는데, 그 이유 중 하나는 인구와 국민총소득(Gross National Income: GNI)이 지속적으로 증가하고 있기 때문이다. 인구와 국민총소득의 증가는 소비를 창출하고 구매력을 향상시키므로 글로벌 기업의 입장에서는 경제성장 잠재력이 높은 국가에 투자하는 것은 기업의 가치를 높이는 기본적인 전략이 될 수 있다. 국가별 경제개발 수준을 판단할 수 있는 대표적인 측정지표들은 다음과 같다.

(1) 국민총소득(Gross National Income: GNI)

전반적인 국가 경제를 파악할 수 있는 대표적인 방법으로서, 국민총소득은 한 나라의 국민이 국내, 해외 생산활동에 참가하거나 생산에 필요한 자산을 제공한 대가로 받은 소득의 합계로 정의할 수 있다. 즉, 한국 국적을 가진 사람이 일정기간 동안 국내, 해외에서 벌어들인 모든 소득을 합친 것을 의미한다. 글로벌 기업인 삼성이 한국에서 생산한 반도체의 가치와 중국 삼성전자에서 생산한 반도체의 가치가 모두 한국의 국민 총소득으로 간주된다. 이 기준에서 보면 미국 다국적기업에서 근무하고 있는 한국 근로자나 캐나다 토론토 블루제이스에서 야구선수로 활동하고 있는 류현진 선수의 소득도 국민총소득에 포함될 수 있다.

(2) 국내총생산(Gross Domestic Product: GDP)

국내총생산은 일정 기간(보통 1년) 동안 한 국가에서 생산된 재화와 용역의 시장가치를 모두 합한 것이다. 즉 한 국가의 국경 안에서 가계, 기업, 정부 등 모든 경제 주체가 일정기간 동안 생산한 재화 및 서비스의 부가가치를 시장가격으로 평가하여 합산한 것이다. 이 방법은 다국적기업의 생산량이 한 국가의 경제활동에서 어느 정도 비중을 차지하는지 평가할 때 유용하며 한 국가 경제에서 다국적기업의 경제성과를 측정하고자 할 경우 국민총소득보다 국내총생산이 더 적합한 지표라고 볼 수 있다. 예를 들면, 한국의 국경 안에서 삼성이 생산한 스마트폰과 외국기업이 생산한 상품과 서비스의 총 가치는 한국의 국내총생산으로 볼 수 있다. 그러나 중국의 삼성 공장에서 생산한 반도체는 한국의 국내총생산에 포함되지 않는다. 마찬가지로, 해외 다국적기업에서 근무하는 한국 근로자의 경제적 활동, 영국 잉글랜드 프리미어 리그에서 활동하고 있는 손흥민 선수의 소득은 국내총생산에 포함되지 않는다.

❖ 표 3-2 실질 국내총생산(Real Gross Domestic Product)

	Average 2005-14	2015	2016	2017	2018	2019	2020	2021	2022	Projections 2023	Projections 2024	Projections 2028	Q4 over Q4[2] 2022:Q4	Q4 over Q4[2] Projections 2023:Q4	Q4 over Q4[2] Projections 2024:Q4
Real GDP															
Advanced Economies	**1.5**	**2.3**	**1.8**	**2.5**	**2.3**	**1.7**	**-4.2**	**5.4**	**2.7**	**1.3**	**1.4**	**1.8**	**1.2**	**1.1**	**1.6**
United States	1.6	2.7	1.7	2.2	2.9	2.3	-2.8	5.9	2.1	1.6	1.1	2.1	0.9	1.0	1.3
Euro Area	0.8	2.0	1.9	2.6	1.8	1.6	-6.1	5.4	3.5	0.8	1.4	1.4	1.9	0.7	1.8
Germany	1.4	1.5	2.2	2.7	1.0	1.1	-3.7	2.6	1.8	-0.1	1.1	1.1	0.9	0.2	1.8
France	1.0	1.1	1.0	2.4	1.8	1.9	-7.9	6.8	2.6	0.7	1.3	1.4	0.5	0.8	1.4
Italy	-0.5	0.8	1.3	1.7	0.9	0.5	-9.0	7.0	3.7	0.7	0.8	0.9	1.4	0.4	1.1
Spain	0.5	3.8	3.0	3.0	2.3	2.0	-11.3	5.5	5.5	1.5	2.0	1.6	2.7	1.3	2.1
The Netherlands	1.1	2.0	2.2	2.9	2.4	2.0	-3.9	4.9	4.5	1.0	1.2	1.6	3.3	0.0	2.8
Belgium	1.4	2.0	1.3	1.6	1.8	2.2	-5.4	6.1	3.1	0.7	1.1	1.3	1.4	0.7	1.3
Ireland	1.8	24.4	2.0	9.0	8.5	5.4	6.2	13.6	12.0	5.6	4.0	3.0	13.1	5.2	3.3
Austria	1.3	1.0	2.0	2.3	2.4	1.5	-6.5	4.6	5.0	0.4	1.1	1.5	3.0	0.1	1.3
Portugal	-0.2	1.8	2.0	3.5	2.8	2.7	-8.3	5.5	6.7	1.0	1.7	1.9	3.2	0.9	2.2
Greece	-2.1	-0.2	-0.5	1.1	1.7	1.9	-9.0	8.4	5.9	2.6	1.5	1.2	5.2	1.0	2.5
Finland	0.7	0.5	2.8	3.2	1.1	1.2	-2.4	3.0	2.1	0.0	1.3	1.2	0.3	0.7	1.5
Slovak Republic	3.7	5.2	1.9	2.9	4.0	2.5	-3.4	3.0	1.7	1.3	2.7	2.7	1.2	1.8	2.7
Croatia	0.4	2.5	3.6	3.4	2.8	3.4	-8.6	13.1	6.3	1.7	2.3	2.8	4.5	3.2	1.1
Lithuania	3.0	2.0	2.5	4.3	4.0	4.6	0.0	6.0	1.9	-0.3	2.7	2.0	-0.5	1.2	3.0
Slovenia	1.3	2.2	3.2	4.8	4.5	3.5	-4.3	8.2	5.4	1.6	2.1	3.0	0.2	2.3	1.9
Luxembourg	2.5	2.3	5.0	1.3	1.2	2.3	-0.8	5.1	1.5	1.1	1.7	2.3	-2.2	4.3	1.3
Latvia	2.1	3.9	2.4	3.3	4.0	2.6	-2.2	4.1	2.0	0.4	2.9	3.4	0.5	2.0	2.9
Estonia	2.2	1.9	3.2	5.8	3.8	3.7	-0.6	8.0	-1.3	-1.2	3.2	3.2	-4.4	2.0	3.7
Cyprus	0.6	3.4	6.6	5.7	5.6	5.5	-4.4	6.6	5.6	2.5	2.8	2.9	4.5	1.7	3.4
Malta	3.6	9.6	3.4	10.9	6.2	7.0	-8.6	11.8	6.9	3.5	3.5	3.6	4.7	3.1	2.8
Japan	0.5	1.6	0.8	1.7	0.6	-0.4	-4.3	2.1	1.1	1.3	1.0	0.4	0.6	1.3	1.0
United Kingdom	1.2	2.4	2.2	2.4	1.7	1.6	-11.0	7.6	4.0	-0.3	1.0	1.5	0.4	-0.4	2.0
Korea	3.8	2.8	2.9	3.2	2.9	2.2	-0.7	4.1	2.6	1.5	2.4	2.2	1.3	3.1	1.3
Canada	1.9	0.7	1.0	3.0	2.8	1.9	-5.1	5.0	3.4	1.5	1.5	1.7	2.1	1.4	1.8
Taiwan Province of China	4.0	1.5	2.2	3.3	2.8	3.1	3.4	6.5	2.5	2.1	2.6	2.4	-0.5	1.1	2.2
Australia	2.8	2.3	2.7	2.4	2.8	1.9	-1.8	5.2	3.7	1.6	1.7	2.3	2.7	1.4	1.6
Switzerland	2.2	1.6	2.1	1.4	2.9	1.2	-2.5	4.2	2.1	0.8	1.8	1.8	0.8	1.2	1.8
Singapore	6.1	3.0	3.6	4.5	3.6	1.3	-3.9	8.9	3.6	1.5	2.1	2.5	2.1	2.1	1.9
Sweden	1.8	4.5	2.1	2.6	2.0	2.0	-2.2	5.4	2.6	-0.5	1.0	2.3	-0.1	0.0	1.3
Hong Kong SAR	3.9	2.4	2.2	3.8	2.8	-1.7	-6.5	6.4	-3.5	3.5	3.1	2.7	-4.2	6.8	1.8
Czech Republic	2.2	5.4	2.5	5.2	3.2	3.0	-5.5	3.6	2.4	-0.5	2.0	2.5	0.2	0.6	2.1
Israel	4.2	2.5	4.5	4.3	4.1	4.2	-1.9	8.6	6.4	2.9	3.1	3.6	2.7	2.1	3.4
Norway	1.4	1.9	1.2	2.5	0.8	1.1	-1.3	3.9	3.3	2.1	2.5	1.4	1.8	1.9	2.2
Denmark	0.7	2.3	3.2	2.8	2.0	1.5	-2.0	4.9	3.6	0.0	1.0	1.5	1.5	-0.8	1.5
New Zealand	2.0	3.7	3.9	3.5	3.5	3.1	-1.5	6.1	2.4	1.1	0.8	2.5	2.2	0.1	2.5
Puerto Rico	-1.1	-1.0	-1.3	-2.9	-4.4	1.7	-4.4	0.2	4.8	0.4	-1.6	-0.5	...	...	...
Macao SAR	10.2	-21.5	-0.7	10.0	6.5	-2.5	-54.2	19.3	-26.8	58.9	20.6	3.4	...	...	...
Iceland	2.1	4.4	6.3	4.2	4.9	1.8	-7.2	4.3	6.4	2.3	2.1	2.3	4.2	0.0	3.1
Andorra	-0.8	1.4	3.7	0.3	1.6	2.0	-11.2	8.9	8.7	1.3	1.5	1.5	...	...	...
San Marino	-2.2	2.7	2.3	0.3	1.5	2.1	-6.7	8.3	4.6	1.2	1.0	1.3	...	...	...
Memorandum															
Major Advanced Economies	1.2	2.1	1.5	2.2	2.1	1.6	-4.5	5.3	2.3	1.1	1.1	1.6	0.9	0.8	1.4
Real Total Domestic Demand															
Advanced Economies	1.3	2.6	2.0	2.5	2.3	2.0	-4.1	5.5	3.1	0.9	1.3	1.8	1.0	1.1	1.6
United States	1.4	3.4	1.8	2.3	3.1	2.3	-2.4	7.0	2.4	0.9	1.0	2.1	0.6	0.9	1.2
Euro Area	0.5	2.3	2.4	2.3	1.9	2.4	-5.8	4.2	3.7	0.7	1.2	1.4	1.1	0.8	1.6
Germany	1.1	1.4	3.1	2.6	1.6	1.7	-3.0	1.9	3.1	0.1	1.2	1.3	1.5	0.4	2.3
France	1.2	1.4	1.4	2.5	1.4	2.1	-6.7	6.6	3.3	0.3	0.3	1.4	1.3	-0.5	1.0
Italy	-0.8	1.2	1.8	1.8	1.3	-0.2	-8.4	7.2	4.3	0.7	0.9	1.0	0.3	1.8	0.5
Spain	-0.2	4.1	2.1	3.3	3.0	1.7	-9.4	5.3	2.9	1.6	1.9	1.2	0.7	2.5	1.5
Japan	0.5	1.1	0.3	1.1	0.6	0.0	-3.4	1.1	1.7	1.5	1.0	0.4	1.3	1.5	0.9
United Kingdom	1.2	2.9	3.2	2.1	1.2	1.8	-12.3	8.8	4.0	0.3	0.6	1.5	-0.3	1.6	2.0
Canada	2.7	-0.2	0.4	4.1	2.5	1.1	-6.0	6.6	4.7	-0.2	1.6	2.1	1.9	0.7	2.2
Other Advanced Economies[3]	2.8	2.6	2.9	3.6	2.7	1.6	-2.5	5.3	3.3	1.4	2.2	2.4	2.4	0.8	3.0
Memorandum															
Major Advanced Economies	1.1	2.4	1.7	2.2	2.2	1.7	-4.2	5.8	2.8	0.8	1.0	1.7	0.8	0.9	1.3

출처: IMF (2023). World Economic Outlook.

2) 향상된 경제성과의 측정

국민총소득, 국내총생산은 한 국가의 거시적 측면에서 경제적 성과 측정 시 매우 유용한 도구이다. 그러나 이러한 거시적 경제지표는 한 국가의 경제적 성과의 잠재력 평가 측면에서 몇 가지 한계점을 보유하고 있다. 첫째, 한 해의 경제적 총수량 지표만으로 한 국가의 경제적 성과와 잠재력을 정확히 평가하기 어려우며, 이러한 지표를 경영자가 맹신할 경우 왜곡된 결론을 내릴 수 있다. 예를 들어, 2020년 기준 국내총생산 기준으로 보면 미국, 독일과 같은 국가는 높은 순위에 위치해 있으므로, 경영자들은 수치가 낮은 인도, 베트남보다 미국, 독일과 같은 국가가 경제적으로 더 빠르게 성장한다고 가정할 수 있다. 그러나 2020년도 국내총생산을 성장률로(2020 국내총생산 - 2019 국내총생산/2019 국내총생산) 환산해서 계산해 보면 미국, 독일에 비해 인도, 베트남이 경제성장률은 더 높을 수 있다. 비록 전체적인 경제적 규모는 미국, 독일이 순위가 높을 수 있지만 경제성장의 속도로 보면 인도, 베트남이 오히려 더 매력적인 시장으로 간주될 수 있다.

둘째, 각국의 인구증가율을 고려하지 못했다. 국민총소득, 국내총생산 등 경제적 성과 못지않게 중요한 것은 인구수와 그에 따른 인구성장률이다. 국민총소득, 즉 경제의 절대적인 규모가 크다고 할지라도 인구성장률이 정체되어 있거나 성장률이 떨어질 경우 시장의 잠재력이 높다고 평가하기 어렵다.

셋째, 각국의 서로 다른 물가 수준을 고려해야 한다. 해외시장에서의 높은 물가 수준은 소비자들의 구매력에 직접적으로 영향을 줄 수 있다. 예들 들어, 국민총소득 수준이 비슷한 A, B 두 국가가 있다고 가정할 경우 A국가의 물가 수준이 B국가의 물가 수준보다 높을 경우 A국가의 구매력은 상대적으로 낮아지게 된다. 따라서, 글로벌 기업의 담당자는 A국가에서 마케팅 활동을 수행할 경우 상대적으로 경제적인 제품을 만들어 판매하거나, 경영활동에 있어 비용을 절감하는 등의 경영활동을 고려할 필요가 있다.

(1) 경제성장률

국민총소득, 국내총생산과 같은 경제지표는 단지 한 해의 결과를 간략하게 보여 주는 총 수량 수치이기 때문에 과거로부터 지금까지의 변동률을 측정한 것은 아니다. 따라서 현재뿐 아니라 미래의 경제성장 가능성을 평가하기 위해 총계 수치를 변동률로 변환하면 경제적 성과 및 잠재력 측정 시 유용성과 정밀성을 향상시킬 수 있는 장점이 있다. 경제성장률은 다음과 같은 수식으로 표현할 수 있다.

$$\text{국내총생산 성장률} = (GDP_t - GDP_{t-1}/GDP_{t-1})$$

예를 들어, 중국의 2019년 국내총생산은 142,799억 달러(World Bank, 2022)이고, 2018년 국내총생산은 138,948억 달러일 경우 위의 공식대로 계산하면 2018년 대비 2019년의 국내총생산은 약 2.8% 증가했다. 마찬가지로, 인도의 2019년 국내총생산은 28,705억 달러이고, 2018년 국내총생산은 27,011억 달러일 경우 전년 대비 약 6.3% 증가했다고 볼 수 있다. 2019년 기준으로 단순히 국내총생산으로 보면 중국이 인도보다 경제적 성과가 높다고 볼 수 있다. 그러나 변동률로 변환해서 성과를 측정하면 인도가 중국에 비해 경제적 잠재력이 더 높다고 평가할 수 있다. 단순히 한 해의 국민총소득, 국내총생산 등 총 수량지표를 사용하기보다는 변동률로 전환하여 경제적 성과를 측정하는 것이 좀더 정밀하게 경제적 성과를 평가할 수 있는 대안이 될 수 있다.

(2) 인구규모의 고려

글로벌 마케팅 담당자는 국민총소득, 국내총생산 등의 경제적 지표뿐만 아니라 인구수를 고려해야 한다. 한 국가의 인구규모는 경제적 생산성뿐 아니라 소비의 증가와도 관계되어 있기 때문이다. 만약 인구를 기준으로 국민총소득, 국내총생산을 측정할 수 있다면 각국의 상대적 경제성과를 좀더 정확하게 측정할 수 있다. 예를 들어, 중국의 2020년도 국내총생산은 약 147,227억 달러이고, 한국은 16,382억 달러로 약 8.9배 차이가 발생한다. 단순히 국내총생산량 기준으로 보면 중국의 경제적 성과는 한국을 훨씬 상회하고 있다. 그러나 인구 규모를 고려하게 되면 중국의 1인당 국내총생산은 약 10,458달러(14722700000000, GDP/1407745000, 인구수), 한국의 1인당 국내총생산은 약 31,607달러(1638200000000, GDP/51830000, 인구수)로 평가된다. 즉, 국민 1인당 경제적 생산량은 한국이 중국보다 3배 높으므로 경제적 성과는 한국이 중국을 상회한다고 평가할 수 있다. 인구대비당 국민총소득 혹은 국내총생산을 사용할 경우 글로벌 마케팅 담당자는 좀더 세밀한 경제적 성과 측정이 가능하다.

(3) 구매력 평가

경제성장률, 1인당 국내총생산과 같은 경제지표의 문제점 중 하나는 국가별 생활비(living costs)를 반영하지 못했다는 점이다. 예를 들어, 2020년 기준으로 맥도널드가 판매하고 있는 빅맥 햄버거를 구매하기 위해서는 미국 소비자는 약 5.67달러를 지불해야 한다. 그러나 스위스에서 빅맥을 구매하기 위해서는 6.71달러를 지불해야 한다. 스위스의 빅맥 가격이 미국에서 비해 비싼 이유는 스위스에서 생활비용, 즉 물가가 미국에 비해 높기 때문이다. 물가가 높을수록 통화가치는 하락하게 되고, 따라서 소비자나 기업은 같은 제품과 서비스를 구입할 때 상대적으로 높은 가격을 지불해야 하는 것이다. 경제성과지표가 높다고 하더라도 물가의 수준에 따라 경제의 성과는 반감 혹은 향상되기도 하기 때문에, 특정 국가의 경제성과를 현실적으로 측정하기 위해서는 그 나라의 물가 수준도 경제성과에 반영해야 한다. 구매력을 평가하기 위한 대표적인 수단 중 하나는 영국의 경제전문지 『Economist』에서 매년 발표하는 빅맥지수(Bic Mac Index)를 예로 들 수 있다. 빅맥의 품질과 재료는 전 세계 어디서나 동일하기 때문에 각국의 빅맥 가격을 비교하면 자연스럽게 물가 수준을 판단할 수 있다. 빅맥지수와 유사한 지수로는 스타벅스지수가 있으며, 이들 지표를 사용해서 글로벌 마케팅 담당자는 각국의 물가 수준, 통화의 절상·절하 여부를 비교적 쉽게 판단할 수 있다. 값비싼 용역을 통해 혹은 복잡한 방정식을 활용해서 미래의 물가상승률 정도, 화폐의 평가절하·절상될지 여부를 예측하기보다는 빅맥지수를 활용하는 것이 비용절감 측면이나 신뢰도 측면에서 좋은 대안이 될 수 있다.

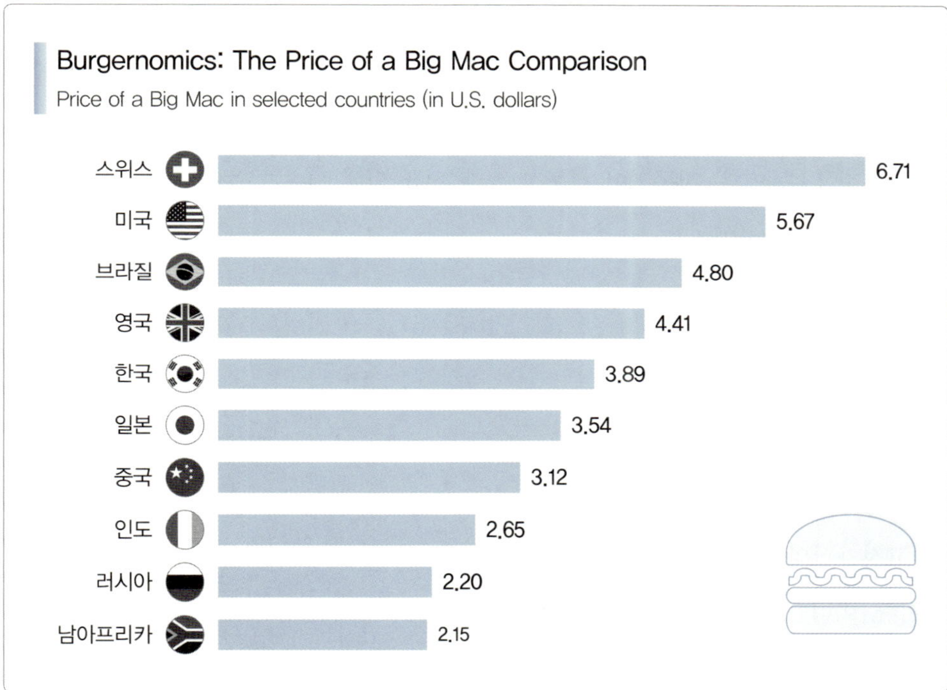

❖ **그림 3-3** 2020년 빅맥지수

출처: Statista (2020). Burgernomics: The price ofa Big Mac in global comparison.

3) 지속 가능성

앞에서 언급했던 경제지표들은 금융총량(monetary aggregate), 경제적 성과를 측정하는 도구로서 유용하지만 지속 가능성에 관련한 개념은 누락된 한계가 있다. 예를 들어, 현지국의 경제개발 수준이 높더라도 환경이 오염되었다면 지속적인 경제성장을 달성하기 어렵다. 2011년 3월 일본 후쿠시마 원자력발전소 사건으로 발생한 방사능 낙진과 오염수 정화 작업에 천문학적인 비용이 지출되었으며 현재도 진행 중이다. 결국 일본이 이루어 놓은 경제적 성장과 성과는 방사능 오염 정도에 따른 정화 비용만큼 상쇄된 것이다. 환경오염뿐 아니라 범죄, 보건, 평등과 관련한 사회적 비용, 인간의 교육수준과 관련한 인간개발지수, 삶의 조건 등도 지속 가능한 발전과 관련되어 있기 때문에 이러한 지표들을 함께 종합적으로 고려할 때 경제적 성장에 따른 이익과 비용을 정확하게 측정할 수 있다. 전통적인 경제적 성과 지표 외에 지속 가능성과 관련한 다양한 지표들은 다음과 같다.

(1) 국민순생산

국민순생산(Net National Product: NNP)은 국민총생산에서 감가상각비를 차감한 것으로 순부가가치를 의미한다. 감가상각비는 개인이나 기업이 제품과 서비스를 생산하면 고정자산의 가치는 시간의 경과에 따라 감소하는데, 이러한 감소를 회계에 반영한 것이다. 이러한 감가상각비를 국민총생산에 포함하게 되면 좀더 현실적이고 정확한 경제성과를 측정할 수 있다. 최근에는 경제생산활동에 따른 환경파괴와 천연자원의 고갈, 환경오염에 따른 비용 등도 포함하여 개념으로 발전하고 있다.

(2) 인간개발지수

인적자원(human resources) 혹은 인적자본(human capital)은 사람에 체화된 지식, 기술, 능력을 의미하며, 주로 학교 교육, 직장 및 개인의 경험에 의해 획득된다(Becker, 1964). 인적자본을 기업의 생산, 운영활동에 투입하게 되면 제품과 서비스 등 가치를

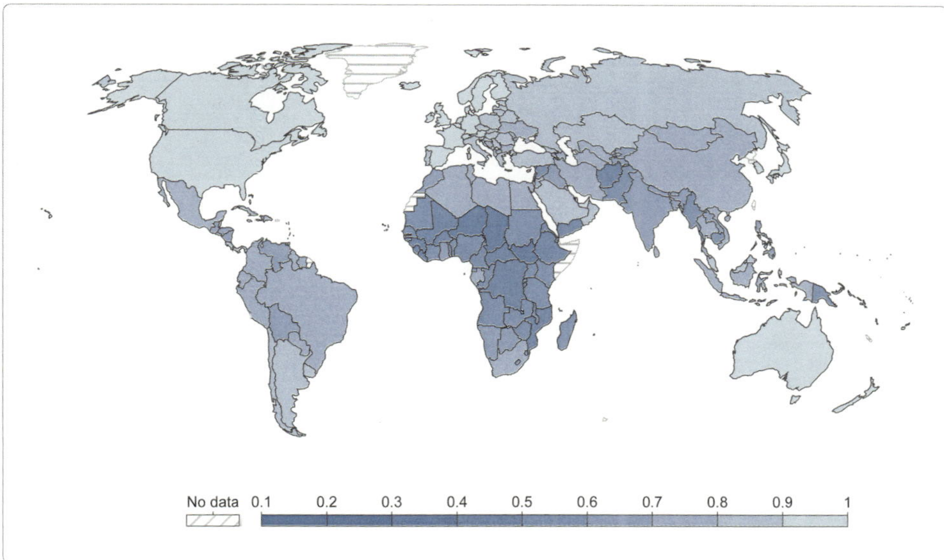

❖ **그림 3-4** 세계 인간개발지수 분포도

출처: Our World in Data (2022). (https://ourworldindata.org/human-development-index)

창출하게 되고 궁극적으로 국가의 혁신, 경제적 성과에 기여할 수 있다. 인적자본이 기업 혹은 국가의 경제성장에 긍정적인 영향을 줄 수 있음에도 불구하고, 국민총소득(GNI)과 국내총생산(GDP)에는 반영되지 않았다. 인간개발지수(Human Development Index: HDI)는 유엔개발계획(UNDP)이 발표하는 인간개발보고서(HDR)[1]에서 제공하고 있으며 교육 수준과 문맹률뿐 아니라 인간의 삶과 관련된 각 국가의 실질국민소득, 평균수명 등을 조사하여 각국의 인간발전 수준 및 선진화 정도를 평가한 지표이다. 일반적으로 HDI가 0.900점 이상이면 선진국(very high human development)으로 간주하고

---

1) 인간개발보고서(Human Development Report: HDR)는 유엔개발계획(UNDP)이 1990년 이후 매년 발행하고 있는 보고서로, 10여 개 언어로 번역되어 120개국 이상의 나라에서 발행되고 있다. 유엔개발계획은 인간개발지수 이외에도 남녀평등지수(Gender-related Development Index: GDI), 성권한척도(Gender Empowerment Measure: GEM), 인간빈곤지수(Human Poverty Index: HPI) 등을 발표하고 있다.

❖ 표 3-3 세계 인간개발지수 순위

순위	국가	인간개발지수 (점수)	기대수명 (년)	교육기간 (년)	평균교육 기간 (년)	1인당 국민총소득 (2017PPP, $)
		2019	2019	2019	2019	2019
1	노르웨이	0.957	82.4	18.1	12.9	66,494
2	아일랜드	0.955	82.3	18.7	12.7	68,371
2	스위스	0.955	83.8	16.3	13.4	69,394
4	홍콩	0.949	84.9	16.9	12.3	62,985
4	아이슬란드	0.949	83.0	19.1	12.8	54,682
6	독일	0.947	81.3	17.0	14.2	55,314
7	스웨덴	0.945	82.8	19.5	12.5	54,508
8	오스트레일리아	0.944	83.4	22.0	12.7	48,085
8	네덜란드	0.944	82.3	18.5	12.4	57,707
10	덴마크	0.940	80.9	18.9	12.6	58,662
11	핀란드	0.938	81.9	19.4	12.8	48,511
11	싱가포르	0.938	83.6	16.4	11.6	88,155
13	영국	0.932	81.3	17.5	13.2	46,071
14	벨기에	0.931	81.6	19.8	12.1	52,085
14	뉴질랜드	0.931	82.3	18.8	12.8	40,799
16	캐나다	0.929	82.4	16.2	13.4	48,527
17	미국	0.926	78.9	16.3	13.4	63,826
18	오스트리아	0.922	81.5	16.1	12.5	56,197
19	이스라엘	0.919	83.0	16.2	13.0	40,187
19	일본	0.919	84.6	15.2	12.9	42,932
19	리히텐슈타인	0.919	80.7	14.9	12.5	131,032
22	슬로베니아	0.917	81.3	17.6	12.7	38,080
23	한국	0.916	83.0	16.5	12.2	43,044

출처: Human Development Reports (2020). (http://hdr.undp.org/en/content/download-data)

있다. 인간개발지수는 인적 조건이 향상되면 경제성과도 높아질 수 있다는 가정에 근거하고 있으며, 글로벌 마케팅 담당자는 이 지수를 활용하여 특정 시장의 잠재력을 측정할 수 있다. 예를 들면, 인간개발지수가 높은 국가에서 현지국 인력은 대체로 문맹률이 낮고 평균 교육 수준이 높기 때문에 추가적인 훈련 없이 채용할 수 있다. 또한 인간개발지수가 높은 국가의 경우 노르웨이, 호주, 스위스, 덴마크, 미국 등 대부분 선진국에 속하는 국가들이며 소득 수준이 높으므로, 고부가가치 상품 혹은 최신 기술, 유행에 대한 수요가 창출될 가능성이 높다.

(3) 당신의 더 나은 삶 지수

당신의 더 나은 삶의 지수(Your Better Life Index: YBLI)는 경제협력개발기구(Organization for Economic Co-operation and Development: OECD)가 회원국의 삶의 질과 관련한 동향을 파악하기 위해 2011년부터 매년 발표하고 있다. YBLI는 국민의 생활에 영향을 줄 수 있는 약 11개의 지표(교육, 직업, 안전, 주거, 시민참여, 일과 삶의 균형, 건강, 삶의 만족, 환경, 소득, 공동체 의식)를 기준으로 각각 0~10점으로 환산하여 국민의 행복도를 측정하고 있다. OECD는 지속 가능한 성장을 위해서는 경제적 성장과 함께 삶의 질의 향상도 함께 고려될 필요가 있다는 가정하에 개발되었다. 따라서, YBLI는 국민총소득, 국내총생산과 같이 경제적 성장을 측정하는 지표를 보완하는 대리지표로서 활용할 수 있다.

(4) 지구촌 행복지수

지구촌 행복지수(Happy Planet Index: HPI)는 영국의 신경제재단(New Economic Foundation: NEF)에 의해 2006년 7월에 개발되었으며, 국민의 행복도를 반영한 지표이다. 국내총생산, 인간개발지수 등은 경제성장, 화폐적 가치, 효율성과 관련되어 있기 때문에, 지속 가능성을 측정하기에는 적합하지 않다고 판단하고, 새로운 대안지표의 필요성에 의해 개발되었다. 지구촌 행복지수는 평균수명(life expectancy), 건강(ladder of life), 생태적 환경비용(ecological footprint) 등의 세부 지표로 구성되어 있으며, 대부분 사람들이 생각하고 있는 오랫동안 건강하고 행복한 삶을 살기를 희망한다는 공리주의적 시각이 반영되어 있다.

더 나은 삶의 지수가 인간의 삶의 질, 행복에 초점을 두었다면, 지구촌 행복지수는 인간의 삶과 함께 지구촌 전체의 지속 가능성에 좀더 무게를 두고 있다. 지구촌 행복지수의 세부 지표 중 생태적 환경비용은 경제적 성장에 따른 환경의 비용을 측정하는 개념인데, 다른 2개의 지표보다 가중치가 높다. 예를 들어 일본이 경제성장을 달성하는 과정에서 원자력발전이 기여한 것은 사실이지만, 원자력발전에 따른 부산물인 방사능 오염수를 바다에 방류하게 되면 일본을 포함한 전 세계의 국민, 자연환경에 막대한 피해를 입히게 된다. 또한 막대한 정화비용 발생은 경제적 효과를 반감시키게 된다. 결국 지구촌에 살고 있는 인간과 생명체, 자연환경의 질을 낮추는 결과를 초래하게 된다. 지구촌 행복지수는 성장에 따른 환경비용, 국민의 행복과 건강을 함께 측정하는 포괄적인 성격인 지표로 간주될 수 있으며, 지속 가능성을 측정할 수 있는 대안으로 사용할 수 있다. [그림 3-5]는 상위와 하위 국가 순위를 나타낸 표이다. 2021년 기준으로 코스타리카, 콜롬비아, 에콰도르 등의 남미 국가와 스위스가 높은 순위에 올랐다.

■ 상위 10개국

RANK	COUNTRY	LIFE EXPECTANCY	WELL BEING	ECOLOGICAL FOOTPRINT	HPI SCORE
1	COSTA RICA	80.4 years	7.00/10	2.65 gha/p	62.1
2	VANUATU	70.5 years	6.96/10	1.62 gha/p	60.4
3	COLOMBIA	77.3 years	6.35/10	1.90 gha/p	60.2
4	SWITZERLAND	83.8 years	7.69/10	4.14 gha/p	60.1
5	ECUADOR	77.0 years	5.81/10	1.51 gha/p	58.8
6	PANAMA	78.5 years	6.09/10	2.10 gha/p	57.9
7	JAMAICA	74.5 years	6.31/10	1.84 gha/p	57.9
8	GUATEMALA	74.3 years	6.26/10	1.77 gha/p	57.9
9	HONDURAS	75.3 years	5.93/10	1.58 gha/p	57.7
10	URUGUAY	77.9 years	6.60/10	2.62 gha/p	57.5

■ 하위 10개국

RANK	COUNTRY	LIFE EXPECTANCY	WELL BEING	ECOLOGICAL FOOTPRINT	HPI SCORE
143	LUXEMBOURG	82.3 years	7.40/10	12.59 gha/p	31.7
144	TRINIDAD AND TOBAGO	73.5 years	6.19/10	8.24 gha/p	31.6
145	CHAD	54.2 years	4.25/10	1.67 gha/p	30.4
146	AFGHANISTAN	64.8 years	2.38/10	0.73 gha/p	29.4
147	SIERRA LEONE	54.7 years	3.45/10	0.97 gha/p	29.0
148	ZIMBABWE	61.5 years	2.69/10	0.98 gha/p	28.6
149	LESOTHO	54.3 years	3.51/10	1.45 gha/p	27.3
150	CENTRAL AFRICAN REPUBLIC	53.3 years	3.08/10	1.45 gha/p	25.2
151	MONGOLIA	69.9 years	5.56/10	10.08 gha/p	24.5
152	QATAR	80.2 years	6.37/10	15.04 gha/p	24.3

❖ **그림 3-5** 지구촌 행복지수 순위

출처: Happy Planet Index (2021). (https://happyplanetindex.org/hpi/)

4) 경제적 고통

경제적 성과와 지속 가능성을 측정하는 지표 외에 특정 국가의 성과와 잠재력에 영향을 줄 수 있는 다른 지표들을 살펴보고자 한다. 대표적으로 인플레이션, 실업률, 이자율, 환율 등이 있으며 이 중에서 특정 국가의 물가상승률과 실업률을 합한 수치를 경제고통지수(Misery Index)라고 한다. 경제고통지수가 높을수록 소비가 감소하고, 범죄 등이 증가하기 때문에 사회적 비용이 발생하게 된다. 특히, 환율의 변동은 특정 국가에서 기업의 운영과 매출에 직접적인 영향을 주므로 글로벌 마케팅 담당자는 주기적으로 해당 지표를 파악해야 한다.

(1) 인플레이션

인플레이션(inflation)은 구매력 수준 대비 재화와 용역의 가격이 지속적으로 상승하는 상태를 의미하며, 생계비의 증가를 측정한 지표이다. 인플레이션 현상이 지속될 경우 해당 국가의 화폐가치는 하락하게 되고 소비자의 구매력은 약화된다. 화폐가치 하락은 화폐에 대한 신뢰도를 낮추게 되어, 금과 부동산 등 실물자산에 대한 투기를 증가시킬 수 있다. 이 경우 저축을 하려는 동기부여는 사라지게 되고, 저축의 감소는 기업의 장기적 투자활동을 위축시키는 결과를 초래하게 된다. 각국의 인플레이션은 글로벌 기업의 마케팅 활동에 부정적인 영향을 줄 수 있다. 인플레이션이 해외 소비자들의 소비활동을 위축시킬 수 있으므로 매출과 제품가격에 직접적인 영향을 줄 수 있다. 이 경우 글로벌 마케팅 담당자는 경제적인 제품을 개발하거나 기술혁신을 통한 비용절감을 통해 소비자의 수요를 유지할 수 있다. 베네수엘라와 같이 극단적으로 인플레이션이 높은 국가에서 마케팅 활동은 신중한 접근이 필요하며, 현지의 물가 수준에 대응하는 마케팅 전략을 수립할 필요가 있다.

Brief Case 수요 둔화 · 원자재값 상승 · 물류비 증가…삼성 · LG 울리는 '3대 리스크'

"메모리는 애초 예상 대비 부품 수급 이슈 장기화에 따른 수요 리스크 확대가 예상된다."

(삼성전자)

"가전제품 주요 원자재 가격 상승과 물류비 증가 등 원가 인상 요인이 지속하고 변이 바이러스 확산과 글로벌 인플레이션 우려 등으로 인해 불확실성은 여전히 존재할 것으로 보인다."

(LG전자)

삼성전자와 LG전자가 나란히 2021년 3분기 최대 실적을 거뒀지만 예전과 달리 불안한 전망을 숨기지 않았다. 양사는 실적 설명자료에 '불확실성', '리스크' 등의 단어를 곳곳에 배치했다. 글로벌 공급망 문제로 반도체 제품 수요가 원활하게 확대되고 있지 못하고 있는데다, 원자재값 상승 · 물류비 증가 등 인플레이션 우려가 지속적으로 리스크 요인으로 작용하고 있기 때문이다.

▶ 구매자 우위 시장으로 전환…"협상 난이도 높아졌다"

삼성전자의 3분기 최대 실적의 일등공신은 당연히 반도체다. '삼성전자'가 아닌 '삼성반도체'라는 말이 나올 정도로 영업이익의 63.5%를 차지했다. 하지만 반도체 둔화 우려가 커지면 삼성전자 전체 실적도 하락할 수 밖에 없는 상황이다.

삼성전자는 과거와 달리 내년도 메모리반도체 시황에 대해 구체적인 언급을 하지 못했다. 한진만 삼성전자 메모리 전략마케팅실장(부사장)은 이날 실적발표 컨퍼런스콜에서 "코로나-19 일상 회복 영향, 부품 수급 및 원자재 가격 상승 등 거시적 요인으로 내년 메모리 시황에 대한 불확실성이 아주 크다"는 말로 대신했다 .

그간 삼성전자는 여전히 메모리 수요가 건재하다는 자신감을 보여왔다. 삼성전자가 주력하는 D램 · 낸드플래시 등 메모리 반도체 가격이 올해 말, 내년 초부터 본격적인 하강국면에 진입할 것이라는 전망이 시장을 중심으로 지속적으로 나왔던 시점에서였다.

하지만, 이날 실적 발표에선 과거와 달리 한발 물러선 태도를 보인 것이다. 실제 해외 전력난, 차량용 반도체 및 원자재 수급 문제 등 글로벌 공급망 문제가 장기화하면서 메모리 수요도 덩달아 줄어들고 있다. 메모리 수요가 줄면 메모리 가격이 떨어지고 생산자가 아닌 구매자가 가격을 결정하는 '구매자 우위' 시장으로 바뀔 수밖에 없다. 한 부사장은 "고객사들과 메모리 시황 전망에 대해 시각차가 존재하고 이에 따라 가격협상 난이도가 높아진 상황"이라고 설명했다.

다만 과거와 달리 '메모리 사이클' 주기나 변동폭이 줄고 있는 점은 위안거리다. 한 부사장은 "과거보다 '메모리 사이클'의 주기나 변동폭이 줄었고 (삼성전자의) 재고도 낮기 때문에 크게 우려할 상황은 아니라고 본다"고 했다. 여기에 서버용, 모바일용 메모리 수요는 건재하다는 점도 긍정적 요인이다.

파운드리(반도체 수탁생산) 시장 전망은 나쁘지 않다. 삼성전자는 올 4분기 첨단공정과 성숙공정 모두 수요 강세가 지속하는 가운데 분기 매출이 전분기 대비 10% 이상 성장하며 신기록을 경신할 것으로 예상했다. 삼성전자는 아마존 · 테슬라 등 글로벌 빅테크들이 대거 시스템반도체 설계에 나서는 상황에서 중장기적 수익을 끌어올리기 위해 대거 투자에 나서겠다는 계획이다.

삼성전자는 "파운드리의 경우 평택공장 생산능력 확대와 미국 팹(공장) 신설 검토 등 EUV(극자외선) 공정에서 고객 니즈(수요)를 최대한 충족할 수 있는 양산 능력을 확보하기 위해 인프라와 장비 등 전례 없는 투자를 진행 중"이라고 밝혔다. 그러면서 "이런 계획에 따라 2017년 대비 올해 생산능력이 1.8배 확대됐고 2026년까지 약 3배 가까이 큰 폭으로 확대할 계획"이라고 소개했다.

▶ '가전은 LG' 이름값 했지만…리스크 확대

LG전자 역시 3분기 매출액 18조7867억원을 거두며 역대 사상 최대 실적을 기록했다. 생활가전을 담당하는 H&A사업본부는 단일 사업 처음으로 매출 7조원을 넘겼고, TV 등을 판매하는 HE사업본부도 4조1815억원 원의 매출을 기록하며 '가전은 LG'라는 이름값을 했다.

백신접종률이 높아지면서 야외활동이 늘어나 내구재 소비가 줄어들 가능성이 컸지만 위생과 건강 관련 건조기 · 스타일러 · 식기세척기 등을 적극적으로 판매하고 공간 인테리어 가전인 LG 오브제컬렉션의 인기가 더해져 매출이 늘었다. 여기에 올레드TV · 초대형 TV 등 프리미엄 제품을 강화한 게 주효했다.

그러나 LG전자 역시 향후 전망은 불확실했다. 원자재 가격 상승과 해상 및 항공 물류비 증가로 원가 인상 부담이 크고 '블랙프라이데이' 등 연말 성수기에 경쟁사 간 마케팅 전쟁에 따른 영업이익률이 떨어질 우려가 적지 않다. TV 역시 '위드코로나'로 인해 수요가 대폭 줄어들 것으로 보인다. 미래 먹을거리로 전장사업을 밀고 있지만, 차량용 반도체 공급부족과 물류 대란 등으로 완성차 업체 생산 차질에 따라 전장사업이 활짝 날개를 펼 시점이 미뤄지고 있다.

LG전자 측은 "주요 국가들이 위드코로나 정책 시행을 적극 검토하면서 경제 활성화에 대한 기대감이 커지고 있지만, 불확실성이 여전히 존재한다"며 "프리미엄 제품의 판매 비중을 확대하고 공급망 관리를 통해 물류비 상승 영향을 최소화해 나가고 있다"고 했다.

출처: 이데일리 (2022.1.24). 수요둔화 · 원자재값 상승 · 물류비 증가…삼성 · LG 울리는 3대 리스크.

(2) 실업률

실업률(unemployment rate)은 전체 노동인구 중에서 일할 의사와 능력을 가지고 있음에도 불구하고 일자리를 갖지 않거나, 갖지 못한 상태를 의미한다. 특정 국가에서 실업률이 높다는 의미는 인적자원을 생산활동에 제대로 활용하지 못하고 있음을 증명한다. 고용을 창출할 수 없는 국가들은 장기적으로 경제성장이 둔화되고, 사회적·정치적 불안을 가중시키게 된다.

(3) 경제고통지수

인플레이션과 실업률의 합을 경제고통지수(misery index)라고 부른다. 경제고통지수는 브루킹스연구소의 경제학자인 아서 오쿤(Arthur OKun)이 처음으로 제시한 개념이다. 고통지수가 높을수록 실업자와 물가는 증가하고, 반대의 경우는 감소하므로 삶의 고통이 줄어드는 것으로 간주한다. 한국의 경우는 경제고통지수와 비슷한 개념으로 서민경제고통지수, 청년경제고통지수 등의 유사지표가 있다. 2020년 기준으로 경제고통지수가 가장 높은 국가는 베네수엘라이며 지수는 약 3,827이다. 2위는 짐바브웨(547), 3위는 수단(193)이다. 경제고통지수가 높을수록 기업과 가계는 소비와 투자를 줄이게 되어 경제성장률은 둔화되고, 정치적 불안, 범죄 등 사회적 비용은 증가한다.

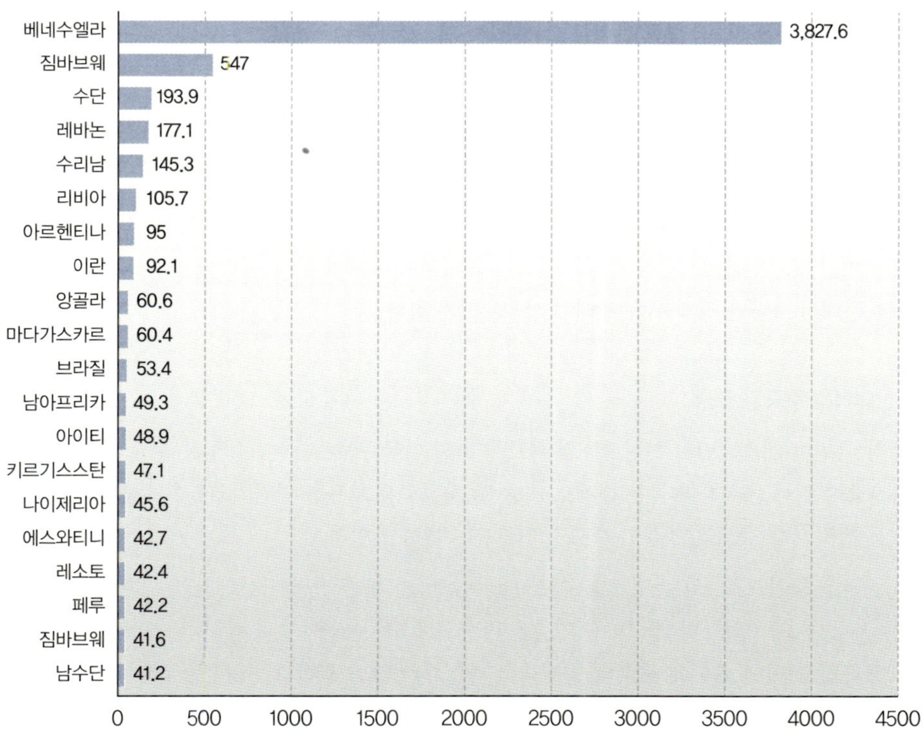

❖ **그림 3-6** 경제고통지수(misery index, 2020)

출처: Statista (2020). Misery index.

(4) 환율

환율(exchange rate)은 특정 통화의 가격을 의미하며, 다른 통화를 구매하기 위한 통화의 수량이다. 예를 들어 달러당 환율이 1,000원이라는 것은 1달러를 구매할 때 지불해야 하는 가격이 1,000원이라는 의미이다. 환율은 외환시장에 참여하는 다양한 참여자들의 수요와 공급에 의해 결정된다. 환율은 글로벌 기업의 자본가치, 제품가격 및 원재료 조달가격에 직접적인 영향을 주기 때문에 환율변동에 대한 모니터링은 필수이다. 예를 들어 1달러에 1,000원 환율에서 500원으로 환율이 떨어지게 되면 미국에서 한국으로 수입되는 제품의 가격은 저렴해지므로 수입은 증가하게 된다. 그러나 한국에서 미국으로 수출하는 기업의 제품 가격은 환율의 차이만큼 증가하게 되므로 수출경쟁력은 감소하게 된다.

마무리사례 **코로나와 글로벌 경제**

2019년 미 · 중 무역분쟁, 영국의 EU 탈퇴 등 글로벌 경제에서 높은 위상을 차지하고 있는 주요 국가 간 갈등이 크게 불거졌으며, 이로 인해 경제활동의 불확실성이 증대되어 글로벌 투자 심리 또한 위축되었다. 이러한 글로벌 경제환경에서 나타난 경제 이슈에 대해 살펴보고자 한다.

▶ 주요국의 4차 산업혁명 주도권 경쟁

세계 경제의 저성장 국면이 계속되면서 신성장동력 확보를 위해 미국, 독일, 일본, 중국 등 주요국을 중심으로 전 세계가 4차산업에 뛰어들었다. 미국은 대체로 기술 및 자금력을 보유한 민간기업들이, 독일과 일본은 정부와 민간의 공동 협력체가, 중국은 정부가 주도적 역할을 수행하고 있다.

최근에는 미국과 중국을 중심으로 4차 산업혁명 주도권을 확보하기 위한 경쟁이 심화되었다. 미국이 구글, 마이크로소프트, GE 등 주요 기업들의 기술혁신 역량을 바탕으로 4차 산업혁명과 관련된 전반적 분야에서 우수한 경쟁력을 보유하고 있던 와중에 중국의 경쟁력이 빠르게 성장한 것이다. 특히 중국은 연구 인프라 개선, 풍부한 데이터 등에 힘입어 AI, 빅데이터 등의 분야에서 미국의 경쟁자로 부상했다.

미국은 제조혁신 자체보다는 IoT, 빅데이터, Cloud 등의 산업인터넷 부문에 주력하고, B2C 시장을 주요시장으로 설정하며, Industry Internet 등을 수립하여 대응하고 있다. 또한, 4차 산업혁명에 대비하는 측면에서 대통령 과학기술자문회의가 8대 ICT 연구개발 분야를 선정 · 제시하여 중점 육성하고 있다.

중국은 공업화와 정보화의 결합, IT 기술과 제조업의 융합 촉진을 비롯한 공업 기초능력의 강화, 품질과 브랜드의 강화, 환경을 배려한 제조의 추진, 제조업의 구조 조정, 서비스형 제조업과 생산성 서비스업의 발전, 제조업의 국제화 수준의 향상 등이 강조되고 있으며, "이노베이션에 의한 구동", "품질 우선", "그린 발전", "구조의 최적화", "인력이 중심"이라는 5가지 방침이 세워져, 중국 제조업의 주요 문제점을 강하게 의식하고 그 개선을 환기하고 있다.

중국은 공업화와 정보화의 결합, IT 기술과 제조업의 융합 촉진을 비롯한 공업 기초 능력의 강화, 품질과 브랜드의 강화, 환경을 배려한 제조의 추진, 제조업의 구조 조정, 서비스형 제조업과 생산성 서비스업의 발전, 제조업의 국제화 수준의 향상 등이 강조되고 있으며, "이노베이션에 의한 구동", "품질 우선", "그린 발전", "구조의 최적화", "인력이 중심"이라는 5가지 방침이 세워져, 중국 제조업의 주요 문제점을 강하게 의식하고 그 개선을 환기하고 있다.

▶ 무역질서 개편

전 세계의 무역질서가 변화하고 있다. 무역과 수출, 수입의 의존성을 줄이고 보호무역주의를 강화하는 등 통상환경이 변화하고 있다.

이는 미 · 중 갈등과 코로나-19의 가중 여파로 보인다. 우선 미 · 중 갈등으로 인해 많은 나라들이 순간적으로 수출과 수입에 대해 어려움을 겪고 정치적 눈치를 보았다. 코로나-19로 인해 대부분의 나라들이 경제적 손실을 입었다.

이러한 환경 속에서 몇몇의 나라들은 자국 산업이 국제경쟁력을 갖출 때까지 국가가 국내 산업을 보호하는 보호무역주의 정책을 갖추는 경향을 보이고 있다. 보호무역주의를 통해 자국이 입은 경제손실을 만회하고, 정치적 위험이 덜하며 자국의 경쟁력을 높일 수 있는 내수시장을 택한 것이다.

현재 미국이 보호무역주의로 돌아서는 경향이 큰 편이다. 만약, 미국의 보호무역주의 기조가 강해진다면 한국의 수출에 큰 영향을 미칠 것으로 보이며, 높아진 물가상승률로 인해 중국의 수입이 감소하고 한국의 대중수출도 감소할 것으로 보인다. 이러한 피해에 대비하려면 한국은 수출경쟁력을 확보하기 위해 수출 다변화 전략을 사용하고 자체생산의 비율을 늘리는 등 다양한 변화가 필요할 것이다.

▶ 글로벌 가치사슬의 변화

글로벌 가치사슬 내 아세안과 중국의 역할이 변화 중이다. 과거 중국이 담당했던 '글로벌 최종재 생산거점' 역할이 점점 저임금 노동력이 풍부한 아세안 지역으로 이전되는 모습이다.

이는 미 · 중 무역전쟁과 중국의 노동력이 전처럼 저렴하지 않다는 이유 때문이다. 미 · 중 무역전쟁으로 인해 느낀 정치적 위협과 임금, 토지 비용의 상승으로 인해 중국에 집중된 글로벌 가치사슬을 분산시키는 디커플링 현상이 나타나고 있다.

이러한 환경의 변화로 중국의 투자조건이 좋지 않음을 느낀 각 기업들은 베트남, 인도네시아, 무슬림 시장 등 가치사슬 다변화 노력을 하고 있다.

출처: 한국무역협회 (2021.1.10). 2020년 이후 글로벌 경제 뒤흔들 5대 이슈는.

학 · 습 · 정 · 리 · 문 · 제

1. 경제 시스템의 형태와 특징에 대해 설명하시오.

2. 국가 경제발전 단계를 구분하고 각 단계의 특징에 대해 설명하시오.

3. 글로벌 마케팅 담당자가 국가의 경제적 성과를 평가하고자 할 때 사용할 수 있는 유용한 지표는 무엇인지에 대해 설명하시오.

4. 글로벌 마케팅 담당자가 경제적 성과 외에 지속 가능성과 관련한 성과를 평가하고자 할 때 사용할 수 있는 유용한 지표가 무엇인지에 대해 설명하시오.

GLOBAL
MARKETING

CHAPTER 04

GLOBAL MARKETING

글로벌 사회 · 문화 환경

학 습 목 표

이 장에서는 문화의 의미와 구성요소에 대해 이해하고, 문화의 구성요소들이 글로벌 마케팅 활동에 어떤 영향을 줄 수 있는지 이해한다. 아울러, 홉스테드(Hofstede), 홀(Hall), 클러크혼과 스트로드백(Kluckhohn-Strodtbeck)의 문화모형에 대해 학습하고 사회 · 문화적 환경과 변화에 대응한 글로벌 마케팅 활동에 대해 살펴본다.

04 CHAPTER 글로벌 사회 · 문화 환경

도입사례 **현대자동차, 사우디아라비아 여성을 위한 브랜드 캠페인 및 특화 프로그램 실시**

현대자동차가 이동성의 자유를 갖게 된 사우디 여성들이 운전을 시작으로 향후 더 많은 성취를 이뤄낼 수 있도록 독려하고 지원하는 메시지를 담은 '#whatsnext' 캠페인을 진행한다. 현대자동차는 여성 운전이 허용된 당일부터 #whatsnext 캠페인의 사전 티저 영상을 마이크로 사이트를 비롯한 현지 SNS 채널 등을 통해 게재했다. 캠페인 티저 영상은 현재까지 페이스북에서 150만뷰 이상의 조회수를 기록하는 등 뜨거운 반응을 얻었다. 더불어 벨로스터, 코나 등 현대자동차의 다양한 차량들이 등장하는 〈앤트맨과 와스프〉가 상영 중인 리야드 파크몰 영화관(사우디아라비아 리야드 소재)에 티저 영상 광고를 집행하는 등 본격적인 캠페인 시작 전부터 현지에서 남다른 관심을 끌었다.

현지시각으로 1일(수)부터 공개된 메인 영상에서는 실제로 패션 디자이너 겸 사업가, 영화감독, 교사 겸 달리기 선수 등 다양한 직업을 가진 사우디 여성들이 자신의 비전을 향해 전진하는 모습을 집중 조명하며 여성들에게 응원 메시지를 전달하고 있다. 또한 현대자동차는 자신의 분야에서 뛰어난 성과를 보인 사우디아라비아 유명 여성인사 3인을 선정해 브랜드 홍보대사로 위촉하고 이들을 한국에 초청해 브랜드 체험행사를 진행했다. 홍보대사로 선정된 사업가 바이안 린자위(Bayan Linjawi), 라디오 프로그램 진행자이자 여행 블로거인 샤디아 압둘 아지즈(Shadia Abdulaziz), 패션 디자이너 림 파이잘(Reem Faisal)은 6월 18일 현대자동차 본사에서 열린 워크숍을 비롯해 브랜드 체험공간인 '현대 모터스튜디오 고양'에 방문해 전시물 등을 관람하고 초보 여성 운전자들을 위한 현대자동차의 드라이빙 클래스 '렛츠 드라이브'를 체험했다. 홍보대사들은 앞으로 일상생활에서 현대자동차를 실제로 사용하면서 얻은 경험을 사우디 여성들에게 전파하는 역할을 비롯해, 사우디 현지 신차 보도 발표회, 여성 안전 운전 교습 프로그램 등 현대자동차의 다양한 브랜드 행사에 함께할 예정이다. 현대자동차 홍보대사로 위촉된 사업가 바이안은 "사우디 여성들이 여성 운전 허용에 따른 사회의 변화를 매우 긍정적으로 받아들이고 있다"라며 "운전을 기점으로 향후 여성들이 사회에서 맡게 될 다양한 역할에 대해 큰 기대를 하고 있다"라고 소감을 밝혔다.

▶ 여성을 배려한 신규 패키지 및 사양 개발, 여성 전용 시승 서비스 등 특화 프로그램 운영

▲ 사우디아라비아의 현대자동차 브랜드 홍보대사로 선정된 (좌측부터) 패션 디자이너 림 파이잘, 사업가 바이안 린자위, 라디오 프로그램 진행자이자 여행 블로거인 샤디아 압둘 아지즈.

현대자동차는 사우디아라비아 여성 운전자를 고려한 다양한 특화 프로그램을 마련했다. 먼저 여성 운전자들이 쉽게 현대자동차 브랜드와 상품을 경험할 수 있도록 사우디아라비아 수도 리야드 도심 내 쇼핑몰에 디지털 기기를 통해 브랜드를 체험해 볼 수 있는 여성친화적 디지털 쇼룸 '시티 스토어'를 개설해 운영 중이다. 시티 스토어에서는 여성 고객들이 편안하게 현대자동차를 체험해 볼 수 있도록 여성 영업사원들이 현장에서 고객을 맞이하고 있다. 현대자동차는 리야드를 시작으로 향후 담맘, 제다 등 사우디아라비아의 다른 드시에도 시티 스토어를 추가로 개설할 계획이다. 또한 여성 운전자들에게 보다 많은 시승 기회를 제공하기 위해, 시승차 운영 대수 확대를 비롯해 시승 서비스 지원을 위한 시승 전용 앱을 개발해 운영 중이며 여성 특화 시승 프로그램도 운영할 예정이다. 아울러 여성 고객들이 현대자동차 서비스 시설에 접근이 용이하도록 6개의 여성 고객 전용 라운지를 구축하고 여성 고객 전담 직원도 배치해 운영하고 있다. 이와 함께 현대자동차는 운전에 대한 두려움을 줄일 수 있도록 전방충돌방지보조(FCA), 후측방충돌경고(BCW) 등 주행 안전사양 및 전후방 주차 보조시스템(PDW)을 현지 차량에 적용한 안전 패키지를 구성했다.

특히 타인의 시선을 의식하는 사우디아라비아 여성을 배려해 프런트 도어 선세이드를 제공하며, 외부 활동 시 전통의상인 아바야를 착용하는 점을 고려해 아바야 도어 끼임 경보시스템을 세계 최초로 신규 개발해 적용했다. 현대자동차 고객경험본부장 조원홍 부사장은 "여성 운전 허용을 기점으로 사우디아라비아 여성의 본격적인 사회 진출의 무한한 가능성에 초점을 두고 캠페인을 기획했다"라며 "현대자동차는 사우디아라비아 여성을 비롯해 전 세계에 주요 소비자로 부각되고 있는 밀레니얼세대 여성들이 더 많은 성취를 이룰 수 있도록 다방면으로 지원할 것"이라고 밝혔다.

이외에도 현대자동차는 사우디아라비아 여성들을 공략하기 위한 별도의 전담조직 '사우디 여성 고객 케어 태스크포스(T/F)'를 구성해 사우디아라비아 여성 운전자들을 대상으로 한 마케팅 및 판매전략 수립, 현지 시장조사, 이슬람 율법을 포함한 법규 점검 등 다양한 업무를 수행하고 있다. 한편 사우디아라비아의 여성 운

전 허용은 최근 시장 포화로 부침을 겪고 있는 세계 자동차산업에 한 줄기 단비 같은 오아시스로 떠오르고 있다. 업계는 사우디아라비아 여성 약 900만명 가운데 600만명 정도가 운전면허증 시험에 지원할 것으로 예상하고 있으며, 2030년까지 사우디아라비아 국내총생산(GDP)을 900억 달러(약 100조 5,000억원) 증가시키는 효과를 낼 것으로 전망하고 있다. 현대자동차는 현재 사우디아라비아를 비롯해 UAE, 오만, 쿠웨이트 등 14개의 중동 국가에 진출해 있으며 엑센트, 엘란트라(국내명: 아반떼), 쏘나타 등이 주력 차종으로 판매되고 있다.

출처: 서울경제 (2018.8.21).

도입사례의 사우디아라비아의 예에서도 알 수 있듯이 다양한 문화적 배경을 가진 각국 소비자들을 유인하기 위해서는 각 문화권에 존재하는 다양한 태도, 믿음, 가치, 종교, 미의식, 언어, 교육 등의 문화 구성요소들을 먼저 이해해야 한다. 사우디아라비아는 이슬람 교리를 따르고 있어 하루에 5번 기도하고 술과 돼지고기를 금한다. 남성 중심의 가부장적 문화를 가지고 있으며 여성의 사회적 참여를 제한하고 있다. 따라서 사우디아라비아에서 비즈니스를 할 때는 음주행위를 배제해야 하며, 당연히 돼지고기와 관련된 음식을 피해야 한다. 또한 사우디아라비아인을 고용할 경우 기도할 수 있는 환경을 제공하는 것도 동기부여에 중요한 요소가 될 수 있다. '턱수염을 쓰다듬고 있는 남자들을 보면 당신도 그렇게 하라'라는 아랍 속담처럼 사우디아라비아인들의 문화를 이해하는 것은 비즈니스 성공률을 높일 수 있는 기본적인 사업 전략이다. 또한 문화는 변하지 않는 정적인 것이 아니라 시간이 흐름에 따라 동적으로 변화하기도 한다. 2018년 사우디아라비아는 여성의 운전을 승인함에 따라 여성의 사회 진출이 가속화되기 시작하였다. 따라서, 글로벌 마케터들은 문화의 변화에 기민하게 반응하고 사우디 여성이 선호하는 자동차를 개발하여 기회를 포착할 수 있어야 한다.

글로벌 시장을 개척할 수 있는 성공적인 마케터가 되기 위해서는 무엇보다 목표 시장의 사회문화적 배경에 대한 이해가 선행되어야 한다. 따라서 이 장에서는 각국의 사회·문화의 특징을 이해하기 위해 먼저 문화의 개념과 구성요소들에 대해 살펴본다. 각국의 문화를 이해하기 위한 여러 학자들이 제안한 문화모형에 대해 살펴볼 것이다. 마지막으로 각국의 문화를 이해하고, 문화적 차이를 극복하기 위한 방안에 대해 살펴보고자 한다.

01 문화에 대한 개념

문화를 한 마디로 명쾌하게 정의하기는 쉽지 않다. 문화는 포괄적이고 다차원적인 성격을 가지고 있기 때문이다. 한국 사람을 예를 들면 대체로 집단의식과 민족주의 성향이 강하고, 타 문화에 대한 수용력은 떨어진다. 반대로 미국인들은 집단보다는 개인의 성취를 강조하며, 타 문화에 대해 대체로 수용하려는 경향이 있다.

영국의 인류학자 테일러(Edward Tylor)는 문화에 대해 최초로 학술적으로 정의한 학자이며, 문화를 '지식, 신앙, 예술, 도덕, 법, 관습 그리고 개인이 구성원으로서 인간에 의해 얻어지는 또 다른 능력과 습관들을 포함하는 복합적인 통합'이라고 정의하였다. 네덜란드의 심리학자 홉스테드(Geert Hofstede)는 문화를 '한 그룹과 다른 그룹을 구별시켜 주는 집단적인 정신적 프로그램(collective mental program)'이라고 정의하였다. 학자들마다 문화에 대한 정의가 다양하지만, 일반적인 의미에서 문화란 '한 세대에서 다른 세대로 전해지는 개인 혹은 집단이 쌓아온 삶의 방식'이라고 정의할 수 있다(Green & Keegan, 2020). 문화를 구성하는 요소는 다양하며 대표적으로 개인의 가치관과 태도, 종교, 언어 등이 있다.

02 문화의 구성요소

1) 가치관과 태도

(1) 가치관

가치관(value)이란 사람 심리의 가장 밑바탕을 이루고 있는 부분이며, 잘 드러나지는 않지만 사람들의 생각, 신념, 행동, 의견 등과 직접 관련된다. 가치관은 '한 사람이 살아가는 데 행동과 판단의 기준이 되는 중요한 덕목'이다. 글로벌 마케팅 의사결정 수립 시 각국의 가치관을 고려해야 하는 이유는 가치관에 따라 고객의 소비행동에 차이가 발생하기 때문이다. 예를 들면, 미국인들은 '일을 통해 구원을 받는다'는 생각을 가지고 있으며, 열심히 일한 대가로 받는 물질적 보상은 당연하다고 생각한다. 반면에, 그리스인들은 여가와 검소한 생활을 더 중요한 가치라고 생각한다. 종교도 사람의 가치관에 영향을 줄 수 있다. 예를 들어, 이슬람교를 믿는 사람들은 술, 담배, 마약이나 세속적인 음악, 영화 등이 이슬람 문화에 해악을 끼친다고 생각하기 때문에 이러한 행위에 대해 다른 국가보다 훨씬 더 부정적인 반응을 나타내며, 법률적으로도 강하게 처벌하고 있다.

가치관은 대부분 어린 시절부터 형성되며, 부모, 가족, 친구, 선생님 등으로부터 학습된다. 따라서 가치관은 고정불변한 것이 아니고 성장하면서 바뀌기도 한다. 가치관을 변화시킬 수 있는 첫 번째 요인은 개인의 선택이다. 개인의 가치관은 새로운 대안 혹은 경제적, 사회적 상황에 따라 얼마든지 바뀔 수 있다. 예를 들어, 평소 은행업무를 직접 대면하여 처리하던 사람이라도 코로나-19에 따른 비대면문화 확산과 디지털 플랫폼의 확산은 아날로그에서 디지털방식으로 가치관을 전환하게 만드는 동기로 작용할 수 있다. 둘째, 식민지배로 인해 강제로 가치관을 바꿀 수 있다. 홍콩인들은 오랜 시간동안 영국의 식민지배를 경험하였고, 이 과정에서 영국 문화를 강제적으로 받아들이게 된다. 시간이 흐름에 따라 홍콩인들은 고유의 가치관은 잃어버리고 자연스럽게 영국의 가치관을 형성하게 된다. 마지막으로 문화 간 접촉으로 인한 문화 확산을 통해 개인은 가치관을 바꿀 수 있다. 예를 들어 다양한 국적의 외국인이 한국에 유입되고, 한국 언어, 한국 문화를 배우는 과정에서 외국인들은 한국 문화와 혼합되고 적응하는 과정을 거치게 된다. 이 경우 한국의 문화 중 일부를 자신의 가치관으로 받아들이게 되면, 가치관의 변화가 발생한다. [그림 4-1]은 가치관의 변화가 발생할 수 있는 환경을 보여주고 있다. 트와이스는 한국인, 대만인, 일본인으로 구성된 다국적 그룹이다. 외국 멤버들은 한국 멤버들과 함께 공연하는 과정에서 자연스럽게 한국 문화를 경험하게 되고, 한국식 가치관을 형성할 수 있다. 반대로, 한국 멤버들은 한국, 대만, 일본의 문화가 융합되고 새로운 가치관을 형성할 수 있게 된다. 이러한 현상을 크레올화(cultural creolization)라고 한다.

❖ **그림 4-1** 다국적 그룹 트와이스, 계명대학교 외국인 유학생 캠프

(2) 태도

태도란 일반적으로 사람들이 가지고 있는 가치관을 기반으로 어떤 대상이나 생각에 대해 가지는 긍정적이거나 부정적인 평가, 감정, 경향 등을 의미한다. 다시 말하면 태도는 주어진 사물이나 실체에 일관된 방식으로 반응하는 학습된 경향이라 할 수 있으

며, 상호 관련된 믿음의 집합체로 정의할 수 있다(Green & Keegan, 2020). 한국인들은 집단주의 의식을 보유하고 있어 대중시설, 예를 들면 대중목욕탕이나 찜질방 등에 긍정적이다. 반대로 집단보다 개인을 더 우선시하는 미국인의 경우 대중시설에 대해 부정적인 반응을 보일 수 있는데 오랜 시간 동안 형성된 문화적 관습으로 인해 대중에게 자신의 나체를 보이는 것에 대해 더 보수적인 태도를 가지고 있기 때문이다. 가치관과 마찬가지로 태도는 부모나 가족, 선생님, 친구로부터 학습되며, 시간에 따라 변화할 수 있다.

각국의 문화권에 따라 시간과 노동에 대한 태도는 상이하기 때문에 글로벌 마케팅 전략 수립 시 마케터들은 각국의 소비자들이 보유한 태도의 특징에 대해 필수적으로 이해할 필요가 있다.

① 시간에 대한 태도

시간에 대한 개념과 사고방식 역시 문화권에 따라 상이하다. 북미권에 속한 사람들은 시간을 '돈', '자원'과 같은 개념으로 간주한다. 그들은 모노크로닉 시간관념(monochronic time perception)을 가지고 있으며, 이러한 문화권에 속한 사람들은 일을 순차적으로 처리하는 것을 선호한다. 예를 들어, 은행 점포에서 한 고객과 먼저 비즈니스 업무를 처리하고, 다음 고객의 업무를 처리하는 것이다. 또한, 시간을 '돈', '자원'과 같은 실질적인 것으로 생각하기 때문에 시간을 '절약'해야 하는 개념으로 간주한다.

반대로, 라틴아메리카, 중동, 지중해 국가, 일부 유럽 국가 사람들은 대체로 시간관념이 명확하지 않은 것으로 알려져 있다. 그들은 폴리크로닉 시간관념(polychronic time perspective)을 가지고 있으며, 미리 정해진 시간에 맞게 일을 처리하는 북미권 사람들과는 달리, 여러 일을 동시에 처리하는 것을 선호한다. 또한 일정에 맞게 비즈니스를 하기보다는 인간의 상호관계 속에서 사업을 진행하는 것을 선호하고, 약속 일정을 엄격하게 지키지 않는 경향이 있다. 사업 시 업무시간 외에도 개인적 친분이나 신뢰를 쌓기 위한 비공식적 모임도 중요하며, 시간을 '자원', '돈'과 같이 실체가 있는 것으로 간주하고 있지 않기 때문에 시간을 '소비' 혹은 '절약'해야 하는 개념으로 간주하지 않는다.

북미 사람들이 중동 사람들과 사업 수행 시 시간에 대한 이해 차이로 마찰이 발생하기도 한다. 예를 들어, 북미 사람들은 시간을 자원과 같이 생각하는 경향이 있어 비즈니스 목적 외의 모임, 예를 들어 파티, 워크숍 등의 비공식적 모임을 낭비라 생각한다. 그러나 중동인들에게 있어 모임, 파티 등과 같은 비공식적 업무는 공식적 업무의 연장이며 신뢰를 쌓을 수 있는 중요한 기회라 생각한다. 만약, 미국인들이 중동인들과 사업을 할 때 비공식적 모임을 등한시한다면 신뢰를 쌓기 어려우며, 따라서 비즈니스 성공 기회는 현저히 낮아질 수밖에 없다.

② 노동에 대한 태도

문화권에 따라 노동에 대한 태도는 상이하다. 예를 들어, 북미권 문화에서는 노동을 매우 신성하게 여기며 일을 통해 구원을 받을 수 있다고 생각한다. 열심히 일한 만큼 성과와 관련되어 있다고 생각하므로 매우 열심히 일하며 여가시간에 상대적으로 적은 시간을 투자한다. 때문에, 열심히 일하지 않은 사람들에 대해 부정적 시각을 가지고 있다. 미국인들은 '일하기 위해 사는 것'을 살기 위해 일하는 것보다 선호한다.

그러나 프랑스 사람들은 노동뿐 아니라 개인 여가시간을 매우 중요시하는 경향이 있다. 노동도 중요하지만 수면, 휴가 등 개인의 생활과 가족과 함께 여가시간을 보내는 것도 중요한 삶의 일부라고 생각한다. 즉 미국인처럼 일하기 위해 살기보다는 '잘 살기 위해 일하는 것'을 더 선호한다.

따라서 미국인의 관점에서 보면 프랑스인은 다소 게으르다고 생각할 수 있다. 반대로 프랑스인들은 미국인은 일만 하고 사는 워커홀릭(workaholic)이라고 생각할 수 있다.

프랑스인들이 파리의 한 레스토랑에서 점심식사를 하고 있는 모습이 [그림 4-2]에 묘사되어 있다. 프랑스인은 보통 가족, 친구, 직장동료들과 함께 점심식사를 하면서 많은 대화를 나누기 때문에 보통 2~3시간을 소비한다. 프랑스인들에게는 가족, 친구들과 함께 식사하면서 대화하는 것이 일만큼 중요한 생활의 일부분이다. 그러나 미국인들은 보통 점심시간을 1시간 이상 소비하지 않으며, 1시간 이상 식사에 시간을 소비하는 것은 낭비라고 생각하는 경향이 있다.

❖ **그림 4-2** 프랑스 파리의 한 레스토랑

2) 종교

전 세계적으로 다양한 종교가 분포하고 있지만, 이중에서 불교, 힌두교, 기독교, 이슬람교, 유대교, 천주교 등이 대표적이라 할 수 있다. 각각의 종교는 개인의 믿음, 삶, 태도, 가치관에 직접적인 영향을 주며, 따라서 개인의 소비행동과 의사결정에 반영되게 된다. 종교에 따라 개인의 소비 성향은 상이하므로, 글로벌 마케팅 담당자들은 해외 시장을 위한 제품과 서비스 개발 시 종교적 가치와 행동양식을 깊게 이해해야 한다.

예를 들어, 서구의 기독교 문화에서는 노동에 따른 부의 축적은 정당한 것으로 생각하지만, 힌두교에서는 다소 부정적으로 받아들여진다. 힌두교에서는 소를 신성시하기 때문에 쇠고기 판매는 금지되며, 비슷한 맥락으로 유대교, 이슬람교에서는 돼지고기 섭취를 금하고 있다. 때문에 인도에서 영업을 하는 맥도날드는 햄버거 패티의 원재료를 쇠고기대신 닭고기, 생선 등을 활용해서 만든다.

전 세계적으로 이슬람교를 믿은 무슬림 인구가 지속적으로 증가함에 따라 할랄 시장이 성장하고 있는 추세이다. 무슬림 인구는 2020년 기준으로 19억명으로 세계 인구의 약 25%를 차지하고 있으며 계속 성장하고 있는 유망한 시장이다. 매력적인 할랄 시장을 선점하기 위해 글로벌 기업들은 다양한 마케팅 노력을 하고 있다. KFC는 라마단을 주제로 한 옥외광고를 통해 금식이 끝나는 저녁시간에 인도네시아인들이 식사를 할 수 있게끔 유도하고, 할인행사를 제공하였다. 라마단은 이슬람력에서 9월에 시작되는 단식기간이며, 이 기간에는 해가 떠 있는 동안 음식뿐 아니라 물의 섭취, 담배 등도 금지된다. 라마단을 겨냥한 맞춤형 마케팅 전략은 적중했고, 결과적으로 라마단 기간동안 인도네시아에 위치한 200개의 KFC 점포에서 약 20% 매출 증가효과를 거두었다(Green & Keegan, 2020). 한국 기업도 세계 인구의 25%를 차지하고 있는 무슬림의 수요를 놓치지 않기 위해 할랄 인증을 받은 제품을 출시하고 있다. 제주삼다수를 생산, 판매하는 제주특별자치도개발공사는 물과 접촉하는 생산시설에 동물성 원료가 들어가지 않았다는 할랄 인증을 획득하였다. 또한 대상은 김치와 고추장에 대한 할랄 인증을 받고 무슬림 시장을 공략하고 있다. 이렇게 복잡하고 오랜 과정이 걸리는 할랄 인증에 한국 기업이 집착하는 이유는 빠르게 성장하고 있는 할랄 시장의 특성에 기인한다고 볼 수 있다. KOTRA 자료에 따르면 글로벌 할랄식품 산업규모는 2021년 1조 1,700억 달러에서 2023년 약 3조 달러로 불어날 것으로 전망하고 있다(한국일보, 2022).

이처럼 종교는 기업의 글로벌 마케팅 활동에 많은 영향을 줄 수 있기 때문에 마케팅 담당자는 종교에 대한 이해와 생활양식을 깊이 이해하고 마케팅 프로그램을 개발할 필요가 있다.

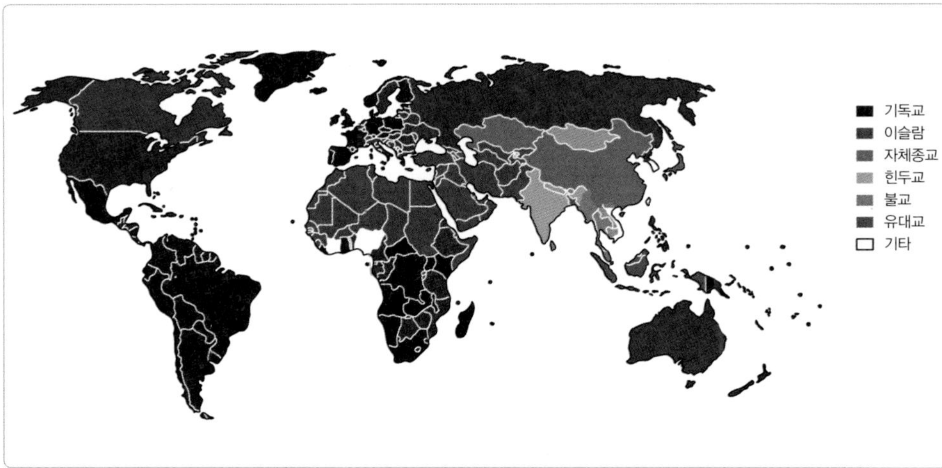

❖ 그림 4-3 세계의 종교 분포

출처: The Global Religious Landscape (2012). (www.pewforum.org)

3) 언어

언어는 가치관과 태도, 종교와 마찬가지로 각국의 문화를 구분하는 수단으로서 사용된다. 언어는 기본적으로 국가를 단결시키는 역할을 하면서 동시에 국가를 구분시킬 수 있다. 예를 들면, 한국인은 한국어를 사용하며, 일본인은 일본어를 사용하는 것과 같은 이치이다. 국가가 다르지만 같은 언어를 사용하는 경우 문화의 확산은 쉽게 이루어질 수 있으며, 상거래도 활성화될 수 있다. 영어를 사용하는 미국, 영국, 캐나다, 호주, 뉴질랜드와 같은 국가는 타 국가에 비해 상대적으로 문화적 동질성이 클 수 있다. 반대로, 같은 국가라도 언어가 다양할 경우 문화적으로 이질성이 발생할 수 있으며, 문화적 확산과 상거래에 있어 장벽으로 작용할 수 있다. 예를 들어, 인도의 경우 2020년 기준으로 456개의 언어가 사용되며 122개의 주요 언어와 1,599개의 기타 언어가 있다.

언어의 다양성은 글로벌 마케팅 활동에 직접적인 영향을 줄 수 있다. 가장 단적인 예로, 광고 또는 브랜드에 사용된 자국의 언어가 영어 혹은 다른 언어로 번역되었을 때 발생하는 의미의 차이로 왜곡된 결과를 초래할 수 있다. 1970~1980년대 대영자전거는 미국 시장에 제품을 수출할 때 상품명이 '젊어서 죽는다(die young)'와 비슷해서 시장침투 초기에 어려움을 겪었다.

03 문화모형

글로벌 마케팅 담당자는 국가별로 상이한 문화적 요소들의 특징을 이해해야 할 뿐만 아니라, 문화를 분석·평가할 수 있는 모형을 활용하여 기업의 운영과 마케팅 활동에 적극 반영해야 한다. 국가별로 상이한 문화적 특징에 맞게 비즈니스, 마케팅 방식도 차별화해야 한다. 현지국의 문화적 배경을 이해하면 현지 소비자의 반응을 미리 예측하고 차별화된 마케팅 전략을 수립할 수 있으므로 글로벌 사업의 성공 가능성은 높아질 것이다. 반대로, 현지의 문화에 대한 깊이 있는 이해 없이 마케팅 활동을 수행하거나, 현지국의 문화적 배경을 무시하고 글로벌 기업의 본사가 위치하고 있는 본국의 방식대로 사업을 진행할 경우 현지 사업은 실패할 가능성이 높다. 전 세계의 많은 학자들은 국가별로 문화적 특징을 분류할 수 있는 문화모형을 제시하기 위해 노력해 왔다. 문화를 분류하고 분석할 수 있는 방법으로서 가장 널리 알려진 홉스테드(Hofstede), 홀(Hall), 클러크혼과 스트로드백(Kluckhohn-Strodtbeck)의 문화모형에 대해 소개한다.

1) 홉스테드(Hofstede) 문화모형

각국의 문화 차이를 이해하기 위한 노력은 국제경영학자들과 인류학자들에 의해 꾸준히 진행되어왔다. 그 중 괄목한 말한 연구는 네덜란드의 사회심리학자인 홉스테드(Geert Hofstede)의 문화모형으로서 각국의 문화 차이를 실증적으로 수치화하여 분석한 최초의 연구로 평가되고 있다.

홉스테드는 미국 IBM 본사와 해외 50여개 자회사에 근무하는 약 11만 명 이상의 종업원을 대상으로 직무와 관련한 가치를 규명하기 위한 연구를 1970년 초부터 수십 년 간 진행해 왔다. 홉스테드는 설문조사를 통해 각국 종업원들이 가지고 있는 태도와 가치관에 관련한 4가지 문화차원을 발견하였다. 즉, 개인·집단주의, 권력간격, 불확실성 회피, 남성성·여성성이다.

이후 하우스(Robert J. House) 교수와 연구팀은 홉스테드의 연구를 확장하여, 1994년부터 1997년까지 62개 국가의 17,000명의 중간관리자들을 대상으로 직무와 관련한 가치조사를 조사하기 위한 GLOBE(Global Leadership and Organizational Behavior Effectiveness Research Program) 프로젝트를 진행하였다(House et al., 2002: 3-10). GLOBE 프로젝트는 홉스테드가 발견한 문화차원을 포함한 9개의 문화차원에 대해 국가별로 비교 분석하였다. 홉스테드 최초의 연구결과에 비해 연구 시점과 문화차원을 측정하는 세부항목들은 조금 차이가 있지단 기본적인 개념은 매우 유사하고, 연구에 포함된 표본 국가들이 대부분 중복되어 있다. 때문에 경영자들은 두 연구결과를 비교, 분석하면 각국별로 문화 차이와 가치관에 대한 유용한 시사점을 발견할 수 있다.

홉스테드가 최초로 발견한 4가지 문화차원은 〈표 4-1〉과 같다(Hofstede, 1990).

❖ **표 4-1** Hofstede 및 GLCBE 연구 문화지수

구분	개인 · 집단주의		권력간격		불확실성 회피		남성 · 여성성		장기지향성	
	Hofstede	GLOBE	Hofstede	GLOBE	Hofstede	GLOBE	Hofstede	GLOBE	Hofstede	GLOBE
미국	91	4.251	40	4.88	46	4.15	62	3.34	29	4.15
호주	90	4.17	36	4.74	51	4.39	61	3.40	31	4.09
영국	89	4.08	35	5.15	35	4.65	66	3.67	23	4.28
캐나다	80	4.23	39	4.82	48	4.58	52	3.70	23	4.44
네덜란드	80	3.70	38	4.11	53	4.70	14	3.50	44	4.61
이탈리아	76	4.94	50	5.43	75	3.79	70	3.24	-	3.25
프랑스	71	4.37	68	5.28	86	4.43	43	3.64	-	3.48
스웨덴	71	3.66	31	4.85	29	5.32	5	3.84	33	4.39
독일	67	4.27	35	5.40	65	5.19	66	3.08	31	4.11
인도	48	5.92	77	5.47	40	4.15	56	2.90	61	4.19
일본	46	4.63	54	5.11	92	4.07	95	3.19	80	4.29
아르헨티나	46	5.51	49	5.64	86	3.65	56	3.49	-	3.08
이집트	38	5.64	80	4.92	68	4.06	53	2.81	-	3.86
브라질	38	5.18	69	5.33	76	3.60	49	3.31	65	3.81
필리핀	32	6.36	94	5.44	44	3.89	64	3.64	19	4.15
멕시코	30	5.71	81	5.22	82	4.18	69	3.64	-	3.87
슬로베니아	27	5.43	76	5.33	88	3.78	221	3.96	-	3.59
말레이시아	26	5.51	104	5.17	36	4.78	50	3.51	-	4.58
홍콩	25	5.32	68	4.96	29	4.32	57	3.47	96	4.03
칠레	23	-	63	-	86	-	28	-	-	-
싱가포르	20	5.64	74	4.99	8	5.31	48	3.70	48	5.07
태국	20	5.7	64	5.63	64	3.93	34	3.35	56	3.43
한국	18	5.54	60	5.61	85	3.55	39	2.50	75	3.97
대만	17	5.59	58	5.18	69	4.43	45	3.18	87	3.96
인도네시아	14	5.68	78	5.18	48	4.17	46	3.26	-	3.86
중국	-	5.8	-	5.04	-	4.94	-	3.05	118	3.75

출처: 이장로 · 신만수 (2018).

(1) 개인 · 집단주의

개인·집단주의(individualism vs collectivism) 차원은 사회구성원들이 얼마나 개인주의적인, 혹은 집단주의적인 성향을 보이는지 정도를 측정하는 지표이다. 개인주의(individualism) 성향이 강한 국가에서는 집단보다는 개인의 자유, 개인의 의사결정과 이익, 개인의 성취감을 강조한다. 또한 집단과 개인, 개인과 개인 간의 연계는 대체로 느슨하며, 개인적 성취를 위한 근면함이나 기업의 기업가적 정신(개발이나 혁신)이 중요한 가치로 받아들여진다. 또한 개인은 자신의 성공에 더욱 집중할 자유가 있지만, 자신의 행동에 대해서 철저히 개인적 책임을 진다. 따라서 개인주의 성향이 강한 국가에서 기업 활동을 운영하는 경영자는 개인적인 도전과 성취를 달성할 수 있는 환경과 보상체계(예를 들면, stock option, 개인 성과에 따른 보상제도)를 조성하는 것에 관심을 기울일 필요가 있다.

이와는 대조적으로 집단주의(collectivism) 성향이 강한 국가(홉스테드의 연구에서 개인주의 성향이 낮은 국가)에서는 개인보다는 자신이 속한 집단, 가족이나 직장 등에 대해 강한 소속감과 연대감을 중시한다. 즉 개인의 개성을 강조하기보다는 '우리'라는 공동체 의식과 타인과의 조화를 강조한다. 따라서 집단주의 성향이 높은 국가의 기업들에서는 직원들이 개인적 성취보다 자신이 속한 집단의 목표에 동기부여되는 경우가 더 많고, 그들의 행동은 집단 전체의 책임으로 전가하는 경향이 있다. 집단주의 성향이 강한 국가에서 기업 활동을 운영하는 경영자는 경쟁과 개인의 성취에 따른 보상보다는 종업원들이 조직과 함께 성장할 수 있는 보상체계를 고려하는 것이 효과적이다. 예를 들면, 만족스러운 근무조건, 물리적 환경, 새로운 기술을 배울 수 있는 교육환경 등이 대표적이다.

홉스테드의 연구결과를 살펴보면, 미국, 영국, 호주, 네덜란드 등은 개인주의 성향이 강하고, 대만, 인도네시아, 한국 등은 집단주의 성향이 강한 국가들이다.

(2) 권력간격

권력간격(power distance)은 국가의 부와 권력이 불평등하게 배분되었을 경우 이를 어느 정도로 수용해야 하는지 나타낸다. 권력간격이 큰 문화권일수록 직장에서 상사와 부하직원 간 불평등에 대해 쉽게 용인하는 경향을 가지며, 때문에 상사와 부하는 상의 혹은 협의를 잘 하지 않는 경향이 있다. 이러한 문화권에 속하는 국가의 조직은 대체로 위계적 구조와 집권화를 선호하며, 권력은 위세, 권한, 상속의 특징을 가진다.

하지만 권력거리가 작은 문화권에서는 기업 내 상사와 부하직원 간의 관계는 수평적이며 의사결정에 있어 협의식 스타일을 선호한다. 따라서, 권한이나 보상이 상사나 부하직원 간에 대체로 공평하게 분배되는 경향이 있다. 홉스테드의 연구결과 필리핀, 말레이시아, 멕시코, 인도 등은 권력간격이 큰 문화권에 속하는 것으로 나타났으며, 스웨덴, 네덜란드, 호주 등은 권력간격이 가장 작은 문화권에 속하는 국가로 나타났다.

(3) 불확실성 회피 성향

불확실성 회피 성향(uncertainty avoidance) 차원은 사회 또는 조직구성원들이 미래의 불확실성이나 모호성을 용인할 수 있는 정도를 나타낸다.

불확실성 회피 성향이 높은 국가에 속한 사람들은 불확실성, 모호성 등을 줄이기 위한 각종 법적, 제도적 장치를 선호한다. 조직구성원들의 행동은 대체로 적극적이며 공격적인 성향을 보이며, 장기근속을 선호하기 때문에 이직률은 낮다. 또한 조직구성원들의 행동과 역할에 대한 불확실성을 제거하기 위한 공식적 절차나 규정들이 발달해 있으며, 조직의 변화 가능성은 대체로 낮다.

반면, 불확실성 회피 성향이 낮은 문화권에 속한 사람들은 미래의 불확실성이나 모호성에 대해 크게 불안해하지 않는다. 따라서, 변화나 새로운 아이디어를 적극적으로 수용하는 경향이 있으며, 다른 문화권의 비즈니스 관행에 대해서도 수용하려는 태도를 보인다. 미래의 불확실성에 대해 크게 위험을 느끼지 않기 때문에 장기근속에 대한 동기부여는 높지 않다. 따라서 불확실성 회피 성향이 낮은 문화권에서 종업원의 이직률은 상대적으로 높게 나타난다.

[그림 4-4]는 홉스테드의 연구대상 국가들을 개인주의 차원과 권력거리 차원 두 축을 기준으로 각 국가의 위치를 가시적으로 표시한 것이다. 먼저 대부분의 아시아와 남미 국가들이 상대적으로 낮은 개인주의와 높은 권력거리를 가지는 것으로 나타났으며, 호주를 비롯한 북미와 유럽 국가들은 비교적 높은 개인주의 성향과 상대적으로 더 낮은 권력거리를 가지는 것으로 나타났다.

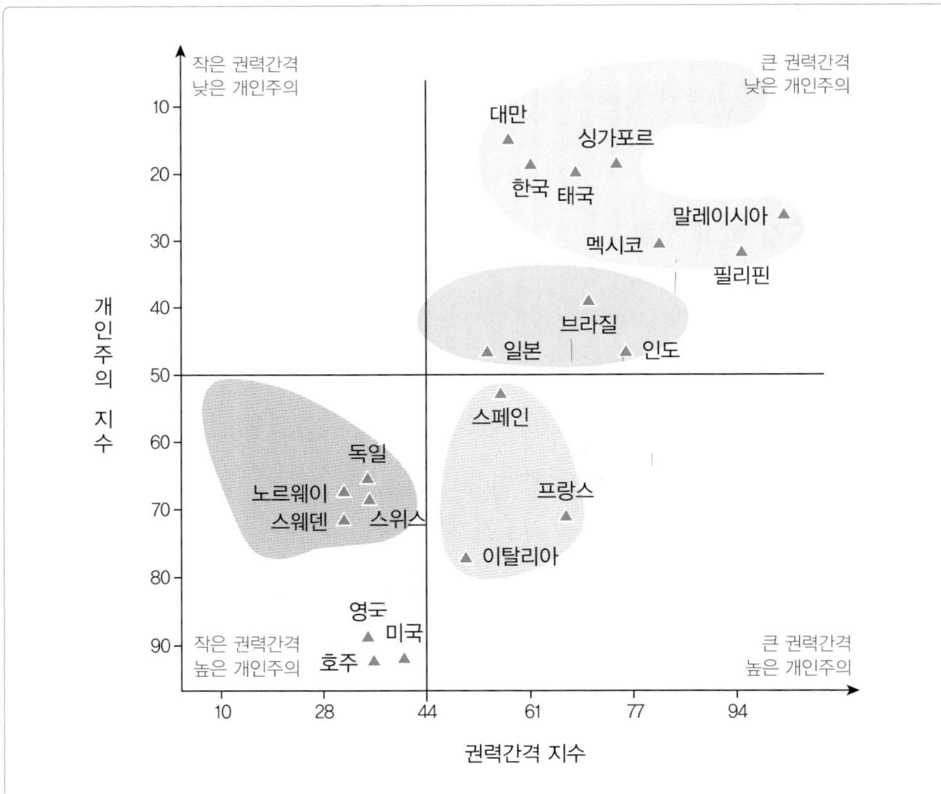

❖ **그림 4-4** 개인주의 차원과 권력거리 차원

(4) 남성성과 여성성

남성성과 여성성 차원은 사회나 조직구성원들이 남녀 간의 역할분담에 대해 얼마나 명확하게 구분하는지를 나타낸다. 남성성이 강한 문화권에서는 부의 축적과 물질적 가치를 중시하며, 성과와 성장을 강조한다. 반면 여성성 차원에 속한 문화권의 사람들은 부와 물질보다는 사람들과의 관계를 중시하므로, 타인에 대한 배려와 조화를 좀 더 강조하는 경향이 있다. 또한 물질적인 성공보다는 삶의 질에 관심을 갖는 경향이 있다.

[그림 4-5]는 홉스테드의 연구대상 국가들을 불확실성 회피 차원과 남성성/여성성 차원 두 축을 기준으로 각 국가의 위치를 표시한 것이다. 먼저 미국, 캐나다 등 북미

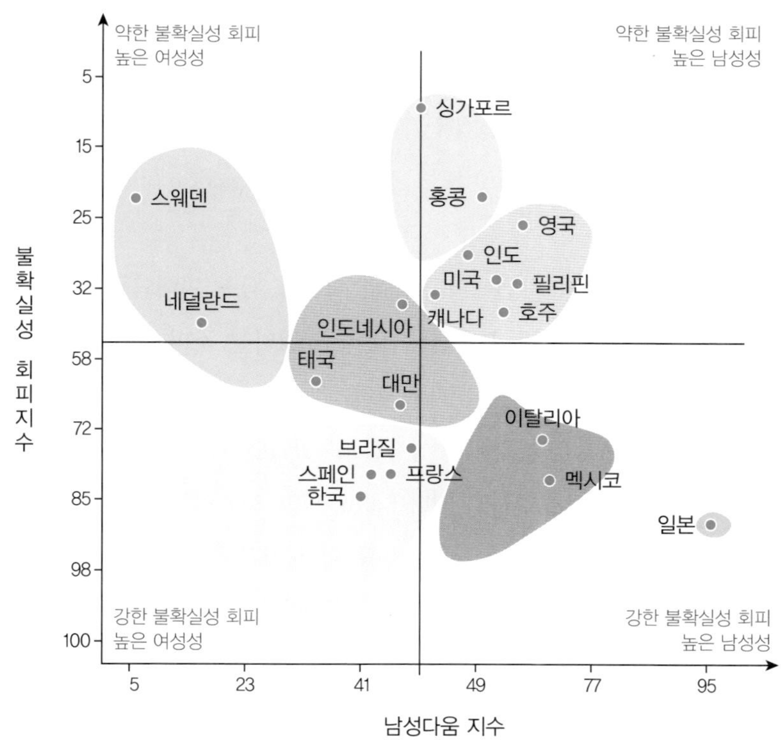

❖ 그림 4-5 불확실성 회피 차원과 남성성/여성성 차원

국가들과 영국, 홍콩, 싱가포르, 호주, 인도 등의 국가들은 상대적으로 약한 불확실성 회피, 높은 남성성 성향을 가지는 것으로 나타났다. 아시아 국가 중 한국, 대만, 태국과 유럽 국가 중 스페인과 프랑스는 비교적 강한 불확실성 회피 성향을 보이며, 상대적으로 낮은 남성성(높은 여성성) 성향을 가지는 것으로 나타났다.

(5) 장기지향성

본드(Michael Bond, 1987)와 24명의 연구팀은 중국 학자들과 공동으로 개발한 '중국 가치조사'(Chinese Value Survey: CVS) 설문조사를 통해 22개국 대학생들을 대상으로 분석한 결과 홉스테드의 연구결과에 없는 새로운 가치 차원을 발견하였다(Chinese Culture Connection, 1987: 143-164). 이 차원은 끈기, 절약, 꾸준함, 전통에 대한 존중 등 4가지 동양적 가치항목들로 구성되어 있으며, 이러한 차원들은 홉스테드가 발견한 서구중심의 문화척도를 보완해 줄 수 있는 새로운 문화 차원으로 간주된다. 이 차원은 유교적 역동성(confucian dynamism) 또는 장기지향성(long-term orientation) 차원으로 명명되었다.

장기지향성 점수가 높은 문화권에서는 전통, 절약과 저축, 인내와 꾸준함 등을 강조한다. 반면에 단기 지향성이 높은 문화권에서는 저축보다는 소비지향적이며, 투자에 대한 단기적 결과를 강조한다. 장기지향 지수는 중국, 홍콩, 대만, 일본, 한국 순으로 높게 나타났으며, 학자들은 동아시아 경제가 성장할 수 있었던 이유 중 하나는 바로 장기지향 지수와 관련되어 있다고 설명하고 있다(Kahn, 1979: 809-812). 예를 들어 절약은 저축을 낳고, 저축은 개인 혹은 기업이 재투자를 위한 자본을 형성하게 된다. 꾸준함과 인내는 사업을 시작하는 기업가에게 필수적인 자산이다. 저축보다는 소비를 강조하고, 단기적인 투자를 강조하는 서구의 문화가치와 대비되는 동양적인 문화차원이라 볼 수 있다.

(6) 홉스테드 문화모형에 대한 평가와 한계점

홉스테드의 문화모형은 문화라는 복잡한 개념을 계량화·지수화하고 이를 세계 각국의 문화를 비교, 분석하고 기업의 해외경영과 글로벌 마케팅 활동에 적용할 수 있는 방법을 제시했다는 점에서 높이 평가되고 있다. 또한 홉스테드의 문화모형은 경영학 분야에서 강조하는 리더십, 동기부여, 조직 유형과 밀접한 관계가 있다. 예를 들면, 미국, 영국과 같은 개인주의 성향이 강하고 권력간격이 낮은 국가들의 경우 상사와 직원 간의 관계는 수평적이고 참여형의 리더십을 선호한다. 반대로 집단주의 성향이 강하고 권력간격이 높은 한국, 일본의 경우 수직적 관계와 전제적 리더십이 더 적합할 수 있다. 사무용 가구 제조기업인 미국의 Steelcase도 글로벌 마케팅 활동 및 제품 디자인을 구상할 경우 홉스테드 문화모형을 활용한다. 예를 들어, 인도와 중국의 경우 미국, 영국에 비해 지속적인 관계를 중시하므로, 인도와 중국에서 사업을 수행할 경우 장기적 관점에서 고객과 신뢰를 쌓는 것이 중요하다. 네덜란드처럼 여성성 지수(협력적)가 높은 국가에서는 코로나-19로 인한 재택근무, 유연근무방식이 적용되어도 경영활동에 있어 큰 어려움은 없지만, 남성성 지수(경쟁적)가 높은 인도에서는 전문직 종사자가 집에서 일하는 것은 매우 이례적인 일이다(Green & Geegan, 2020).

이와 같은 연구의 유용성에도 불구하고 몇 가지 한계점을 내포하고 있다.

첫째, 홉스테드의 연구에서 사용된 표본은 IBM에 종사하는 종업원들을 대상으로 문화의 차이점을 연구하였기 때문에 일반화하기 어렵다. 다시 말하면 한국의 IBM 종업원들을 대상으로 수행한 연구결과를 일반 대중이나 다른 기업에 일반화시켜 해석하는 것은 바람직하지 않다고 지적한다.

둘째, 홉스테드는 국가 단위에서 연구를 진행하였으나, 국가 안에서도 다양한 하위문화(Sub cultures)가 존재한다. 한국의 경우 같은 국가라도 서울, 경기도, 경상도, 전라도 등 지역에 따라 고유한 문화가 존재한다. 또한 어떤 개인은 식민지배, 이민경험 등으로 인해 2개 이상의 다속성 문화를 동시에 소유하는 경우도 있다. 한국인이지만 미국에서 태어나 대학교를 졸업한 후 한국에 돌아와 생활하는 사람은 한국 고유의 문화 특징보다는 미국적 사고와 문화를 보유하고 있을 가능성이 높다. 다양한 하부문화가 국가 안에도 존재하므로, 국가 단위로 문화를 비교할 경우 하부문화를 간과할 가능성이 높아진다.

마지막으로, 그리고 문화는 정체되어 있는 것이 아니라 지속적으로 변화하는 동태성을 띠기 때문에 1970~1980년대에 실시된 연구결과는 더 이상 설득력이 없다는 비판을 받기도 한다. 그 당시의 상황과 2022년대의 상황은 많은 차이가 있고, 문화도 시간이 흐름에 따라 진화하고 변한다. 예를 들면 1970~1980년대 사우디아라비아의 경우 남성성이 강하고 여성의 사회 진출을 엄격히 금지하였다. 그러나 2018년 사우디아라비아 정부는 여성의 운전을 허용함으로써 여성의 사회적 진출이 가시화되었다. 여성의 운전을 허용하고 사회 진출에 대해 관대해짐에 따라 글로벌 자동차 제조사들은 발 빠르게 대응하기 시작하였다. 이러한 문화적 진화의 결과는 과거 홉스테드 연구에 반영되어 있지 않으므로 경영자가 과거의 결과를 맹신할 경우 잘못된 의사결정을 내릴 수 있다.

그러나 홉스테드의 문화모형은 문화라는 복잡한 개념을 수치화하고, 이를 세계 각국의 문화 해석에 적용할 수 있게 함으로써 각국의 문화를 쉽게 이해할 수 있는 가이드라인을 제공하였고, 리더십, 조직, 국제경영 관련 연구 영역에 많은 공헌을 하였다는 점에서 높은 평가를 받고 있다. 따라서 홉스테드의 연구결과를 참조하되, 연구결과를 해석하여 글로벌 기업의 경영활동에 적용할 때는 신중을 기할 필요가 있다.

2) 홀(Hall)의 고배경-저배경문화모형

인류학자인 에드워드 홀(Edward T. Hall)은 문화 성향을 이해하는 방법으로 고배경, 저배경문화라는 개념을 제시하였다(Hall, 1976). 국가별 문화에 따라 사람들은 주어진 상황에서 상이하게 반응하기 때문에 의사소통과 정보를 처리하는 방식은 다양할 수밖에 없다. 좀더 구체적으로 설명하면, 문화권에 따라 사람들은 일을 처리함에 있어 상황과 배경(context)을 해석하는 방식이 다양하므로, 각국의 문화 성향을 파악하기 위해서는 우선적으로 배경(context)에 대한 해석과 의사소통, 정보처리방식에 대한 이해가 먼저 선행되어야 한다고 주장하였다.

고배경문화(high context culture)권에서는 의사소통에서 대화 자체의 내용보다는 외부환경, 배경(context), 비언어적 표현(non verbal expression)에 의존해서 정보를 처리하고 의사소통이 이루어진다. 또한, 고배경문화의 사람들은 논리적인 이유보다 직관이나 기분에 더 지배되는 경향이 강하며, 말하는 사람의 말 그 자체보다 목소리 톤이나 얼굴 표정, 몸짓, 포즈가 더 중요하며, 심지어 말하는 사람의 집안 내력이나 지위를 의사소통의 중요한 배경으로 포함시키기도 한다. 따라서, 사람들과 의사소통 시 주변상황과 배경을 암묵적으로 이해하는 방법을 자연스럽게 습득하게 되며, 이러한 상황과 배경을 이해할 때 그 문화권에서 적합한 의사표현을 할 수 있는 것이다. 고배경문화권에서 비즈니스 거래 시 법률적인 문서보다는 사람들 간의 관계를 더 중시하는 경향이 있으며 신뢰를 중요시한다. 따라서, 고배경문화권에 속하는 중동, 아시아, 아프리카, 남미 지역 국가에서 비즈니스 거래를 할 경우에는 계약서 작성 이전에 사람들 간의 신뢰를 먼저 쌓는 작업을 하는 것이 중요하다.

반대로, 미국이나 캐나다 등 북미권 국가와 서유럽 국가들이 속하는 저배경문화(low context culture)권에서는 사람들의 의사소통이 대체로 논리적이고 직선적인 특징을 가진다. 저배경문화의 사람들은 대체로 논리와 사실, 방향성을 중요하게 생각하기 때문에 명확한 의사전달을 위해 정확한 단어 사용을 선호한다. 사람들과의 관계보다는 개인의 서명이 포함된 문서나 법률적인 효력을 가지는 서류가 보증서 역할을 한다. 법률적인 효력이 의사결정 혹은 비즈니스 과정에서 매우 중요하므로 법과 관련한 사법체계와 절차는 매우 중요하다. 따라서 고배경문화권에 비해 저배경문화권의 의사소통은 대화 내용 자체만 보고 판단할 수 있기 때문에 상대적으로 명쾌하고 배경의 이해 없이 쉽게 이해할 수 있다.

상이한 두 문화권의 차이는 의사소통뿐 아니라 공간을 인식하고 구분하는 데도 차이가 있다. 중동과 남미지역 국가의 사람들은 가까이 접근해서 이야기하는 것을 선호한다. 일례로 사우디아라비아 사람들의 코인사가 대표적이며, 가까울수록 친밀감과 신뢰가 쌓인다고 생각한다. 그러나 미국과 같은 저배경국가 사람들은 다른 사람과 대면할 때 일정거리를 유지하고 지나친 신체적 접근은 피하는 편이다. 협상에서도 두 문화권은 극명한 차이를 보여준다. 고배경문화권에 속하는 중국은 기본적으로 협상에 참여하는 모든 당사자에게 이익이 되어야 한다는 호혜평등원칙을 강조하면서 느긋하게 협상을 이끌어가는 경향이 있다. 상대방과의 신뢰 형성 과정도 중요하게 여기므로 공식적 행사 외에 만찬, 연회, 관광 등의 비공식일정도 매우 중시하는 경향이 있다. 이와는 반대로 미국인들은 논리와 주장을 명확하게 제시하고, 실제적 행동을 더 중시하므로 협상이 매우 빠르게 진행되는 편이다. 여유 있게 시간을 들이며 상대방을 알아가는 과정을 중시하는 중국과는 달리, 미국인들은 처음부터 솔직하게 조건을 제시하며 합리성을 추구한다.

❖ **표 4-2** 고배경문화와 저배경문화 특징 비교

특징	고배경문화	저배경문화
법, 변호사	덜 중요하다.	아주 중요하다.
개인의 말	그 개인에 대한 보증이다.	신뢰되지 않으며, 서면으로 남겨둔다.
공간개념	서로 어울리는 공간을 중요시한다.	개인적 공간을 중요시하며 침해받기 싫어한다.
실패에 대한 책임	조직의 최고위층이 진다.	조직의 최하위층으로 돌려진다.
시간개념	시간구분이 분명하지 않다.	시간은 돈이며, 매사는 한 번에 하나씩 처리된다.
협상	협상은 오래 걸린다. 협상의 목적은 당사자들을 서로 아는 데 있다.	신속하게 진행된다.

출처: 이장로 · 신만수 (2018).

3) 클러크혼과 스트로드백(Kluckhohn & Strodtbeck) 문화모형

클러크혼과 스트로드백(Kluckhohn & Strodtbeck)은 상이한 문화권을 서로 비교하기 위해 사람의 가치와 관련된 6가지 질문을 제시하고, 6가지 질문에 대한 사람들의 답변에 따라 문화를 분류하고자 시도하였다. 6가지 질문은 다음과 같다.

(1) 인간의 본성과 변화 여부, 인간의 본성은 선한 것인가? 아니면 악한 것인가?

미국인들은 인간은 일을 통해 구원을 받을 수 있으며, 원하는 것을 성취할 수 있다고 생각한다. 또한 인간은 선과 악을 모두 보유하고 있으며 교육을 통해 인간의 본성을 바꿀 수 있다고 생각한다. 그러나 일본인들은 사람들이 태어나는 순간 태생적으로 선과 악함이 결정되기 때문에 바꾸기 어렵다고 생각한다. 사람의 본성은 교육과 훈련이라는 후천적 노력에 의해 바꾸기 어렵기 때문에(선천적으로 이미 결정되어 있기 때문에) 일본의 기업은 사람을 채용하는 과정을 중시하고 적합한 사람을 채용해야 한다고 생각한다.

(2) 인간과 자연과의 관계

미국인들은 기본적으로 자연을 정복 가능한 대상이라고 간주하고 있다. 미국인들의 역사는 250~300년 정도로 짧지만 신대륙을 개척했으며, 좀더 편하고 안전한 삶을 영위하기 위해 자연을 개척하는 활동에 적극적이다. 예를 들면, 도로, 항만, 댐, 태양광 발전소 등이다. 반대로 중국인들은 인간과 자연은 조화를 이루어야 한다고 생각하며, 자연을 유지하고 보존하면서 함께 공존을 추구해야 한다고 생각한다. 중동의 아랍인들과 인도인들은 자연을 지배하는 인간의 능력에 회의적인 관점을 가지고 있다.

(3) 인간관계

미국, 캐나다, 영국 등 서구인들은 집단에 소속되거나 다른 사람들과 조화되기보다는 개인주의를 강조한다. 따라서 개인의 성취와 금전적 보상, 여가시간, 도전, 자아실현 등 개인 능력의 극대화를 중시한다. 이러한 문화 성향은 기업의 운영방식에도 영향을 주어 개인의 의사결정을 강조하는 전문경인인 체제, 능력과 성과 위주의 인사관리 시스템으로 대표된다. 반대로 유교문화권에 속한 중국, 일본 등의 국가는 집단주의 성향을 가지고 있기 때문에 개인의 의사결정보다는 집단과 조직이 의사결정의 주체가 되며, 위계질서와 권위를 강조하게 된다. 또한 전문경영인에 의한 기업경영보다는 친족이나 가족 위주의 경영 시스템을 선호한다.

(4) 활동양식

미국인들은 동적인 것을 선호하며, 설정된 목표와 측정 가능한 업적을 강조한다. 반면 일본인들은 정적인 활동을 선호하는 편이며, 일과 성과에 대한 동기부여는 높지 않다.

(5) 시간지향성

시간지향성의 의미는 사람이 시간에 대한 관점, 즉 과거, 현재, 미래지향적인지 여부에 대한 것이다. 예를 들어 미래지향성을 추구하는 미국인들은 보다 낳은 미래를 위해서는 계획을 강조한다. 기업의 경영은 단기적 정책과 단기적 성과 지표(예를 들면, 1년 단위의 투자자본수익률, ROI)를 추구하는 경향이 강하다. 반면 일본, 중국 등 동양인들은 서구인들에 비해 과거의 전통과 교훈을 강조하는 경향이 있다. 기업경영에서도 좀 더 장기적인 정책과 성과(예를 들면, 10년 이상의 장기적 관점의 투자)를 추구하는 경향이 있으며, 기업의 미래계획도 과거의 기업정책과 성과에 근거하여 수립한다. 과거의 업적과 성과를 강조할수록 그 나라의 문화는 과거지향적이라 간주할 수 있다.

(6) 공간지향성

공간지향성은 공간에 대한 선호 개념을 의미한다. 서구인들은 공간에 대한 사적 독점을 선호한다. 따라서 보통 중요한 회의나 미팅은 공개되지 않은 폐쇄적인 장소에서 은밀한 진행을 선호한다. 기업 업무를 할 때도 가급적 개인적인 공간을 선호한다. 반면, 한국이나 일본 등에서는 업무공간을 함께 공유하는 경향이 있으며, 개방적인 장소에서 모임이나 회의를 진행한다.

클러크혼 모형은 문화의 여러 측면 중에서 6가지 차원을 이용하여 문화 차이를 설명하기 때문에 외국문화를 설명하는 데 한계가 있다. 또한 홉스테드 문화모형처럼 객관적이고 계량화할 수 있는 기준이 제시되지 않아 문화 간 비교가 어렵다. 그러나 클러크혼의 모형은 쉽고 간단하기 때문에 일반적인 수준에서 문화 특성을 설명하고 이해하기 좋은 모형이라 할 수 있다.

위 내용을 표로 정리하면 〈표 4-3〉과 같다.

❖ **표 4-3** 클러크혼과 스트로드백의 문화모형

문화 요소	행위 및 사고차원	경영시사점
인간의 본성	• 기본적으로 선 • 기본적으로 악 • 선과 악의 혼합	• Theory Y, 참여적 경영 선호, 신뢰 • Theory X, 동료와 부하에 대한 불신 • 중개자의 역할 강조
인간과 자연의 관계	• 자연을 지배 • 자연과의 조화 • 자연에 복종	• 계획을 강조, 조직문화 변화에 긍정적인 반응 • 작업장에서의 공개적인 마찰 회피 성향, 타인의 존중 • 외부통제 수용성이 높음, 조직문화 변화에 부정적 반응

인간관계	• 개인주의적(수평적 관계를 중시) • 집단주의적(수직적 관계를 중시) • 권위주의적	• 그룹의 이익보다는 개인의 이익과 목적을 중시, 경쟁을 강조 • 그룹 내 관계가 상사, 직무에 대한 태도에 영향을 줌 • 권위에 대한 존중, 연공서열, 위계적 의사소통
활동양식	• 동적 • 통제적 • 정적	• 성과를 중시함, 높은 일의 중요성 • 자기통제를 강조 • 계획과 성과를 덜 중시, 지위는 선천적으로 결정됨
시간지향성	• 미래지향적 • 현재지향적 • 과거지향적	• 과거 성과보다 미래 계획이 우선시됨, 변화와 훈련을 중시 • 현재의 안건이 우선시됨 • 과거 성과를 기초로 한 계획 수립, 과거의 전통 중시
공간지향성	• 사적 • 공 · 사 혼합 • 공적	• 개인적 소유를 중시, 격리된 장소에서의 미팅이 보통 • 공사의 구분 • 공개회의를 선호, 장소공유 선호

출처: 이장로 · 신만수 (2018).

04 문화적 다양성과 글로벌 마케팅

다국적기업이 글로벌 마케팅 활동을 수립하기 위해 명심해야 할 사항은 다음과 같다.

1) 자기준거기준 극복하기

글로벌 마케팅 담당자는 현지 해외시장에 진출하여 시장을 분석하고, 마케팅 전략을 수립할 때 자신의 문화적 경험에 의존할 수 있다. 이 경우 자신의 문화적 경험을 기준으로 타 문화권을 평가하게 되고, 그로 인해 왜곡된 마케팅 의사결정을 내릴 수 있다. 이러한 현상을 자기준거기준(self-reference criterion)이라 하며 제임스 리(James Lee)에 의해 제안되었다. 자기준거기준은 해외 현지 문화를 판단할 때 글로벌 마케팅 담당자가 본국의 문화적 가치에 무의식적으로 의존하는 현상이며, 이는 문화적 근시안을 초래한다. 글로벌 마케팅 담당자가 갖추어야 하는 우선 조건 중 하나는 바로 자기준거기준을 버리는 것이다. 제임스 리는 문화적 근시안을 극복하기 위한 방안으로 다음의 4단계 계념틀을 제안하였다(Lee, 1996).

첫째, 본인에게 익숙한 본국의 문화적 특징, 관습, 규범의 관점에서 발생 가능한 문제를 이해하고 목표를 수립한다.

둘째, 해외 현지국에서 발생할 수 있는 문화적 특징, 관습, 규범의 관점에서 발생 가능한 문제를 이해하고 목표를 수립한다. 이 단계에서는 어떤 가치판단도 하지 않는 것이 중요하다.

셋째, 1단계, 2단계에서 발생할 수 있는 자기준거기준을 면밀히 검토하고, 마케팅 의사결정 시 발생할 수 있는 문제를 복잡하게 만들 가능성 여부에 대해 면밀히 점검한다.

넷째, 자기준거기준과 관계없이 문제를 재정의하고, 해외 현지시장의 상황에 적합하게 문제를 해결한다.

월마트는 아시아 시장에 진출하면서 초기에 많은 어려움을 겪었는데, 그 이유 중 하나는 자기준거기준을 극복하지 못하고 미국식 운영방식을 그대로 현지에 적용했기 때문이다. 월마트가 인도네시아 시장에 진출했을 당시 미국 운영방식대로 진열대에 상품과 물건을 전시했다. 문제는 인도네시아인들은 상품거래 시 흥정하는 방식을 선호했기에 월마트의 판매방식은 소비자들에게 크게 호응을 얻지 못했다. 상품에 가격표만 붙어 있고 가격을 흥정할 수 있는 점원은 상품 근처에 없었기 때문이었다. 재래식 시장이나 소규모 가게는 상품가격을 흥정도 할 수 있고, 월마트보다 신선한 상품을 제공하고 있어 주부들에게 훨씬 더 매력적으로 다가왔다.

[그림 4-6]은 자기준거기준을 극복한 사례이다. 넷플릭스 드라마 중 세계적으로 큰 성공을 거둔 〈오징어 게임〉이 대표적인 사례이다. 〈오징어 게임〉은 탄탄한 스토리, 한류, 주인공들의 연기력 외에도 한국어를 각국의 문화에 적합하게 번역하였다. 월트 디즈니사는 자국중심주의와 자기준거기준을 경계하며, 각국의 문화와 정서에 맞게 언어를 번역하고, 영화에 사용된 소품의 색이나 배치를 각국의 문화와 기호에 맞게 변경하였다. 영화 〈인사이드 아웃〉의 경우 영화의 장면 중 미국 버전에서는 미국인들이 좋아하는 하키 경기를 보여주지만, 국제 버전에서는 전 세계적으로 인기 있는 축구 경기를 넣어 영화를 개봉하였다.

해외에서 성공한 글로벌 마케팅 사례들을 보면, 대부분 자기준거기준을 극복한 경우가 많다.

◀ 미국 버전

◀ 국제 버전

❖ **그림 4-6** 자기준거기준 극복 사례: 〈오징어 게임〉과 해외에서 현지화된 〈인사이드 아웃〉

2) 문화에 대한 기본적인 이해와 학습

글로벌화가 가속화되고 기업의 글로벌 마케팅 활동이 증가함에 따라 문화 리터러시(cultural literacy)의 이해와 학습이 필수가 되었다. 문화리터러시란 글로벌 기업이 현지에서 운영 및 마케팅 활동을 수행하는 데 필요한 현지문화와 관련된 지식과 경험을 의미한다. 해당 국가의 문화와 관련한 가치, 태도, 삶의 방식, 언어 등을 미리 학습하고 이해하면 글로벌 마케팅의 성공 가능성은 높아진다. 또한 현지 직원을 고용하고 관리하거나 제품과 서비스를 현지시장에 판매하는 활동을 수행하거나 비즈니스 협상을 할 때 매우 유용한 능력이 될 수 있다.

마무리사례 **'K-할랄'푸드의 진격… 대체육 넣은 라면 · 찌개, 18억 무슬림 홀리다**

"너무 매워서 혀가 마비되는 느낌인데 그래도 자꾸 먹게 돼요." 인도네시아의 유명 유튜버인 탠보이 쿤은 지난달 자신의 유튜브 계정에 삼양라면의 불닭볶음면과 까르보나라불닭볶음면을 잔뜩 쌓아놓고 먹는 모습을 찍어 올렸다. 이슬람교도들은 율법에 따라 특정한 의식을 거친 육류만 먹는데, 영상에 등장한 제품들은 모두 할랄 인증을 통과한 것들이다. 해당 영상은 조회 수 468만회를 기록하며 큰 인기를 끌었다. 신세계푸드도 2018년부터 김치찌개 · 양념치킨 · 매운 고추맛 라면 등을 말레이시아에서 2000만개 이상 팔았다. 식품회사들이 이슬람 시장을 공략하기 위해 내놓은 'K-할랄'푸드의 인기가 갈수록 뜨거워지고 있다. 라면 등 일부 가공식품에 치중됐던 K-할랄식품의 영역은 최근 베이커리 · 커피 · 분유까지 확장되고 있다. 한국 드라마 · 영화의 인기가 치솟으면서 이슬람 소비자들의 한국 식품에 대한 관심이 커진 것이 가장 큰 요인이다. 최근엔 국내 식품회사들이 육류를 잘 먹지 않는 이슬람 소비자를 겨냥해 대체육업체를 인수하거나 협업하는 형태로 이슬람 소비자를 공략하고 있다. 출산율이 높은 이슬람 시장이 식품업체의 주력시장으로 떠오르고 있는 것이다.

▶ 대체육 넣은 라면에 빵까지

SPC그룹은 지난 18일 인도네시아 기업과 합작법인을 설립해 내달 수도 자카르타에 파리바게뜨 매장을 처음 열기로 했다. 인도네시아는 인구 2억7000만명 가운데 87%가 이슬람 신자다. SPC는 또 이슬람이 국교인

말레이시아 정부와 현지 생산시설을 건립하는 방안을 논의 중이다. SPC 관계자는 "말레이시아에는 할랄 인증 생산라인이 있는 공장 건립을 추진 중"이라며 이를 중심으로 베이커리 영역에서도 동남아, 이슬람 소비자를 공략할 것"이라고 말했다. 동원F&B도 동남아 시장 진출을 위해 '동원 김치참치'에 대한 할랄 인증 절차를 밟고 있다. 동원F&B측은 "동남아 시장에서 한국의 매운맛이 큰 인기"라며 "미국 · 중국 이외 K푸드의 새로운 시장으로 동남아가 뜨고 있다"고 말했다. 최근 국내 식품 기업들은 대체육까지 내세워 이슬람 시장을 공략하고 있다. 지난 7월 대체육 브랜드 '베러디트'를 선보인 신세계푸드는 대체육을 활용한 할랄 김치찌개 · 부대찌개 개발에 착수했다. 매콤한 맛을 앞세운 한국 라면이 폭발적인 인기를 끌자, 대체육을 활용한 신제품을 선보이겠다는 것이다. 신세계푸드 관계자는 "이슬람 소비자는 육류, 특히 돼지고기는 꺼린다"며 "대체육을 활용하면 할랄 인증을 받기 더 쉬워진다"고 말했다. 롯데푸드도 작년 4월 자체 개발 출시한 대체육 브랜드 '제로미트'를 활용한 할랄푸드 개발을 추진 중이다.

▶ 출산율 3.1명 …인구가 가장 빠르게 늘어나는 곳

국내 식품업체들이 이슬람 시장에 공을 들이는 건 이슬람 인구가 빠르게 늘고 있기 때문이다. 전 세계적으로 이슬람교도의 출산율은 3.1명에 달한다. 신세계푸드 관계자는 "출산율이 높다는 건 유 · 아동 시장부터 성인 시장까지 공략할 곳이 많다는 뜻"이라면서 "인구 절벽을 앞두고 판로 개척이 시급한 유통업체로선 이슬람 해외시장으로의 진출을 고려하지 않을 수 없다"고 했다. 국내 식품 업체들은 아동 · 청소년 시장을 겨냥해 커피 · 분유까지도 할랄 인증을 받는 추세다. hy(옛 한국야쿠르트)는 지난 6월 자사 콜드브루 커피 제품의 할랄 인증을 마치고 인도네시아 · 말레이시아 · 싱가포르 등으로 수출하고 있다. BTS를 모델로 내세워 10~20대 소비자를 공략하겠다는 계획이다. 롯데푸드는 자사 파스퇴르 분유에 대한 할랄 인증을 획득하고 지난달부터 제품 수출을 시작했다.

▲ 말레이시아 쿠알라룸푸르의 한 편의점에서 젊은 남녀가 모여 할랄 인증을 받은 신세계푸드의 '대박라면'을 먹고 있다. (신세계푸드)

출처: 조선일보 (2021.10.22).

학 · 습 · 정 · 리 · 문 · 제

1. 문화의 개념에 대해 설명하시오.

2. 홉스테드(Hofstede)가 제안한 5가지 문화차원에 대해 설명하시오.

3. 홀(Hall)의 고배경문화와 저배경문화의 특징을 비교하고 설명하시오.

4. 클러크혼과 스트로드백(Kluckhohn & Strodtbeck)의 문화모형에 대해 설명하시오.

GLOBAL
MARKETING

CHAPTER 05

GLOBAL MARKETING

글로벌 정치 · 법률 환경

학습목표

이 장에서는 글로벌 정치 시스템과 정치 환경의 차이에 대해 이해하고, 다국적기업의 효과적이고 성공적인 글로벌 마케팅 방안에 대해 논의한다. 특히, 미 · 중 무역전쟁, 러시아 · 우크라이나 전쟁의 여파로 어느 때보다 증가된 정치적 위험에 대해 논의하고, 대응할 수 있는 효과적인 방안에 대해 이해한다. 마지막으로 각국의 법률 환경을 이해하고, 법률 환경의 차이로 발생할 수 있는 위험요인에 대해 학습한다.

05 CHAPTER 글로벌 정치 · 법률 환경

도입사례 **공급망 탈중국... 외국인 한국투자 40% 늘었다.**

2023년 들어 5월까지 외국인직접투자(FDI) 신고액이 지난해 같은 기간에 비해 약 40% 급증해 역대 최대인 것으로 집계됐다. 미 · 중 갈등으로 글로벌 기업들이 '탈(脫)중국'의 공급망 재편에 나서면서 한국을 비롯한 미국, 일본 등 주요국들이 반사이익을 거두고 있는 데 따른 것이다. 각국은 자국 투자 기업에 막대한 보조금이나 세제 혜택을 제공하는 등 경쟁적으로 FDI를 끌어들이고 있다.

8일 산업통상자원부에 따르면 올해 1월부터 지난달 말까지 신고된 FDI 투자액은 107억3000만 달러(약 13조 9600억 원)로 1~5월 기준 역대 최대를 기록했다. 정부는 미 · 중 갈등의 부수 효과 영향이 큰 것으로 보고 있다. 미국이 첨단산업 분야에서 대중(對中) 견제를 강화하면서 글로벌 기업들이 한국, 일본, 아세안 등으로 공급망을 확대하고 있고, 그 반사이익을 한국이 얻고 있다는 것. 특히 한국은 반도체, 이차전지 등 첨단산업 분야에서 우수한 인프라를 갖추고 있어 관련 글로벌 기업들이 잇달아 '한국행'을 선택하고 있다. 실제로 지난해 10월부터 충남 아산시에 생산공장을 짓고 있는 영국의 반도체 공정용 진공펌프 생산기업 에드워드 측은 동아일보와의 인터뷰에서 "한국은 우수한 제조업 중심 인프라와 인력을 갖고 있다. 글로벌 공급망 재편 국면에서 한국을 공급기지로 선택했다"고 밝혔다.

주요국들은 공급망 재편이 본격화된 2021년 이후 각종 보조금과 세금 공제 등 인센티브를 통해 FDI 유치에 적극 나서고 있다. 경제협력개발기구(OECD)에 따르면 에마뉘엘 마크롱 대통령이 투자 유치에 발 벗고 나선 프랑스는 지난해 FDI 규모가 전년 대비 56% 증가했다. 전문가들은 주요국들과의 경쟁을 뚫고 FDI를 지속적으로 유치하기 위해선 규제 개혁이 뒷받침돼야 한다고 조언한다. 오준석 숙명여대 경영학부 교수는 "국내에 투자하는 외국 기업 중에선 한국의 규제 현실이 국제기준과 맞지 않는다거나 유독 외국 기업에 차별적이라고 여기는 곳이 많다"며 "일본, 싱가포르 등 경쟁국을 앞서기 위해선 규제 철폐를 통한 공격적인 투자 유치 전략이 필요하다"고 말했다.

외국인직접투자(FDI)가 올 들어 지난달까지 역대 최대를 기록한 것은 글로벌 기업들의 '차이나 플러스 원'

전략에 따른 것이다. '차이나 플러스 원'은 글로벌 컨설팅기업 커니의 2021년 보고서에 등장하는 용어로, 중국 진출 기업들이 대중(對中) 리스크를 줄이기 위해 다른 아시아 국가에 추가로 생산기지를 두는 걸 말한다.

당초 글로벌 기업들은 신종 코로나바이러스 감염증(코로나-19) 확산 당시 중국이 국경을 봉쇄한 '제로 코로나' 국면을 돌파하기 위해 이런 전략을 택했다. 그런데 최근에는 첨단산업에서 미국의 중국 견제가 강화되면서 공급망 리스크를 분산하기 위해 중국 이외의 시장을 모색하고 있다. 사실상 '탈(脫)중국'을 꾀하면서도 세계 최대 시장인 중국을 완전히 포기하기 힘든 기업들이 한국으로 몰려오는 것이다. 김태형 KOTRA 인베스트코리아 대표는 "미국의 대중 견제로 첨단산업 분야에서 세계적 수준의 제조기술을 가진 한국의 매력도가 높아지고 있다"고 말했다.

한국이 '차이나 플러스 원' 수혜국으로 부상하는 건 중국 시장과 지리적으로 가까운 데다 첨단산업에서 우수한 인프라를 갖췄기 때문이다. 2년 전 울산에 수소 충전소를 세운 미국의 산업용 가스 생산기업 에어프로덕츠 측은 동아일보와의 인터뷰에서 "한국은 반도체, 디스플레이 등 글로벌 공급망의 중심에 있는 핵심산업에서 경쟁력을 갖추고 있는 데다 높은 위기대응능력을 갖고 있어 투자처로서 매력이 높다"고 평가했다.

한국이 코로나-19 확산 당시 글로벌 위기 국면에 효과적으로 대응한 점도 신뢰를 높이는 요인이다. 반도체 공정용 진공펌프를 생산하는 영국 기업 에드워드 관계자는 "지난 3년간 팬데믹으로 글로벌 공급망 위기가 닥쳤음에도 한국은 유연하게 대응해 투자처로서의 입지를 공고히 했다"고 평가했다.

최근 국내 FDI는 고용 창출 등 경제 효과가 높은 시설 투자 중심으로 이뤄지고 있다. 해외 기업이 생산시설 등을 직접 설립하는 '그린필드 투자'는 올 1~5월 90억8500만 달러로 전체 FDI의 84.7%를 차지했다. 이는 지난해 같은 기간에 비해 61.7% 늘어난 규모다.

미국 인플레이션감축법(IRA)의 영향을 받는 중국 배터리 소재 기업들도 합작 방식으로 한국 투자를 늘리고 있다. 과거에는 한국 배터리 기업들이 중국 현지에 합작법인을 설립하는 등 대규모 생산시설 투자를 벌였는데 그 반대 현상이 벌어지고 있는 것이다.

IRA 세부 지침에 따르면 배터리 광물 가공 기업은 미국 또는 미국과 자유무역협정(FTA)을 맺은 국가에서 40% 이상(올해 기준)의 광물을 조달해야 세액공제를 받을 수 있다. 이에 따라 세계 최대 코발트 채굴업체인 중국의 화유코발트는 지난달 포스코퓨처엠과 합작사를 설립하기로 했다. 총 1조2000억 원을 투자해 경북 포항시 블루밸리산단에 전구체(배터리 양극재의 기초 재료) 생산라인을 구축할 예정이다. 앞서 올 3월 중국 전구체 생산 기업 거린메이(GEM)도 SK온, 에코프로머티리얼즈와 손잡고 1조2100억 원을 투자해 전북 군산시 새만금산업단지에 전구체 생산공장을 짓기로 했다.

전문가들은 대외 영향에 따른 FDI 증가가 일시적 현상에 그칠 우려가 있다고 지적한다. 오준석 숙명여대 경영학부 교수는 “현재의 FDI 증가는 미 · 중 갈등 같은 대외요인에 의한 영향이 크다고 봐야 한다”며 “일종의 ‘착시현상’일 수도 있다”고 경고했다.

이에 따라 FDI를 지속적으로 유치하기 위해 규제 개혁, 투자 지원 등의 노력이 뒷받침돼야 한다는 지적이 나온다. 벨기에에 본사를 둔 화학기업으로 1975년부터 국내에 1조 원 넘게 투자한 솔베이는 “한국 정부가 해외 기업들이 보조금을 받을 수 있는 조건과 기준을 낮춰 강력한 FDI 투자요인으로 삼기를 바란다”고 밝혔다.

우선 과도한 ‘수도권 규제’부터 손봐야 한다는 목소리가 높다. 현행 수도권정비계획법은 서울 등 16곳의 ‘과밀억제권역’에 법인을 설립할 경우 부동산 취득 시 중과세를 규정하는 등 제약이 적지 않다. 외국인직접투자연구센터장을 맡고 있는 안병수 서울디지털대 경영학과 교수는 “첨단산업 분야에선 수도권이 아니라면 투자 자체를 하지 않을 기업이 많을 것”이라고 했다. 경직적 노동시장도 풀어야 할 과제다. 오준석 숙명여대 경영학부 교수는 “한국은 인력이 상향평준화돼 있다는 점에서 매력적이지만 탄력적인 채용이 어렵다는 이유로 투자를 망설이는 해외 기업이 많다”고 말했다.

외국인직접투자(FDI) 신고액 추이 1~5월 기준.
(단위: 달러)
자료: 산업통상자원부

국내 진출 외국인 투자기업들 “투자 늘리려면 ‘이것’ 필요하다”
올 2월 외국인 투자기업 95개 대상 조사, 복수 응답 (단위: %)

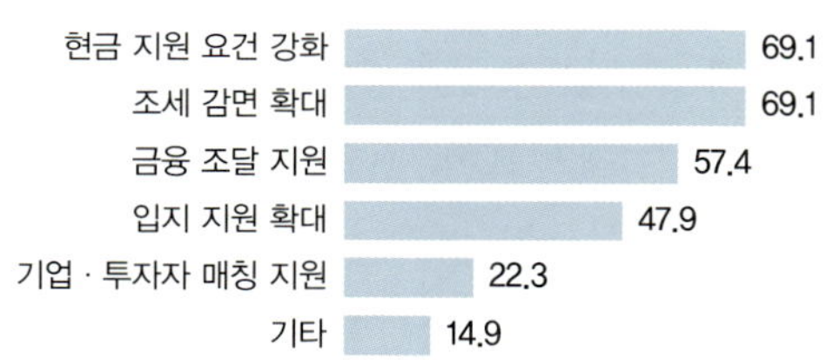

자료: 대한상공회의소

출처: 동아일보 (2023.6.9).

01 글로벌 정치 시스템과 정치적 위험

각국의 문화환경이 다른 것처럼 각국의 정치적 시스템과 환경은 상이하다. 정치적 시스템이란 국가에 존재하는 다양한 이해관계자들과 상충되는 의견을 조율하고 통합하는 것이 목적이며, 권력을 행사하는 정부기관, 정치집단 및 정당, 조직으로 구성되어 있다. 정치적 시스템과 구성원은 국가별로 다양하게 구분할 수 있지만, 크게 민주주의와 전체주의국가로 구분할 수 있다.

민주주의국가는 국민에 의해 의사결정이 이루어지며, 개인의 자유와 재산권을 인정하며, 대체로 정치적 환경이 안정되어 있다. 한국을 포함한 미국, 캐나다, 일본, 호주, EU 국가는 민주주의 정치 시스템을 따르고 있으며, 법을 기반으로 국가가 운영되는 법치주의 시스템을 채택하고, 재산권을 보호해 주기 때문에 다국적기업의 입장에서는 이러한 국가에서 글로벌 마케팅 활동을 하게 될 경우 불확실성을 줄일 수 있다.

민주주의국가를 제외한 대부분은 전체주의 정치체제를 채택하고 있다. 민주주의국가에 비해 국가의 권력이 정부에 집중되어 있거나, 독재적인 정치형태를 갖추고 있다. 따라서 다국적기업이 전체주의국가에서 글로벌 마케팅 활동을 수행할 경우, 법에 의한 절차보다는 정부의 직·간접적인 규제와 간섭을 받을 수 있으므로 정치적 불확실성이 증가할 가능성이 높다. 예를 들면, 미·중 무역전쟁으로 인해 발생한 정치적 긴장은 중국에 투자한 한국 기업에 악영향을 주었다. 롯데는 한국 정부에 사드(Terminal high altitude area defense: THAAD) 시스템을 설치할 수 있도록 부지를 제공하였고, 중국 정부는 이를 빌미로 한국 기업에 보이콧, 행정규제 등의 제재를 가하였다. 따라서 전체주의국가에서 글로벌 마케팅 활동을 하는 다국적기업은 현지 정부로부터 발생할 수 있는 정치적 위험을 줄일 수 있는 방안을 고민해 보아야 할 것이다.

글로벌 환경에서 마케팅 활동을 수행하는 다국적기업은 현지 국가의 정치 시스템,

이해관계자, 정치문화 등에 대해 깊이 있게 연구하고, 정치적 환경에서 발생할 수 있는 정치적 위험을 극복하고, 경제적 기회를 최대화할 수 있는 방안을 강구해야 할 것이다. 다음 장에서 대표적인 정치 시스템인 민주주의와 전체주의 시스템의 차이점에 대해 논의해 보도록 한다.

1) 민주주의

미국의 대통령 에이브러햄 링컨은 게티즈버그 연설에서 '국민의, 국민에 의한, 국민을 위한 정부'라는 표현을 사용하였는데, 이 말에 민주주의(democracy)의 성격이 잘 설명되어 있다. 민주주의란 국가의 주권이 국민에게 있으며, 국민이 주인이 되는 정치 시스템으로 볼 수 있다.

민주주의는 크게 직접민주주의와 간접민주주의로 구분될 수 있다. 직접민주주의는 국민이 직접 권력을 행사하는 형태이며, 간접민주주의는 국민들이 주권을 행사하는 대표, 예를 들면 선거를 통해 대통령을 선출하는 방식이다. 오늘날 대부분의 민주주의국가는 간접민주주의 형태를 선택하고 있다. 민주주의 특징은 다음과 같다.

(1) 민주주의 특징

첫째, 표현의 자유이다. 대부분의 민주주의국가에서는 헌법으로 모든 국민이 생각, 표현, 의견, 종교, 집회의 자유를 보장하고 있다.

둘째, 선거의 자유이다. 모든 국민은 대표를 선출할 수 있는 선거권을 가지고 있으며, 선출된 대표는 국민의 주권을 대신하여 국가를 운영한다. 미국의 경우 4년마다, 한국의 경우 5년마다 대통령을 선출한다.

셋째, 시민권과 사유재산권을 보장한다. 민주주의국가의 국민들은 표현의 자유를 가지고 있을 뿐 아니라 정치적 의견을 표현할 수 있는 정당을 만들 수 있다. 또한 국민의 사유재산권을 보장한다.

마지막으로 소수자의 권리를 보장한다. 민주주의국가에서는 다양한 문화적, 인종적, 민족적 배경을 가진 사람들이 함께 공존할 수 있도록 노력한다.

다음 [그림 5-1]은 2020년 freedomhouse가 전 세계 국가의 민주주의 정도를 평가한 지도이다. 녹색은 자유민주주의국가를 의미하며, 황색은 부분적으로 자유민주주의를 인정한다. 보라색은 전체주의국가로 자유민주주의를 인정하지 않는다(컬러 이미지는 QR 참고).

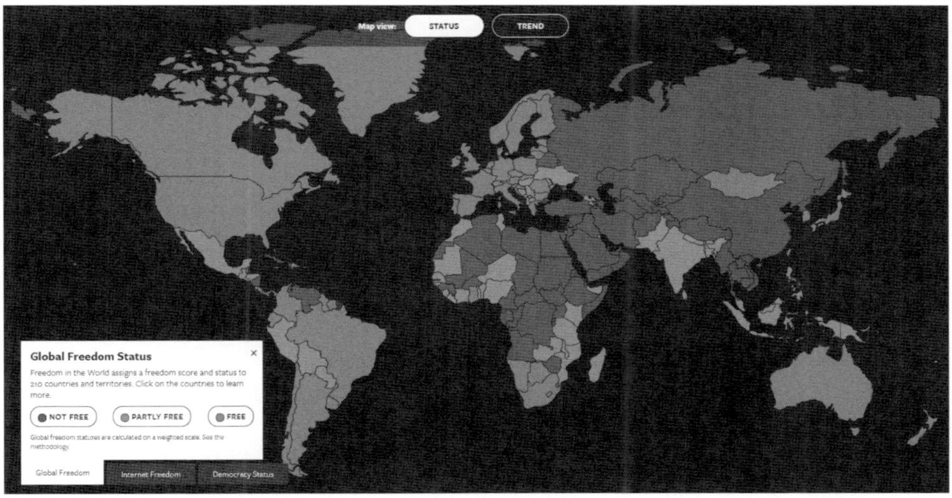

❖ **그림 5-1** 자유의 지도

출처: Freedom House, Map of Freedom (2023).
(https://freedomhouse.org/explore-the-map?type=fiw&year=2023)

(2) 민주주의와 다국적기업의 경영 시사점

민주주의국가는 국왕, 일당 독재, 권력자가 아닌 법과 제도에 의해 국가를 운영하기 때문에 정치적 논리로부터 발생할 수 있는 불확실성과 위험이 발생할 수 있는 가능성이 상대적으로 낮다. 또한 민주주의국가는 개인과 기업의 경제적 수익과 번영을 법과 제도로 보호해 주며, 경영과 상업을 촉진하는 환경을 조성하기 때문에 다국적기업의 투자와 운영에 유리하고, 국가 경제 성장에 긍정적인 영향을 줄 수 있다. 아울러, 정부의 규제는 최소화하고, 시장경제에 기반을 둔 경영활동을 정당화시켜 주므로 기업의 성장과 혁신을 촉진시킬 수 있는 기반을 만들기 유리한 환경을 조성한다.

민주주의국가는 대체로 선진국에 속하는 경우가 많고, 정치·경제·사회적으로 안정적이며 사회 하부구조가 잘 발달해 있으므로, 다국적기업은 대체로 민주주의국가에 투자하고 경영하는 것을 선호한다. 예를 들면, 미·중 무역전쟁 이후 한국 기업이 미국시장에 대한 진출과 투자가 증가하는 이유는 경제적 수익 창출 가능성, 시장의 안정성 외에도 법적으로 다국적기업의 재산권, 투자에 따른 수익의 정당화, 기업 운영의 자유를 보장해 주기 때문이다. 민주주의국가는 기업 운영의 자유와 재산권을 보장하기 때문에, 다국적기업의 유치와 투자 동기를 향상시킬 수 있다. 다국적기업의 유치를 통해 민주주의국가는 높은 생산성과 혁신을 유지하고 있다.

다음 [그림 5-2]는 지역별 Top 3 혁신경제국가들을 보여주고 있다. 대체로 자유민주주의 이념을 선택한 국가일수록 높은 혁신성과를 보여주고 있다. [그림 5-3]에서는 한국 다국적기업들이 미국에 투자하는 최근의 추세를 보여주고 있다. 미·중 무역전쟁 이후, 한국 기업들이 미국 시장에 투자하는 이유는 첫째, 미국은 자유민주주의국가로서 기업의 운영과 수익을 인정해 주며, 둘째 법치국가로서 다국적기업의 재산권을 인정해 주기 때문이다.

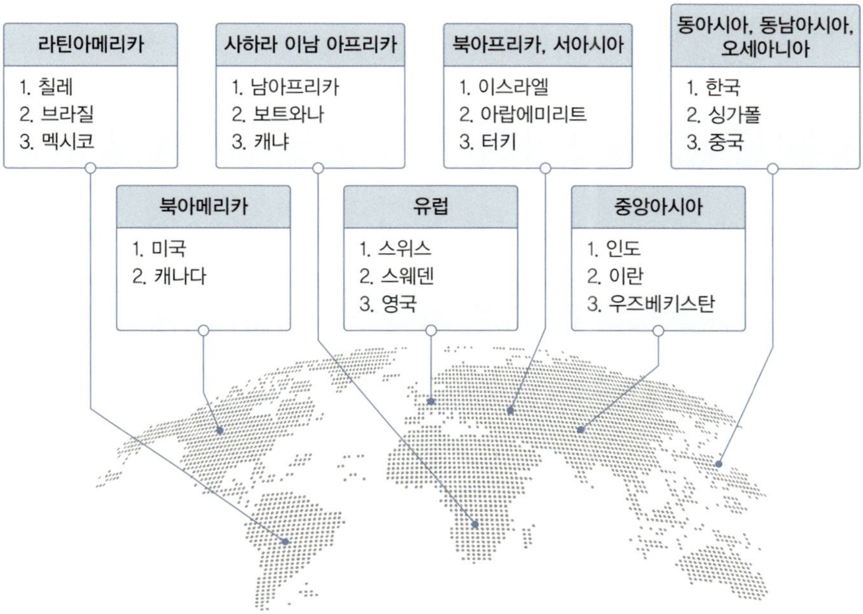

❖ **그림 5-2** 지역별 Top 혁신경제국가

출처: Global Innovation Index (2022).

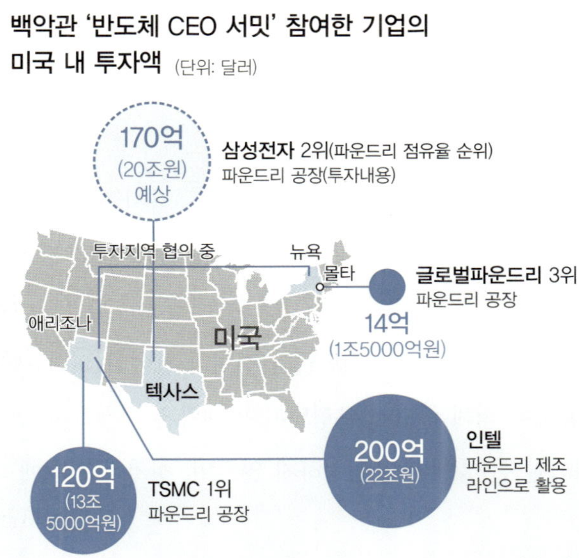

❖ **그림 5-3** 한국 기업의 미국 투자

출처: 중앙일보 (2021.7.1). "'별의순간'을 잡은 한국 기업들".

2) 전체주의

전체주의(totalitarian)는 개인·시민의 자유를 보장하지 않으며, 정부가 사적 생활을 통제하려는 경향이 있다. 따라서 정부의 의사결정에 반하는 행위에 대해 용납하지 않는다. 독제정치와 유사한 개념이며, 국왕, 종교지도자, 군인과 같은 절대권력을 가진 개인 혹은 공산당과 같이 하나의 정당에 의해 정치적 권력이 집중되고, 이러한 권력을 행사할 때 이를 전체주의라 부른다. 국가 또는 공동체의 이익이 개인의 이익보다 우선시되며, 민주주의와는 달리 반대당을 인정하지 않는다. 이러한 사상은 민주주의에서 이야기하는 개인주의, 자유주의 등과 반대되는 개념이며, 개인의 자유를 억압·감시하고 개인은 국가의 존립과 발전을 위해 존재한다고 간주하는 사상이다. 독일의 히틀러, 북한의 김일성, 김정일, 김정은으로 이어지는 세습정치, 리비아의 카다피 국가원수, 구소련의 스탈린 등이 대표적이다. 전체주의국가의 전반적 특징은 다음과 같다.

(1) 전체주의 특징

첫째, 강제적인 권위주의이다. 전체주의국가 지도자들은 군부 및 군사력을 동원하거나 합법적, 비합법적 방식의 선거를 통해 정치권력을 유지한다. 정부의 명령에 복종하지 않으면 처벌받을 수 있다.

둘째, 헌법에 의한 개인의 권리를 보장하지 않는다. 다시 말하면 전체주의 시스템에서 시민들의 자유, 선거, 시민권, 재산권 등의 권리에 대해 보장하지 않거나 제한하는 경우가 많다.

셋째, 정치 참여에 대한 제한이다. 시민들의 정치적 참여와 의사표현은 제한된다. 공산당과 같은 일당체제에 의해 국가가 운영되며, 반대당은 인정하지 않는다. 민주주의와 같이 의회정치, 대의원 선거 행위는 인정하지 않으며, 정치적 반대에 대해서는 철저한 응징이 따른다.

(2) 전체주의와 다국적기업의 경영 시사점

전체주의국가에서 정부의 허가 없이 다국적기업이 사업을 운영하는 것은 사실상 불가능하다. 또한, 민주주의국가와 달리 법적·제도적 장치가 상대적으로 미비하기 때문에 다국적기업의 재산권 보호와 기업 운영에 대한 보장을 담보하기 어렵다. 다국적기업이 전체주의국가에 진출할 경우 높은 정치적 위험과 불확실성에 직면할 가능성이 높기 때문에, 다국적기업의 입장에서는 법과 제도적 장치를 대신할 수 있는 대안으로 현지 정부와의 관계 개선, 로비활동 등의 수단에 의지할 수 있다. 그러나 이 경우, 다국적기업은 생산을 위한 비용뿐 아니라 정부와의 관계 개선을 위한 추가적인 비용을 고려해야 한다. 예를 들면, 베트남의 경우 높은 경제성장률과 시장의 매력으로 한국 기업이 많이 진출하고 있지만, 법적 절차와 사법 시스템의 미비에 따른 불확실성, 부패만연, 불투명한 협상 관행은 기업에게 애로사항으로 작용하고 있다(한국일보, 2023.2.2). 베트남에서 사업을 진행하기 위해서는 뇌물과 뒷돈은 필수이며, 이러한 수단이 없다면 사업이 지연되거나 원활한 기업 운영이 불가능할 수 있다.

다국적기업 본사가 위치한 본국과 현지국 간 정치적 긴장이 발생하고, 다국적기업이 현지국에 진출할 예정이거나 이미 현지국에서 경영활동을 하고 있다면 다국적기업의 성과와 운영에 부정적 영향을 줄 수 있다. 한국 정부는 북한의 핵무기 위협에 대응하기 위해 2016년 7월 고고도미사일방어체계인 사드(Terminal high altitude area defense: Thaad) 시스템을 도입하였다. 그러나 중국 정부는 한국과 미국이 일방적으로 사드 배치를 한 것에 대해 불만을 품고 사드 보복을 단행하였다. 사드 보복으로 인해 중국에 투자한 한국 기업은 전방위 압박과 불매운동으로 큰 손해를 입었다. 특히 사드 부지를 제공한 롯데는 중국에서 사업 철수를 하는 등 막대한 손실을 입었다(조선일보, 2018.7.30).

따라서, 전체주의국가에서 사업을 운영하는 다국적기업은 수익 극대화를 추구하면서, 동시에 법적·제도적 장치의 미비로 인해 발생할 수 있는 불확실성과 비용을 줄일 수 있는 방법을 강구하여야만 한다. 또한, 갑작스러운 정부의 의사결정 변경과 행정적 규제에 대응하기 위한 기업의 대응 전략도 고민해야 한다. 정부의 규제와 불확실성을 극복하기 위한 효과적인 전략은 다음과 같다. 첫째, 현지 정부와의 긴밀한 관계 구축이다. 불투명한 법과 제도적 장치의 보호를 대신할 수 있는 방법은 현지 정부와의 긴밀한 관계를 형성하는 것이다. 예를 들면, 중국에서 글로벌 마케팅 활동을 한다면 중국 공산당과의 관계 유지는 필수이다. 아울러 현지 기업과의 제휴도 고려해 볼 수 있다. 현지 기업과의 네트워크를 형성할 경우 정부 정책의 변화나 불확실성을 줄이면서, 현지 정부의 규제나 정치적 압박에 효과적으로 대응할 수 있다.

둘째, 기업 협상력의 증대이다. 기업 협상력의 원천은 기술, 지식, 경영 노하우, 경제 발전 기여, 일자리 창출과 관련되어 있으며, 기업의 협상력이 증가할수록 현지 정부의 규제와 특정국가의 정치적, 정책적 변화에 효과적으로 대응할 수 있다. 예를 들면, 중국의 사드 보복 당시 삼성전자는 다른 기업에 비해 상대적으로 피해를 입지 않았는데, 그 이유는 삼성전자의 기술적 우위, 반도체 생산능력, 일자리 창출 등 중국 입장에서는 삼성전자를 대신할 수 있는 대안이 없었기 때문이다. 이는 최근, 미·중 무역전쟁으로 반도체산업에 대한 규제가 심해지자 중국이 삼성전자가 생산하는 반도체에 러브콜을 보내고 있는 현상과 일치한다(연합뉴스, 2023.5.27).

또한, 기업 혼자 현지 정부를 상대하기보다는 공동으로 함께 대응하는 것이 협상력을 향상시키는 데 효과적이다. 실제로 협상력이 상대적으로 부족한 중소기업들은 사드 보복이 발생하자 대기업과 한국 정부와 공동으로 중국 현지 정부의 규제와 압력에 대응하기도 하였다(Li, Li, Zhang, & Gwon, 2023). 1개의 중소기업 혹은 1개의 대기업보다는 중소기업과 대기업의 연합, 그리고 한국 정부의 협력이 더해질수록 중국 현지 정부에 대응한 협상력은 비례해서 증가하기 때문이다.

❖ **표 5-1** 중국 진출 주요 업체 피해현황

• 중국 진출 주요 업체 피해현황

업체	피해 내용
현대, 기아자동차	공장 가동 중단, 재개 반복. 2011년 이후 최저 판매 전망
이마트	매출 부진으로 6개 전 점포 매각 결정
롯데마트	112개 점포 중 87곳 영업중단, 피해액 1조원 추산
SK 이노베이션	ㅒ터리 공장 1월부터 가동 중간, 유럽 대체지 검토 중
삼성전자	브랜드 인기도 급락으로 올해 2분기 점유율 1년만에 반토막

• 중국 사드 보복에 따른 올해 한중 양국 간 경제손실 추정 (단위: 원)

구분	총 손실	수출	투자	관광	문화 · 콘텐츠
한국	8조5,000억	1조4,000억	미약	7조1,000억	87억2,000만
중국	1조1,000억	미약	454억	1조400억	미약

출처: 한국일보 (2017.9.11). "중국 사드 보복 버티기 한계... 한국 기업들 속속 철수"

3) 정치적 위험과 글로벌 마케팅 위험요인

다국적기업이 해외에서 글로벌 마케팅 활동을 수행할 경우 국내보다 많은 정치적 변화에 직면할 가능성이 높다. 각국의 정치 시스템은 매우 역동적(dynamic)이며 늘 변화한다. 시기마다, 정당에 따라 다양한 정치적 이념이 구성되고, 이러한 정치적 이념은 정책에 반영되어 시장과 기업에 영향을 주게 된다. 이러한 정치적 변화와 영향력은 기업의 입장에서 기회가 될 수도 있고, 위험이 될 수도 있다. 현지 정부의 정치적 의사결정의 변화가 기업의 투자 수익과 성장에 부정적 영향을 줄 경우, 이러한 유형의 위험을 우리는 정치적 위험(political risk)이라고 부른다. 미국의 경영학자 스테판 코브린(Stephen Kobrin, 1982)은 정치적 위험을 "정치적 사건이나 과정에 의해 발생한 잠재적으로 심각한 경영상의 위험(potentially significant managerial contingencies generated by political events and processes)"이라고 정의하고 있다. 이 책에서는 스테판 코브린이 제시한 정의를 따르기로 한다.

정치적 위험을 조금 더 세부적으로 살펴보면 기업이 정상적으로 활동하고 있는 시장의 영역 외에 비시장요인에 의해 발생되는 위험을 의미하기도 한다. 여기서 시장요인은 기업의 경영활동과 밀접하게 관련된 고객, 경쟁업체, 공급업체를 의미하며, 기업은 상품과 서비스를 제공하고 시장으로부터 자본을 제공하는 교환이 이루어지는 장소이다. 기업은 시장의 존재이면서 사회적 존재이기 때문에 시장 밖에 존재하는 정부, 정치단체, 사법 시스템, 비정부기구, 언론기구 등도 영향을 줄 수 있다. [그림 5-4]는 기업을 둘러싼 시장 환경과 비시장 환경에 대해 잘 묘사하고 있다.

❖ **그림 5-4** 기업의 비시장 환경

출처: 문정빈 (2014).

비시장요인 중에서도 특히 현지 정부, 사법 시스템, 정치단체는 다국적기업의 글로벌 마케팅 활동에 직접적으로 영향을 줄 수 있다. 예를 들면, 현지 정부의 규제는 기업의 운영활동에 직접적으로 영향을 주며, 수익에도 부정적인 영향을 줄 수 있기 때문이다. 예를 들면, 2016년에 중국의 사드 보복은 중국에 투자한 한국 기업에 막대한 영향을 주었다. 특히 롯데는 사드 부지를 제공했다는 이유만으로 중국 정부의 압력, 각종 규제와 행정제재로 경영활동에 막대한 차질을 입었다. 또한 중국 현지 고객으로부터 불매운동에 시달려야 했다. 롯데는 2017년 한해 약 2조원의 피해를 입었다(중앙일보, 2018.5.11). 또 다른 예로 한·일 무역분쟁을 들 수 있다. 2019년 한국 대법원이 일본의 강제징용과 관련 해당 기업의 자산압류 명령을 판결하자 일본은 한국을 백색국가 리스트에서 배제하였다. 일본의 백색국가는 수출 대상으로 신뢰할 수 있는 국가임을 의미한다. 일본이 한국을 백색국가에서 제외하면 한국은 반도체 및 디스플레이를 생산하는 데 필요한 핵심소재를 더 이상 일본으로부터 조달할 수 없게 된다는 의미로, 이로 인해 삼성은 반도체 및 디스플레이 생산에 차질을 빚게 되었다.

따라서, 해외에서 글로벌 마케팅 활동을 수행하는 다국적기업은 정치적 위험에 대해 늘 감시하고, 특히 해외시장에 진입 전에 현지 국가에 대한 정치적 위험을 다각도에서 평가해야 한다. [그림 5-5]는 2022년 기준 세계 각국의 정치적 위험의 현황을 보여주고 있다. 적색으로 표시될수록 정치적 위험이 높은 국가이며, 초록색에 가까울수록 정치적 위험이 낮아 다국적기업이 경영활동 및 글로벌 마케팅 활동에 안전하다(컬러 이미지는 QR 참고). 우크라이나 전쟁으로 인해 동부 유럽지역, 러시아, 우크라이나는 위험국가로 분류되어 정치적 위험이 높다. 아프리카 지역은 전반적으로 정치적 위험이 높은데 그 이유는 오랜 내전, 정치적 불안, 테러, 경제·사회적 불안이 지속되어 왔기 때문이다.

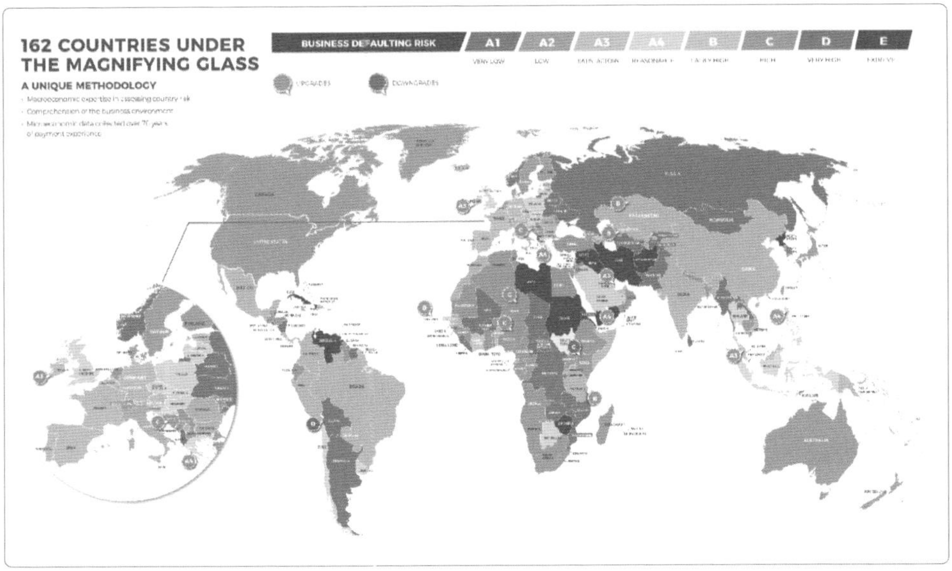

❖ 그림 5-5 세계 각국의 정치적 위험 수준

출처: coface.com (2023). (https://www.coface.com/News-Publications/Publications/Country-Risks-Assessment-map-Q2-2023)

(1) 정치적 위험의 분류

정치적 위험을 평가하는 방법으로서 보통 거시적, 미시적 기준을 활용한다. 거시적 위험은 대부분의 산업, 기업에 영향을 주는 위험을 의미하며, 미시적 위험은 특정 산업과 기업에 한정한 위험을 의미한다. 다니엘스, 래드보와 설리반(Daniels, Radebaugh & Sullivan, 2019)은 정치적 위험을 거시적·미시적 기준에 입각하여 전체적(systemic), 절차적(procedural), 분배적(distributive), 대변동적(catastrophic) 정치적 위험으로 분류하였으며, 〈표 5-2〉에 자세히 기술되어 있다.

전체적인 정치적 위험(systemic political risk)은 모든 산업과 기업에 영향을 줄 수 있는 거시적 위험을 의미한다. 현지 정부의 정권 변화는 새로운 정책을 제시할 수 있으며, 정부의 새로운 규제는 다국적기업의 운영에 막대한 영향을 줄 수 있다. 예를 들면,

❖ **표 5-2** 정치적 위험의 분류

규모	종류	형태	결과
미시적		금융 이례	기업이 여신이나 해외 차관을 취득하기 어려운 규제 정책
	전체적 위험	대응적인 관점	투자 대상국 정부의 인권, 환경 등의 사안에 대한 해석이 본국 시장의 외국 기업에 문제를 초래한다.
		일방적인 계약 위반	투자 대상국 정부가 외국 기업과 협상한 계약을 부인하거나 현지 기업에 동일한 계약을 승인한다.
	절차적 위험	조세 차별	국내 기업보다 외국 기업에 더 많은 세금을 부과한다.
		이익 송금에 대한 제한	투자 대상국 정부가 임의적으로 외국 기업이 창출한 수익의 본국 송금을 제한한다.
	분배적 위험	해가 되는 정부의 행위	(부품 현지화 요건 개정 등)일방적인 무역장벽을 부과해 국내 소비자에 대한 제품 유통에 개입한다.
		인적 위험	외국 기업의 현지 직원들이 유괴, 강탈, 테러 등의 위협을 받는다.
	대변동적 위험	수용/국유화	투자 대상국 정부나 정치 세력이 기업의 현지 자산을 수용한다. 그러나 보상은 미미하다. 전체주의와 자원 민족주의가 부활하면서 이런 위험이 높아지고 있다.
거시적		소요, 폭동, 전쟁	군사적 행위가 기업의 현지 자산에 피해를 주거나 이를 파괴한다.

출처: 김병구 외 (2020).

베네수엘라 정부는 과거에 에너지 및 미디어 분야와 관련한 외국 기업에 대해 국유화를 시도하였고, 중국은 2021년 반외국제재법을 공포하여 중국 현지에 투자한 외국의 다국적기업 중 미국에 협력적인 기업에 대해 보복할 수 있는 여건을 마련하였다(KBS News, 2021.6.11). 앞의 두 가지 예시는 현지 정부의 정치적 목적과 규제, 정책이 현지 거시적 환경을 변경하여 현지에서 활동하고 있는 모든 다국적기업의 운영과 수익에 부정적인 영향을 줄 수 있는 전체적인 정치적 위험의 사례라 볼 수 있다.

절차적인 정치적 위험(procedural political risk)은 다국적기업의 생산요소(인력, 자본, 원재료 등)와 완제품(상품, 서비스) 이동, 경영활동에서 마찰이 발생하여 다국적기업의 경

❖ 그림 5-6 넷플릭스 드라마 〈수리남〉 중 현지 군인에게 뇌물을 제공하는 장면

영 및 운영에 부정적인 영향을 주는 것을 의미한다. 예를 들면 베트남의 경우, 선진국 시장에 비해 사법 시스템이 미비하고, 공직 사회의 부정부패, 불투명한 행정관행으로 인해 다국적기업은 경영활동에 있어 어려움을 호소하고 있다. 원활한 사업을 위해 베트남에서 활동하고 있는 다국적기업은 현지 정부 관료, 공무원에게 로비활동을 해야 하며, 따라서 생산을 위한 비용 외에 추가적인 비용이 발생할 수 있다.

최근 한국 기업이 베트남에 투자하는 대신 미국에 투자하는 이유 중 하나는 까다로운 행정규제 때문이다. 노동허가, 소방시설 승인 등 베트남 정부의 각종 규제가 강화됨에 따라 한국을 포함한 주요국 다국적기업의 베트남 투자가 큰 폭으로 감소되었다(한경, 2023.4.10). 불필요한 행정절차와 형식주의가 만연한 국가에서 기업을 경영하기 위해서는 뇌물과 뒷돈은 필수 불가결한 요소일 수 있다. [그림 5-6]에서 넷플릭스의 드라마 〈수리남〉에서 수산물 사업을 운영하는 등장인물이 현지 군인에게 뇌물을 제공하는 장면이 묘사되어 있다. 수리남에서는 법적인 시스템이 부재하므로, 기업 입장에서는 사법 시스템을 대신할 수 있는 안정적인 장치가 필요하다. 아울러, 뇌물은 현지국의 불필요한 행정절차를 피하기 위한 수단으로도 작용할 수 있다. 그러나 뇌물과 뒷돈은 결국 기업의 부담으로 작용할 수 있으며, 중단할 경우 현지 정부의 과도한 행정제재(red tape)에 봉착할 수 있다. 절차적 정치적 위험은 전체 기업이 아닌 일부 기업에게 영향을 주기 때문에 대체로 미시적 위험으로 분류된다. 다국적기업의 현지 기여도를 현지 정부에 전달하면서, 사업 시 발생할 수 있는 어려움과 마찰을 관리하고 해결하기 위해 노력해야 한다.

분배적인 정치적 위험(distributive political risk)의 대표적 예는 점진적 수용(creeping expropriation)이다. 즉, 다국적기업의 재산권을 점차적으로 잠식해서 재산권을 빼앗아 갈 수 있는 위험이며, 몰수·수용 등을 예로 들 수 있다. 2019년 한국 법원이 일본의 강제징용을 빌미로 한국에서 운영하고 있는 일본의 미쓰비시중공업의 자산을 압류하려 했던 시도가 대표적이다. 미국의 인플레이션 감축법(inflation reduction act)은 미국에 투자한 한국 기업에게 분배적인 정치적 위험이 될 수 있다. 인플레이션 감축법의 핵심은 대기업의 법인세 증세를 통해 세수를 증대하는 것과 전기자동차 배터리의 필수 소재를 미국 FTA 협정국에서 조달해서 제조할 경우 보조금을 지급한다는 것이 골자이다. 미국에서 배터리를 생산하는 한국 기업이 미국 FTA 협정국에서 원료를 조달하지 않고 중국에서 공급받는다면 보조금 혜택에서 배제되게 된다. 만약, 배제될 경우 미국 정부의 보조금 혜택을 받지 못해 전기자동차의 가격이 높아지게 되므로 현지 고객으로부터 외면받게 되고, 결국 전기자동차 판매는 어려워진다. 이 경우 미국 정부가 한국의 자동차 기업을 수용 및 몰수하지는 않았지만, 전기자동차 생산을 고비용으로 만들어 가격경쟁력을 낮춤으로써 한국 기업의 재산권을 잠식한 효과가 나타나는 것이다. 기아자동차는 미국의 인플레이션 감축법에 따른 고비용 생산구조와 보조금 차별을 회피하기 위해 2023년 멕시코에 전기차 생산 투자를 결정하였는데, 분배적 정치적 위험에 대응한 효과적인 방법으로 볼 수 있다(동아일보, 2023.5.17).

대변동적 정치적 위험(catastrophic political risk)은 전쟁, 폭동, 불법적인 정부 수립 및 체제 전복으로 인해 모든 기업의 경영과 수익에 악영향을 주는 것을 의미한다. 2011년 이집트에서는 반정부시위로 경제 시스템이 중단되고 시장 기능이 멈추어 기업 활동이 어렵게 되었다. 우크라이나와 러시아의 전쟁으로 인해 1000여개에 달하는 다국적기업들이 러시아에서 사업을 철수하거나 사업을 축소하였다. 맥도날드는 러시아 점포를 매각하기로 결정하고, 엑손 모빌은 러시아 극동지역 석유사업을 중단하고 약 4조 3520억원의 손실을 입었다(한경, 2022.6.11).

(2) 정치적 위험의 관리

정치적 위험을 관리할 수 있는 방법은 크게 투자 전, 후로 나누어 구분할 수 있다. 투자 전 전략은 회피, 위험감소, 보험 등으로 구분할 수 있다.

먼저 회피전략은 진출하고자 하는 현지 국가의 정치적 위험이 높다고 판단되면 투자를 연기하거나 혹은 포기하는 방법이다. 위험감소전략은 현지에 투자를 하되 투자규모를 사업계획보다 낮추어 진출하는 방법이다. 예를 들면, 해외직접투자 대신 수출, 라이선싱 등의 방법을 사용하게 되면 정치적 위험을 줄일 수 있다. 현지에서 능력 있는 사업 파트너와 함께 제휴를 통해 공동으로 사업을 수행하는 방법도 좋은 대안이 될 수 있다. 현대자동차는 베트남의 탄콩그룹과 합작하여 2017년에 현대탄콩(TC Motor)을 설립하였다. 유수한 현지 기업과의 합작을 통해 현지시장과 고객을 이해하는 데 도움을 받을 수 있을 뿐만 아니라 현지 기업의 도움으로 현지 정부와의 협상을 유리하게 만들어 정치적 위험을 상당히 경감할 수 있다. 해외투자보험에 가입하면 위험을 외부기관에 전가할 수 있다. 사업의 규모가 크다면 한국무역보험공사의 해외투자보험, 세계은행 산하의 MAGI(multinational investment guarantee agency)보험에 가입하면, 현지 정부에서 발생할 수 있는 각종 정치적 위험들로부터의 손실을 보상받을 수 있다.

일단 기업이 해외에 투자를 하게 되면 현지 정부에 비해 협상력은 감소할 가능성이 있다. 초기에 현지 정부는 다국적기업을 유치하기 위해 세금감면, 도로 및 사회간접자본 제공, 보조금 혜택 등 여러 가지 인센티브를 제공하지만, 시간이 지나면서 이러한 혜택을 점진적으로 줄이게 된다. 왜냐하면, 일단 투자를 하게 되면 매몰비용(sunk cost)

이 발생하여 다국적기업이 쉽게 철수하기 어려운 상황을 알고 있기 때문이다. 여기서 매몰비용이란 투자했을 때 발생한 회수할 수 없는 비용을 의미한다. 이러한 상황에서 다국적기업이 투자 후 정치적 위험을 줄일 수 있는 방안으로 기업 간 공동대응과 철수 전략을 들 수 있다.

먼저 기업 간 연합, 연대를 통해 현지 정부에 대한 규제와 간섭에 대응할 수 있다(Nebus & Rufin, 2010). 하나의 기업보다는 두 개의 기업, 한 개의 대기업보다는 대기업과 중소기업 간 연대를 통해 현지 정부에 일자리 창출, 세금, 인프라 조성 등 경제성장에 대한 기여도를 높일 수 있다. 예를 들면, 사드 보복으로 인한 중국 정부의 규제로 한국 기업들이 사업을 수행하기 어렵게 되자 기업들은 함께 협력하고, 한국 정부뿐 아니라 상공회의소, 전국경제인연합회와 같은 민간기업 단체들과 공동으로 중국 정부에 대응하여 협상력을 높였다. 한국 기업은 기업들 간 연대를 통해 현지 정부에 대한 경제적 기여 효과를 제안할 수 있으며, 특히 기술, 일자리 창출효과 등 대체할 수 없는 독특한 기여를 할수록 유리한 협상 위치를 고수할 수 있기 때문에 현지 정부의 규제와 정치적 위험에 효과적으로 대응할 수 있다(Li, Li, Zhang, & Gwon, 2023).

아울러, 기업들은 현지 정부의 규제와 간섭을 회피하기 위해 현지 의존도를 낮추고 다른 국가에 생산기지를 구축하는 다각화도 좋은 대안이 될 수 있다. 삼성전자가 반도체 생산 증대를 위해 추가적인 생산시설을 중국에 추가하는 대신 미국을 선택한 것은 미·중 무역전쟁에 따른 미국 및 동맹국에 반도체 공급망을 재배치해야 한다는 요구 외에도, 중국에 집중된 반도체공장을 분산시켜 정치적 위험을 낮추는 방안이 될 수 있다.

마지막 방법은 현지시장에서 완전철수이다. 현지시장에서 철수를 하게 되면 현지 정부 입장에서는 일자리 창출, 세금 등 경제적 측면에서 큰 타격을 받을 수 있다. 삼성전자는 사드 보복으로 중국 정부의 규제가 심해지자 인도와 베트남으로 디스플레이와 모바일 생산공장을 이전하였다.

삼성전자의 미국 반도체 공장 및 중장기 투자계획

자료: 삼성전자, 텍사스 주

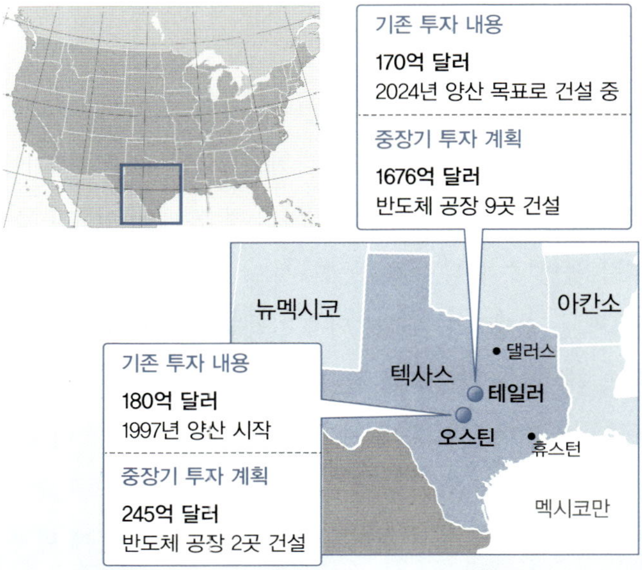

❖ **그림 5-7** 삼성전자의 미국 반도체 생산시설 투자계획

출처: 동아일보 (2022.7.23).

02 글로벌 법률 시스템

1) 법률 시스템

(1) 성문법(civil-law)

성문법 혹은 민법이라고도 한다. 성문법이란 문서의 형식으로 표현되며, 입법 기관에 의해 일정한 절차와 형식을 거쳐서 공포된 법을 의미한다.

성문법 체제는 법을 규정한 법전에 근거하여 법률적인 사안을 해석하고 결정한다. 성문법 체재에서는 법률 전문가인 판사, 검사, 변호사에 의해 법률적 절차가 진행되며, 일반인들이 소송절차에 참여하는 것이 제한된다. 법률 전문가들은 분쟁해결을 위해 정확하고 자세하게 규정된 법 조항에 따라 법률적 의사결정을 내리며, 과거 판례에 구속되지 않는다. 전 세계적으로 가장 많이 도입된 법 체제이며, 한국을 포함하여 독일, 프랑스 등 대부분의 유럽 국가와 일본, 멕시코 등 다수의 국가에서 성문법 체제를 선택하고 있다.

(2) 보통법(common law)

보통법은 판례와 전통에 기반한 법 체제이다. 때문에, 보통법은 성문법처럼 자세하게 법, 규정, 조항을 문서화하지 않으므로, 법을 널리 공포하거나 편찬하지는 않는다. 의회에서 법률을 제정하고 명문화된 법의 해석과 판결에 의존하는 성문법과는 달리 보통법은 판례에 따라 사건을 판결하기 때문에 판례법이라 부르기도 한다. 여기서 판례란 특정 소송사건에 대해 과거의 법률적 의사결정과 판결을 바탕으로 사후에 동일한 이슈나 법률적 분쟁이 발생했을 때 과거의 법률적 의사결정과 판결이 구속력을 가진다는 것을 의미한다. 이러한 판례는 재판부의 기록으로 오랜 기간 축적되어 연감, 사례모음 등과 같이 관습법 모음집의 형태로 보존된다. 판결 과정에서 판사, 검사, 변호사와 같은 법률 전문가뿐 아니라 일반인들로 구성된 배심원들이 참여할 수 있으며, 재판부는 배심원들의 판단에 근거하여 합당한 판결을 내리게 된다.

보통법은 영국을 중심으로 발달하였으며, 미국, 캐나다, 인도, 호주, 홍콩 등 여러 국가에 전파되었다. 〈표 5-3〉은 보통법과 성문법의 차이를 잘 묘사해 주고 있다.

❖ **표 5-3** 보통법과 성문법의 차이

구분	보통법(영미법)	성문법(대륙법)
특징	• 불문법의 형식을 가지므로 성문으로 표현되지 않는 법체계 • 선례구속의 원칙(판례가 곧 법) • 형량에 제한이 없음 • 사회생활의 관습이었던 것이 법규범으로 인정되는 형식 • 관습법, 판례법, 조리 등	• 성문법 법규범은 문장의 형식으로 나타남 • 규문주의(사안을 구두변론보다 조서에 의존) • 형량이 법조문에 명시된 기준에 의해 구형됨 • 일정한 절차에 의해 공포됨 • 헌법, 법률, 자치법규, 국제조약 및 국제법규

출처: 서민교 외 (2016).

(3) 관습법(customary law)

관습법은 오랜 시간 동안 사회에서 발생하고 축적된 관행, 관습, 일상의 지혜, 정신적 유산, 문화적·사회적·철학적 전통들이 사회 구성원 사이에서 굳어지고 법의 효력을 갖게 된 것을 의미한다. 관습, 규범, 문화는 공식화된 법이 아니지만, 마치 공식화된 법과 같은 효과를 기대할 수 있으며, 관습법이 적용될 수 있는 대표적인 사례로 공동체(community)를 들 수 있다. [그림 5-8]은 중국 지린성 연변 조선족 자치구에서 거주하고 있는 조선족 공동체를 보여주고 있다. 조선족 공동체가 오랜 시간 동안 유지되면서 만들어져온 전통, 관습, 지혜는 공동체를 운영할 수 있는 법과 규칙처럼 작용할 수 있다. 또한, 공동체에 축적된 사회적 자본은 신뢰와 협동심, 윤리의식을 육성하고, 공동체에서 발생할 수 있는 기회주의, 도덕적 해이, 비윤리적 행동을 제재할 수 있는 기반이 된다(Li, Hernandez, & Gwon, 2019). 또 다른 예로 아프리카의 부족사회, 중세 유럽의 무역상인연합을 들 수 있다. 과거 원시부족시대, 중세시대 무역상인들이 현대와 같은 법률적 체계가 없었음에도 불구하고 마을공동체를 운영하고 상거래를 활성화할 수 있었던 이유는 신뢰와 관습에 바탕을 둔 사회적 제재 시스템을 갖추고 있기 때문이다. 이러한 사회적 제재 시스템은 문서화된 법률은 아니지만 사회구성원 간 지켜야 할 법, 규칙과 같이 통제수단처럼 작용할 수 있다. 만약 사회구성원들이 약속을 어기거나 비윤리적 행동을 하게 된다면 공동체 혹은 연합에서 추방되거나 사회적 제재와 처벌이라는 통제수단을 통해 공동체를 유지하거나 상거래에서 발생할 수 있는 각종 윤리적 문제와 기회주의, 거래비용 문제를 해결할 수 있었다(Grief, 1993).

❖ 그림 5-8 연변 조선족 자치구(민족 공동체)

❖ 그림 5-9 중세유럽의 Maghribi 무역상인(연합)

(4) 종교법(religion law)

종교법(religion law), 혹은 신권법(theocratic law)이라고 하며, 종교의 교리, 계율, 가르침, 신념에 기반하고 있다. 따라서 종교지도자들이 법적 권한을 가지고 있을 가능성이 높다. 보통 종교법을 따르는 국가에서는 국가와 종교를 구분하지 않은 경향이 있으며, 정부, 법, 종교가 하나인 경우가 많다. 대표적으로 힌두교, 이슬람교, 유대교를 믿는 국가에서 종교가 법의 기반이 되고 있다. 예를 들면, 이슬람교의 법전은 코란(Koran: 마호메트의 계시를 기록한 경전)과 하디스(Hadith: 마호메트가 말하고, 행동한 것을 기록한 책)에 기반하고 있다. 코란에서 언급하고 있는 내용은 대체로 범죄와 형벌에 관련한 형법과 관련성이 있으며, 하디스는 금지된 제품과 행동에 대해 열거하고 있으므로 관습법과 유사하다. 때문에, 이슬람교를 믿는 중동지역에서 글로벌 기업이 사업을 수행할 경우 이슬람법에 대한 충분한 이해와 함께 이슬람법이 사업에 어떤 영향을 줄 수 있는지 세밀하게 검토해야 한다. 예를 들면, 이슬람법에서는 술과 관련된 사업을 철저히 금지하고 있으므로 관련 제품의 판매와 광고는 엄격히 금지된다(Green & Keegan, 2020).

(5) 혼합체제(mixed system)

앞에 언급했던 법 체제를 적어도 2개 이상 활용하는 경우, 혼합체제(mixed system)로 간주할 수 있다. 아시아, 아프리카 국가에서 흔히 볼 수 있는 형태이다. 예를 들면 파키스탄의 경우 이슬람교에 기반한 종교법과 보통법의 체제를 보유하고 있다.

❖ 그림 5-10 글로벌 법적 환경

출처: https://openstax.org/books/introduction-political-science/pages/11-3-types-of-legal-systems-around-the-world

2) 글로벌 마케팅 활동과 법률적 쟁점

(1) 지적재산권

지적재산권(intellectual property right)이란 개인, 혹은 조직이 만들어낸 무형적인 창조활동들을 법으로 보호하는 것이다. 다국적기업의 입장에서 지적재산권은 중요하다. 예를 들어, 삼성전자가 반도체와 관련된 지식과 특허를 만들기 위해서는 장기간의 자본투자와 연구개발 노력이 필요하다. 이러한 노력의 결과를 법으로 보호받지 못하게 된다면 경쟁기업에 의해 무단으로 복제되게 된다. 지적재산권에 대한 침해는 결국 다국적기업에게 지적재산 개발을 위해 투자한 자본의 회수 가능성을 낮추고, 동시에 지적재산의 활용(특허, 상표, 저작권, 기술 등)을 통한 수익창출이 어렵게 되어, 결국 다국적기업의 가치창출활동 및 혁신적 상품과 서비스를 개발하려는 동기부여에 부정적인 영향을 주게 된다. 지적재산권은 다국적기업이 만들어낸 각종 발명, 특허, 저작물, 상표, 영업 및 경영노하우를 보호해 주고, 소유자가 독점으로 사용할 수 있게 해줌으로써 수익을 창출할 수 있게 하는 주요 수단이다. 한국에서 인정되는 특허, 상표권, 저작권이 전 세계 시장에서 보호되지는 않는다. 따라서 다국적기업이 글로벌 마케팅 활동을 수행할 때는 사업을 수행하는 각각의 나라에 지적재산을 반드시 등록해야 한다.

지적재산권은 크게 특허권, 상표권, 저작권으로 구분될 수 있다.

먼저 특허권(patent)은 기술적 창작물(발명)을 일정기간 동안 독점적, 배타적으로 소유 또는 이용할 수 있는 권리이다. 상표권(trademark)은 생산자가 다른 생산자에 의해 생산된 상품과 서비스를 구별하기 위해 사용되는 상징, 기호, 도형 등을 상표라고 하며, 이러한 상표를 특허청에 출원해 등록하여 부여받은 사용권을 상표권이라고 한다. [그림 5-11]에서는 대표적은 패션 명품브랜드의 예를 보여주고 있다. 저작권(copyright)은 글, 그림, 음원, 영화, 연출 또는 영상화된 창작물에 대한 소유권을 의미한다. [그림 5-12]는 넷플릭스(Netflix)가 제공하는 한국드라마를 보여주고 있다. 넷플릭스가 한국

드라마의 저작권을 소유하고 있으므로, 이에 대한 저작권을 보유한 넷플릭스에 의해 독점적으로 방영될 수 있다.

❖ 그림 5-11 대표적 명품 상표

❖ 그림 5-12 넷플릭스에서 제공되는 한국 드라마

미국, 유럽의 서구 국가들의 경우, 지적재산권의 중요성을 강조하고 있으며, 다국적기업의 창작물과 특허 등 지적재산권을 법으로 보호하고 있으므로, 지적재산권 침해 우려 가능성은 낮다고 할 수 있다.

그러나 제도적·법적 체제가 미비한 국가에서는 지적재산권의 침해가 종종 발생하므로, 이러한 국가에서 다국적기업이 사업을 운영 시 지적재산권에 대한 보호에 각별히 유념해야 한다. 예를 들면, 미·중 무역전쟁이 발생한 원인은 미·중 패권싸움, 대중 무역적자 등 정치적·경제적 이유도 있지만, 중국의 무단 기술 및 소프트웨어 복제, 특허침해, 다국적기업의 기술력 갈취 같은 지적재산권 보호와 관련한 이유와도 무관하지 않다. 이에 따라 미국과 영국, EU 정부와 다국적기업은 제도적 장치가 발달하지 않은 중국, 러시아를 포함한 개발도상국 국가에 지적재산권 보호에 대해 정치적, 외교적으로 압력을 가하고 있다. 아울러, 전문가들은 개발도상국 국가들이 향후 창의력과 혁신성을 바탕으로 지속 가능한 경제성장을 보장하기 위한 요건으로 지적재산권 보호에 힘써야 할 것을 강조하고 있다. [그림 5-13]은 중국의 한국 브랜드 도용 의심 사례를 보여주고 있다. 한국 제품을 모방한 가짜 제품이 중국 시장에서 팔리고 있다는 사실을 인지한 한국의 식품 기업들은 공동으로 협의체를 구성하고 저작권, 상표권 침해로 중국 현지에서 7건의 소송을 제기하였고, 이 중 5건에 대해 승소했다. 지적재산권 복제와 침해를 방지하기 위해서는 적극적으로 법적인 제재와 수단을 사용하면서, 단일 다국적기업이 혼자 대응하기 어려운 경우 위의 사례처럼 공동으로 대응하는 방법도 강구할 수 있다.

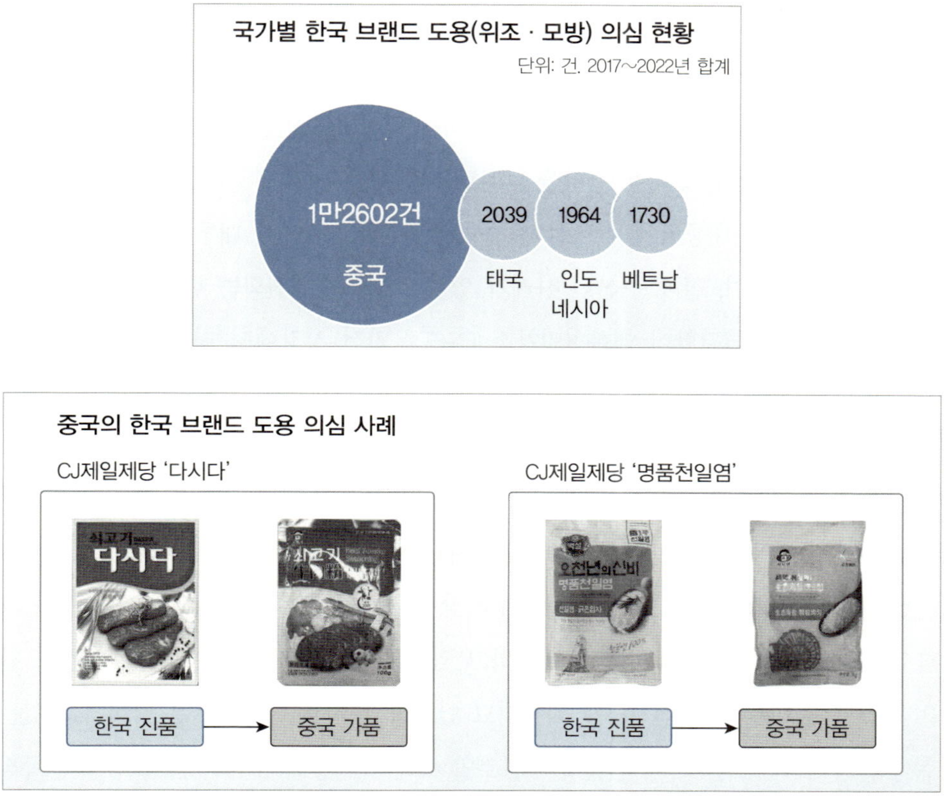

❖ **그림 5-13** 국가별 한국 브랜드 도용 의심 현황

출처: 조선일보 (2023.5.25).

(2) 반독점

반독점법(antitrust law)은 시장을 지배할 수 있는 기업 혹은 기업들의 담합으로 인해 지위가 남용되거나 과도한 경제력이 집중되는 것을 방지하고, 부당행위 및 부정거래행위를 규제할 수 있도록 제정한 법률이다.

예를 들면, 한국 기업이 해외 특정 국가의 시장에 진출하여 제품과 서비스를 생산할 때 현지국 기업들이 공동으로 담합하여 가격을 낮추게 된다면 한국 기업의 가격경쟁력은 사라지게 된다. 이들 현지 기업의 담합에 따른 가격인하 효과는 한국 기업이 가격경쟁력을 상실할 때까지 지속될 수 있다. 가격경쟁력 상실로 한국 기업이 시장에서 완전히 퇴출된다면 이들 현지 기업들은 다시 가격을 원래대로 인상할 수 있다. 이 경우 현지 소비자는 가격인상에 따른 부담을 그대로 전가받게 된다.

2022년 EU는 현대중공업의 조선 지주사인 한국조선해양과 대우조선해양 간 합병에 대해 반대했으며, 결국 무산된 사례가 있다. EU 집행위원회는 한국조선해양과 대우조선해양의 기업 결합이 액화천연가스 LNG 운반선 시장에서 지배적 위치를 형성하고, 시장에서 공정한 경쟁을 저해할 가능성이 있다며 불허를 결정하였다(SBS News, 2022.1.13).

위의 두 가지 사례는 현지 기업의 담합에 따른 불공정 거래, 불공정 행위의 우려에 따른 현지 정부의 반독점법 적용의 대표적 사례로 볼 수 있다.

반독점법은 기본적으로 소비자들에게 시장에서 다양한 제품과 서비스를 공정한 가격으로 제공하는 것을 원래 목적으로 하고 있다. 이러한 반독점법은 미국, 유럽과 같은 선진국에서 특히 더 엄격하게 적용되고 있으며, 중국도 반독점법을 강화하고 있는 추세이다. 따라서, 현지국에 진출하여 글로벌 마케팅 활동을 수행하게 될 경우 반독점법에 대한 이해를 높여야 한다.

(3) 기업윤리와 ESG 활동

다국적기업이 본국에서 벗어나 해외시장에 진출하게 될 경우, 다양한 현지의 문화, 규범, 가치관 및 태도의 차이 등과 조우하게 된다. 현지국에서 제정된 공식적 법률 체제는 다국적기업의 합법적 경영활동의 범위를 결정해 주긴 하지만, 다국적기업의 윤리적 이슈와 사회적 책임에 대한 문제까지 해결하기는 어렵다. 또한 글로벌 기업에게 새롭게 요구되는 ESG(환경, 사회적 책임, 기업의 지배구조) 경영에 대한 요구도 점점 증대되고 있다. 이러한 환경에서 다국적기업이 현지국에서 지속 가능한 글로벌 마케팅 활동을 수행하고자 한다면 공식적 제도와 법률적 요구사항(지적재산권, 반독점법)뿐 아니라 윤리적 이슈, 사회적 책임, ESG경영에 대한 명확한 이해와 관련 이슈를 해결하기 위한 적극적 실천이 필요하다.

먼저 윤리적 딜레마는 법적인 문제라기보다는 도덕적 기준과 관련된 내용이다. 따라서 윤리적 딜레마란 어떤 결정이 '옳다' 또는 '옳지 않다'로 양분되지 않고, 각 결정은 행위 주체의 가치관에 따라 똑같이 타당할 수 있기 때문에 현지 환경에 익숙하지 않는 다국적기업의 입장에서는 이해하기가 쉽지 않다. 각국의 제도 시스템과 비즈니스 관련 법규의 수준과 엄격함은 국가별로 매우 상이하며, 특히 개발도상국의 경우 경제개발이라는 명분을 가지고 다국적기업을 유치하기 위해 많은 혜택을 제공할 수 있다. 이 과정에서 법률적 기준이 허술한 국가에 진출한 다국적기업은 현지국의 법률적 허점을 이용하여 수익추구를 극대화하는 유혹에 빠질 수 있다. 또한 현지 정부는 이러한 다국적기업의 행위를 경제발전이라는 논리를 사용하여 용인할 수도 있다. 이 경우 해당 다국적기업은 윤리적 딜레마(ethical dilemmas)에 직면할 수 있다.

한 가지 예를 들면, 한국의 대표적 기업인 POSCO 인터내셔널은 인도네시아에 팜유농장을 운영·생산하고 있는데, 이 과정에서 산림을 파괴하고 강과 호수는 제초제와 살충제로 오염되어 국제사회의 비난에 직면하게 되었다(MBC News, 2022.3.3). 만약 POSCO 인터내셔널이 선진국에서 팜유농장을 운영했다면 까다로운 법률적 규제로 인해 함부로 산림을 파괴하거나 강과 호수를 오염시키는 행위를 하기 어려웠을 것이다. 인도네시아 정부의 법률적 허점과 경제성장에 대한 열망, 이러한 환경을 악용하여 수익을 극대화하려는 POSCO 인터내셔널의 행동은 윤리적 딜레마의 대표적 사례로 간주할 수 있다.

다국적기업은 법률적 윤리적 기준을 준수하고 행동해야 할 뿐만 아니라 사회적 책임도 져야 한다. 기업의 사회적 책임이란 법률적·윤리적 기준에서 기업의 수익활동을 추구하면서, 동시에 기업의 주요 이해관계자인 투자자, 고객, 현지국 기업, 지역사회를 포함하여 사회 전체의 이익도 동시에 고려해야 한다는 것이다. 예를 들면, 현지국 지역

사회의 빈곤계층을 위한 기부, 봉사활동, 학교 및 병원시설 건립 등의 활동을 수행하는 것이다. 이렇게 되면 다국적기업은 사회적 책임활동을 강조하는 '착한 기업'이라는 이미지와 함께 사회적 정당성을 확보하게 된다. 이러한 정당성은 기업이 지속 가능한 성장이 가능하도록 도와주며, 지역사회와 이해관계자의 지지를 가능하게 한다(Kostova & Zaheer, 1999).

ESG 경영은 다국적기업이 단순히 수익창출을 극대화하는 것을 넘어서 환경의 보존, 사회적 책임, 건전한 지배구조를 강조하는 개념이다. ESG 경영을 통해 다국적기업은 지속 가능한 성장을 보장할 수 있다. 예를 들면, EU의 공급망 실사법은 글로벌 공급망에서 인권보호 개선을 위한 목적으로 제정되었다. 만약 공급망에서 다국적기업이 인권과 환경에 관련한 부분에서 의무사항을 충족시키지 못할 경우 기업은 경영활동이 어려워지고, 특히 유럽지역의 수출활동은 불가능하게 된다(김길환 외, 2021). 가령, 스타벅스가 커피원두를 조달하는 과정에서 아동 노동과 관련되어 있다면 유럽에서 스타벅스 커피의 판매활동은 어려워질 수 있다.

❖ 그림 5-14 스타벅스 ESG 경영

마무리사례 **韓기업, 맹그로브 70만그루 심자…베트남 주민들 "숲도 삶도 복원"**

2023년 6월 12일(현지 시간) 베트남 최대 경제도시 호찌민에서 남서쪽으로 160km 떨어진 짜빈성의 미롱남 지역. 호찌민 공항에서 차를 타고 3시간 이동한 뒤 다시 꼬불꼬불한 비포장도로를 따라 30분가량 들어가면 맹그로브 숲이 울창하게 펼쳐진다. 거대한 메콩강 삼각주의 하부로 바다와 맞닿은 지역이다.

물에서 바라볼 때 올해 갓 심어서 1m를 겨우 넘기는 나무부터 5년이 지나 7~8m에 달하는 나무까지 층층이 쌓여 있었다. 맹그로브 나무는 염분을 걸러내는 담수화 능력이 뛰어나 바닷물에서도 잘 자란다. 해안을 따라 바다에 나무를 심을 수 있는 이유다. 맹그로브 숲은 지구 환경에서 매우 중요하다. 탄소 흡수력은 열대 우림보다 5배 뛰어난 것으로 알려졌다. 악어, 도마뱀 등 야생 희귀 동식물이 서식하는 생태계의 보고이기도 하다. '아시아의 허파'라고 불리는 이 숲에서 한국 기업인 SK이노베이션이 2018년부터 복원 작업을 벌이고 있다.

메콩강 삼각주 곳곳은 과거 무분별한 개발 탓에 나무가 듬성듬성해지기 시작했다. 바닷물이 들어오지 못하도록 방수림 역할을 했던 맹그로브 숲이 쪼그라들면서 지반은 침식되고 바닷물이 역류해 "100년 뒤에는 삼각주 일대가 사라질 것"이라는 우려까지 나왔다.

맹그로브 숲은 베트남 관광산업의 발달로 리조트 등 각종 시설이 난립하며 훼손됐다. 새우 양식장도 숲 파괴의 주범이다. 현지 주민들이 나무를 베어내 그 자리에 새우를 앞다퉈 키운 탓이다. 베트남은 세계에서 세 번째로 큰 새우 수출국이 됐지만 환경은 악순환에 빠졌다. 주변 농장지까지 염분 농도가 높아져 더 이상 농사를 지을 수 없게 되고 오래된 새우 양식장도 각종 독성물질로 인한 오염으로 폐기되는 등 생태계와 생활 기반이 함께 망가진 것이다.

SK이노베이션은 2018년 5월 숲 복원에 처음 나서기 시작했다. 2019년에는 사회적협동조합 드림셰어링과 현지법인 맹그러브를 세우고 본격적인 식수(植樹) 사업을 펼쳤다. 맹그러브는 짜빈성 최초의 사회적기업이다.

숲 복원의 첫 삽을 뜰 때부터 사업에 관여한 짜빈성 산림보호국 직원 쩐민팟 씨(58)는 "5년간 SK가 숲 복원에 큰 기여를 한 덕분에 짜빈성 일대 자연 생태계가 안정화되고 있다"며 "농작물을 비롯해 수생생물이 자라는 환경이 점점 개선돼 지역 주민들의 생계에도 큰 보탬이 됐다"고 말했다.

SK이노베이션은 베트남에서 미얀마까지 숲 복원 사업을 확대해 지난해 기준 누적 188ha 규모로 늘렸다. 묘목 기준 70만 그루다. 6년 차에 접어든 올해까지 더하면 200ha를 넘길 예정이다. 2030년까지 맹그로브 숲 500ha를 복원하는 게 목표다. SK이노베이션은 매년 기금을 출연해 묘목 구매, 현지 식수 전문인력 고용 등에 활용하고 계열사 구성원들도 직접 동참해 베트남에서 식수 자원봉사를 해 오고 있다.

SK이노베이션 맹그로브 숲 복원 일지

2018년 5월	베트남 정부 등과 MOU 짜빈성 지역 묘목 활동 시작
11월	숲 복원 사업 본격화 발표
2019년 3월	드림셰어링과 짜빈성 최초 사회적기업 '맹그러브' 설립
4월	정부, 교육기관, 비영리기관 등과 '베트남 사회적 가치 얼라이언스' 출범
2021년 8월	복원 규모 100ha 돌파
2022년	CES 관람객 기부금 더해 연간 최대 규모 52ha 식수
2023년	38ha 복원 예정
2030년(목표)	맹그로브 숲 누적 500ha 복원

SK이노베이션 맹그로브 숲 복원 규모

단위: ha
베트남, 미얀마 식수 활동 합산.
ha당 3000~4000그루.

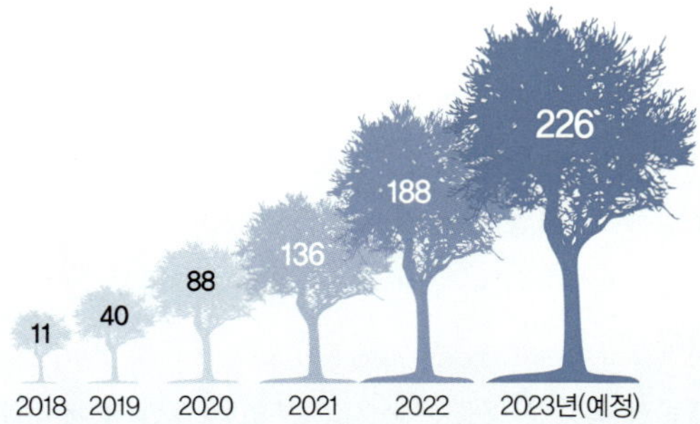

SK이노베이션의 나무 심기 사업은 베트남 정부가 자체적으로 추진하는 숲 복원 프로젝트와 맞물려 시너지를 내고 있다. 지반이 점차 회복되며 침식과 바닷물 역류로 위협받던 생태계가 복원되고 바닷가 주택들의 붕괴 위험도 줄어들고 있다. 농사를 짓거나 어류를 채취해 수익을 올리던 주민들의 삶도 안정을 되찾고 있다. 숲 복원이 주민 삶의 복원으로 이어지고 있는 것이다.

지역 주민들은 "동네 사람 대부분이 SK에서 나무를 심기 전만 해도 맹그로브 숲 복원의 필요성 자체를 인식하지 못했었다. 하지만 이제 모두가 문제의 심각성은 물론이고 조금씩 삶에 미치는 긍정적인 변화를 체감하고 있다"고 입을 모은다. 응우옌황통 짜빈성 롱뚜완면 인민위원회 위원장은 "맹그로브 숲 복원 사업은 지역사회 주민들이 숲의 중요성을 인식하고 환경에 해를 끼치지 않는 방식으로 생계를 이어 나가는 방법을 배우도록 도와주고 있다"고 말했다.

복원 사업 실적과 노하우가 쌓이며 선순환 효과도 나타나고 있다. 김항석 맹그러브 대표는 "지난해까지 맹그러브가 운영하는 복원 사업의 90%가 SK 후원이었으나 프랑스, 독일 등 해외 기업들의 문의가 늘며 최근 SK 70%, 그 외 30%로 비중이 달라졌다"고 했다.

SK이노베이션 구성원들은 식수 활동뿐만 아니라 주민, 학생을 대상으로 한 환경 인식 교육도 병행하고 있다. 짜빈성이 고향인 맹그러브 직원 팜하이티 씨는 "SK가 꾸준히 숲 복원을 하면서 환경에 관심을 갖는 현지 주민도 늘었다"고 말했다. 실제 새우 양식장을 운영하는 주민들이 양식장에 맹그로브 나무를 심어 생태계와 공존하려는 노력도 하나둘 늘어나고 있다. 맹그로브 나무는 병충해 예방과 산소 · 영양소 공급 역할도 해 무농약 · 무항생제 새우를 키우는 데도 도움이 된다고 한다.

김 대표는 "사업 초기에는 환경단체 등 많은 이해관계자들이 '보여 주기식' 아니겠느냐며 색안경을 쓰고 봤다"면서 "하지만 올해 6년 차에 접어드니 'SK가 진짜 하려나 보다'라고 진정성을 알아주는 분위기"라고 말했다.

▲ 지난해 9월 SK이노베이션 울산Complex 직원들은 베트남 짜빈성 지역에서 맹그로브 묘목을 심고 있다. 21명의 자원봉사자들은 묘목 2000여 그루를 심고 짜빈성 미롱남 초등학교를 방문해 학생들에게 학용품과 간식 등을 전달했다. 〈SK이노베이션 제공〉

출처: 동아일보 (2023.6.27).

학 · 습 · 정 · 리 · 문 · 제

1. 민주주의와 전체주의 정치 시스템을 서로 비교하고 설명하시오.

2. 정치적 위험과 글로벌 마케팅 간 관계에 대해 설명하시오.

3. 글로벌 법률 시스템을 이해하고 그 종류와 특징에 대해 설명하시오.

4. 글로벌 법률 환경 관련 글로벌 마케팅 위험요인에 대해 설명하시오.

GLOBAL
MARKETING

글로벌 마케팅 전략에서는 글로벌 시장조사와 이에 따른 마케팅 전략 수립 과정을 학습한다. 글로벌 시장조사로 얻은 자료에 기반하여 마케팅 포지셔닝, STP 그리고 진입방식(entry mode)을 결정하는 과정을 이해한다.

GLOBAL
MARKETING

PART 03

글로벌 마케팅 전략

CHAPTER 06

GLOBAL MARKETING

글로벌 마케팅 조사

학 습 목 표

글로벌 시장의 성공적 진출 및 이를 위한 글로벌 마케팅 활동을 성공적으로 진행하기 위해서는 글로벌 시장에 대한 마케팅 조사가 필수적이다. 따라서, 글로벌 마케터는 정보를 어디에서 수집할지, 어떤 정보를 수집할지, 그리고 수집한 정보를 어떻게 효율적으로 분석해야 할지를 알아야 한다. 이 장에서 다루는 글로벌 마케팅 조사는 크게 글로벌 시장의 정보를 수집하는 시스템과 수집한 정보를 분석하고 평가 및 해석을 하는 시스템으로 나눌 수 있다. 여기에서는 글로벌 마케팅을 위한 정보수집 모델뿐만 아니라, 글로벌 마케팅 조사의 전체적 과정에 대해서 다루기로 한다.

1. 글로벌 시장 정보수집 | 2. 글로벌 마케팅 조사의 자료 특성과 분석방법

3. 글로벌 마케팅 조사의 전략적 활용

06 CHAPTER 글로벌 마케팅 조사

도입사례 | 글로벌 시장조사의 중요성

▶ 기도 시간엔 꺼지고, 케밥 척척… 삼성 · LG "이젠 중동"

아랍에미리트 두바이 5성급 니키 비치 리조트. 2023년형 삼성전자의 네오 QLED 8K TV와 비스포크 냉장고, 공기청정기, 로봇청소기가 공개됐다. 2023년형 삼성 가전 신제품을 중동 고객들에게 소개하는 자리였다. LG전자도 지난 3월 두바이에서 신제품 발표 행사 'LG쇼케이스'를 열었다. LG전자는 면적 725㎡ 공간에 LG OLED TV 신제품뿐 아니라 프리미엄 제품인 무드업 냉장고, 테이블형 공기청정기 에어로퍼니처 등을 소개했다. 중동 아프리카 지역 76국에서 파트너사와 바이어 등 400명이 참석했다.

삼성과 LG가 성장 잠재력이 높은 중동과 아프리카 시장을 집중 공략하며 공을 들이고 있다. 무슬림의 기도 시간에 맞춰 조명의 조도가 낮아지는 기능을 탑재하거나, 케밥 같은 지역 특화 메뉴에 적합한 조리 기능을 갖춘 제품도 선보였다. 2023년 중동 인구는 4억8300만명, 아프리카 인구는 14억6047만명으로 두 지역 인구는 전 세계의 24%에 달한다. 세계 대부분의 국가가 0% 성장 혹은 감소하는 것과 달리 두 지역은 매년 2% 안팎으로 성장하고 있다. 소비 잠재력이 충분하다는 뜻이다.

▶ 시장조사를 기반으로 중동 맞춤형 제품 속속 출시

중동 · 아프리카는 정체기를 맞은 세계 가전시장에서 보기 드문 성장세가 이어지는 시장이다. 오일머니를 기반으로 한 프리미엄 제품 성장세도 두드러진다. 특히 중동 지역은 유독 전자제품에 대한 관심이 높다. 세계경제포럼의 글로벌 경쟁력 보고서에 따르면 UAE는 ICT(정보통신기술) 도입 정도 순위에서 한국(93.7점)에 이은 2위(92.3점)다. 한국 브랜드에 대한 인식도 좋다. 시장조사업체 옴디아에 따르면 지난해 중동 · 아프리카 TV 시장에서 삼성과 LG의 점유율은 각 36.8%, 21.1%로 1 · 2위를 차지했다.

삼성과 LG는 시장 특화형 제품을 속속 내놓고 있다. 삼성의 가전 관리 앱 스마트싱스의 '기도 모드'가 대표적이다. 하루 5번 기도를 하는 이슬람 문화를 고려해 개발된 맞춤형 서비스다. 정해진 기도 시간이 되면 사용자의 위치에 알람이 오고, 기도에 집중할 환경이 조성된다. 스마트 블라인드가 작동되고 조명의 조도가 낮아지며 TV 전원은 꺼진다. 이슬람 경전인 쿠란 디지털 버전도 앱 형태로 스마트폰에 탑재된다. 삼성 관계자는 "중동에서 스마트싱스 앱 사용자는 2000만명 이상"이라며 "향후 3개월마다 100만명씩 증가할 것으로 기대하고 있다"고 말했다.

LG전자는 오래전부터 이 시장에 진출해 터를 닦았다. 2004년 석유 부호를 겨냥해 71인치 금장 PDP TV를 출시했고 2019년엔 세계 최초로 아랍어 음성 인식 기능을 탑재한 OLED TV를 출시했다. 중산층의 소비가 늘어나자 이들을 위한 제품도 나왔다. 광파 오븐에 케밥, 통닭구이 등 지역 특화 메뉴에 적합한 조리 기능을 탑재한 중동형 제품을 내놨다.

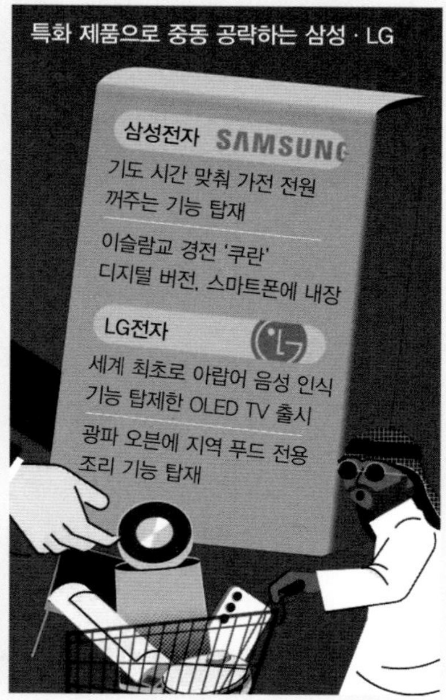

출처: 조선경제테크 (2023.5.31).

01 글로벌 시장 정보수집

글로벌 마케팅 조사의 역할은 경영자와 의사결정자에게 시장, 고객, 경쟁자 및 회사의 운영에 관한 계속적인 정보를 제공하는 것이다. 특히, 글로벌 마케팅 조사는 고객, 시장 환경, 유통경로, 매출과 경쟁에 관한 정보를 수집하고, 분석 및 분류하여 저장·보고하는 수단이다. 글로벌 경쟁이 심화됨에 따라, 글로벌하게 사업을 전개하는 글로벌 기업들은 정보를 수집해서 기업 내부에 공유하는 효과적인 마케팅 정보 시스템을 개발하는 데 많은 투자를 하고 있다. 글로벌 시장의 저조한 실적은 기업 내·외부의 환경에 대한 불충분한 정보수집에서 기인하는 경우가 많다. 오늘날 급변하는 글로벌 시장 환경은 경영자들에게 일일 단위로 새로운 정보를 요구하고 있으며, 글로벌 기업들은 이러한 요구를 충족하기 위해 글로벌 정보 시스템을 가동하고 있다. 그리고 이러한 정보 시스템을 통해 전 세계에서 수집되어 분석된 정보를 상층 경영자와 조직의 모든 관리자들에게 제공한다. 따라서, 글로벌 시장에서 좋은 성과를 거두기 위해서는 글로벌 기업은 글로벌 마케팅 정보를 계속 모니터링하고, 분석된 정보를 조직 내부에 배포하는 정교한 정보 시스템을 조직하고, 이를 효율적으로 운영해야 한다.

1) 글로벌 시장 정보수집의 대상

글로벌 마케팅 정보 시스템의 첫 단계는 정보수집의 주제 및 대상을 정하는 것이다. 〈표 6-1〉에서 보는 것처럼, 글로벌 시장에 대한 정보수집은 크게 여섯 가지 대상으로 나뉜다. 즉, 시장에 대한 정보, 경쟁기업에 대한 정보, 외환에 대한 정보, 현지국의 정부 정책이나 제도에 대한 정보, 현지국의 일반적 환경정보가 있으며, 마지막으로 현지국의 자원에 대한 정보가 있다.

첫째, 시장 정보수집 대상인 시장잠재력에는 현지시장의 잠재적인 수요, 소비자 태도 및 기호, 유통경로 및 기구, 광고매체 등이 해당된다.

둘째, 경쟁기업에 대한 정보로, 현지에 어떤 경쟁기업이 있으며 장단점은 무엇이고 어떤 전략을 수립하고 있는지 등을 조사하는 것이다.

셋째, 외환에 관한 정보로서, 환율 시스템, 해외시장의 국제수지, 이자율, 현지 통화의 경쟁력 등이다.

넷째, 현지국의 제도적 정보로 외국기업에 어떤 인센티브를 주며 어떤 규제조치가 있는지, 세금 및 배당, 이익 송금에 대한 규정은 어떻게 되어 있는지 등이 여기에 해당된다.

다섯째, 현지국의 자원 정보로서, 어떤 인력자원을 이용할 수 있는지, 생산성과 임금 수준은 어느 정도인지, 현지 금융의 이용 가능성, 원재료의 현지 공급 가능성 등이 여기에 해당된다.

여섯째, 현지국의 일반적인 거시환경 정보로 경제적 환경이나 문화적 환경, 정치적 환경, 기술적 환경, 경영관리 스타일 등이 이에 해당된다.

❖ **표 6-1** 글로벌 시장 정보수집의 대상

대상	범위
1. 시장잠재력	잠재적 수요, 소비자 태도 및 기호, 유통경로 및 기구, 광고매체
2. 경쟁기업 정보	법인, 사업, 전략, 자원, 역량
3. 외환 정보	환율 시스템, 국제수지, 이자율, 현지 통화의 경쟁력
4. 제도적 정보	법률, 규제, 세금 및 배당, 이익 송금에 관한 규정
5. 자원 정보	인적자원, 생산성 및 임금 수준, 금융자원, 정보자원, 원재료의 현지 공급 가능성
6. 거시환경 정보	경제적 환경, 문화적 환경, 정치적 환경, 기술적 환경, 경영관리 스타일

2) 글로벌 시장 정보수집의 원천

(1) 인적 정보

한 조사에 의하면 글로벌 기업 경영자는 자기가 필요로 하는 정보의 약 2/3를 인적 정보원, 즉 사람을 통해서 얻는다고 한다(Green and Keegan, 2020). 해외시장의 많은 정보들은 글로벌 기업의 자회사, 지사 등에 근무하는 경영자들에게서 얻을 수 있다. 이들 경영자는 대부분 현지 시장의 유통상, 고객, 공급업체, 그리고 정부 관리들과 직접 의사소통할 수 있는 채널을 마련해 놓고 있다. 사실, 글로벌 기업의 경쟁력은 해외 경영자들이 세계시장 환경에 대해 정보를 수집하여 배포해 주는 데서 비롯된다고 볼 수 있다. 반대로, 이러한 정보수집능력의 부재가 국내 중심 기업의 큰 단점 중 하나이다. 국내 기업은 내부 사람들에게 정보수집을 의존하기 때문에, 해외시장의 좋은 기회를 인식하지 못하는 경우가 많다.

또한 친구, 전문직 동료, 컨설턴트, 새 종업원들도 좋은 정보원이 된다. 특히 새 종업원이 경쟁기업에서 일한 사람이면 중요한 정보원이 된다. 물론, 기업은 종업원이 직장을 바꿀 때 생길 수 있는 정보 관련 윤리적·법적 문제를 잘 처리해야 한다. 회계사, 컨설팅 기업들, 전문직 조직, 무역 전시회, 비즈니스 포럼 등도 산업, 경쟁자 및 표적시장에 대한 좋은 정보를 얻을 수 있는 기회를 제공한다.

글로벌 시장의 중요한 현지인과 접촉을 통해 개인적 유대관계를 쌓는 것은 매우 중요하다. 한 조사에 의하면, 인적 정보원으로부터 얻는 정보의 2/3가 대면접촉을 통해 얻어진 것이라고 한다(Keegan, 2014). 대면접촉의 중요성은 일반적으로 글을 통해 얻을 수 없는 매우 민감한 정보를 얻을 수 있다는 점이다. 경영자들은 대면접촉을 통해 깊이 있는 대화를 할 수 있으며, 이를 통해 새로운 아이디어나 문제에 대한 해결책을 찾을 수 있다. 최근에는 정보통신기술의 발달로 인해 개인적 접촉 대신 스크린을 통해 상대방을 보면서 이야기하는 비디오 컨퍼런스가 많이 이용된다. 또한 스카이프(Skype) 등 인터넷을 이용하여 온라인으로 전 세계의 동료, 고객, 또는 포커스 집단과 의사소통하는 방법도 많이 활용되고 있다.

(2) 문헌 정보

문헌조사는 글로벌 시장 정보를 수집하기 위해 2차적 정보인 문헌이나 통계자료를 이용하는 것이다. 또 인터넷을 이용함으로써 현지국에 대한 많은 2차적 정보를 얻을 수 있다. 정부와 국영기관에는 글로벌 시장과 관련된 많은 자료가 있다. 정부의 경우 외교통상부, 재정경제부, 지식경제부, 현지 대사관, 무역진흥공사(KOTRA) 등에 각국의 경제와 시장과 관련된 자료가 많이 있다. 이러한 정부 자료는 대체로 시장에 대한 거시적 자료가 많기 때문에 진출 국가를 선정할 때 일반적인 경제성 평가 목적으로는 적합하지만, 기업의 진출 및 마케팅 전략을 수립하기 위해서는 더 자세한 업종 및 제품에 대한 미시적 자료가 보완되어야 한다. 그리고 국내의 경우에는 업종별로 협회가 구성되어 있으므로 무역협회 또는 진출 업종별 협회에서 수집·분류한 각국의 시장 환경에 관한 자료를 이용할 수 있다. 관심을 가지고 있는 특정 국가와 무역거래를 하고 있는 기업을 방문해서 현지시장에 대한 정보를 얻을 수도 있다.

또한 이차적 자료로 국제기구에서 나오는 자료들을 이용할 수 있다. UN은 통계연감(statistical yearbook)을 매년 발간하는데, 여기에는 각국의 여러 제품에 대한 수출입 통계치가 보고되고 있다. 또한 세계은행(World Bank)은 각국의 현황과 성장 추이 및 GNP 등에 대한 자료를 제공하고 있다. 그리고 OECD도 가입 국가들의 무역에 관련된 통계 동향을 보고하고 있으며, IMF도 특정 관심 국가의 금융에 대한 동향과 경제에 관한 보고서를 출판하고 있다.

마지막으로 유료자료를 이용할 수 있다. 시장조사 전문기관에서 제공하는 유료자료는 비싸기는 하지만 개별 기업의 요구에 적합하게 제공되기 때문에 효율성이 높다. 잘 알려진 글로벌 시장에 관한 유료자료 제공기관으로 비즈니스 인터내셔널(Business International), 로이터(Reuters), 프레디퀘스트(Predicast), 프라이스 워터하우스(Price Water-house) 등이 있다.

(3) 인터넷 정보

인터넷에서 얻을 수 있는 정보의 양과 깊이는 엄청나고, 점점 더 커지고 있다. 온라인으로 접근할 수 있는 정보원은 무수히 많으며, 그 결과 인터넷이 중요한 정보원이 되고 있다. 인터넷 정보는 세 가지 정보원, 즉 인적 정보, 문헌정보, 그리고 직접 인식 정보들을 결합한 형태이다. 그리고 인터넷은 계속 새로운 정보와 의사소통수단을 소개하고 있다. 예를 들어, 단문 메시지, 블로그, 팟캐스트, 텔레포니(telephony), 파일 공유 등 새로운 방법들이 계속 나타나 인터넷을 이용하여 정보를 찾고, 검색하고, 수집하는 것이 더욱 활발해지고 다양해지고 있다.

(4) 현지방문

현지방문은 실제 현지국을 방문하여 현지에서 시장정보를 수집하는 것이다. 현지국을 실제 방문해 정보를 수집하는 단계는 국내에서 수집한 2차 정보를 확인하는 목적과 현지시장에 대한 1차 정보를 수집하는 목적을 가지고 있다. 이 경우, 현지의 대리점이나 수입상과 접촉하여 현지국에 대한 여러 정보를 수집할 수 있을 것이다. 그리고 해외 박람회 또는 전시회에 참가하여 여기에 참여하는 각국 기업들을 통하여 정보를 얻을 수 있다.

(5) 현지 시장조사

마지막 글로벌 시장 정보수집방법은 현지국에서 시장조사를 실행하는 방법이다. 이 경우 기업이 시장조사를 직접 할 수도 있고 시장조사 전문기구를 이용할 수 있다. 대부분의 경우 기업이 글로벌 시장조사를 직접 수행하기에는 여러 가지 어려운 점이 있기 때문에, 현지의 전문적인 시장조사 기구를 이용하거나 또는 전 세계적으로 시장조사를 하고 있는 글로벌 마케팅 조사 전문기업을 이용한다.

일반적으로 현지에서 시장조사를 하는 방법은 크게 두 가지가 있다. 소비자들 또는 기업을 대상으로 직접 접촉하여 조사하는 설문조사(survey)방식을 이용할 수도 있고, 대상자들을 직접 접촉하지 않는 비설문조사방식을 이용할 수도 있다. 설문조사방식에는 면접조사나 전화 설문조사, 우편 설문조사 등이 있고, 비설문조사방식에는 관찰이나 흔적조사, 내용분석 등이 있다.

설문조사방식은 여러 가지 면에서 장점도 있지만 단점도 많다. 설문조사의 단점 중 하나는 객관적으로 있는 그대로의 사실 또는 생각을 밝히는 것보다 자신에게 유리한 방향으로 혹은 사회에 바람직한 방향으로 응답하는 오류(social desirability bias)가 많아 조사의 정확성이 떨어지는 문제이다. 예를 들어, 선거 전 여론조사 결과가 실제 선거결과와 다른 경우가 바로 이런 오류 때문이다. 이러한 설문조사방식의 단점 때문에 어떤 경우에는 비설문조사방식이 보다 유용하게 사용되기도 한다.

02 글로벌 마케팅 조사의 자료 특성과 분석방법

1) 1차 자료와 2차 자료 특성

글로벌 마케팅 조사에 사용할 수 있는 자료는 크게 1차 자료와 2차 자료로 나눌 수 있다. 어떠한 자료를 활용하는지가 조사 과정 설계와 진행 전체에 주요 기준이 되므로 글로벌 마케터는 조사 목적에 따라 수집 대상 자료를 적합하게 선정해야 한다.

❖ **표 6-2** 1차 자료과 2차 자료의 특성

1차 자료	특수한 시장조사 목적과 문제 해결이 필요할 때 사용하는 자료이다. 구체적 조사 목적에 따라 자료수집방식과 내용을 직접 설계할 수 있다.
2차 자료	범용적 활용을 목적으로 기존에 모아진 자료에 해당하며, 정부기관, 연구소, 대학 등에서 발간한 자료가 여기에 해당한다.

첫째, 2차 자료는 공개된 자료 또는 유료구매 자료로 얻을 수 있으며, 정보통신기술의 발달로 자료 접근방법의 수월성이 높아지고 있다. 그럼에도 1차 자료와 비교할 때 특정 목적만을 대상으로 한 것이 아니므로 결과 해석에 주의가 필요하다.

2차 자료는 비용과 조사방법에 있어 1차 자료보다 수월한 점이 있다. 이는 2차 자료 활용의 장점에 해당하며, 1차 자료와 비교한 주요 편익의 특성은 〈표 6-3〉과 같다.

❖ **표 6-3** 2차 자료의 편익(benefit)

편익	주요 내용
낮은 비용	조사 더상 표본 수가 적다.
소비자 구매동기와 감정 등에 대한 심층탐구 가능	글로벌 마케터가 해외시장 소비자의 특징적 소비행태를 심도 있게 탐구하는 데 도움을 준다. 또한 소비자 행동 분석에 필요한 현실적 자료를 제공한다.
정량적 조사에 앞선 선행조사로서 유용성	정량적 조사에 앞서 낮은 비용으로 주요 문제를 선행조사할 수 있다. 이로써 정량조사에 필요한 방향 설정이 가능하다.

둘째, 2차 자료 활용의 고려사항으로 다음 질문들을 이용하여 2차 자료의 신뢰성을 효과적으로 판단해야 한다.

- 해당 자료의 수집 주체(기관)은 누구이며, 공신력이 있는가?
- 해당 2차 자료의 수집방법은 적절한 것으로 볼 수 있는가?
- 해당 자료에 고의적 사실 왜곡 가능성이 있는가?
- 특정 2차 자료의 수집 목적에 따른 정보 제한이나 왜곡 가능성이 있는가?
- 해당 자료를 이미 알려진 다른 자료와 비교할 때 일관성이 있으며 논리적인가?

2차 자료는 거시경제 자료와 일반적 시장 특성을 담고 있는데, 경우에 따라 해당 국가나 관련 기관에서 불리한 내용을 왜곡하거나 삭제할 수 있다. 글로벌 마케터는 이러한 가능성을 고려해서 2차 자료 활용 여부와 수준을 정해야 한다.

셋째, 1차 자료 설계의 특징과 고려사항으로 1차 자료는 특정 조사 문제나 목적을 위해 이용할 수 있도록 수집한 자료를 말한다. 1차 자료의 수집은 정량적 조사에 해당하며, 다수 응답자를 대상으로 한다. 또한, 구조화된 질문들에 대한 응답형태(예/아니오 등)나 미리 준비된 보기에서 선택하도록 하는 방식으로 구두질문이나 설문지를 사용한다. 설문조사를 통하여 수집된 응답들은 퍼센트(%), 평균 또는 다른 통계수치로 요약할 수 있다.

넷째, 1차 자료는 수집방법에 따라 설문 문항이 달라져야 하며, 나타낼 수 있는 자료 표현에도 차이가 있다. 〈표 6-4〉의 내용은 이러한 차이를 보여준다.

❖ 표 6-4 수립방법에 따른 설문 문항 차이

측정 수준		척도 특성				예
		설명	순서	거리	원자료	
범주형 척도	명목척도	○	×	×	×	선호하는 브랜드는 무엇입니까?
	서열척도	○	○	×	×	선호하는 브랜드 순으로 체크해 주세요.
계량척도	간격척도	○	○	○	×	브랜드 만족도를 7점 만점 중 선택해 주세요.
	비율척도	○	○	○	○	이 브랜드를 얼마나 자주 사용하시나요?

주) ○: 해당 있음, ×: 해당 없음

2) 정성적 자료의 조사, 분석방법

(1) 정성적 자료(2차 자료)조사, 분석방법

첫째, 정성적 자료 중 하나인 2차 자료는 다국적기업 입장에서 확보 원천에 따라 내부자료(internal source)와 외부자료(external source)로 나눌 수 있다. 내부자료는 기업 재무회계 자료/내부 연구보고서/기업 주가 동향 자료 등이 있다.

해당 자료는 모두 기업의 과거 활동 결과를 보여준다는 공통점이 있다. 따라서 이러한 자료는 해외시장 진출 시 투입 가능한 자원의 규모를 정하거나 진출방법, 시기 등을 결정하는 데 활용할 수 있다.

외부자료로는 정부기관, 공공연구소, 기업연구소, 대학연구소 등에서 발간한 자료가 있다. 외부기관 2차 자료 활용 시 주의할 점은 복수 발행기관의 특성에 따른 자료 일관성 여부이다. 발행기관의 상황에 따라 관련 정보를 축소, 왜곡할 가능성이 있으므로 이를 비교분석하여 식별하려는 노력이 필요하다.

둘째, 정성적 자료로서 2차 자료는 이처럼 기존 자료의 간접 활용이라는 점에서 분석 과정이 복잡할 수 있다. 즉, 기존 자료를 분석하여 현재 다국적기업의 처한 상황에 맞추어 해석할 수 있으려면 다양한 접근이 필요하다. 또한, 2차 자료는 기존 공개 데이터를 활용한다는 점에서 직접조사가 아니므로 자료 획득 과정에 소요하는 비용이 낮다는 특징이 있다.

이처럼 정성적 자료로서 2차 자료의 특징은 다음과 같다.

- 비용이 낮다.
- 다국적기업의 특정 상황과 직접적 관련성이 낮다.
- 다소 오래된 자료일 수 있다.

정량적 1차 자료와 비교한 정성적 2차 자료 활용의 분석 특징은 다음 내용으로 비교 정리할 수 있다.

(2) 심층 집단면담(Focus Group Interview: FGI)

FGI는 정성적 조사방법의 하나로 분류한다. FGI는 마케팅 목적과 관련하여 특정 관계인 또는 비관계인을 대상으로 진행하는 조사방법이다. FGI는 개인을 대상으로 직접 조사한다는 점에서 1차 자료수집의 성격을 가지고 있지만, 다수 자료가 아닌 소수 인원을 대상으로 심층조사를 진행하는 점에서 직접적으로 대량의 자료를 수집하는 1차 자료와 차이가 있다.

① FGI 목적

FIG는 소수 인원을 대상으로 장시간 면담을 통해 신제품 개발이나 신규시장 진출과 관련한 마케팅 환경 특징을 분석하는 데 목적이 있다. FGI는 통상 이를 진행하는 전문가와 마케터의 통찰력이 필요하다.

FGI는 또한 폐쇄된 공간에서 진행하는 일종의 실험접근법으로 공간 설계와 참여가 적극성 유도가 중요하다.

② FGI 수행

- 참여자들은 특정한 목적에 초점을 두고 면담을 진행한다.
- 참여자들 면담은 숙련된 전문가가 진행한다.
- 참여자들은 자유롭게 자신의 생각을 말하고 타인의 의견에 입장을 밝힐 수 있도록 격려를 받는다.

FGI의 핵심적 가치는 특정 제품, 시장 동향과 관련하여 현지인에 대한 직접적 반응을 심층적으로 탐구하는 데 있다. 따라서 위의 요건을 충족한 상태에서 진행한 면담 결과를 분석해야 하며, 그렇지 못할 경우 신뢰하기 어려운 자료일 수 있다. FGI 진행은 〈표 6-5〉의 단계에 따라 진행한다.

❖ **표 6-5** FGI 진행절차 및 주요 내용

FGI 단계	수행 내용
FGI 조사설계	• FGI로 얻고자 하는 조사 목적을 수립한다. 대체로 해외시장 진출과 관련한 소비자 특성이나 신제품 출시에 따른 시장반응 등을 목적으로 한다.
FGI 진행 방향 설정 및 공간 설계	• FGI 진행과 관련한 주요 질문 문항을 정리한다. 이 과정에서 전문 FGI 진행 요원과 글로벌 마케터 간의 협의가 필요하다.
FGI 참석자 모집	• FGI 진행 전담부서와 외부 전문가의 협의하에 적합한 참석자를 모집한다. 참석자 선별은 FGI 결과에 영향을 미치므로 자격조건에 부합하는 참석자를 선별할 필요가 있다. • 모집 대상에 응한 사람을 대상으로 기초 설문조사를 진행하여 참석자를 선별하는 과정을 거친다.

FGI 수행	• FGI 설계 과정에서 준비한 조사문항을 중심으로 질의응답을 진행하며, 참석자 간 토론을 유도한다.
FGI 면담결과 해석	• 질의응답 과정과 참석자 간 토의내용을 기록하여 그 결과를 해석한다. 해석 과정에는 FGI 전문가 그리고 다국적기업 마케터가 참석하여 다양한 방향의 해석 가능성을 점검한다.
FGI 분석결과에 기반한 전략 보고서 채택	• 최종 해석결과를 기반으로 조사 목적에 부합하는 전략 보고서를 작성한다. 전략 보고서는 FGI 조사를 설계할 시점에 설정한 조사 목적에 부합하는 내용을 중심으로 하며, 조사 과정에서 나타난 특이점을 별도로 기술하여, 활용 방안의 다양성을 확보한다.

FGI 진행 전체는 관련 전문가 및 다국적기업의 글로벌 마케터가 공동으로 진행한다. 결과 해석과 최종 전략 보고서 채택까지 모든 과정을 공동으로 진행하여 조사 과정에서 발생할 수 있는 편의(bias)를 제거한다.

3) 정량적 자료의 수집과 분석

정량적 자료수집은 대부분 1차 자료수집과 분석에 초점을 둔다. 1차 자료는 다국적기업의 마케팅 목적에 직접적으로 부합하도록 마케터가 조사방법을 설계하고 수행하는 특징이 있다.

(1) 정량적 조사의 특징

첫째, 정량적 조사는 설문지 기법을 이용하는 경우가 많으며, 이러한 경우를 1차 자료수집이라고 한다. 1차 자료수집은 조사 목적에 부합하는 특정 자료를 수집하고 분석하는 점에서 장점이 있다.

1차 자료수집방법으로 가장 많이 사용하는 설문지 조사방법은 공통적으로 설문 문항의 과학적 설계에서 출발한다. 조사문항의 설계는 조사 목적에 부합해야 하며, 차후 분석을 염두에 둔 결과여야 한다.

둘째, 1차 자료수집은 비용 측면에서 다른 조사와 비교하여 많은 자원을 투입해야 한다. 설문조사 표본은 대체로 다수를 대상으로 하며, 또한 불특정인을 조사한다는 점에서 광범위한 모집단을 설정한다. 이에 조사비용이 높다는 특징이 있다.

셋째, 정량적 조사는 비용과 진행 과정의 복잡성 문제로 조사 수행 이후 발생하는 편익과의 사전 비교가 필요하다. [그림 6-1]은 비용과 편익 측면에서 정량조사 수행의 관계를 보여준다.

조사 수행에 들어가는 비용만큼 편익을 얻을 수 없다면 시장조사를 진행하지 않는 것이 타당하다. 대체로 기대수익과 시장규모 측면에서 비교하는데, 시장규모가 크고 기대수익이 높으면 편익이 비용보다 높다고 판단한다. 반면 기대수익과 시장규모가 모두 낮다면 비용이 편익보다 큰 구조라고 본다.

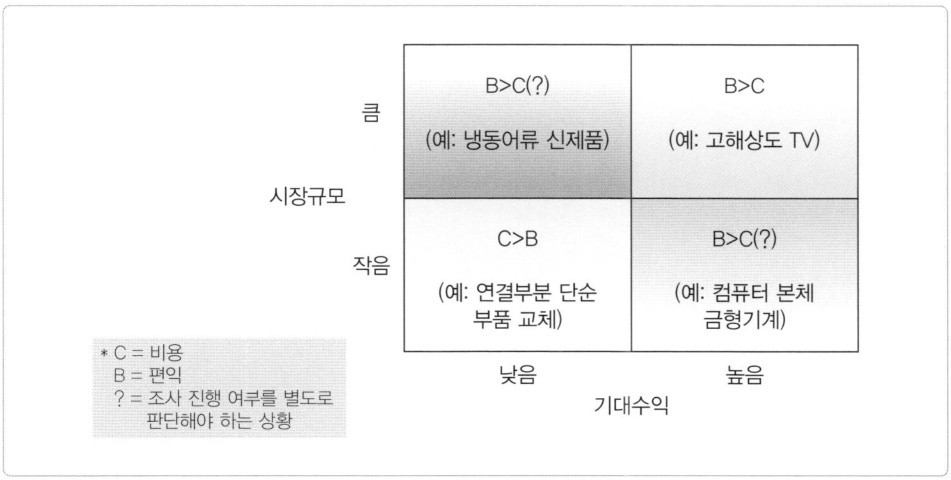

❖ 그림 6-1 정량적 조사에 따른 비용과 편익 관계

(2) 정량적 조사의 자료수집

1차 자료수집은 많은 경우 설문지 조사를 통해 이루어진다. 글로벌 마케터 입장에서 해외시장 특성을 파악하고 출시 제품/서비스와 관련한 특정 목적을 가진 조사를 진행하는 데 설문지 조사방법의 편익이 있다.

① 설문조사 수행에서 주의할 점

설문조사 수행에서 주의할 점은 조사 목적과 부합하는 집단을 선정하여 표본을 추출하는 과정에 있다. 표본을 추출하려면 우선 표본 추출 틀(frame)을 설정해야 한다. 이는 주로 연구 목적에 부합하는 집단의 특성을 반영하여 설계한다. 예컨대, 연령, 학력, 소득 수준 그리고 출시하려는 제품/서비스와 관련이 있는 집단의 특징을 반영하여 표본 수집 대상을 정한다.

이후 전체 모집단의 특성을 반영할 수 있는 표본을 선정하며, 이 안에 개별 표본이 있다. [그림 6-2]는 이러한 과정을 보여준다.

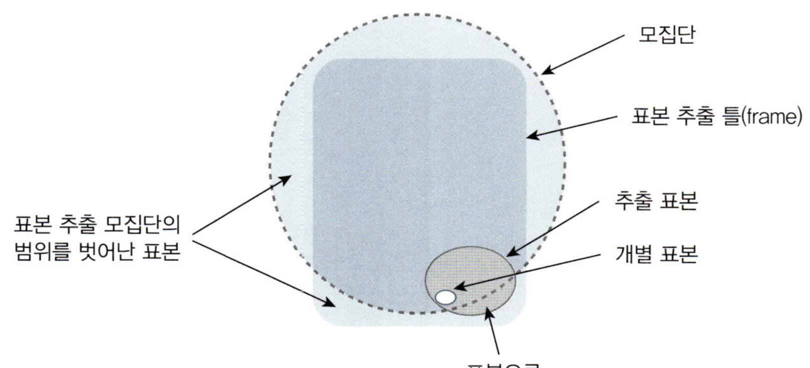

❖ 그림 6-2 표본 체계

[그림 6-2]에서처럼 표본오류란 모집단 범위를 벗어난 곳에서 수집한 표본을 말한다. 예컨대, 신규 서비스와 관련하여 주 사용자인 여성층을 대상으로 조사를 진행하려는데 표본 중 남성이 들어가 있는 경우가 이에 해당한다. 또한, 특정 소득 수준 이상/이하의 집단을 표본 추출 틀로 하여 모집단을 추정하려는데 실제로 수집한 표본이 특정 소득 수준 범위를 벗어난 경우도 이에 해당한다.

② 설문조사 문항의 설계

설문조사 문항은 크게 3가지 범주로 나눌 수 있다.

● 개방형 질문(open ended)

개방형 질문은 비조사형(unprobed) 질문과 조사형(probed) 질문으로 나눈다. 비조사형은 '선호하는 브랜드는 무엇입니까?'처럼 단순조사형 질문에 사용한다. 반면 조사형 질문은 '선호하는 브랜드는 무엇입니까? 왜 해당 브랜드를 선호하십니까? 선호하는 다른 브랜드는 무엇이 있나요?'처럼 단순질문이 아닌 원인과 기타 내용을 포함한 질문이다.

조사형 질문은 응답자 답을 계량화하기 어려운 측면이 있지만 더욱 심층적인 결과를 알고자 할 때 사용한다. 이는 마치 FGI에서 사용하는 질문은 설문지에 반영한 것으로 이해하면 된다.

● 범주 선택형 질문(categorical)

범주형 질문은 폐쇄형(close ended) 질문의 한 유형이다. 폐쇄형 질문은 개방형 질문과 다르게 주어진 선택지 안에서 응답자가 답을 작성하도록 한다. 점주형 질문은 폐쇄형 질문 중에서도 단순한 형태를 나타낸다. 예컨대, '귀하는 신제품을 사용할 의향이 있으십니까?'처럼 '예/아니오'로 응답할 수 있는 형태를 나타낸다.

범주형 질문 사용의 장점은 통계분석을 위한 수치 자료로 전환이 쉽다는 점이다. 또한, 인구통계적 조사(성별, 소득 수준, 교육 수준, 거주 지역 등)를 수행하는 데 편리한 점이 있다. 그러나 범주형 질문은 글로벌 마케터가 알아야 하는 구체적 내용을 분석하는 데 한계를 갖는다. 어떠한 특징으로 해당 제품/서비스를 사용하는지에 대해서 표현할 방법이 없기 때문이다.

● 척도형 질문(scale response)

척도형 질문 역시 폐쇄형 질문의 한 형태이다. 범주 선택형과 차이는 5점, 7점 척도를 사용하여 응답자 성향을 알 수 있다는 데 있다. 예컨대, '본 제품에 대한 선호 정도를 표시해 주세요'라는 질문과 함께 제공하는 1부터 5까지(또는 7)의 척도 중 하나를 선택하면 응답자 간의 대소를 비교할 수 있다.

척도형 질문은 설문조사 유형에서 가장 많이 사용하는 방법으로 초급분석은 물론 고급분석결과를 얻기 위한 방법이다.

척도형 질문은 다시 자연적 측량법(natural metric)과 조작적 측량법(synthetic metric)으로 나눌 수 있다. 전자는 자연수를 크기별로 일정 구분하여 제시하고 이를 선택하게 하는 방법이다(예, '연간 본 브랜드를 사용한 횟수를 아래 중에서 선택해 주세요.: 1회, 3회, 5회, 7회, 9회). 후자는 위에서 설명한 것처럼 5점, 7점 척도 중에 선택하게 하는 것이다.

이상의 내용을 요약하면 [그림 6-3]과 같다.

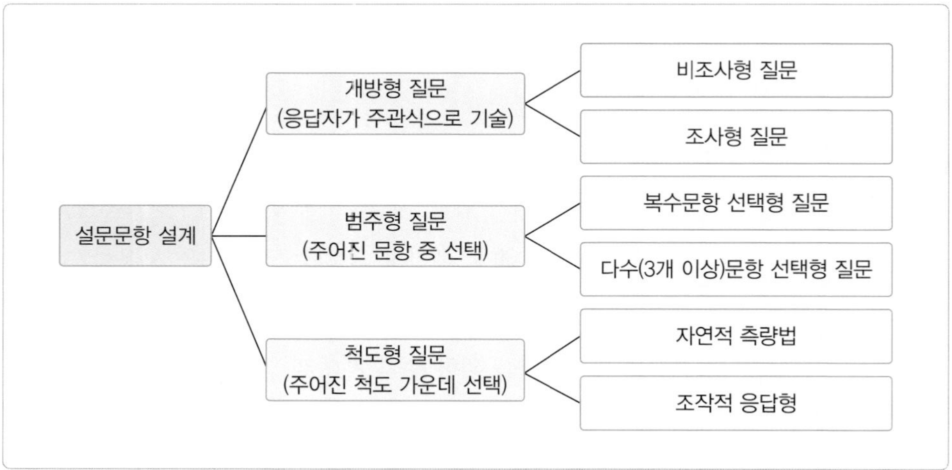

❖ 그림 6-3 설문조사의 질문 유형

(3) 정량적 조사의 분석방법

정량조사의 분석은 통계적 방법을 사용한다. 모집한 자료의 형태에 따라 분석할 수 있는 방법에 차이가 있다. 1차 조사방법은 대부분 글로벌 마케터의 특정 목적을 확인하려는 과정이다.

특정 목적으로는 위에서 언급한 것처럼 신제품이나 서비스 출시 그리고 신규 시장의 소비자 반응과 잠재적 성장 가능성을 추정하려는 데 있다. 1차 자료는 또한 조사 과정의 설명에서처럼 다양한 형태의 질문으로 자료를 수집할 수 있다.

① 설문조사 문항 특성에 따라 분석방법은 달라진다. 분석결과는 또한 활용 범위의 정도와 분석방법의 복잡성에 따라 여러 층위로 나눌 수 있다. 1차 자료분석은 이처럼 조사문항 특성에 따라 적용할 수 있는 방법이 다르다. [그림 6-4]는 분석방법의 복잡성 정도와 분석결과의 활용 정도에 따른 분석방법의 종류를 보여준다.

② 기술통계분석은 개방형 질문을 계량화하거나 범주형 질문을 분석하는 데 사용한다. 특정 제품/서비스에 대한 선택 정도의 빈도를 분석할 수 있으며, 척도형 질문을 사용한 경우 평균, 분포 그리고 주요 응답 집단의 범위 등을 분석할 수 있다. 이 결과는 분석방법이 단순한 반면, 결과 활용 정도가 낮은 특징이 있다.

③ 추론분석은 시장조사 과정에서 2차 자료나 FGI 등에서 추론한 결과를 실증적으로 분석하는 특징이 있다. 예컨대, 신제품/서비스 출시에 영향을 주는 여러 요인을 미리 추정하고 해당 추정이 실제로 타당한지 여부를 판단하는 데 사용한다.

④ 차이분석은 글로벌 마케팅 전략에서 복수의 표적집단을 설정한 경우 활용 가능하다. 출시 제품/서비스가 어느 고객집단에 더 높은 선호를 가지고 있는지를 통계적으로 비교분석할 수 있다. 동 분석은 중급 수준의 복잡성과 활용성을 가지고 있다.

⑤ 상관분석은 비교적 복잡한 분석인 반면 활용 가능성은 높다. 상관분석은 제품/서비스 출시와 관련하여 제품 경쟁력 요소와 소비자 반응 간의 관계 등을 분석

하는 데 유용하다. 글로벌 마케터의 경우 신규 해외시장에 진출할 때 제품/서비스에 있어 주안점을 둘 부분을 미리 예측할 수 있다는 점에서 의미가 있다.

⑥ 예측분석은 단순회귀분석과 다중회귀분석으로 이루어진다. 회귀분석은 결과에 영향을 줄 수 있는 예측 요인을 미리 추정하여 통계적으로 분석하는 기법이다. 다른 분석방법과 비교하여 활용도가 높고 분석방법이 복잡한 특징을 갖는다. 예측분석을 수행하려면 통상적으로 척도형 질문 이상의 문항을 사용해야 한다. 예측분석은 1차 자료분석방법 중 가장 강력한 미래예측방법으로 중요성이 높으므로 사전에 엄밀한 조사설계를 필요로 한다.

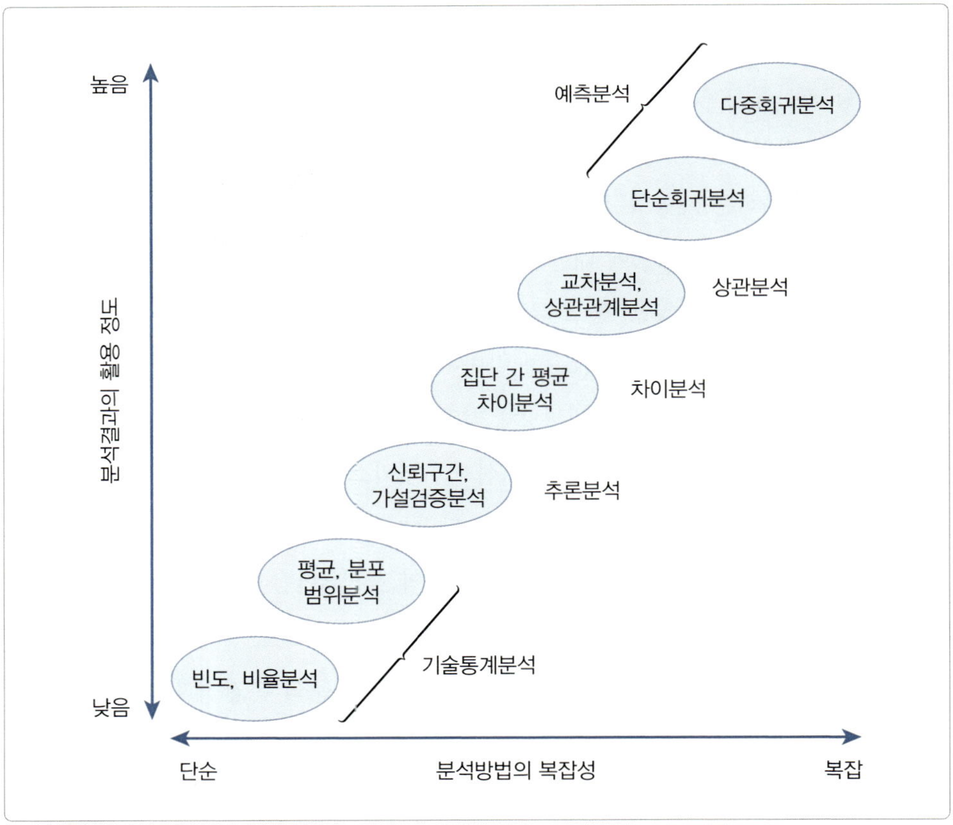

❖ **그림 6-4** 분석방법의 종류

(4) 정량적 조사의 고려사항

정량적 조사는 설문지를 활용하고 복잡한 수리적 분석 과정으로 거치므로 조사설계에서 분석까지 일관성을 고려해야 한다. 또한, 1차 자료를 활용한 분석결과는 글로벌 마케팅 조사의 마지막 단계인 전략보고서 채택에 활용할 수 있다. 1차 자료 정량 조사는 이러한 특징으로 조사 과정에 발생할 수 있는 여러 오류를 고려해야 한다.

첫째, 정량적 조사는 설계 과정에서 사용한 조사문항에 따라 분석방법과 결과가 달라지므로 조사설계에 주의를 기울여야 한다. 1차 자료조사에서 나타날 수 있는 오류는 크게 조사자 오류와 응답자 오류로 분류할 수 있다.

조사자 오류는 다시 의도한 오류와 의도하지 못한 오류로 분류할 수 있다. 전자는 조사 주체의 편의(bias)를 제거하지 못해 나타나는 오류를 말하며, 후자는 응답자에 대한 조사 과정에서 조사원의 숙련 부족으로 나타난다.

응답자 오류 역시 의도한 오류와 의도하지 않은 오류가 나타난다. 전자는 응답자가 일부러 불성실한 답을 한 경우에 해당하며, 후자는 응답자의 조사문항에 대한 이해 부족과 자의적 추정응답에 기인한다.

이상의 오류를 도식화하면 [그림 6-5]와 같다.

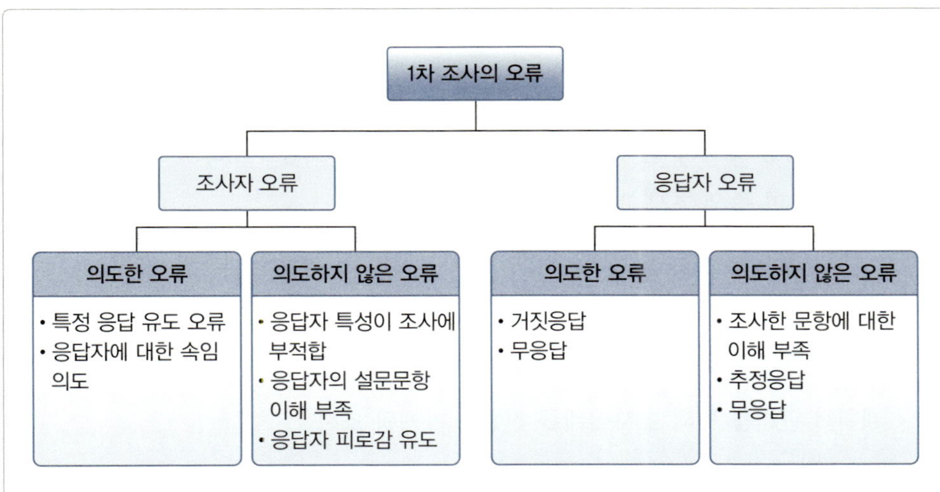

❖ **그림 6-5** 조사 오류 유형

둘째, 해외국가에서 시행되는 1차 자료조사에서 발생하는 일반적 문제는 언어장벽이라고 할 수 있다. 더불어 조사 대상 국가의 문맹률 역시 설문조사에 영향을 미친다. 글로벌 마케터는 조사문항의 효율적 전달에 필요한 조취를 취해야 하며, 대체로 다음의 3가지 방법을 사용한다.

① 역번역: 조사 대상 국가의 언어로 번역한 문장을 다시 자국 언어로 번역하여 상호 차이를 확인한다.
② 병렬번역: 조사문항 설계 시 자국 언어와 현지국 언어를 동시에 명기하여 해석상의 오류를 최소화한다.
③ 탈중심화: 자국 언어에서 사용하는 특정 개념을 현지국에 맞추어 적절한 용어로 변환한다. 이는 마케팅 일반에서 나타나는 자기준거기준(self-reference criterion) 문제를 탈피하려는 목적에 따른 결과다.

03 글로벌 마케팅 조사의 전략적 활용

글로벌 마케팅 조사의 전략적 활용에는 적절한 조사 과정이 필요하다. 대체로 다음 요건을 만족하면 좋은 조사 과정을 거쳤다고 판단한다.

- 조사 목적을 명확하게 정리한 조사
- 조사 과정을 상세하게 설정한 마케팅 조사
- 계획적 관리를 통해 조사설계를 진행한 마케팅 조사

- 조사 한계를 솔직하게 밝힌 마케팅 조사
- 조사 윤리를 준수한 마케팅 조사

이러한 사항을 충족하고 진행한 글로벌 마케팅 조사를 활용하는데 마케터의 전략적 접근이 필요한 이유는 다음과 같다.

첫째, 마케터는 조사결과를 활용하여 전략적 의사결정을 하는 위치에 있으므로 조사 과정 전체의 설계와 수행 그리고 분석 과정에 적극적으로 참여할 필요가 있다.

둘째, 마케터의 책임은 시장조사분석결과를 해석하고 이를 활용한 전략적 의사결정 과정의 실패 위험을 줄이는 데 있다.

셋째, 대체로 조사 과정의 위험은 상대적 정보의 부재에서 오는 경우가 많다. 따라서 글로벌 마케터는 이러한 오류를 줄이는 측면에서 정성적 자료와 정량적 자료를 비교분석해야 한다. 이로써 해외시장 진출 시 필요한 마케팅 관점의 전략적 의사결정 오류를 줄일 수 있다.

넷째, 글로벌 마케터는 항상 최종 전략적 의사결정의 수준을 개선할 수 있는 추가 자료 확보에 노력해야 한다. 글로벌 마케터의 역할을 정성/정량조사의 불일치 또는 두 자료를 모두 확보한 경우라고 발생할 수 있는 오류를 점검하는 것이다. 전문 조사원은 기업 문화와 마케팅 전략에 대한 이해가 부족하므로 조사 과정의 엄밀성 관점에서만 접근하는 한계가 있다. 글로벌 마케터는 이러한 한계를 보완하려는 목적으로 마케팅 전략 측면의 정보수집활동을 전개해야 한다.

다섯째, 모든 정보는 글로벌 마케터를 통해 수집되어야 한다. 산발적 정보수집과 해석은 전략적 글로벌 마케팅 의사결정 과정에 혼란을 초래한다. 글로벌 마케터는 모든 정보의 원천을 관리하고 해석 과정의 논의를 마케팅 전략 측면에서 진행할 수 있도록 해야 한다.

여섯째, 마케팅 관리자는 실질적으로 글로벌 시장조사 후에 따르는 전략적 의사결정에 중요한 영향을 미친다는 점을 유의해야 한다.

마무리사례 **탈중국 전략. 글로벌 고객 리서치 결과 반영**

▶ 확 바뀐 설화수·이니스프리, 글로벌 고객 눈높이 맞춘다

아모레퍼시픽의 럭셔리 화장품 설화수가 파격 변신을 시도했다. 지난해부터 진행해 온 리브랜딩의 연장선으로, 기존의 한방 화장품 이미지에서 벗어나 새로운 브랜드 이미지(BI)를 갈아입었다. 세계화(Global)와 디지털(Digitalng) 고객을 염두에 둔 변화다.

화장품 업계에 따르면 설화수는 이날부터 대표 제품인 윤조 에센스 6세대 버전을 출시한다. 1997년 설화수 출범과 함께 출시된 윤조 에센스는 5회에 걸쳐 개편을 거듭, 설화수를 대표하는 제품으로 자리 잡았다. 회사 측에 따르면 현재까지 윤조 에센스를 10병 이상 사용한 고객은 51만 명으로, 지금도 10초에 한 병씩 팔리고 있다. 6세대 제품은 5세대와 비교해 용기 외관이 크게 바뀌었다. 한자 서예 로고 대신 짙은 오렌지색 영문 로고를 키웠고, 달항아리 백자에서 따온 둥글고 경계 없는 디자인으로 한국적인 미감을 담았다. 기존보다 유리 중량을 줄이고 재활용 플라스틱 뚜껑을 사용한 것도 특징이다.

아모레퍼시픽의 자연주의 화장품 브랜드 이니스프리도 최근 BI를 변경했다. 2018년 이후 5년여 만으로, 기존보다 단조롭고 굵은 글자체와 채도가 높은 액티브 그린을 적용했다. 소문자만을 쓴 기존 로고와 달리 대문자와 소문자를 섞어 'InnIsFree'라고 표기한 것이 눈길을 끈다. 사측은 "대문자와 소문자의 조화로 생동감과 자신감 있는 이미지와 아름다움을 존중하는 가치를 담았다"고 소개했다. 광고도 달라졌다. 한방 화장품이라는 '성분'을 강조한 것에서 아시아, 백인, 흑인 등 다양한 인종의 젊은 모델을 등장시켰다. 회사 관계자는 "작년 9월 걸그룹 블랙핑크의 로제를 기용하는 것을 시작으로 리브랜딩 작업을 진행해 왔다"며 "이번 변화도 그 일환으로, 글로벌 고객 대상 연구를 통해 도출한 결과물"이라고 설명했다.

출처: 조선비즈 (2023.3.1).

학 · 습 · 정 · 리 · 문 · 제

1 글로벌 정보수집의 대상에 대해서 설명하시오.

2. 글로벌 마케팅 조사에서 정성적 조사와 정량적 조사의 차이를 비교 설명하시오.

3. FGI의 특징과 장단점을 설명하시오.

4. 1차 자료조사에서 조사문항 설계 시 분류방법을 설명하시오.

5. 1차 자료분석방법의 종류와 특징을 설명하시오.

6. 글로벌 마케팅 조사 과정을 수행하는데 마케팅 관리자가 갖는 역할과 전략적 접근방법을 기술하시오.

GLOBAL
MARKETING

CHAPTER 07

GLOBAL MARKETING

글로벌 마케팅 전략

학 습 목 표

첫째, 현대 비즈니스 환경에서 글로벌 마케팅 전략의 핵심개념과 중요성을 파악한다.

둘째, 해외시장 진입 관련 더 나은 선택을 위한 다양한 시장 진입 전략 및 기준에 대한 지식을 습득한다.

셋째, 브랜드 정체성, 포지셔닝 및 브랜드 자산관리를 포함하여 글로벌 브랜드를 구축하는 과정을 이해한다.

넷째, 글로벌 마케팅 전략에서 전자상거래, 모바일 마케팅, 인공지능 및 소셜미디어를 포함한 기술의 역할을 이해한다.

CHAPTER 07 글로벌 마케팅 전략

도입사례 **이케아(IKEA)**

이케아(IKEA)는 스웨덴 기반의 다국적기업으로, 특유한 글로벌 마케팅 전략으로 잘 알려져 있다. 표준화된 제품과 현지 적응, 비용우위, DIY(Do-it-Yourself) 모델, 시장조사와 문화 적응, 그리고 경험적 매장 배치를 통하여 글로벌 마케팅에서 성공하였다.

출처: 이케아 코리아 홈페이지

먼저, 표준화된 제품의 측면에서 미니멀리즘(minimalism), 기능성 및 경제성을 중심으로 하는 이케아(IKEA)의 디자인 철학은 전 세계에서 일관성을 유지하고 있다. 그들의 제품은 현대적인 스칸디나비아 디자인(Scandinavian design)을 가지고 있어 다양한 문화에 걸쳐 매력적으로 다가온다. 또한 이케아(IKEA)의 특징 중 하나는 플랫 팩(flat pack) 가구인데, 이 포장방식은 전 세계적으로 표준화되어 있으며 더 효율적인 배송과 비용절감을 가능하게 했다. 그리고 이케아(IKEA)는 시장과 관계없이 제품에 스웨덴 이름을 사용하는데 이로 인해 고유한 브랜드 정체성을 가지게 되었다. 현지 적응 측면에서 이케아(IKEA)는 현지 수요에 따라 제공되는 제품을 조정하는데, 예를 들어, 인도에서는 흔히 볼 수 있는 좁은 생활공간에 적합한 더 작은 크기의 제품을 더 많이 제공하고 있다. 또한 이케아(IKEA)는 다양한 시장의 문화적 선호를 잘 고려하는데, 예를 들어 중국에서는 바닥에 밀착해 앉는 현지 선호에 맞는 가구를 제공하고, 북미에서는 인기 있는 킹 사이즈와 퀸 사이즈 침대를 판매한다. 그리고 많은 경우 이케아(IKEA)는 현지 공급업체와 협력하여 해당 지역에서 쉽게 구할 수 있는 자재를 사용한다. 이는 제품을 약간 변형시킴으로써 비용절감 및 지역경제에도 도움을 준다. 그리고 이케아(IKEA) 매장 내부의 레스토랑에서 스웨덴 요리가 제공되며 메뉴에는 현지 음식도 포함시켰다. 예를 들어 인도에는 메뉴에 인도 채식 옵션이 포함되어 있고, 일본에서는 현지 일식 요리를 제공한다. 무엇보다 이케아(IKEA)는 마케팅 캠페인을 현지 문화에 맞게 조정하는데, 예를 들어 사우디아라비아의 이케아(IKEA) 카탈로그에는 현지의 문화적 규범과 일치하는 조금 더 보수적인 가족의 모습을 배경으로 담고 있다. 이케아(IKEA)는 표준화된 제품과 현지 적응을 혼합하여 브랜드 정체성과 규모의 경제를 효율적으로 유지하는 동시에 자사의 제품이 전 세계의 다양한 시장에서 적절하고 매력적으로 유지되도록 하고 있다.

둘째, 비용 우위 측면에서 이케아(IKEA)의 비용 우위 전략은 고객에게 품질은 높게 유지하면서 가격을 낮추는 방식으로 구현되는데, 이러한 전략을 성공적으로 실행하는 방법으로 우선 이케아는 원재료와 상품을 대량으로 구매하여 구매비용을 낮추고 또한 효율적 공급망 관리를 통해 운송 및 물류비용을 최소화한다. 또한, 이케아는 제품을 분해된 상태로 포장하여 고객이 직접 조립하는 플랫 패킹을 활용하는데, 이 방식은 운송비용을 줄이고 저장공간을 효율적으로 활용할 수 있도록 해준다. 그리고 이케아 제품은 간단한 디자인과 표준화된 부품을 사용하여 생산비용을 낮춤으로써 다양한 시장에서 생산 과정을 간소화하고 비용을 절감할 수 있다. 이케아(IKEA)의 비용 우위는 노동비용이 상대적으로 낮은 국가에서 제조시설을 운영하여 생산비용을 절감함으로써 가능하며, 일부 제품을 직접 생산하고, 공급업체와 긴밀히 협력하여 원가를 관리하고 통제함으로써 가능하다. 마지막으로 매장 경험을 최적화하였다. 이케아 매장은 창고 스타일로 구성되어 있으며, 고객들이 직접 제품을 선택하고 가져가도록 설계되어 있고, 이로 인해 판매 및 배송비용이 절감된다. 물론 일부 국가에서는 배달 서비스도 가능하다. 이러한 방법들은 이케아가 품질을 희생하지 않고도 저렴한 가격으로 제품을 제공하는 데 중요한 역할을 한다. 이케아는 비용 우위 전략을 통해 자사의 브랜드를 인기 있는 글로벌 가구 및 가정용품 소매업체로 만들고 있다.

셋째, DIY(Do-it-Yourself) 모델 관점에서, 이케아(IKEA)의 DIY 모델은 회사의 핵심전략 중 하나로, 고객들이 제품을 직접 선택, 구입, 운반, 그리고 조립하도록 하는 방식을 말하는데 이 모델에는 몇 가지 주요한 특징이 있다. 우선 이케아(IKEA)는 대부분의 제품을 플랫 패키지로 판매한다. 이는 제품 부품을 평평한 상자에 효율적으로 포장하여 운송비용을 절감하고, 고객들도 제품을 자신의 차량으로 쉽게 운반할 수 있다. 자가조립도 특징 중 하나인데, 이케아(IKEA) 제품은 고객들이 집에서 직접 조립할 수 있도록 설계되어 단순한 조립 과정을 거치며, 그림과 함께 제공되는 설명서를 통해 조립 방법을 친절히 알려준다. DIY 모델을 통해 이케아(IKEA)는 제조, 운송, 그리고 판매 과정에서 비용을 크게 절감할 수 있었다. 이 절감된 비용을 바탕으로 이케아(IKEA)는 경쟁력 있는 가격으로 제품을 제공할 수 있다. 특히, 이케아(IKEA)의 DIY 접근 방식은 고객이 제품에 더 많이 참여하도록 유도하여 제품을 직접 조립함으로써, 고객들은 제품에 대해 더 큰 소유의식(ownership)을 느끼고, 이는 종종 더 높은 고객 만족도로 이어진다. DIY 모델은 고객들에게 맞춤형 솔루션을 제공하는데, 이케아(IKEA)는 고객들이 자신의 공간과 요구사항에 맞게 제품을 맞춤 설정할 수 있도록 다양한 옵션을 제공하여 고객들은 자신만의 독특한 가구와 인테리어를 만들 수 있다. 지속 가능성 측면에서 플랫 패킹과 자가조립 모델은 더 적은 포장재를 사용하고 물류 효율성을 향상함으로써 환경에 미치는 영향을 줄이는 데 도움이 된다. 이케아(IKEA)의 DIY 모델은 회사의 글로벌 성공을 뒷받침하는 중요한 요소로 작용하며, 비용 효율성, 고객 참여, 그리고 지속 가능한 솔루션을 제공하는 데 초점이 맞추어져 있다.

넷째, 시장조사와 문화 적응을 통해 전 세계적으로 큰 성공을 거두고 있고, 그들은 다양한 방법으로 이러한 두 가지 요소를 활용하고 있다. 먼저 이케아는 새로운 시장 진입 전에 그 시장에 대해 철저한 조사를 하는데, 이 조사에는 소비자 취향, 구매력, 경쟁 상태, 법률 및 규제 등이 포함된다. 또한, 이케아(IKEA)는 현지시장의 문화적 특성을 이해하기 위해 포커스그룹 인터뷰(FGI)와 설문조사 같은 방법을 사용한다. 시장조사를 기반으로, 이케아는 현지 문화와 취향에 맞게 일부 제품을 조정하는데, 예를 들어 미국에서는 큰 침대와 더 큰 저장 공간이 인기가 있으나, 아시아 지역에서는 더 작은 크기의 가구가 선호된다. 또한, 매장 배치와 경험도 현지 문화에 적합하도록 설계하는데 그 예로, 이케아는 중국에서 사람들이 매장에서 더 많은 시간을 보내는 경향이 있음을 발견했고, 중국의 이케아 매장에는 더 많은 휴식 공간과 전시 공간을 배치하였다. 광고 및 마케팅 캠페인도 현지 문화에 맞추어 조정하는데, 이는 메시지, 이미지 및 전달방식을 현지시장과 소비자들이 공감할 수 있는 형태로 만드는 것을 포함한다. 음식 또한 빼놓을 수 없는데, 이케아(IKEA) 매장은 전통적으로 스웨덴 음식을 판매하지만, 현지시장의 취향에 맞게 메뉴를 확장하여 다양한 요리를 제공한다. 이케아의 시장조사와 문화 적응은 그들의 글로벌 성공의 핵심요소로 작용하여 현지시장의 독특한 요구사항과 취향을 이해하고 존중함으로써, 전 세계 고격들에게 맞춤형 제품을 제공하고 있다.

마지막으로 경험적 매장 배치는 고객들이 제품을 탐색하고 구매하는 방식을 혁신적으로 바꾸었다. 이케아 매장은 일반적으로 매우 크고, 특별한 쇼핑 경험을 제공하는데 그 구성요소를 살펴보면 다음과 같다. 매장의 쇼룸이 특이하다. 이케아 매장은 실제 가정의 다양한 종류의 방을 모방하여 제품을 전시한다. 이러한 쇼룸의 설계는 실제로 이케아(IKEA)의 제품들이 가정집이나 사무실에서 사용될 때 제품들이 어떻게 보일지를 고객들에게 미리 보여주며, 이를 통해 고객들은 집에서 구매한 가구를 어떻게 배치하고 사용할지에 대한 영감을 얻을 수 있다. 이케아(IKEA) 매장 내부는 일반적으로 미로와 같은 구조로 설계되어 있어 고객들이 매장 전체를 체계적으로 돌아볼 수 있도록 안내하는데, 이러한 방식을 통해 고객들이 계획에 없던 물건들을 발견하고 충동구매하도록 유도하기도 한다. 이케아는 고객들이 직접 제품을 선택하고 포장하는 자가서비스 영역(Self-Service Area)을 갖추고 있는데, 이는 비용을 줄이고 고객들이 쉽게 원하는 물품을 찾을 수 있도록 도와준다. 그리고 많은 이케아 매장에는 어린이들을 위한 놀이공간이 마련되어 있고, 부모들은 어린이들을 안전하게 두고 쇼핑을 즐길 수 있다.

이러한 요소들은 이케아(IKEA) 매장을 단순한 소매점이 아닌 고객들에게 풍부한 쇼핑 경험을 제공하는 곳으로 만든다. 이러한 접근방식은 그들의 브랜드 정체성을 강화해 충성스러운 글로벌 고객을 확보하는 데 이바지하고 있다.

01 글로벌 마케팅 전략의 정의와 중요성

글로벌 마케팅 전략 수립은 크게 현지시장 분석 → 전략 수립 → 전략 실행의 과정을 거친다. 이 과정은 다국적기업이 일반적으로 선택하는 것으로 시장 진입 전에 충분한 전략적 검토를 한다는 데 의미가 있다.

1) 글로벌 마케팅 전략의 정의

글로벌 마케팅 전략은 제품이나 서비스를 국제시장에 홍보하고 판매하는 회사의 노력을 가이드해 주는 포괄적 계획이다. 전 세계 소비자에게 상품을 전달하고 그들의 만족을 목표로 여러 국가에 걸친 마케팅 활동의 이해와 계획, 실행 및 관리를 포함한다.

글로벌 마케팅 전략의 핵심 구성요소로는 다음과 같은 것들을 들 수 있다.

첫째, 시장조사 및 분석이다. 여기에는 소비자 선호도, 문화적 느낌, 경쟁, 법적 규제 및 경제 상황을 포함하여 해외시장에 대한 자료수집 및 분석이 포함된다.

둘째, 표적시장(target market)의 선택이다. 글로벌 마케팅 전략에서 중요한 결정은 회사가 진출하고 서비스를 제공해야 하는 국가 또는 지역을 식별하는 것이다.

셋째, 표준화(standardization) 대 적응(adaptation)의 문제로서, 회사가 여러 국가에 적용되는 제품 및 마케팅 노력을 표준화하거나 현지시장의 특정 요구 및 선호도를 충족시키기 위해 적응해야 하는 정도를 나타낸다.

넷째, 마케팅 믹스(marketing mix aka 4P)이다. 제품, 가격, 유통 및 판촉은 대상 글로벌 시장에 따라 조정되어야 하는데, 이 주제는 8장에서 설명한다.

다섯째, 시장 모니터링 및 통제로서 마케팅 노력의 성과를 정기적으로 분석하고 필요한 조정을 하는 것이다.

기업에 있어 글로벌 마케팅 전략의 중요성은 두말할 필요도 없다. 그 이유는 기업이 제품 및 서비스를 국제적으로 마케팅함으로써 더 많은 고객기반에 도달하고 매출을 높일 수 있기 때문이다. 또한, 국내시장에만 의존하는 것은 경기침체기에 특히 위험할 수 있는데 글로벌 시장에서의 탄탄한 입지는 여러 위험을 상쇄시켜 준다. 최근에는 학습 및 혁신 측면에서 그 중요성이 대두되고 있는데, 글로벌 시장에 진출하면 회사는 다양한 소비자 취향, 선호도 및 기술에 노출되어 종종 새로운 통찰력과 혁신으로 이어진다. 강력한 글로벌 입지는 글로벌 브랜드로 자리매김할 수 있는 기업의 경우 경쟁사보다 우위를 점할 수 있는 경쟁우위를 창출시킨다. 마지막으로 글로벌 마케팅 전략은 세계 무대에서 자사의 브랜드 이미지와 인지도를 크게 향상시킬 수 있다.

글로벌 마케팅 전략은 단순히 여러 국가에서 제품을 판매하는 것이 아니라, 전 세계적 규모에서 성공하기 위해 시장조건, 소비자 선호도, 문화적 차이 및 경쟁 환경의 복잡한 상호작용을 고려하는 응집력 있는 계획을 수립하는 것이다.

2) 글로벌 마케팅 전략 수립 과정

첫째, 현지시장 분석은 필수적인 첫 단계로서 다양한 인구통계적 특성과 함께 현지 정치, 경제, 사회, 문화적 요인들을 고려한다. 현지시장 분석은 다국적기업이 출시하려는 제품 또는 서비스가 현지시장에 적합한지를 결정하는 과정이다. 여기에는 기업 역량 분석과 협력·보완 기업 분석이 필요하다.

기업 역량 분석은 기업 내에서 통제할 수 있는 마케팅 요소에 초점을 맞추고 기업이 보유한 독특한 자원을 분석하고 이러한 자원이 현지시장에 적합한지를 판단한다. 또한, 기업의 자원과 능력을 현지시장으로 이전하는 과정에서 발생할 수 있는 경쟁 환경과 현지시장 역학을 분석한다. 협력·보완 기업 분석의 경우, 글로벌 시장에서는 개별 기업의 능력만으로는 모든 활동을 수행하기가 어려운 경우가 많기 때문에 다국적기업은 사전에 협력할 수 있는 현지 기업을 파악하고 파트너십 전략을 수립해야 한다.

둘째, 현지시장 분석 후 현지시장을 세분화하고 표적고객을 선정하며, 제품 또는 서비스를 포지셔닝하는 과정이 수행된다. 이는 고객의 필요와 선호를 이해하고, 경쟁자를 분석하며, 기업의 제안이 표적시장에서 어떻게 인식될지 정의하는 것을 포함하는 것으로서 이 장에서 다루는 주요 내용이다.

셋째, 표적시장이 식별되고 제품이나 서비스가 포지셔닝되면 다음 단계로 마케팅 믹스 전략을 설정하는데, 이는 4P(제품, 가격, 장소, 홍보)를 포함한다. 이 장 이후에 구체적인 내용이 설명되어 있다.

넷째, 마케팅 전략이 설정되면 고객이 인식 → 관심 → 구매행동을 거치는 과정을 수행하는 활동들이 개발되며, 추가로 확보된 고객의 충성도를 유지하는 방법이 도출된다.

글로벌 마케팅 전략을 개발하는 것은 현지시장을 이해하는 것부터 다양한 글로벌 시장의 요구를 충족시키도록 제품이나 서비스를 맞추는 것에 이르기까지 일련의 신중한 단계들을 포함한다. 이 과정은 기업이 다양한 글로벌 시장의 필요(needs)를 충족시키도록 제품이나 서비스를 맞추는 것이다. 이상의 설명을 [그림 7-1]에 요약하였다.

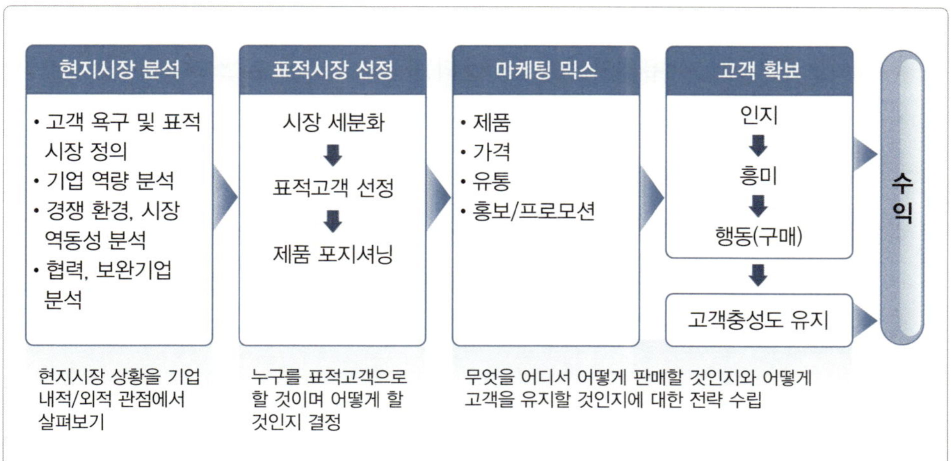

❖ **그림 7-1** 글로벌 마케팅 전략 수립 체계

02 글로벌 브랜드 구축

1) 브랜드 정체성 및 이미지

브랜드 정체성과 이미지는 글로벌 브랜드 구축에 있어 중요한 요소이다. 브랜드 정체성과 이미지의 의미와 중요성을 살펴보자.

(1) 브랜드 정체성

브랜드 정체성(brand identity)이란 색상, 디자인, 로고 등과 같이 소비자의 마음속에 브랜드를 식별하고 구별해 주는 눈에 보이는 브랜드 요소를 말한다. 이는 브랜드의 성격과 같으며 브랜드가 대상 고객에게 인식되기를 원하는 방식이다. 로고(logo)는 즉시 알아볼 수 있고 회사를 나타내는 시각적 요소이다. 색상 팔레트(color palette)[1]는 모든 브랜딩 자료에서 일관되게 사용되는 색상 세트이다. 타이포그래피(typography)[2]는 브랜드 커뮤니케이션에 사용되는 글꼴 및 타이포그래피 처리를 말한다. 브랜드 보이스(brand voice)는 브랜드 커뮤니케이션에 사용되는 언어의 어조와 스타일이다. 마지막으로 이미지 및 그래픽은 브랜드와 관련된 사진, 일러스트레이션 및 기타 그래픽을 의미한다. 브랜드 정체성은 여러 시장에서 일관되어야 하지만 글로벌 맥락에서 현지 문화적 민감성이나 선호에 맞추기 위해 특별한 조정이 필요할 수 있다.

---

1) 브랜드 색상 팔레트에는 브랜드 개성을 나타내는 색상 세트(color set)가 포함되어 있다. 브랜드 색상 팔레트의 색상은 로고, 웹사이트, 명함 등에 사용되므로 최대한 주의를 기울여 선택하는 것이 중요하다.

2) 활자 또는 활판에 의한 인쇄술을 의미하는 용어로, 현재는 글자와 관련된 디자인을 의미한다.

(2) 브랜드 이미지

브랜드 이미지(brand image)는 대중이 브랜드를 인식하는 방식으로서 소비자가 브랜드에 대해 마음속에 품고 있는 인상이다. 이 이미지는 브랜드의 정체성뿐만 아니라 경험, 연상, 광고, 뉴스 기사 등의 커뮤니케이션에 의해 형성된다. 본질적으로 브랜드 정체성이 브랜드가 보여지기를 원하는 방식이라면 브랜드 이미지는 사람들이 실제로 브랜드를 보는 방식이다. 글로벌 브랜드의 경우 다양한 문화와 시장에 따라 인식이 다를 수 있으므로 브랜드 이미지 관리가 매우 중요하다.

(3) 브랜드 정체성과 이미지의 관계

브랜드 정체성과 브랜드 이미지는 밀접하게 연결되어 있지만 같지는 않다. 브랜드 정체성은 회사가 구축하고 소비자에게 전달하고자 하는 것이지만 브랜드 이미지는 청중이 실제로 브랜드를 인식하는 방식이다. 성공적인 글로벌 브랜드는 정체성을 투영하고자 하는 이미지와 밀접하게 일치시켜 다양한 시장의 표적고객과 공감하고 글로벌 규모에서 효과적으로 경쟁할 수 있다.

글로벌 브랜드를 구축할 때 브랜드의 가치와 개성을 전달하는 강력하고 일관된 브랜드 정체성을 확립하고, 다양한 문화와 시장에서 기업이 의도한 정체성과 일치하도록 브랜드 이미지를 적극적으로 관리하고 모니터링하는 것이 중요하다.

2) 글로벌 브랜드 포지셔닝

기업의 브랜드를 글로벌하게 포지셔닝하기 위해서는 STP 분석을 해야 하는데, STP는 Segmentation, Targeting, Positioning의 약어이다. 한국어로는 시장 세분화, 표적고객 선정, 포지셔닝이라고 한다. 잠재고객을 효율적으로 식별하고 서비스하기 위해 글로벌 마케팅에서 널리 사용되는 전략적 접근방식이다.

글로벌 마케팅의 맥락에서 세분화란 전 세계 시장을 공통된 특성을 공유하는 별개의 그룹으로 나누는 것을 의미한다. 이러한 특성은 지리적 위치, 문화적 선호도, 인구통계학적 데이터(예: 연령, 성별, 수입), 사이코그래픽스(예: 가치관, 라이프스타일, 성격) 및 소비자 행동과 같은 다양한 요인을 기반으로 할 수 있다. 글로벌 시장 세분화를 통해 기업은 다양한 고객 그룹의 요구와 선호도를 이해할 수 있다.

시장이 세분화되면 다음 단계는 표적고객 선정(targeting)이다. 여기에는 회사가 효과적이고 수익성 있게 서비스를 제공할 수 있다고 믿는 하나 이상의 세분시장 선택이 포함된다. 글로벌 맥락에서 기업은 시장규모, 성장잠재력, 경쟁, 회사 자체 자원 및 역량과 같은 요인을 고려하여 다양한 시장 부문의 잠재력을 평가해야 한다. 이 분석을 기반으로 회사는 성공을 위한 최상의 기회를 제공하는 세분시장을 결정한다.

표적 세분시장을 식별한 후에는 포지셔닝이 시작된다. 포지셔닝은 회사의 제품이나 서비스에 대해 대상 소비자의 마음속에 독특하고 가치 있는 위치를 만드는 것이다. 글로벌 마케팅에서는 다양한 표적시장의 특정 요구와 선호도를 충족시키기 위해 마케팅 믹스(제품, 가격, 유통, 촉진)를 조정하는 것과 관련된다. 특히 경쟁이 치열한 글로벌 시장에서 경쟁사들 중 두각을 나타낼 수 있도록 제품 또는 서비스의 고유한 이점과 가치 제안을 전달하는 것이 필수적이다.

요약하면, STP는 기업이 특정 시장 부문에 자원을 집중하고, 해당 부문의 요구사항을 충족하도록 제품을 맞춤화하고, 대상에 공감하는 방식으로 제품 또는 서비스를 포지셔닝하는 데 도움이 되기 때문에 글로벌 마케팅의 중요한 프레임워크이다.

(1) 세분화(segmentation)

세분화는 STP 프로세스의 첫 번째이자 기본 단계로, 이질적인 대규모 시장을 특정 특성에 따라 더 작고 동질적인 그룹으로 나누는 작업을 포함한다. 이 과정의 목표는 유사한 요구사항이나 선호 및 행동을 가진 소비자를 뚜렷한 하위집단으로 식별하는 것이다. 글로벌 마케팅에서는 여러 국가 및 지역에 따라 시장이 매우 다양할 수 있으므로 특히 중요하다.

① 글로벌 시장 세분화를 위한 요구사항

글로벌 시장은 국내시장과 다른 정치·경제·사회·문화·지리적 특성이 있다. 해당 특성은 모두 글로벌 마케팅 전략 수립에 영향을 주며, 국내시장 세분화와 다른 접근방법을 요구한다. 해외시장 세분화를 진행하려면 이를 측정하고 유지하는 데 필요한 요구사항이 있다.

- **식별 가능성**

모든 시장은 정량화된 자료로 측정이 가능한 요건을 갖추어야 한다. 국가별 통계자료나 다양한 국제기구에서 제공받을 수 있는 수치적 자료가 있어야 한다.

- **지속 가능성**

시장의 특성을 반영한 세분화 결과가 지속될 수 있는 여건을 갖추어야 한다. 예상치 못한 변화에 따라 세분화 결과를 지속적으로 적용하기 어렵고 변화주기가 짧다면 적절한 세분화를 진행하기 어렵다.

- **접근 가능성**

모든 글로벌 시장은 세분화 이후 실질적 진출이 가능해야 한다. 그렇지 않다면 이론적·이상적 세분화에 머무르기 때문이다. 현실적으로 진출 가능성이 없는 시장이라면 세분화 작업을 진행하기 어렵다.

- **안정성**

진출하려는 시장은 안정적 구조를 갖추고 있어야 한다. 세분화 내용에 정치·경제적 결과가 들어가므로 이를 미리 고려할 수 있다 하더라도 지나치게 불안정한 시장에 대한 세분화는 실행력을 담보할 수 없다.

● **실행력**

진출 대상 해외시장은 실질적 실행력을 전제로 해야 한다. 실행력은 기업이 보유한 역량과 자원을 바탕으로 판단할 수 있다. 세분화 결과, 독자적 유통망 구축 전략이 필요함에도 이에 대한 경험이 없다면 실제로 실행하기가 어렵기 때문이다. 이 경우 실행력을 전제하지 못한 이론적 세분화에 멈출 위험이 있다.

● **반응성**

세분화란 글로벌 시장을 동일 특성을 갖는 집단으로 나눈다는 의미이다. 따라서 각 세분화 시장에 적용하려는 전략에 따라 세분화한 글로벌 개별 시장은 각기 다른 반응을 보여야 한다. 그렇지 않다면 글로벌 단일시장 접근화와 차이가 없기 때문이다.

② 글로벌 시장 세분화 기준

다음과 같은 방식으로 시장을 세분화함으로써 기업은 전 세계 다양한 소비자 집단의 특정 요구와 선호도를 충족시키는 보다 집중적이고 효과적인 마케팅 전략을 수립할 수 있다.

● **지리적 세분화**

지리적 세분화는 글로벌 환경에서 지리적 위치를 기반으로 시장을 세분화하는 것이다. 글로벌 마케팅에서는 시장을 대륙, 국가, 지역 또는 도시별로 나누는 것을 의미한다. 예를 들어 회사는 북미를 하나의 시장 부문으로 취급하고, 유럽을 또 다른 시장 부문으로 취급할 수 있다. 또한, 도시와 농촌 지역을 기준으로 나눌 수 있다. 지리적 세분화는 또한 지리적 특성에 따른 기후, 생산물 특징을 결정한다. 한대나 온대지방에 따라 출시하는 제품에 차이가 있는 것은 이러한 세분화를 잘 보여준다.

또한, 선진국이 모여 있는 지역과 개발도상국 지역의 차이는 각 제품의 출시 형태에 영향을 준다. 과거 피처폰 시장이 저가와 고가로 나뉘어 노키아(Nokia)와 삼성이 양분했던 사례가 이를 잘 보여준다. 삼성은 선진국 중심의 고가시장을 점유했고 노키아는 반대 전략으로 간 것이다. 두 기업의 시장 세분화가 경제적 여건을 고려한 지역별 세분화에 있음을 보여주는 사례다.

인구통계학적 세분화

소비자 개인을 구분할 수 있는 다양한 기준을 적용한 시장 세분화 방법이다. 대체로 연령, 성별, 가족 형태(대가족, 핵가족, 1인 거주), 수입, 직업, 교육 수준, 종교, 인종, 세대, 국적 등의 기준을 사용한다.

인구통계학적 시장 구분은 기본적 분석방법으로 실제로 이를 사용하는지와 관련 없이 시장 세분화 과정에 필수적으로 조사해야 할 항목이다. 또한, 해당 기준은 다른 변수들과 비교해서 가장 많이 사용되는 경향이 있다. 성별, 연령 등 다양한 인구통계학적 기준이 대체로 소비 욕구, 성향, 구매의도 등을 잘 반영하기 때문이다.

심리학적 세분화

생활양식, 성격, 가치 및 관심사에 따라 시장을 나누는 것을 의미한다. 글로벌 마케팅에서 문화적 차이는 소비자의 사이코그래픽스(psychographics)[3]를 형성하는 데 중요한 역할을 한다. 예를 들어, 명품 브랜드는 다른 국가의 부유한 소비자의 가치와 열망을 이해해야 한다. 또한, 개인의 태도는 제품과 서비스를 대하는 소비자의 개성을 의미한다. 사회계층은 사회 구성원으로 소비자가 위치한 지위 또는 직업에 영향을 받는다. 사회계층에 따라 개인은 주변을 의식한 소비를 진행하는 경향이 있다. 즉, 사회적으로 인정받는 직업이라면 고가의 신제품을 사용하는 데 익숙할 수 있다.

3) 사이코그래픽스(psychographics)는 가치, 욕구, 목표, 관심사, 라이프스타일 선택과 같은 심리적 특성을 기반으로 소비자를 연구하는 질적 방법론이다. 마케팅에서의 사이코그래픽스는 소비자의 감정과 가치를 이해하는 데 중점을 드어, 보다 정확하게 마케팅할 수 있게 해준다.

생활양식(life style)은 심리적 시장 세분화의 또 다른 기준이다. 예컨대, 건강과 웰빙(well-being)을 중요하게 생각하는 트렌드가 등장하면 이에 부합하는 제품시장이 성장한다. 이러한 양태는 특정 사회 안에서 자주 발견할 수 있다. 다만 생활양식에 따른 구분은 일정 수준의 경제적 성장이 달성된 이후 가능하다. 즉, 경제적 성장세와 생활양식의 변화는 상관관계가 있다.

개인의 성격인 개성 역시 심리적 측면의 소비자 세분화에 중요한 기준이다. 대체로 유행이라는 현상은 이런 심리적 태도가 집단화한 것으로 볼 수 있다.

● 행동별 세분화

행동별 세분화는 소비자가 상품(서비스)을 대하는 태도와 반응을 기준으로 시장을 나누는 것을 말한다. 소비자 행동은 제품과 서비스를 대하는 과정에 나타나는 특징과 제품 구매 과정 그리고 구매행동에 대한 일정한 유형으로 구분한다.

첫째, 사용동기(occasions)에 따른 구분이 있다. 사용동기의 구분은 동일 제품에 대한 새로운 사용동기를 부여할 때 구매할 수 있는 잠재적 그룹을 말한다. 빼빼로데이의 빼빼로와 경쟁하기 위해 국내 농업인들이 만든 가래떡데이가 이에 해당한다. 가래떡이라는 기존 제품에 새로운 의미를 부여하면 이에 자극을 받아 구매동기를 일으키는 고객이 있다. 이들을 새로운 구매동기에 자극받은 잠재고객으로 세분화할 수 있다.

둘째, 제품과 서비스를 소비하면서 얻는 편익(benefit)에 따라 고객을 세분화할 수 있다. 고객마다 동일 제품을 소비하면서도 얻는 편익은 다를 수 있다. 약국이나 소매점에서 어린이 비타민은 유행하는 장난감 모형과 함께 판매하는 것이 이를 보여주는 사례다. 어린이들은 비타민을 소비하면서 얻는 만족과 함께 소형 장난감에 대한 편익을 더 크게 느낄 수 있기 때문이다.

셋째, 제품과 서비스의 사용 상태(user status)에 따라 고객시장을 세분화할 수 있다. 크게 비사용자, 직전사용자, 잠재사용자, 최초사용자, 반복사용자로 나눌 수 있다. 취업 직전의 고객은 자동차 시장에서 비사용자이지만 취업을 하면 직전사용자로 세분화할 수 있다. 이들이 사회생활을 하는 동안 자동차를 지속적으로 교체한다면 반복사용자로 분류할 수 있다.

넷째, 위와 비슷한 예로 소모품의 경우 사용 빈도(usage rate)로 고객을 세분화할 수 있다. 일반적으로 소량사용자, 중간사용자, 다량사용자로 나눌 수 있다. 같은 제품, 예컨대 커피라고 해도 하루에 이를 소비하는 기준으로 고객을 세분화할 수 있다. 이렇게 세분화한 고객에 맞춤형 마케팅 전략을 수립할 수 있다.

다섯째, 제품 충성도에 따라 고객을 세분화할 수 있다. 충성도가 높은 고객은 해당 제품만을 반복적으로 소비하는 집단이다. 반면 유연고객(split loyals)[4]은 여러 제품을 동시에 사용하는 경우를 말한다. 이동가능고객은 다른 제품으로 소비를 전환할 가능성이 있는 집단을 의미한다.

- 문화적 세분화

특히 글로벌 마케팅과 관련이 있으며 언어, 종교, 전통 및 사회적 규범과 같은 문화적 변수를 기반으로 한 시장 세분화가 포함된다. 문화적 차이를 이해하는 것은 글로벌 브랜드가 현지 소비자와 공감하는 데 필수적이다.

- 혜택 세분화

소비자가 제품이나 서비스에서 원하는 다양한 혜택을 기반으로 한다. 글로벌 마케팅에서 다른 국가의 소비자는 같은 제품에서 다른 이점을 찾을 수 있다. 예를 들어, 추운 지역의 소비자는 더 나은 난방 시스템을 갖춘 자동차를 원하지만, 더운 지역의 소비자는 효율적인 에어컨이 더 중요할 수 있다.

- 기술 세분화

오늘과 같은 디지털 시대에는 기술 사용 및 숙련도를 기준으로 한 소비자 세분화가

4) 유연고객은 많은 브랜드에 충성도가 높은 사람들이다. 지금 현재 최상의 거래를 제공하는 브랜드에서 상품을 구매한다. 물론 빈도가 낮기 때문에 회사에 더 많은 수익을 창출하지는 못하지만 가치가 없지는 않다.

포함된다. 기술 채택률이 지역마다 크게 다를 수 있으므로 이는 글로벌 마케팅에서 중요하다.

③ 시장 세분화 접근방법

시장 세분화는 고객이 갖는 각기 다른 속성을 기준으로 전체 시장을 나누는 것이다. 글로벌 시장에 접근하려는 마케터는 다양한 기준으로 소비자 집단을 구분해야 한다. 적절한 구분이 포지셔닝의 조건이 되기 때문이다. 시장 세분화 과정에는 여러 전략이 있을 수 있지만 [그림 7-2]에서 보여주는 내용을 기반으로 접근해야 한다.

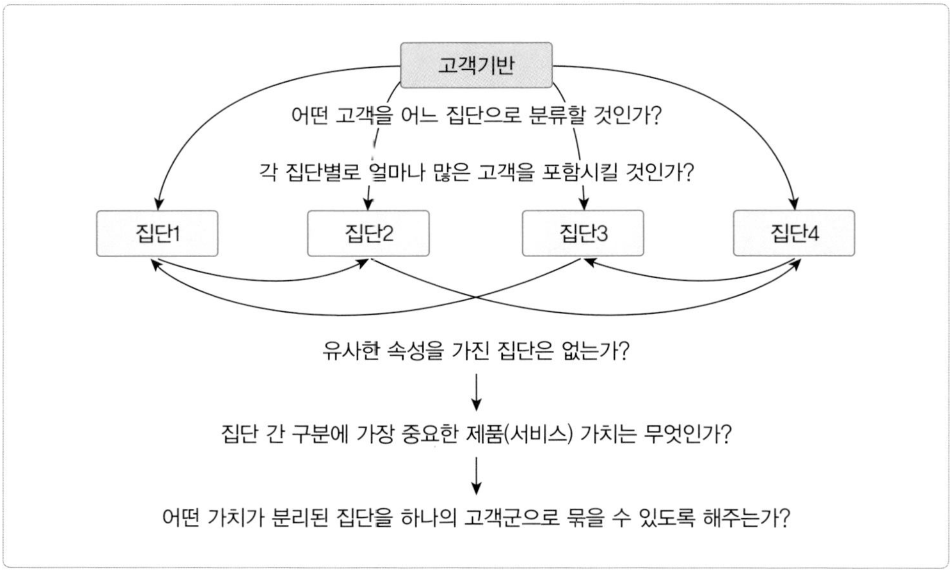

❖ **그림 7–2** 시장 세분화 접근방법

첫째, 분류할 고객집단의 수와 집단별로 포함할 고객 규모에 대한 사전 정의가 필요하다. 지나치게 많은 집단이나 너무 소수로 이루어진 집단은 세분화 이후 글로벌 마케팅 전략에 의미가 없을 수 있기 때문이다.

둘째, 각 집단을 구분하는 속성에 대한 기준을 정해야 한다. 앞서 언급한 여러 기준이 이 속성에 해당한다.

셋째, 구분한 집단을 기준으로 유사한 속성이 중복되는 경우는 없는지 검토해야 한다. 유사한 속성이 있다면 이를 반영한 집단의 재분류가 필요하다.

넷째, 구분된 집단에 속한 고객에게 제공할 제품(서비스) 가치에 중요한 차이가 있는지 검토해야 한다. 차이가 없다면 고객 세분화의 목적을 달성했다고 보기 어렵다.

다섯째, 각 집단에 속한 모든 표적고객을 하나로 묶을 수 있는 속성이 무엇인지 검토해야 한다. 세분화 자체에만 집중하여 제품과 서비스가 제공하는 포괄적 가치가 잘못 전달되어서는 안 되기 때문이다.

(2) 표적고객 선정(targeting)

시장을 세분화한 후에는 표적고객 선정 단계가 이어진다. 표적고객 선정은 회사가 효과적이고 수익성 있게 제공할 수 있다고 판단하는 하나 이상의 세분시장을 선택하는 과정이다. 글로벌 맥락에서 회사들은 시장규모, 성장잠재력, 경쟁 상황, 그리고 회사 자체의 자원과 능력 같은 요소들을 고려하여 다양한 세분시장의 잠재력을 평가해야 한다. 이러한 분석을 바탕으로 회사들은 성공 확률이 높은 세분시장을 결정한다.

① 표적시장 선정 평가기준

다양한 특성을 기준으로 분류한 세분시장 중 표적시장을 정하는 과정의 기준은 크게 고객 특성, 경쟁 특성, 기업 보유자원 특성의 3가지 요인이다. 이러한 기준은 [그림 7-3]과 같이 표현할 수 있다.

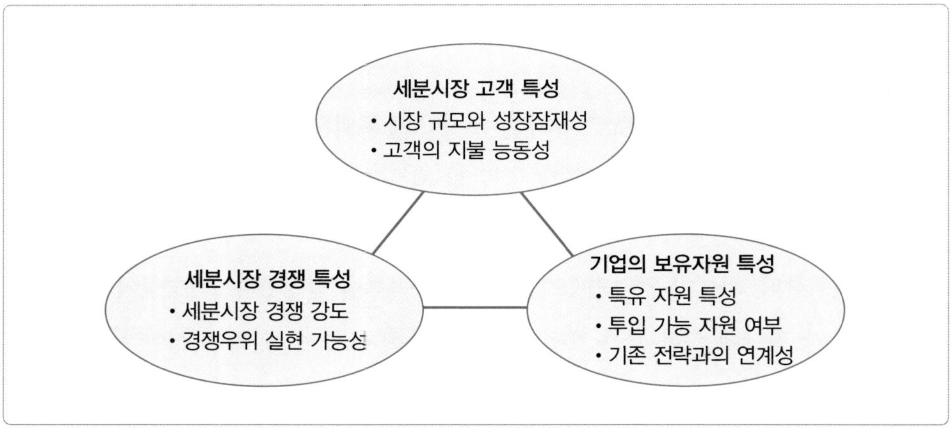

❖ **그림 7-3** 표적시장 선정 평가기준

- 고객 특성: 고객 특성 중 중요하게 고려할 부분은 시장 규모이다. 표적시장으로 선정하려는 세분시장에서 충분한 고객을 확보할 수 있는지를 검토해야 한다. 또한, 세분시장 고객이 갖는 소비구조의 특성을 살펴보아야 한다. 시장 규모가 있더라도 출시 제품과 서비스에 대한 고객 인식 조사결과 지불의사가 낮다면 표적시장으로 선정하기 어렵다.
- 경쟁 특성: 글로벌 기업에서 경쟁은 주어진 환경요인이다. 넓은 시장을 대상으로 할수록 더욱 다양한 경쟁 환경에 노출된다. 세분시장 선정에서도 이러한 글로벌 기업이 직면할 시장 특성을 고려해야 한다. 경쟁 강도가 높으면 좋은 표적시장으로 선정하기 어렵다. 다른 시장과 비교하여 과도하게 많은 마케팅 자원을 투입해야 하는 상황이면 대안 표적시장을 모색해야 한다. 또한, 기업이 보유한 경쟁우위가 실현 가능한 시장 조건인지를 검토해야 한다. 경쟁우위 실현은 진출 국가의 다양한 사회적·문화적 요소들 때문에 실현되기 어려울 수 있다. 특히, 법·제도 측면의 특성을 분석하여 경쟁우위 실현이 가능한 시장을 선별해야 한다.
- 기업의 보유자원 특성: 모든 기업은 규모와 상관없이 투입 가능한 자원의 한계가 있다. 글로벌 기업도 같은 조건이므로 표적시장에 투입할 자원의 규모와 특성을

고려해야 한다. 자원 특성은 우선 표적시장 특성과 연계해서 보유한 자원이 적합한지를 검토하는 것이다. 또한, 적합한 자원이라도 기존 활동에 투입한 자원을 제외하고 충분한 여유 자원이 있는지를 검토해야 한다. 더불어 다국적기업이 기존에 전개했던 마케팅 전략과 연계성이 있는지 검토해야 한다. 연계성이 부족한 표적시장에 대한 자원투입은 동일 자원을 공동으로 활용할 가능성을 막아 과도한 자원 투입으로 이어질 수 있다.

② 표적고객 선정 전략

글로벌 기업들은 다음과 같은 타깃팅 전략을 사용할 수 있다.

- 집중 전략(concentrated strategy): 회사가 세분시장 중 하나에 집중하여 그 세분시장의 요구사항과 특성에 맞는 제품이나 서비스를 개발한다. 이는 규모가 작은 회사들에 적합한 전략이며, 시장의 특정 부분에 집중하여 브랜드 인지도를 높이고 경쟁력을 강화하는 데 사용된다.
- 다중 세분화 전략(multi-segment strategy): 두 개 이상의 세분시장들을 대상으로 삼는 방법이다. 회사는 다양한 세분시장에 대해 맞춤형 제품이나 서비스를 제공함으로써, 더 넓은 고객기반을 확보할 수 있다.
- 맞춤 전략(customized strategy): 이 전략은 특히 글로벌 시장에서 중요하며, 회사가 개별 고객이나 소그룹의 명확한 요구사항과 기대에 맞춰 제품이나 서비스를 맞춤화한다. 인터넷과 정보통신기술의 발달에 따라 등장한 마케팅 전략으로 고객 개인의 소비행태를 분석하여 맞춤형으로 대응하는 전략이다. 고객관계관리(customer relationship management: CRM) 접근이 이에 해당하는 하나의 사례이다. 맞춤 전략은 개인별 소비 특성을 데이터베이스로 파악하여 맞춤형 광고와 제품 공급을 가능하게 한다. 예컨대, 인터넷 쇼핑몰에서 특정 고객의 구매행동 패턴을 분석하여 주요 화면에 관심 있는 제품을 맞춤형으로 홍보하는 것이 여기 해

당된다. 맞춤 전략은 소비자 선호를 적극적으로 반영한 마케팅을 전개할 수 있다는 점에서 장점이 있다. 반면 기술적 소요가 많고 대규모 데이터베이스를 유지·관리하는 데 비용이 많이 투입되는 어려움이 있다. 근래에는 고객 개인정보를 기반으로 더욱 다양한 맞춤형 마케팅 전략을 실행하는 기업이 증가하였다.

표적고객 선정은 회사가 시장 내에서 어떤 고객집단에 초점을 맞출지 결정하는 중요한 단계로, 제품이나 서비스가 해당 시장에서 성공적으로 수용되도록 하는 데 필수이다. 글로벌 시장에서는 문화, 소비자 행동, 경제 조건 등이 다양하므로 표적고객 선정 전략은 이러한 다양성을 고려하여 신중하게 계획되어야 한다.

(3) 포지셔닝(positioning)

표적시장 시장을 확정한 후 포지셔닝이 중요한 역할을 한다. 포지셔닝은 회사의 제품이나 서비스를 타깃 고객들의 마음속에 독특하고 가치 있는 위치를 차지하게 하는 것이다. 글로벌 마케팅에서는 마케팅 믹스(소위 4P라 불리는 제품, 가격, 유통, 판촉)를 다양한 표적시장의 구체적인 필요와 선호에 맞게 조정하는 것을 포함한다. 특히 글로벌 시장은 경쟁이 치열하기 때문에 제품이나 서비스의 독특한 이점과 가치 제안을 확실히 전달하여 경쟁사들 사이에서 두드러지게 하는 것이 중요하다.

포지셔닝을 성공적으로 수행하기 위해 고려해야 할 몇 가지 핵심요소는 다음과 같다.

- 차별화(differentiation): 경쟁사들과 달리, 제품이나 서비스의 특정 측면에서 독특함을 부각시킨다. 이는 품질, 디자인, 가격, 기술, 고객서비스 등 여러 방면에서 이루어질 수 있다.
- 가치 제안(value proposition): 고객에게 제품이나 서비스의 특별한 가치를 명확하

게 설명한다. 제품이나 서비스가 고객의 문제를 해결하거나 특정 필요를 충족시키는 방법을 강조하는 것도 여기에 포함된다.

- 브랜드 이미지(brand image): 강력한 브랜드 이미지를 구축하여 고객이 브랜드를 즉각적으로 인식하고 긍정적으로 연관시킬 수 있도록 한다.
- 커뮤니케이션 전략(communication strategy): 효과적인 광고, 프로모션, 소셜미디어, 그리고 기타 커뮤니케이션 채널을 통해 표적시장에 브랜드 메시지를 전달한다.

또한, 포지셔닝 전략에는 자사제품을 알릴 수 있는 특유 요인을 선정해야 한다. 예를 들어, 스마트폰 중 아이폰, 갤럭시 등은 브랜드 포지셔닝으로 고객에게 자사제품에 대한 인식을 심어준 경우이다.

포지셔닝을 하려면 이처럼 공급제품의 특성을 대변할 수 있는 핵심 키워드를 잘 선정해야 한다. 포지셔닝은 자사제품의 특징을 경쟁자와 비교하여 차별적으로 제시하고 이를 통해 표적고객에 접근하는 방법이다. 고객들의 사고에 제품 특성을 집중화한 이미지를 심어주어야 하며, 앞선 언급처럼 이러한 부분이 경쟁자와 구별되어야 한다.

포지셔닝은 하나의 제품 특성을 제시하는 전략도 있지만 복수의 제품 특성을 제시하는 방법도 있다. 내구성과 가격, 안정성과 디자인, 가격과 사후관리 등 복수의 핵심개념을 자사제품의 특성으로 제시하여 포지셔닝을 전개할 수 있다. 더 나아가 3개 이상의 개념을 포지셔닝 특성으로 반영하는 제품도 있다. 예컨대 최근 노트북 컴퓨터의 포지셔닝은 얇다, 가볍다, 내구성이 뛰어나다 등 복수 개념을 조합하여 포지셔닝을 시행하는 경우가 많다.

출처: LG전자 홈페이지.

또한, 포지셔닝 전략을 수립할 때 주의할 점은 다음과 같다. 첫째, 제품 특성을 모호하게 드러내는 포지셔닝을 피해야 한다. 반대로 제품 특성만을 너무 과하게 홍보하는 과대 포지셔닝 접근도 피해야 한다. [그림 7-4]는 포지셔닝 맵으로 제품 고급화와 가격 정책 사이의 포지셔닝 전략을 보여준다. 마케팅 전략에서 세운 기준을 과도하게 벗어나는 방식, 즉 제품 고급화 측면만을 강조한다거나 실제로 저가정책을 포함하고 있음에도 지나치게 고가정책 이미지로만 접근하는 방식 등을 피해야 한다.

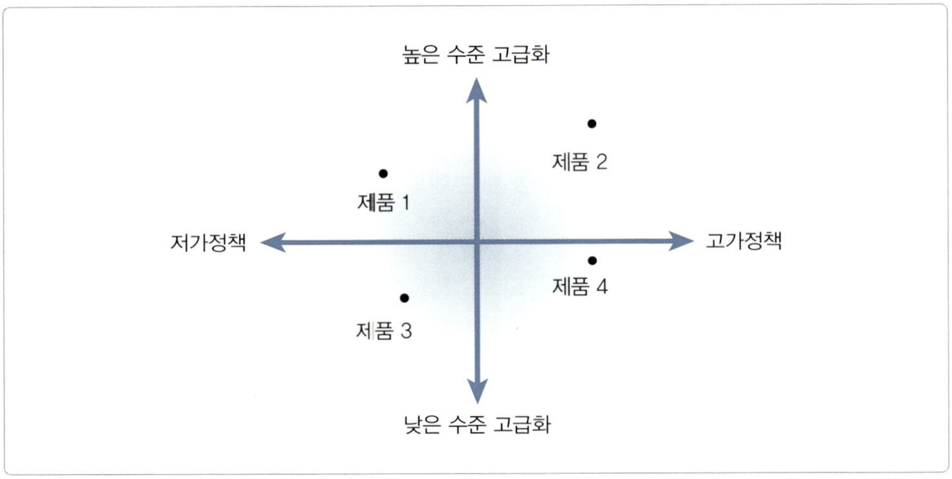

❖ **그림 7-4** 포지셔닝 맵

포지셔닝의 접근 유형에는 제품 특성에 따른 포지셔닝, 사용자에 따른 포지셔닝, 사용자 상황에 따른 포지셔닝, 사용자 집단에 따른 포지셔닝, 이미지 포지셔닝 등이 있다.

① 제품 특성에 따른 포지셔닝

제품 특성 포지셔닝은 제품이 가진 속성을 중심으로 포지셔닝하는 전략이다. 제품이 갖는 차별적 속성을 전면에 내세운다는 특징이 있다. USP(unique selling point)라고 알려진 방법으로 제품의 독특한 점을 강조하는 접근 전략이다.

② 사용자에 따른 포지셔닝

사용자 특성에 적합한 제품 속성을 강조하는 방법이다. 제품을 특정 인물 또는 이미지(image)와 연결해서 홍보하는 포지셔닝 전략이다. 유명 연예인을 광고 모델로 기용하는 경우가 여기에 해당한다. 또한, 제품 특성과 가장 접근성이 좋은 소비자를 대상으로 한 포지셔닝이 있다. 예컨대, 주부를 대상으로 한 습진 약품 같은 경우가 여기에 해당한다. 다시 말해 특정 상황에 자주 노출되는 사용자와 제품 속성을 연결할 수 있을 때 유용한 방법이다.

③ 사용자 상황에 따른 포지셔닝

사용자 상황이란 특정 상황에서 특정 제품을 사용하는 사용자의 이미지를 부각하는 포지셔닝이다. 이온음료 같은 경우 대부분 운동 후에 섭취하는 장면을 연출한다. 피로회복제도 같은 경우인데, 피곤한 상황에 노출된 상황을 보여주며 해당 제품을 홍보하는 방식이다. 상황에 따른 포지셔닝은 해당 제품이 특정 상황에 처한 고객에 유용하다는 점을 강조하는 접근방식이다.

❖ **그림 7-5** 사용자 상황에 따른 포지셔닝

출처: 동아제약 홈페이지.

④ 사용자 집단에 따른 포지셔닝

유사한 속성이나 상황에 처한 고객을 개념적 집단으로 형성하여 이들과 제품을 연결하는 포지셔닝 방식이다. 이동통신사가 특정 연령대나 직업인을 집단으로 형성하여 맞춤형 제품을 출시하는 것이 이에 해당한다. 사용자집단을 대변할 수 있는 유명인을 모델로 기용하는 방식도 이에 해당한다.

⑤ 이미지 포지셔닝

이미지 포지셔닝은 고가 제품 전략을 사용하려 할 때 사용한다. 같은 제품군이라도 제품이 가진 속성에 고급 이미지를 강조하여 홍보하고 이로써 고가정책을 유지하는 방식이다. 같은 아이스크림제품군이라도 하겐다즈(Häagen-Dazs)의 경우 중국 시장에서 명품임을 강조하였다. 그 결과 다른 아이스크림 프랜차이즈와 달리 고가정책을 유지하였으며, 이를 제품 속성으로 시장에 안착하였다.

❖ 그림 7-6 이미지 포지셔닝

출처: 중소기업뉴스.

글로벌 브랜드 포지셔닝은 글로벌 브랜드를 구축하는 데 있어 중요한 측면이다. 이는 다양한 국제시장에서 소비자들의 마음속에 독특하고 소중한 위치를 확립하는 것을 포함한다. 목표는 소비자들이 글로벌하게 브랜드를 일관되고 긍정적으로 인식하도록 하는 동시에, 다양한 지역의 고유한 특성과 취향을 고려하는 것이다. 글로벌 브랜드 포지셔닝의 주요 요소들은 다음과 같다.

① 시장 차이 이해하기

글로벌 브랜드 포지셔닝에서 첫 번째 단계 중 하나는 글로벌 시장의 차이를 이해하는 것이다. 소비자의 취향, 문화적 가치, 구매 습관, 경쟁 환경이 국가마다 크게 다를 수 있음을 인식하는 것이 중요하다. 기업들은 이러한 차이를 이해하고 포지셔닝 전략에 통합하기 위해 시장조사를 수행해야 한다.

② 가치 제안 생성하기

강력한 글로벌 브랜드 포지셔닝 전략은 명확하고 매력적인 가치 제안이 필요하다. 가치 제안은 브랜드의 독특한 혜택과 속성을 전달하여 경쟁자와 구별된다. 이는 다양한 문화와 지리적 지역의 소비자들에게 호응하며, 브랜드가 특별한 이유를 전달해야 한다.

③ 브랜드 정체성과의 일관성

지역적 취향을 고려하는 것도 중요하지만, 브랜드의 포지셔닝이 핵심 정체성과 일관되어야만 한다. 비록 포지셔닝의 어느 한 측면이 일부 지역의 고객을 위해 맞춰질지라도, 이는 브랜드가 대표하는 중심 가치와 메시지, 속성이 다른 시장에서도 일정해야 함을 의미한다.

④ 현지시장을 위한 메시지 맞춤화

글로벌 브랜드 포지셔닝은 일률적인 것이 아니다. 브랜드의 핵심 정체성과 일관성을 유지하는 동시에, 메시징과 커뮤니케이션 전략을 지역의 문화적 규범과 취향에 맞게 조정하는 것이 필요하다. 이는 광고를 현지 언어로 번역하거나, 현지와 관련된 이미지를 사용하거나, 특정 제품 속성을 변경하는 것을 포함할 수 있다.

⑤ 디지털 미디어와 플랫폼 활용하기

현재 연결된 세계에서 디지털 미디어와 플랫폼은 글로벌 브랜드 포지셔닝에서 중요한 역할을 한다. 소셜미디어, 웹사이트, 온라인 광고는 글로벌하게 소비자에게 접근하고 브랜드의 가치 제안을 전달하는 데 강력한 도구가 될 수 있다. 또한, 다양한 시장에서 소비자와 교류하고 브랜드 충성도를 구축하는 데 사용될 수 있다.

⑥ 모니터링과 적응하기

시장 상태와 소비자 취향이 변화함에 따라 브랜드의 포지셔닝을 지속해서 모니터링하고 필요한 조정을 하는 것이 중요하다. 이는 가치 제안을 업데이트하거나 새로운 커뮤니케이션 전략을 시도하거나, 경쟁 위협에 대응하여 브랜드를 재배치하는 것을 포함할 수 있다.

결론적으로, 글로벌 브랜드 포지셔닝은 시장 차이를 이해하고, 매력적인 가치 제안을 만들고, 브랜드 정체성과 일관성을 유지하며, 지역시장에 맞는 메시지를 맞춤화하고, 디지털 미디어를 활용하며, 전략을 지속적으로 모니터링하고 적응하는 다양한 과정을 포함한다.

3) 브랜드 자산관리

브랜드 자산관리(brand equity management)는 브랜드가 고객과 시장에서 가지는 가치를 측정하고 유지하며 향상하는 과정이다. 브랜드 자산은 고객들이 브랜드와 관련된 제품이나 서비스를 얼마나 긍정적으로 인식하는지를 반영하는 중요한 요소이다. 이것은 또한 브랜드 충성도, 인지도, 품질 인식, 연관성과 같은 여러 하위 요소로 구성된다. 브랜드 자산관리의 주요 목표는 브랜드를 장기적으로 강화하고, 시장 지위를 향상하는 것이다. 브랜드 자산관리를 위해 고려해야 할 몇 가지 핵심요소는 다음과 같다.

① **브랜드 인지도 증가**: 브랜드 인지도는 고객들이 특정 브랜드를 얼마나 쉽게 인식하는지를 나타낸다. 브랜드를 잘 알리는 것은 브랜드 자산을 높이는 데 중요하다.

② **브랜드 이미지 및 인식 향상**: 브랜드 이미지는 고객들이 브랜드에 대해 가지고 있는 인상이며, 브랜드 인식은 제품의 품질과 신용도에 대한 고객의 인식이다. 긍정적인 이미지와 높은 품질 인식은 브랜드 자산을 강화한다.

③ **고객 충성도 구축**: 고객 충성도는 고객이 계속해서 특정 브랜드의 제품이나 서비스를 구매하는 경향이다. 충성 고객은 브랜드에 대해 더 많은 긍정적인 단어를 전파하고, 더 많은 매출을 일으킨다.

④ **경쟁력 유지**: 경쟁력을 유지하기 위해 기업은 지속적으로 혁신하고 브랜드에 대한 긍정적인 인식을 높이는 마케팅 전략을 수립해야 한다.

이러한 요소들을 효과적으로 관리하면 기업은 브랜드 자산을 높이고, 시장에서 더 강력한 위치를 확보할 수 있다. 브랜드 자산관리는 글로벌 시장에서 성공적으로 경쟁하기 위한 필수적 요소이다.

Brief Case 칸타 브랜드Z '2023년 글로벌 톱 100 브랜드' 순위 발표

선도적인 데이터 인사이트 컨설팅 기업 칸타가 칸타 브랜드Z '2023년 글로벌 톱 100 브랜드(Most Valuable Global Brands 2023)' 순위를 발표했다. 애플은 2년 연속 글로벌 1위를 차지하며 브랜드 파워를 자랑했다.

이번 조사결과에 따르면 브랜드Z '2023년 글로벌 톱 100 브랜드'의 가치 총합은 6조 9천억 달러로 지난 한 해 동안 전년 동기 대비 20% 하락했다. 그러나 팬데믹 이전인 2019년과 대비해서는 47% 성장한 수치를 보이며 강력한 브랜드 가치를 바탕으로 장기적인 성장 궤도는 유지되는 것으로 나타났다.

특히 애플은 어려운 시장 상황에서도 뛰어난 회복력을 보이며 약 8,800억 달러의 브랜드 가치를 기록하고 2년 연속 1위에 올랐다. 애플은 긍정적인 브랜드 인식으로 프리미엄 가격을 정당화하고, 의미 있고 차별화된 브랜드가 글로벌 경제 불확실성을 극복하는 데 효과적이라는 것을 입증했다. 2위와 3위에는 구글(약 5,776억 달러)과 마이크로소프트(약 5,018억 달러)가 올랐다. 코카콜라는 브랜드 가치가 8% 상승한 약 1,061억 달러로 7년 만에 톱 10 순위에 재진입하는 회복력을 보였다. 테슬라는 약 676억 달러의 브랜드 가치로 25위에 올랐고, 자동차 부문에서 1위를 차지했다.

전체적으로 브랜드 가치가 하락세였지만 글로벌 톱 100 브랜드 중 16개 브랜드는 브랜드 가치가 상승했다. 이 중에서도 브랜드 가치 76위를 차지한 에어텔(Airtel)과 91위의 펩시(Pepsi)는 각각 24%(약 223억 달러), 17%(약 188억 달러)의 성장을 보이며 2022년 대비 가장 높은 브랜드 가치 상승률을 달성했다.

❖ **표 7-1** 글로벌 톱 100 브랜드

순위	브랜드(국가)	2023년 브랜드가치($Mil.)	2022년 브랜드가치($Mil.)
1	APPLE (미국)	880,455	947,062
2	GOOGLE (미국)	577,683	819,573
3	MICROSOFT (미국)	501,856	611,460
4	AMAZON (미국)	468,737	705,646
5	MCDONALD'S (미국)	191,109	196,526
6	VISA (미국)	169,092	191,032
7	TENCENT (중국)	141,020	214,023
8	LOUIS VUITTON (프랑스)	124,822	124,273
9	MASTERCARD (미국)	110,631	117,253
10	COCA-COLA (미국)	106,109	97,883

출처: KANTAR BRAND Z, 2023 글로벌 100 브랜드(주요 브랜드)

이번 브랜드Z 순위에서는 애플, 구글, 마이크로소프트, 아마존, 텐센트 등 테크 브랜드들이 100대 브랜드에서 많은 비중을 차지했으며, 시장 변동에 가장 탄력적인 분야는 '럭셔리', '패스트푸드', '식음료'로 나타났다. 식음료 브랜드들은 전년 대비 브랜드 가치가 3% 감소에 그쳤고 가장 높은 회복력을 보였다.

럭셔리 브랜드들은 점진적으로 가격 인상을 단행했음에도 불구하고 매력을 유지했다. 루이비통은 브랜드 가치 약 1,248억 달러로 전체 순위에서 8위를 차지, 럭셔리 브랜드 중 유일하게 글로벌 톱 10 브랜드에 포함됐다. 디올은 비록 100위권 밖이지만 럭셔리 제품 카테고리에서 빠르게 성장하며 브랜드 가치 114억 달러를 기록했다. 럭셔리 브랜드들은 경제 불황에도 불구하고 고유한 자산을 활용해 더 높은 수요를 이끌어내고 가격 정책에서 탁월한 성과를 나타낸 것으로 분석됐다.

지속가능성은 브랜드에게 여전히 미개척지로서 글로벌 톱 100 브랜드 중 단 2%만이 이 분야에서 '선도적'으로 인식되고 있었다.

칸타 브랜드Z 책임자인 마르틴 게리에리아(Martin Guerrieria)는 "올해의 결과는 세계 100대 브랜드의 가치 총합이 하락했음에도 불구하고, 2008년 글로벌 금융 위기 이후부터 2020년 팬데믹 확산 때까지 이어진 브랜드의 장기적 성장 추세가 지속되고 있음을 보여준다. 변동성이 증가하면서 시장은 글로벌 거시경제에 큰 영향을 받고 있지만 브랜드에 대한 소비자의 관점은 훨씬 더 안정적인 것으로 확인됐다"며 "브랜드가 성장하기 위해서는 브랜드 구축, 제품 및 시장 다각화에 지속적으로 투자해야 한다. 올해 결과는 현재의 거시경제 환경에서도 소비자와의 강력한 연결을 구축하고 유지하는 데 초점을 맞춘 전략이라면 어떤 범주와 영역에서도 성장할 방법을 찾을 수 있음을 보여준다"고 설명했다.

칸타 브랜드Z는 54개 국가의 2만개 브랜드 자산 평가 데이터베이스를 구축하고 있는 세계 최대 규모의 브랜드 자산평가 플랫폼이다. 칸타 코리아는 오는 8월, 글로벌 브랜드 Z 데이터베이스와 한국 연구조사결과를 바탕으로 '한국 브랜드Z' 톱 30대 브랜드 순위와 가치평가결과를 최초로 공개할 예정이다.

출처: 서울경제 (2023.06.16). (https://www.sedaily.com/NewsView/29QVLWLZD3)

03 시장 진입 전략

해외시장 진입방식은 [그림 7-7]의 절차를 거쳐 결정한다.

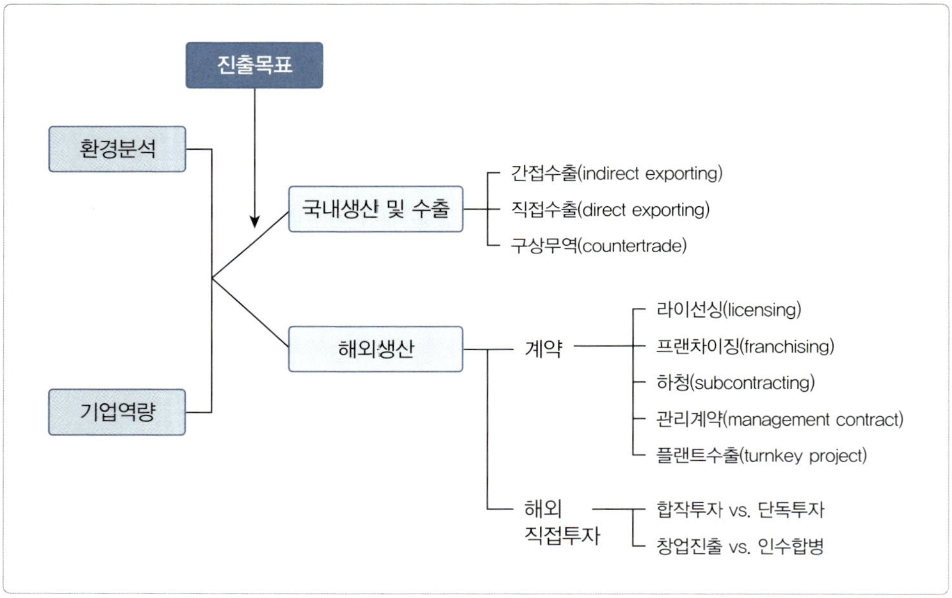

❖ **그림 7-7** 해외시장 진입방식

기업 외부, 즉 현지시장의 환경분석과 내부 역량을 분석한 결과를 종합하여 결정할 수 있는 진입방식은 다시 〈표 7-2〉로 정리할 수 있다. 크게 본국에서 완제품을 제작하여 수출하는 방식과 해외에서 직접 생산하는 방식 중 어느 것을 선택하는지에 따라 진입방식이 달라진다.

❖ **표 7-2** 진입방식별 특징

구분		유형		비고
본국 혹은 제3국 생산 후 완제품 수출		수출	• 간접수출 • 직접수출	• 가장 보편적인 진입방법
생산요소 이전 후 현지 생산	생산요소 일부 이전	계약	• 라이선싱 • 프랜차이징 • 계약생산 • 관리계약 • 턴키계약 • BOT(build, operation, transfer) 방식	• 생산요소 단일 이전(기술, 특허권) • 계약형태 진입방식 • 책임/위험 작고 안정적 수입 보장 • 현지시장 통제권이나 투자수익의 기회 없음
	생산요소 복합 이전	직접투자	• 단독투자, 합작투자 • 신설, 인수 · 합병	• 생산요소 복합 이전 • 위험 수반, 통제권과 함께 높은 투자수익의 기회

위의 내용은 다시 해외시장 진입 결정 기업이 투입하는 자원과 통제 수준에 따라 단계형 그림으로 표현할 수 있다([그림 7-8] 참조).

자원 투입이 많을수록 복잡한 형태의 진입방식을 택하는 방향으로 가며, 동시에 통제 수준도 높아지는 특징이 있다.

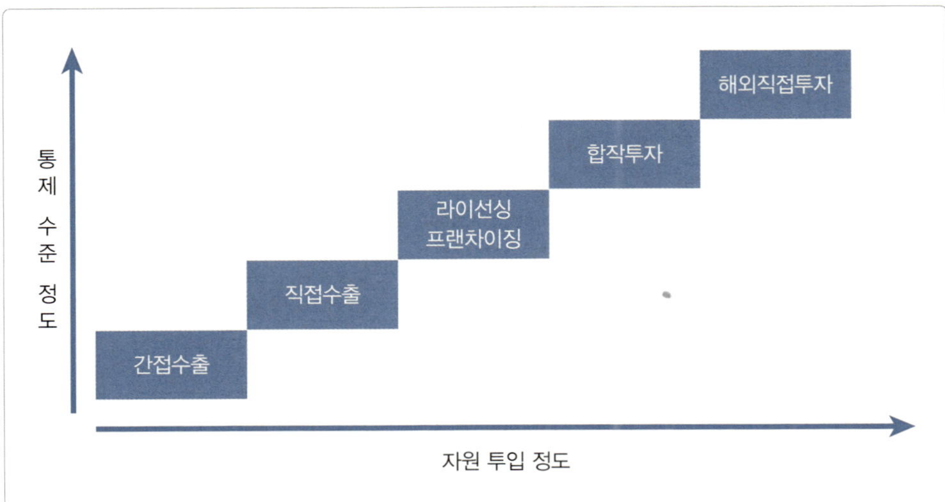

❖ **그림 7-8** 해외시장 진입 단계

1) 수출

수출은 과잉생산 처분이나 유휴생산시설을 활용하려는 동기에서 출발한다. 국내시장이 협소한 경우 규모의 경제 이익을 누리기 위해 수출 활동을 전개하는 것이다. 국내보다 수출을 통한 이익이 많거나 경쟁 조건이 해외가 더 유리할 때 진행한다. 예컨대, 원천적 기술은 있지만 국내시장이 형성되어 있지 않을 때 수출을 선택한다. 즉, 더 직접적인 해외진출방법을 모색하기 위한 시험대로서 해당 진입방식을 채택한다.

직접수출의 경우는 주로 대기업이 채택한다. 해외시장조사, 해외고객 발굴, 수출가격 책정, 유통경로 선정, 마케팅뿐 아니라 필요한 서류작성까지 수출 관련 업무를 타인에게 의뢰하지 않고 제조업체 스스로 수행하는 것을 의미한다. 직접수출의 장점으로는 다음과 같은 내용이 있다. 첫째, 해외 고객과의 접촉 증가 및 유대관계 강화는 독자적인 해외시장 구축으로 이어진다. 둘째, 해외 유통경로를 포함한 마케팅 통제력이 강화된다. 셋째, 직접적인 이윤 극대화가 가능하다. 단점으로는 다음과 같은 점들이 있다. 첫째, 수출전담부서나 인원보충의 부담이 있고 현지 자회사나 지점 설립 시 비용이 크다. 둘째, 현지에 대한 전문지식 미비로 실패의 위험이 높아질 수 있다. 셋째, 수출중간상의 이용 기회를 상실할 수 있다.

반면에 간접수출은 주로 중·소기업이 채택하는 진입방식이다. 종합무역상사, 수출대행업자, 수출조합, 외국상인 등을 이용하여 수출 관련 기능을 외부에 의존하여 해외에 제품을 판매하는 방식이다. 간접수출방식의 장단점은 직접수출과 반대이다. 종합상사의 경우 기존 종합상사는 정보력에 의존하였으나, 인터넷과 정보통신기술의 발달로 경쟁우위가 사라지고 있다. 또한, 과거와 달리 정부의 지원이 없어지고, 계열사의 후원도 끊어져 캡티브 마켓(Captive Market)[5]이 사라져 지식을 중개하거나 해외 신 시장 개척, 대기업의 벤처기업 지원 및 투자 지원, 해외 대규모 플랜트 건설 입찰, 벤처투자 또는 본국이 아닌 제3국 간의 무역 증대의 역할에 집중하고 있다.

5) 캡티브 마켓은 잠재적인 소비자가 극도로 제한된 수의 경쟁 공급업체와 마주하는 시장이다.

2) 계약방식

기술이나 노하우의 판매가 주요 대상이다. 따라서 상품을 파는 수출과 다르며, 직접적인 자본이 투하되는 직접투자와도 상이하다.

(1) 라이선싱(licensing)

특정기업(licensor)이 보유하고 있는 지적재산권과 노하우 등이 활용될 수 있도록 기술지원 및 정보를 제공하고 이에 부수되는 권리를 부여하는 대가로 로열티를 받는 진입방식이다. 장점으로는 첫째, 별도의 투자 없이 로열티를 통한 이윤 확대가 가능하다. 둘째, 사업과 관련한 또 다른 기술이나 노하우 확보가 수월(라이선스 사용 기업을 통해 기술관련 시장정보 피드백을 통해)하다. 셋째, 지적재산권 보호에 적합하다. 넷째, 현지시장에서 실패 시 피해액이 적다. 다섯째, 직접적인 설비투자 이전이 없으므로 소규모 제조업체도 수월하게 채택할 수 있다. 단점으로는 첫째, 수익률의 극대화가 어렵다. 둘째, 가맹기업을 경쟁자로 키울 수 있다. 마지막으로 통제가 쉽지 않다. 라이선시(licensee)를 교체하려 해도 복잡한 법적 절차 및 시장에서 라이선서(licensor)의 이미지 추락에 대한 방안을 모색해야 한다.

(2) 프랜차이징(franchising)

광의의 라이선싱의 하나로 상표나 상호의 사용권을 가맹기업(franchisee)에 부여하고, 추가로 원료, 부분품, 또는 서비스 등 최종 제품의 중요한 성분을 계속해서 일괄공급, 판매하는 권리를 확보하는 방법이다.

라이선싱과의 차이점은 라이선싱이 주로 기술과 관련된 권리나 노하우를 대상으로 삼는 반면, 프랜차이징은 상표, 점포 내 진열, 대고객서비스기법 등 마케팅과 관련된 노하우를 계약 대상으로 한다는 데 있다.

프랜차이징이 가능한 조건은 상품의 표준화 및 소비자의 상품에 대한 인지도가 높아야 한다는 점이다.

(3) 계약생산(contract manufacturing)

OEM(Original Equipment Manufacturing: 주문자상표부착생산)이 대표적이며 진출대상국의 업체로 하여금 일정한 계약조건하에 제품을 생산하여 주문자의 상표를 붙여 현지 또는 제3국에 판매(예: Fila Korea)하는 방식을 말한다.

(4) 관리계약(경영계약)

현지 파트너기업에 무형의 경영서비스를 제공하는 진입방식을 말한다. 전문서비스업종에 적합하다. 예를 들면 금융이나 호텔 서비스업 등에서 자주 채택하는 방식으로 일정 기간 동안 서비스 기관을 위탁 운영하는 방식으로 해외시장에 진입한다.

(5) 해외건설 및 플랜트 수출

턴키계약(turnkey contract)이라 불리기도 하며, 플랜트 수출은 일괄수주계약(시운전까지 완료하고 인계)을 말한다. 추가적인 경영관리나 근로자 훈련을 시키는 것은 '턴키 플러스'라고 한다. 이러한 진입방식은 사업의 안정성을 위해 상대국 계약 주체가 사업의 이행을 보증하는 서류를 요청하는 경우가 있다. 예를 들어 중동에 수출한 원자력시설 등 대규모 공사들의 경우 이행보증을 요구(수출입은행 또는 수출보험공사 등 정부의 보증을 요구함)하기도 한다.

3) 투자에 의한 방법

(1) 해외직접투자(foreign direct investment)

해외직접투자란 유형자원인 자본뿐 아니라 무형자원인 기술, 특허, 상표권, 마케팅 노하우 등을 기업 목표인 이익과 성장을 전제로 하여 외국 투자대상기업에 경영지배 또는 경영참여의 목적으로 이전시키는 해외시장 진입방식이다.

해외직접투자는 경영지배 또는 참여를 통한 통제 목적이 높을 때 사용하는 진입방식으로, 자본뿐 아닌 무형자산이나 실물자산에 의해서도 가능하며, 기업의 성장을 의미하는 국제적 확대 과정에 해당한다.

① 해외직접투자의 유형

- 천연자원지향형 해외직접투자: 1990년 후반부터 시작된 베트남 해양유전 개발 → 중동보다 1/3 저렴한 가격이며, 200일 비축에 해당한다.
- 시장지향형 해외직접투자: 관세, 비관세장벽을 회피하고, 기존 수출시장 방어 및 신시장 개척을 위해 사용하는 방법이다.
- 생산효율지향형 해외직접투자: 생산요소의 가격이 저렴한 곳에 투자하는 진입방식을 말한다. Nike & Reebok의 경우 동남아시아 시장에 이러한 목적으로 해외직접투자를 진행하였다.
- 지식지향형 해외직접투자: 선진기술이나 경영기법을 습득하기 위해 채택하는 방식으로 실리콘 밸리, 이탈리아 소재 패션디자인 연구소 등에서 주로 사용한다.

② 해외직접투자의 장단점

장점으로는 수출보다 관세, 노동력, 운송비 등의 공급가격을 낮출 수 있다. 또한 현지에서의 통제 강화(조직, 마케팅) 및 적응성 강화에 사용하기 적합한 진입방식이다. 단점으로는 다른 진입방식보다 투입되는 자원이 많아 실패했을 경우의 위험이 높다. 또한, 다른 진입방식과 비교하여 가장 많은 자본 투자를 요구하므로 여유자원이 풍부한 기업에 국한되는 문제가 있다.

(2) 합작투자(joint venture)

단독투자와 합작투자의 차이점은 지분율의 차이이다. 100% 미만인 지분을 보유하는 경우를 합작투자라고 한다. 이는 다시 50%를 초과하는 주력투자, 50% 지분을 소유한 동등투자, 50% 미만의 지분을 투자한 비주력투자로 나눌 수 있다.

다른 나라의 기업 간에 자본은 물론 기술, 경영, 마케팅, 인력 및 자금조달, 원료, 부품 및 기계설비 등 공급원의 확보까지 여러 면에서 각 기업의 자원과 능력을 결합시키는 데 목적을 둔 해외시장 진입방식이다.

① 합작투자의 장점

상대적으로 적은 자본을 투입하고 해외시장에 파트너와 함께 진입할 수 있다. 또한, 상대회사(현지 회사인 경우 더 좋음)의 능력을 활용할 수 있으며, 현지화 전략을 채택할 때 좋은 방법이다. 그리고 현지 고객에게 접근성이 높다는 장점이 있다. 현지 파트너의 운영 노하우를 전수받아 현지시장에 적용 가능하기 때문이다.

② 합작투자의 단점

경영통제 약화 및 기술, 노하우의 유출 위험이 있다. 또한 주요 의사결정 시 의견대립 가능성이 있다. 협력사업이 합작투자와 다른 점은 사업의 기한이 정해져 있다는 점인데, 특정 프로젝트의 완성을 위해서 협력하고 사업이 완료되면 협력을 종결하는 방식을 말한다.

04 최신 기술 활용

1) 전자상거래를 활용한 글로벌 마케팅

전자상거래 또는 E-commerce는 인터넷을 사용하여 상품이나 서비스를 사고파는 것과 이러한 거래를 실행하기 위해 금전과 데이터를 전송하는 것을 말한다. 전자상거래는 기업이 물리적 매장 없이 전 세계 소비자에게 제품을 판매할 수 있게 해주기 때문에 글로벌 마케팅의 필수적인 부분이 되었다. 대표적인 예는 다음과 같다. 첫 번째로 아마존(Amazon)을 들 수 있다. 아마존은 전자상거래의 전형적인 예이다. 아마존은 온라인 서점에서 시작하여 거의 모든 것을 판매하는 곳으로 빠르게 확장되었다. 아마존은 사용자 친화적인 웹사이트와 모바일 앱을 통해 전 세계 여러 지역의 소비자가 광범위한 제품을 구매할 수 있도록 한다. 글로벌 주문 처리 네트워크를 통해 다양한 국가의 고객에게 제품을 효율적으로 배송할 수 있다. 두 번째로 중국에 본사를 둔 알리바바(Alibaba)가 있다. 알리바바는 전자상거래 공간에서 또 다른 중요한 역할을 하는데, 특히 도매거래의 경우 구매자와 판매자를 연결한다. 이를 통해 전 세계의 중소기업이 글로벌 시장에서 제품을 소싱하거나 제품을 판매할 수 있게 되었다. 알리익스프레스(AliExpress) 같은 알리바바의 플랫폼이 이용된다. 세 번째는 엣시(Etsy)이다. 엣시는 핸드메이드, 빈티지, 공예품 등 독특하고 창의적인 상품을 전문으로 취급한다. 공예가, 예술가와 수집가가 전 세계적으로 제품을 판매할 수 있는 시장을 제공하는데, 독특하고 장인적인 제품에 중점을 두어 전자상거래 시장에서 틈새시장을 개척했다. 네 번째는 쇼피파이(Shopify)이다. 이 기업은 개인과 기업이 온라인 상점을 만들 수 있는 전자상거래 플랫폼이다. 광범위한 기술 지식 없이도 온라인 상점을 설정할 수 있는 쉬운 방법을 제공하기 때문에 창업가들 사이에서 점점 인기를 얻고 있다. 많은 소기업과 스타트업이 쇼피파이를 통해 전 세계 고객에게 다가갈 수 있게 한다.

전자상거래는 기업이 전 세계적으로 비즈니스를 수행하는 방식을 혁신하면서 기업이 더 많은 고객에게 도달하고 비용을 절감하며 고객경험을 개선할 수 있는 효율적인 플랫폼을 제공한다. 이러한 전자상거래의 성장은 모바일 기기, 온라인 결제 시스템, 물류 혁신과 같은 기술발전으로 더욱 가속화되고 있다.

2) 모바일 마케팅을 활용한 글로벌 마케팅

모바일 마케팅(mobile marketing)은 휴대폰, 태블릿 등 모바일 기기를 통해 제품 또는 서비스를 마케팅하는 전략이다. 모바일 기기의 보급과 함께 소비자들은 거의 항상 휴대폰을 가지고 다니게 되었고, 이를 통해 다양한 마케팅 기회가 확대되었다. 대표적인 모바일 마케팅 방식에는 다음과 같은 것들이 있다.

- SMS 마케팅: 휴대폰으로 짧은 문자 메시지를 전송하여 상품 또는 할인정보를 고객에게 알릴 수 있다. 예를 들어, 음식 배달 서비스가 신 메뉴 출시나 할인행사를 알리기 위해 고객들에게 SMS를 보낼 수 있다.
- 앱 기반 마케팅: 기업은 자체 앱을 개발하거나 기존의 인기 앱을 활용하여 소비자들에게 광고를 전달할 수 있다. 예를 들어, 의류 브랜드는 자체 앱을 통해 새로운 상품을 소개하거나 할인 이벤트를 진행할 수 있다.
- 모바일 광고: 모바일 앱, 웹사이트 또는 게임 내에 광고를 배치하여 소비자들에게 상품이나 브랜드를 홍보할 수 있다. 예를 들어, 모바일 게임 앱에서 사용자들은 광고 시청 또는 특정 레벨 도달과 같은 조건을 충족하면 보상을 받을 수 있다.
- 위치 기반 마케팅: GPS 기능을 활용하여 휴대폰 사용자의 위치정보를 파악하고, 해당 위치에서 가장 가까운 상점 또는 할인 이벤트를 알려주는 서비스를 제공할

수 있다. 예를 들어, 커피전문점은 특정 지역에 있는 소비자들에게 할인쿠폰을 보낼 수 있다.

- 모바일 결제: 모바일 앱이나 웹사이트를 통해 제품이나 서비스를 즉시 구매할 수 있는 모바일 결제 시스템을 도입할 수 있다. 예를 들어, 음악 스트리밍 서비스는 모바일 앱을 통해 구독 신청 및 결제를 할 수 있도록 하여 사용자들에게 편의성을 제공할 수 있다.

이러한 모바일 마케팅 전략은 소비자들이 휴대폰을 자주 사용하고 있는 현대 사회에서 유용하게 활용될 수 있으며, 기업들은 모바일 마케팅을 통해 더 많은 고객에게 접근할 수 있다.

3) 인공지능과 데이터 분석을 활용한 글로벌 마케팅

인공지능과 데이터 분석은 현재 글로벌 마케팅에서 기술을 활용하는 중요한 요소이다. 인공지능은 기계가 사람과 유사한 지능을 갖도록 만들어진 기술로서 마케팅 전략 수립, 표적고객 선정(targeting), 광고 캠페인 관리 등 다양한 마케팅 활동에 적용될 수 있다. 예를 들어, 언어처리기술을 사용한 자동번역 시스템을 활용하여 다국어로 제작된 마케팅 콘텐츠를 신속하게 번역할 수 있다. 이를 통해 글로벌 시장에서 소비자에게 더욱 신속하고 정확한 정보를 전달할 수 있습니다. 데이터 분석은 수집된 데이터를 분석하여 유용한 통찰력을 도출하는 과정을 의미한다. 글로벌 마케팅에서는 대량의 데이터를 수집하여 고객의 행동 패턴, 선호도, 구매력 등을 파악함으로써 정확한 타깃 마케팅을 할 수 있다. 예를 들어, 소셜미디어 플랫폼에서 수집된 데이터를 분석하여 특정 지역의 소비자 성향을 파악하고, 해당 지역에 맞는 광고 캠페인을 실행할 수 있다.

인공지능과 데이터 분석을 함께 활용하면 더욱 강력한 마케팅 전략을 구축할 수 있다. 예를 들어, 인공지능 기반의 알고리즘을 사용하여 데이터를 분석하고 소비자 행동을 예측할 수 있다. 이를 통해 개별 소비자에게 맞춤형 광고를 제공하거나 개인화된 추천 시스템을 구축할 수 있다. 이는 글로벌 시장에서 경쟁력을 갖춘 마케팅 전략을 구현하는 데 도움이 된다.

이처럼 인공지능과 데이터 분석은 글로벌 마케팅에서 효과적인 도구로 활용될 수 있다. 기업은 이러한 기술을 적극적으로 채택하여 국제시장에서의 경쟁력을 강화하고, 고객과의 상호작용을 개선하는 데 활용할 수 있다.

4) 소셜미디어 플랫폼을 활용한 글로벌 마케팅

소셜미디어 플랫폼은 현대적인 마케팅 전략에서 매우 중요한 역할을 한다. 소셜미디어는 다양한 온라인 플랫폼을 통해 사용자들이 정보를 공유하고 소통하는 도구이다. 이를 통해 기업은 글로벌 마켓에서 소비자들과 더 가깝게 상호작용할 수 있으며, 제품이나 브랜드를 홍보하고 고객과의 관계를 구축할 수 있다. 예를 들어, 한 기업이 소셜미디어 플랫폼을 사용하여 글로벌 마케팅을 수행한다고 가정해 보자. 이 기업은 여러 가지 소셜미디어 플랫폼을 활용하여 제품에 대한 소식을 전하고 소비자들과 상호작용한다.

첫째로, 페이스북을 이용하여 제품을 홍보할 수 있다. 기업은 페이스북 페이지를 만들고 제품에 대한 정보와 이미지를 게시할 수 있다. 또한, 사용자들과의 상호작용을 위해 투표나 이벤트를 개최할 수도 있다. 이를 통해 제품에 대한 인지도를 높이고 소비자들과의 관계를 형성할 수 있다.

둘째로, 인스타그램을 활용하여 제품의 시각적인 매력을 강조할 수 있다. 인스타그램은 이미지와 동영상을 중심으로 한 플랫폼이기 때문에 제품의 사진을 게시하고 브랜드의 스토리텔링에 활용할 수 있다. 제품을 사용한 사람들의 인스타그램 포스트를 활용하거나 유명 인플루언서와 협력하여 제품을 소개하는 방식도 가능하다. 이를 통해 제품에 대한 시각적인 인상을 강화하고 소비자들의 관심을 끌 수 있다.

셋째로, 유튜브와 같은 동영상 플랫폼을 이용하여 제품에 대한 비디오 콘텐츠를 제작할 수 있다. 제품의 특징이나 사용방법을 보여주는 동영상을 제작하거나, 제품과 관련된 튜토리얼이나 리뷰 영상을 만들어 공유할 수 있다. 이를 통해 소비자들은 제품에 대한 실제 사용 경험을 확인할 수 있고, 기업은 제품의 가치와 성능을 보여줄 수 있다.

위의 예시들은 소셜미디어 플랫폼을 활용하여 글로벌 마케팅 전략을 수행하는 방법의 일부에 불과하다. 소셜미디어의 종류와 기능은 더욱 다양하며, 기업은 이러한 플랫폼을 적절하게 활용하여 전략적인 마케팅을 구현할 수 있다. 소셜미디어는 실시간 상호작용과 글로벌 소비자와의 연결성을 제공하기 때문에, 기업은 이를 통해 빠르게 피드백을 받을 수 있고, 소비자들과의 관계를 강화하며, 브랜드 인지도를 향상할 수 있다.

마무리사례 가지 않는 자동차, 쉐보레 노바(Chevrolet No Va)

실패한 글로벌 마케팅 캠페인의 한 가지 고전적인 예는 우리에게도 친숙한 쉐보레(Chevrolet)가 벌인 일인데, 1970년대 중남미에서 출시된 쉐보레 노바(Chevrolet Nova)의 사례이다. 미국의 GM 모터스의 브랜드 중 하나인 쉐보레(Chevrolet)의 쉐보레 노바(Chevrolet Nova)는 작고 저렴한 차로 유명했다. 1960년대 초에 처음 생산되었으며 1980년대 후반까지 계속 생산되었는데, 노바는 쿠페, 세단, 해치백 등 다양한 스타일로 출시됐으며 신뢰성과 가성비로 많은 사랑을 받았다. 쉐보레(Chevrolet)는 해외진출을 위해 중남미에서 인기 있는 자동차 모델인 노바(Nova)를 출시하기로 했다.

❖ 그림 7-9 가지 않는 자동차, 쉐보레 노바

출처: 이코노미스트 (2013.4.24).

노바(Nova)는 미국에서 호평을 받았기에 쉐보레(Chevrolet)는 중남미 시장에서도 비슷한 반응을 기대했다. 그러나 쉐보레(Chevrolet)는 '노바(Nova)'라는 이름이 가지는 중요한 측면을 간과했다. 중남미에서 널리 사용되는 스페인어에서 'no va'는 문자 그대로 '가지 않는다'를 의미한다. 주행이 주된 기능인 자동차에게 이 얼마나 수치스러운 의미인가? 이 미국의 자동차 대기업은 그 의미를 사전에 알지 못했던 것이다. 어쩌면 지극히 자기준거주의(SRC)에 근거한 전형적인 미국적 사고방식이었을지도 모른다.

쉐보레 노바(Chevrolet Nova)는 당연히 중남미에서 매출이 저조하였고, 많은 사람은 스페인어로 '가지 않는다'로 부주의하게 번역된 브랜드명이 실패에 중요한 역할을 했다고 믿었다. 일부 분석가들은 가격 및 유통과 같은 다른 요소도 작용했다고 주장하지만 '노바(Nova)'라는 이름은 여전히 글로벌 마케팅 실수의 전형적인 예이다. 이러한 실패는 자주 목격된다. 한국의 KIA 자동차도 미국에 진출 시 그 이름 때문에 구설수에 올랐는데, KIA는 미군의 군사용어로 Killed In Action의 약어이다. 즉 '전사자'라는 뜻인데 자동차 회사의 이름으로는 그리 환영받지 못하는 명칭이라 할 것이다. 다만 군사용어에 익숙지 않은 일반인들에게까지 회자되지는 않았지만, 글로벌 마케팅에서 번역의 중요성을 알려주는 사례이기도 하다.

해외시장으로 진출할 때 현지 문화와 언어를 이해하는 것은 매우 중요하다. 그 이유는 한 국가에서 잘 작용하는 것이 다른 국가에서는 완전히 다르거나 부정적인 의미가 있을 수 있기 때문이다. 이러한 사고를 방지하기 위해서는 제품 출시 전에 철저한 해외시장조사를 수행하는 것이 필수이다. 여기에는 표적시장(target market)의 언어, 소비자 행동, 선호도 및 문화적 느낌을 이해하는 것까지 포함하며, 브랜드 및 제품 이름을 정할 때 해당 명칭이 어떻게 번역되고 다른 언어에서는 어떤 의미가 있을 수 있는지 자세히 숙고하는 것이 중요하다.

쉐보레 노바(Chevrolet Nova)는 1980년대 후반부터 생산이 종료되기까지 다양한 시장에서 성공적으로 판매되었지만, 중남미에서의 초기 출시 때의 실수는 여전히 글로벌 비즈니스에서 문화적 민감성과 이해의 중요성에 대해 글로벌 마케터들에게 시사점을 제공해 주고 있다.

학 · 습 · 정 · 리 · 문 · 제

1. STP 전략의 수립 과정을 설명하시오.

2. 포지셔닝 방법을 정하는 다양한 기준에 관해 설명하시오.

3. 시장 세분화에서 소비자 행동 기준에 따른 분류방법을 설명하시오.

4. 해외시장 진입방식을 자원 투입과 통제 수준의 관점에서 설명하시오.

5. 해외시장 진입방식 중 라이선싱과 프랜차이징의 차이를 비교하시오.

6. 최신 기술을 활용한 글로벌 마케팅 사례를 설명하시오.

GLOBAL
MARKETING

글로벌 마케팅 관리 및 통제는 글로벌 마케터의 목표를 달성하기 위해 전 세계의 다양한 마케팅 환경을 감안하여 마케팅에 관한 각종 전략과 전술을 실행하는 것을 의미한다. 글로벌 마케팅 수단은 4P로 표현되는 마케팅 믹스이다. 글로벌 마케팅믹스에는 글로벌 제품관리(global product management), 글로벌 가격관리(global price management), 글로벌 유통관리(global place management), 글로벌 촉진관리(global promotion management)로 구성된다. 글로벌 마케터는 이러한 마케팅 믹스를 체계적으로 이해함으로써 글로벌 마케팅에서 활용되는 여러 가지 수단을 전체적으로 균형 있게 조정 및 구성할 필요가 있다.

GLOBAL
MARKETING

PART 04

글로벌 마케팅 관리 및 통제

CHAPTER 08

GLOBAL MARKETING

글로벌 제품관리

학 습 목 표

첫째, 글로벌 맥락에서 제품의 정의와 중요성에 대해 학습한다.

둘째, 제품 적응과 표준화에 대해 이해한다.

셋째, 글로벌 시장을 위한 제품 개발에 대해 학습한다.

넷째, 글로벌 제품 수명주기의 관리에 대해 학습한다.

다섯째, 글로벌 마케팅의 제품 전략을 위한 미래 동향 및 고려사항들을 이해한다.

CHAPTER 08 글로벌 제품관리

도입사례 전 세계 코카콜라의 맛은 동일한가?

코카콜라는 일관된 브랜드 이미지와 제품 공식을 유지하면서 현지 문화와 선호도에 전략을 적용하여 전 세계적으로 제품을 효과적으로 마케팅한 대표적 글로벌 브랜드이다. 이러한 접근방식을 통해 코카콜라는 다양한 시장의 소비자와 공감할 수 있었다. 코카콜라는 검은색 내용물과 빨간 라벨로 유명한 대표적인 표준화 제품이지만 사실 다양한 현지화를 시도하는 제품이다. 다음은 코카콜라의 성공적인 현지화 노력을 보여주는 몇 가지 예이다.

- **멕시코의 코카콜라:** 멕시코에서 코카콜라는 전통적인 맛에 대한 강한 문화적 애착을 인식하고 스테비아와 같은 천연감미료로 단맛을 낸 "코카콜라 라이프"를 출시했다. 이 제품은 건강을 좀 더 의식하는 추세에 맞춰 덜 단 음료에 대한 선호도를 충족시켰다.
- **중국의 코카콜라:** 건강을 위해 뜨거운 음료를 선호하는 중국의 풍부한 차 문화를 인식하고, 코카콜라는 따뜻하게 섭취할 수 있는 콜라 제품을 선보였다. 이 콜라에는 감기증상을 완화하기 위해 콜라를 생강과 함께 끓이는 중국 전통 가정요법에서 영감을 얻어 생강이 함유된 콜라를 출시했다.
- **일본의 코카콜라:** 일본은 차를 마시는 문화가 강하고 녹차는 대중적인 음료 선택이다. 코카콜라는 이러한 선호도를 인식하고 일본 시장을 위해 특별히 녹차 맛이 나는 변종을 출시했다. 코카콜라의 친숙한 맛과 녹차의 전통적인 맛을 결합하여 일본 소비자에게 공감할 수 있는 제품을 만들어 독특하고 상쾌한 음료 옵션을 제공했다. 이 현지화된 맛의 도입으로 코카콜라는 녹차 기반 음료를 선호하는 소비자에게 어필했다. 또한, 일본에서는 코카콜라 크리스털 라임이라는 명칭으로 라임 맛의 코카콜라도 출시되었다.
- **포트나이트의 픽셀맛 코카콜라:** 세계적인 인기 게임이자 주요 메타버스 플랫폼인 '포트나이트'에서 픽셀맛(pixel taste) 코카콜라를 발매하였다. 그 이름은 '코카콜라 제로 슈가 바이트(Coca-Cola Zero Sugar Byte)'이다. 이제 코카콜라는 가상세계에서까지 현지화를 시도하고 있다. 남미와 미국에서 한정판으로 실제 출시

되기도 하였는데, 코카콜라가 생각하는 픽셀맛은 마치 처음 게임을 시작할 때의 그 두근거림과 상큼함이라고 한다. 표준화의 대명사이기도 한 코카콜라는 현지화의 끝판왕이라 부를 수 있다.

이상의 사례 모두 특정 시장에 맞게 제품을 조정하는 것의 중요성에 대한 코카콜라의 이해를 보여주었다. 코카콜라는 현지 선호도를 활용하고 문화적으로 중요한 풍미를 통합함으로써 대체음료나 현지 브랜드를 선호하는 소비자를 성공적으로 끌어들였다. 이 전략적 접근방식은 판매 및 시장점유율을 높이는 데 도움이 되었을 뿐만 아니라 다양한 시장의 고유한 요구사항을 이해하고 충족하려는 노력을 보여줌으로써 코카콜라의 브랜드 입지를 강화했다.

▲ 픽셀맛(pixel taste) 코카콜라

01 글로벌 시장의 제품이란

1) 마케팅 믹스에서 제품의 정의

(1) 제품의 개념

제품은 고객의 욕구를 충족시키는 유·무형의 속성들의 집합으로서 가치창출, 가치소통, 가치전달, 가치교환의 대상이다. 일반적으로 글로벌 제품은 핵심제품, 유형제품, 무형제품, 포괄제품 등의 네 차원으로 구성된다. 첫째, 핵심제품(core product)은 소비자의 욕구를 충족시켜 주는 용도나 편익을 고려한다. 제품 자체를 구매하는 것이 아니라 그 제품을 통해 편익을 구매한다는 개념이다. 예를 들면, '소파를 구매하는 것이 아니라 안락함을 구매'하는 것이다. 둘째, 유형제품(tangible product)은 핵심제품에 품질,

스타일, 상표명, 포장 등의 요인이 부가된 개념이다. 셋째, 무형제품(intangible product)의 요소는 시장에서 제품 위상과 원산지 효과[1]이다. 넷째, 포괄제품(augmented product)은 유형제품 개념에 추가적 서비스 및 혜택, 즉 품질보증, 배달, 설치, 사후서비스 등의 서비스와 혜택이 부가된 가장 포괄적인 차원의 제품을 의미한다. 따라서 글로벌 마케터는 핵심제품, 유형제품, 무형제품 및 포괄제품의 개념 모두를 포함하는 총체적인 차원에서 글로벌 제품 전략을 수립해야 한다. [그림 8-1]에 글로벌 제품의 구성요소를 제시하였다.

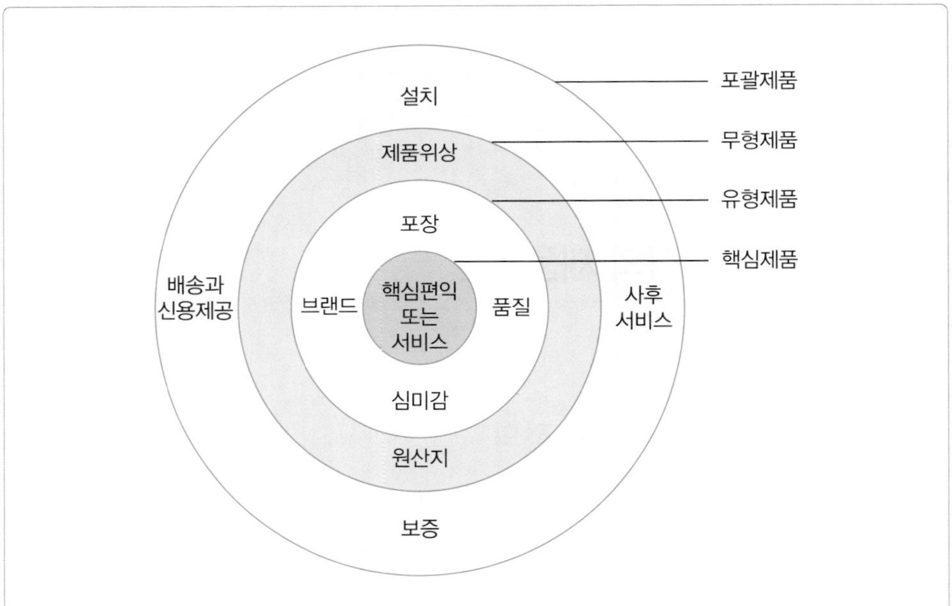

❖ 그림 8-1 글로벌 제품의 요소

출처: Philip Kotler (2003). Maketing Management (11th ed), p. 408.

1) 원산지 효과(country of origin effect)는 마케팅 담당자와 소비자가 브랜드를 제품의 원산지 국가와 연관지어 구매결정을 내리는 관행을 의미한다.

(2) 제품과 가격

4P(제품, 가격, 유통, 촉진)라고 하는 마케팅 믹스(marketing mix)에서 제품을 정의할 때 기능, 품질, 디자인, 브랜드, 포장, 관련 서비스(예: 제품보증 또는 고객지원)를 포함하여 소비자에게 가치를 추가하는 모든 요소를 고려하는 것이 중요하다. 제품을 이해하는 것은 마케팅 믹스의 기초라고 할 수 있다. 그 이유는 가격, 유통, 촉진과 같은 마케팅 믹스의 다른 요소는 제공되는 제품의 특성에 따라 결정되기 때문이다.

또한, 제품은 가격과의 상호작용이 중요하다. 제품의 여러 측면이 가격 전략에 영향을 미치며 그 반대도 마찬가지이다. 제품의 인지된 가치(perceived value)는 많은 경우 가격을 결정하는데, 소비자가 제품의 품질이 우수하거나 유명하다고 인식하면 기꺼이 더 높은 가격을 지급할 수 있다. 제품의 비용 구조 측면에서, 제품의 기능과 재료는 생산비에 영향을 미치기 때문에 생산비가 높은 제품은 수익성을 유지하기 위해 더 높은 가격이 필요할 수 있다. 그리고 시장에 나와 있는 유사한 경쟁제품과 그 가격을 이해함으로써 제품 가격에 영향을 미칠 수 있는데, 제품에 경쟁업체가 제공하지 않는 고유한 기능이 있는 경우 가격을 더 높게 매길 수도 있다. 또한, 가격은 품질 지표의 역할도 하는데, 때때로 소비자는 가격을 품질 지표로 사용한다. 가격을 높게 책정함으로써 더 낮은 가격의 대체재와 유사하더라도 제품을 더 고급스럽거나 더 높은 품질로 보이게 할 수 있다.

(3) 제품과 유통

유통 전략 또는 제품이 판매되는 장소는 제품 자체의 특성과도 밀접하게 연결될 수 있다. 특히 목표시장 선호도, 제품 특성 및 지리적 도달 범위와 관련이 깊다.

표적시장(target market) 선호도 측면에서, 제품이 명품시장을 겨냥한 경우 고급 매장이나 독점 부티크에서만 유통될 수 있다. 반대로 일반 대중적 제품은 슈퍼마켓이나 온라인 플랫폼을 통해 유통될 수 있다. 제품 특성 및 물류 측면에서는 부패하기 쉬운 제품이나 운송이 번거로운 제품은 현지 매장을 통해 판매될 수 있으며, 배송이 쉬운 제품은 온라인에서 판매될 수 있다. 그리고 지리적 도달 범위를 고려하면, 일부 제품은 특정 지리적 영역에 틈새시장(niche market)이 있을 수 있다. 제품이 가장 매력적일 수 있는 지역을 이해하고 해당 지역에서 사용할 수 있도록 하는 것이 중요하다.

(4) 제품과 촉진

촉진 전략은 제품의 영향을 많이 받는다. 제품마다 대상고객에게 효과적으로 도달하기 위해 다양한 촉진 전략이 필요하다. 커뮤니케이션 채널 측면에서 촉진을 위한 커뮤니케이션 채널 선택은 제품에 따라 달라진다. 예를 들어, 기술 위주의 제품은 온라인 채널과 소셜미디어를 통해 많은 촉진 활동을 할 수 있지만 가정용품은 TV나 라디오 같은 보다 전통적인 광고방법을 사용할 수 있다. 메시징 및 포지셔닝(positioning)을 고려하면 홍보 메시지와 제품이 시장에서 포지셔닝되는 방식은 제품의 기능 및 이점과 직접적으로 연결된다. 예를 들어, 환경친화적인 기능을 갖춘 자동차는 기존 차량의 '녹색 대안(green alternatives)'으로 포지셔닝될 수 있다. 표적고객 관점에서, 제품의 표적고객을 이해하는 것은 효과적인 촉진 자료를 만드는 데 필수적이다. 10대 젊은이들을 대상으로 하는 제품은 생동감 넘치는 비주얼과 통용되는 속어를 사용할 수 있지만, 전문가용 제품은 좀 더 공식적이고 형식적인 언어를 사용하면서 생산성과 관련 기능을 강조할 수 있다. 결국, 제품은 고립되어 존재하지 않는다. 시장에서의 성공은 사용되는 가격 책정, 유통 및 촉진 전략과 얽혀 있다. 효과적인 마케팅 전략은 제품의 기능과 대상 고객의 요구사항 및 선호도를 이해하여 그에 따라 가격, 유통 및 촉진을 조정한다. 이러한 통합은 판매 및 브랜드 충성도를 높이는 응집력 있는 마케팅 전략을 수립하는 데 필수적이다.

2) 글로벌 마케팅에서 제품의 중요성

글로벌 마케팅에서 제품의 중요성은 아무리 강조해도 지나치지 않다. 비즈니스가 국경을 넘어 확장되고 글로벌 시장에 진출함에 따라 제품은 회사와 다양한 소비자집단을 연결하는 중심 요소가 되었다. 다음은 제품이 글로벌 마케팅에서 매우 중요한 이유들이다.

① **소비자의 필요와 선호도 충족**: 마케팅의 핵심은 소비자의 필요(needs)와 선호도(preference)를 충족시키는 것이다. 글로벌 환경에서 이러한 필요와 선호도는 크게 다를 수 있다. 글로벌 시장의 특정한 필요를 충족시키는 제품은 비즈니스 성공에 중요한 소비자를 위한 가치창출을 할 수 있다.

② **브랜드 정체성 확립**: 제품은 회사의 브랜드를 나타내는 역할을 한다. 기업이 모든 곳에 물리적으로 존재할 수 없는 글로벌 시장에서 제품과 제품이 인식되는 방식은 브랜드의 얼굴이 된다. 강력한 제품은 다양한 문화와 시장에서 긍정적 브랜드 정체성을 확립하는 데 도움이 될 수 있다.

③ **경쟁우위**: 글로벌 시장은 현지시장보다 더 경쟁적이기도 하다. 고유한 기능이나 이점을 제공하는 제품은 회사에 국제 경쟁업체보다 경쟁우위를 제공할 수 있다. 이는 기존 현지 브랜드가 이미 강력한 존재감을 갖고 있는 새로운 시장에 진입할 때 특히 중요하다.

④ **수익 창출 및 성장**: 많은 회사에서 글로벌 시장으로의 확장은 수익을 늘리기 위한 성장 전략이다. 전 세계 소비자들에게 반향을 불러일으키는 성공적 제품은 판매를 크게 늘리고 비즈니스 확장 및 수익성의 주요 원동력이 될 수 있다.

⑤ **문화 다양성에 대한 적응**: 글로벌 시장에서 문화 다양성은 소비자 행동에 중요한 역할을 한다. 문화적 감수성을 보여주고 다양한 문화적 규범에 적응할 수 있는 제품은 광범위한 소비자에게 더 매력적일 수 있다. 이러한 적응(adaptation)은 제

품과 소비자 간의 유대를 강화한다.

⑥ 법규 준수 및 평판: 글로벌 시장에는 다양한 법규와 표준이 있다. 국제표준 및 법규를 준수하는 제품은 법적 문제를 방지할 뿐만 아니라 품질과 신뢰성에 대한 명성을 쌓을 수 있다. 이러한 평판은 소비자의 신뢰를 얻는 데 도움이 된다.

⑦ 혁신 및 기술 리더십: 글로벌 시장은 최신 혁신 및 기술을 요구하기도 한다. 최첨단 제품을 개발함으로써 기업은 특히 글로벌 소비자에게 어필할 수 있는 혁신 및 기술의 리더로 자리매김할 수 있다.

⑧ 고객 충성도 및 유지: 고객 기대치를 지속적으로 충족하거나 초과하는 고품질 제품은 다양한 글로벌 시장에서도 높은 수준의 고객 충성도 및 유지로 이어질 수 있다. 충성도가 높은 고객은 재구매율이 높고 다른 사람에게 제품을 추천할 가능성이 높다.

⑨ 시장 세분화(market segmentation) 및 맞춤화(customization): 글로벌 시장은 고도로 세분화되어 있다. 특정 시장 부문에 맞게 맞춤화하거나 맞춤화할 수 있는 제품은 글로벌 소비자의 다양한 요구를 보다 효과적으로 충족할 수 있다.

⑩ 기업의 사회적 책임(Corporate Social Responsibility: CSR): 초연결성이 강화되는 최근의 상황에서 소비자는 자신이 소비하는 제품의 사회적 및 환경적 영향을 더 잘 인식할 수 있다. CSR 가치와 일치하는 제품은 회사의 이미지를 향상시키고 국제적으로 사회적 의식이 있는 소비자에게 어필할 수 있게 되었다.

3) 글로벌 시장 진출을 위한 촉매로서의 제품

기업의 글로벌 확장 시 일반적으로 확장을 주도하는 것은 제품에 대한 매력과 수요이다. 제품은 기업이 신시장과 상호작용하는 주요 수단이 됨으로써 촉매제 역할을 한다. 기업이 가치 제안(value proposition)[2]을 입증하고 현지 소비자와 관계를 구축하는 것은 결국 제품을 통해서 가능하다. 제품을 촉매로 활용하기 위해서는 아래와 같은 사항들을 유념해야 한다.

첫째, 시장조사 및 제품 적응(product adaptation)이 이루어져야 한다. 새로운 시장에 진입하기 전에 현지 소비자의 선호도, 요구사항 및 문화적 차이를 이해하기 위해 철저한 시장조사를 수행하는 것이 중요하다. 이러한 시장조사를 바탕으로 기업은 현지 시장에 더 잘 맞도록 제품을 조정(product adjustment)해야 할 수도 있다. 예를 들어 식품 기업은 현지 취향에 맞게 제품의 맛을 수정할 수 있다.

둘째, 현지 법규를 준수해야 한다. 글로벌 시장에서는 제품 표준, 안전 및 상표에 관한 규정이 다른 경우가 많다. 제품이 이러한 법규를 준수하는지 확인하는 것이 필수적이다. 법규 준수는 법적 문제를 피할 수 있을 뿐만 아니라 현지 소비자와의 신뢰와 신뢰를 구축한다.

셋째, 브랜드의 현지화이다. 제품의 물리적 측면도 중요하지만 제품과 관련된 브랜딩 및 메시지도 마찬가지로 중요하다. 포장 및 광고 자료를 번역하고 문화적 측면에서 적절한지 확인을 통해 브랜드를 성공적으로 현지화하면 현지시장과의 유대를 강화하는 데 도움이 될 수 있다.

넷째, 전략적으로 가격을 책정해야 한다. 글로벌 시장에서 가격 전략은 신중하게 고려되어야 한다. 환율, 현지 구매력, 경쟁사 가격 등의 요소를 고려해야 한다. 제품의 가격은 현지인들의 인지된 가치를 반영하는 동시에 현지시장에서 경쟁력이 있어야 한다.

다섯째, 유통경로(distribution channel)를 잘 선택해야 한다. 제품이 표적고객에게 효과적으로 도달하려면 적절한 유통경로를 선택하는 것이 필수적이다. 현지 소매 환경과 소비자의 쇼핑 습관을 이해하는 것이 중요하다. 기업은 온라인 플랫폼, 오프라인 소매업체 또는 이 둘의 조합을 사용할지 여부를 평가해야 한다.

2) 가치 제안이라는 용어는 1988년 McKinsey & Co.에서 처음 사용되었으며, "회사가 제공할 유형 및 무형의 이점(benefit)에 대한 명확하고 간단한 설명"으로 정의하였다.

여섯째, 협업 및 파트너십의 수립이다. 현지 기업과 파트너십을 맺는 것은 시장 진입을 촉진하는 효과적인 방법이 될 수 있다. 협업을 통해 기업은 현지시장에 대한 통찰력을 얻고 자원을 공유하며 기존 유통망을 활용할 수 있다. 파트너십을 통한 기존 현지 법인과의 제휴를 통해 브랜드 신뢰도를 높일 수도 있다.

일곱째, 성공적인 홍보 캠페인 및 마케팅이다. 제품이 적응되고 시장에 출시될 준비가 되면 홍보 및 마케팅에 관심을 기울여야 한다. 현지시장에서 인기 있는 마케팅 채널을 활용하고 현지 소비자에게 공감할 수 있는 캠페인을 제작하면 제품에 관한 관심과 수요를 창출할 수 있다.

여덟째, 모니터링 및 피드백의 활용이다. 표적시장에 진입한 후에는 제품 성능을 자세히 모니터링하고 소비자로부터 피드백을 수집하는 것이 필수적이다. 이 정보는 제품, 가격 책정 또는 마케팅 전략에 필요한 조정을 수행하는 데 매우 중요하다.

02 제품 적응 대 표준화

1) 제품 적응과 표준화의 정의

기업은 글로벌 시장으로 진출할 때 자사가 내세우는 제품을 각 시장에 맞게 적응시킬지 아니면 모든 시장에서 표준화된 제품을 유지할지 결정해야 하는 중요한 순간이 온다. 여기서는 이 두 가지 전략적 접근법을 정의하고 구별하는 방법을 소개한다.

(1) 제품 적응(product adaptation)

제품 적응은 제품이 구분되는 다른 시장의 소비자들의 요구사항, 취향, 문화적 민감성에 부응하도록 그 제품에 수정과 변경을 가하는 것을 의미한다. 제품 적응의 목표는 제품을 맞춤화하여 다양한 국가나 지역의 각 대상 시장과 연계하고, 그곳의 고유한 수요를 충족시키도록 하는 것이다. 제품 적응을 위해서는 먼저 문화적 적응을 고려해야 한다. 문화적 규범, 가치, 취향에 부합하도록 제품을 수정해야 한다. 예를 들어, 음식 제품의 맛 프로필을 현지의 취향에 맞게 변경하는 것을 들 수 있다. 또한, 법규를 준수해야 한다. 현지 규정 및 기준을 충족시키기 위해 제품을 조정해야 한다. 이는 안전이나 환경 규정을 준수하기 위해 제품 구성이나 포장을 변경하는 것도 포함된다. 또한, 시장의 수요 및 취향을 고려해야 한다. 표적시장의 소비자 취향과 습관을 바탕으로 제품의 특징, 크기, 또는 포장을 조정한다.

(2) 제품 표준화(product standardization)

반면에 제품 표준화는 여러 시장에서 제품의 특징, 브랜딩, 마케팅을 일관성 있게 유지하는 것을 의미한다. 표준화 전략은 전 세계에 일관된 제품을 제공함으로써 생산, 브랜딩, 시장 침투에 효율성을 달성할 수 있다는 전제하에 이루어진다. 표준화의 주요 측면은 다음과 같다.

우선 규모의 경제(economy of scale)이다. 표준화된 제품을 대량으로 생산함으로써, 기업들은 종종 규모의 경제를 달성하여 단위당 생산비를 낮출 수 있고 이를 통해 저렴한 가격으로 제품을 제공할 수 있다. 두 번째는 일관된 브랜드 이미지이다. 전 세계적으로 일관된 제품과 브랜딩을 유지함으로써 쉽게 인식되고 신뢰할 수 있는 글로벌 브랜드 이미지를 구축하는 데 도움이 된다. 세 번째는 신속한 시장 진입이다. 표준화된 제품을 사용하면 시장 특유의 맞춤화(market-specific customization) 또는 제품의 재개발이 필요치 않으므로 새로운 시장에 더 빨리 진입할 수 있다.

핵심은 제품 적응이 각 시장의 특성에 맞게 제품을 맞춤화하는 것에 관한 것이라면, 제품 표준화는 서로 다른 시장에서 제품에 일관성을 유지하는 것이다. 이 장에서는 각 접근법의 장단점, 적응과 표준화 선택에 영향을 미치는 배경요인, 그리고 기업들이 이러한 전략을 성공적으로 실행한 실제 사례에 대해 살펴본다.

2) 적응과 표준화 사이의 선택에 영향을 미치는 요인

글로벌 시장에 진출할 때 기업은 현지 요구에 맞게 제품을 조정할지 또는 더 많은 청중을 위해 표준화할지 결정하는 어려운 선택에 직면한다. 이 선택은 문화, 규정, 시장 선호도 및 경쟁과 같은 여러 요인의 영향을 받는다. 이러한 각 요소가 이 중요한 의사결정 프로세스에서 어떤 역할을 하는지 자세히 살펴보자.

(1) 문화

문화는 집단이나 사회를 특징짓는 사회적 패턴, 신념, 가치, 관습 및 행동의 복잡한 그물이다. 여기에는 언어, 종교, 전통, 사회적 규범 등이 포함된다. 글로벌 마케팅에서는 제품 적응 및 표준화와 관련하여 문화적 차이를 이해하고 해결하는 것이 가장 중요하다.

① 언어와 커뮤니케이션

언어는 문화의 필수 요소이다. 제품이나 포장에 언어 요소가 포함되어 있는 경우 현지어에 맞게 조정하는 것이 중요하다. 또한, 특정 문구, 슬로건 또는 제품 이름은 다른 언어에서 잘 번역되지 않거나 의도하지 않은 의미가 있는 경우 변경해야 할 수 있다.

반면에, 언어에 크게 의존하지 않거나 원래 언어가 세계적으로 호소력이 있는 제품 또는 브랜드 요소(예: 특정 영어 문구)일 경우 표준화가 더 적합할 수 있다.

② 가치와 신념

문화마다 가치와 신념이 다르다. 예를 들어, 일부 문화에서는 환경적 지속 가능성에 높은 가치를 부여할 수 있는 반면, 다른 문화에서는 사치와 명성이 더 중요할 수 있다. 이러한 가치를 반영하고 공감하도록 제품을 조정하는 것은 특정 시장에서 성공하는 데 필수적일 수 있다. 반면에, 제품의 핵심가치가 문화 전반에 걸쳐 보편적으로 매력적이거나 열망하는 경우에는 표준화가 효과적일 수 있다.

③ 관례와 풍습

특정 제품은 관습이나 전통에 맞게 조정해야 할 수 있다. 예를 들어, 선물을 주는 것이 중요한 전통인 국가에서는 포장을 좀 더 선물처럼 만들거나 축제 시즌에 스페셜 에디션을 제공하는 것이 도움이 될 수 있다. 반면에, 제품이 관습과 깊숙이 얽혀 있지 않고 보편적인 목적을 달성할 수 있는 경우에는 표준화가 적절할 수 있다.

④ 사회적 규범과 소비자 행동

사회적 규범이 소비자 행동을 좌우할 수도 있다. 예를 들어, 정숙함을 중시하는 문화에서는 더 보수적으로 의류 라인의 범위를 조정해야 할 수 있다. 마찬가지로 식품의 1인분의 크기는 다른 문화권의 일반적인 소비 패턴에 따라 조정해야 할 수도 있다. 반면에 소비자 행동 패턴이 유사하거나 제품이 사회적 규범과 크게 상호작용하지 않는 경우 표준화가 가능하다.

⑤ 미적 선호도

색상이나 디자인, 스타일과 같은 미적 선호도는 문화에 따라 크게 다를 수 있다. 현지의 미적 선호도에 맞게 이러한 요소를 조정하는 것이 중요할 수 있다. 예를 들어, 색상 상징주의는 다를 수 있으며 한 문화에서 행운 또는 긍정적으로 간주되는 색상이 다른 문화에서는 부정적으로 보일 수 있다. 반면에, 미적 선호도가 글로벌하거나 브랜드의 국제적 정체성의 일부인 경우 표준화가 유지될 수 있다.

요컨대, 문화는 글로벌 시장에 맞게 제품을 채택할지 표준화할지 여부를 결정하는 중요한 요소이다. 기업은 철저한 문화적 평가를 수행하고 문화적 차이에 민감하게 대응해야 현지 소비자의 공감을 얻을 정보에 입각한 결정을 내릴 수 있다.

(2) 규정

규정은 다양한 시장에서 제품을 제조, 포장, 라벨링 및 판매하는 방법을 규율하는 규칙 및 법률을 말한다. 이러한 규정을 이해하고 준수하는 것은 글로벌 시장에 성공적으로 진입하고 운영하려는 기업에게 필수적이다.

① 제품사양 및 안전 기준

국가마다 제품사양 및 안전에 대한 표준이 다를 수 있다. 예를 들어 전기 제품은 지역마다 특정 전압 및 플러그 요구사항을 충족해야 할 수 있다. 이러한 사양을 충족하도록 제품을 조정하는 것은 종종 현지 법률을 준수하고 제품이 표적시장에서 안전한지 확인하는 데 필요하다. 반면에, 제품이 이미 세계적으로 인정되거나 여러 시장에서 수용되는 높은 표준을 충족하는 경우라면 제품사양을 표준화하는 것이 더 효율적일 수 있다.

② 라벨링 및 포장 요건

일부 국가에는 성분, 원산지 또는 안전경고와 같은 제품 라벨에 포함되어야 하는 정보에 대한 엄격한 법률이 있다. 특정 지역에서는 이 정보를 현지 언어로 제공해야 할 수도 있다. 포장은 특정 원료를 사용하거나 특정 기호를 포함하는 것과 같은 특정 표준을 충족해야 할 수도 있다. 반면에, 라벨링 및 포장 규정이 여러 시장에서 유사하다면 표준화된 포장을 사용하는 것이 더 비용 효율적일 수 있다.

③ 수입 규정 및 관세

수입 규정에 따라 시장 접근을 위한 현지 기준을 충족하기 위해 제품 적응이 요구될 수 있다. 예를 들어 어떤 국가에서는 특정 성분이 금지되어 있어서 공식적으로 변경이 필요할 수 있다. 또한, 더 유리한 다른 관세 범주에 속하기 위해 제품을 조정해야 할 수도 있다. 반면에 적응 없이 여러 국가의 수입 규정을 쉽게 충족하는 방식으로 제품을 제조할 수 있다면 표준화가 더 효율적이고 비용 효율적일 수 있다.

④ 환경 및 지속 가능성 규정

일부 국가에서는 제품에 에너지 효율성, 재활용 가능성 또는 포장 감소와 같은 특정 기능을 요구하는 엄격한 환경 규정이 있다. 이러한 환경 표준을 충족하도록 제품을 조정하는 것은 시장 수용 및 법적 준수에 매우 중요할 수 있다. 반면에, 회사의 제품이 이미 지속 가능성을 염두에 두고 설계되었고 여러 시장에서 환경 표준을 충족하거나 초과하는 경우라면 표준화가 유리할 수 있다.

결론적으로 다양한 시장의 규제 환경을 이해하고 탐색하는 것은 국제 비즈니스에 매우 중요하다. 제품을 채택하거나 표준화하는 결정은 규제요인의 영향을 크게 받을 수 있으며 각 대상 시장의 법적 환경에 대한 철저한 평가는 정보기반의 의사결정에 필수적이다.

(3) 시장 선호도

시장 선호도는 특정 시장에서 소비자의 취향, 요구 및 성향을 나타낸다. 이러한 선호도는 문화, 경제적 지위, 생활양식, 트렌드 등 다양한 요인의 영향을 받는다. 시장 선호도를 이해하는 것은 글로벌 시장에 맞게 제품을 조정하거나 표준화할지 여부를 결정하는 데 필수적이다.

① 소비자의 취향과 선호도

시장마다 취향과 선호도가 다를 수 있다. 예를 들어 식품 및 음료 산업에서 한 국가에서 선호하는 풍미는 다른 국가와 다를 수 있다. 이러한 취향에 맞게 제품을 조정하는 것은 시장 수용을 위해 필수적일 수 있다. 그러나 제품이 보편적인 호소력이 있거나 글로벌 트렌드의 일부인 경우는 제품을 표준화하는 것이 이치에 맞을 수 있다. 예를 들어 특정 기술 제품은 현지 선호도에 관계없이 보편적 수요를 가질 수 있다.

② 경제적 지위와 구매력

다양한 시장에서 소비자의 경제적 지위와 구매력은 제품 선호도에 영향을 미칠 수 있다. 예를 들어 소비자의 구매력이 낮은 시장에서 기업은 더 작은 크기의 제품을 제공하거나 더 비용 효율적 원료를 사용하여 제품을 더 저렴하게 조정해야 할 수 있다. 반면에 제품이 전 세계적으로 비슷한 구매력을 가진 부유한 시장에 적합하다면 표준화가 더 효율적일 수 있다.

③ 생활양식과 트렌드

생활양식과 트렌드는 시장마다 크게 다를 수 있다. 예를 들어, 건강 및 피트니스 트렌드가 두드러지는 시장에서는 더 건강한 것으로 인식되거나 피트니스 목표에 부합하도록 제품을 조정해야 한다. 그러나 제품이 글로벌 생활양식 트렌드와 관련되거나 지역 트렌드를 초월하는 브랜드인 경우 표준화가 적절할 수 있다.

④ 사용자 지정 기본 설정

일부 시장에서는 소비자가 개인화 또는 맞춤형 제품을 선호할 수 있다. 이러한 경우 사용자 정의 또는 개인화 옵션을 제공하려면 해당 기능을 허용하도록 제품 또는 서비스를 조정해야 할 수 있다. 그러나 표적시장에서 맞춤화가 중요한 선호 사항이 아니거나 맞춤화가 표준 기능을 방해하지 않는 방식으로 제품이 설계된 경우 표준화가 적합할 수 있다.

⑤ 소비자 기대 및 인식

제품 범주에 대한 소비자의 기대와 인식은 특정 시장에서 고유한 것일 수 있다. 이러한 기대치를 충족하거나 초과하도록 제품을 조정하는 것은 고객만족과 브랜드 인지도에 매우 중요할 수 있다. 그러나 소비자 기대치가 여러 시장에서 제품의 표준 기능 및 품질과 일치하는 경우 표준화가 유리할 수 있다.

(4) 경쟁

경쟁이란 시장에서 유사한 제품이나 서비스를 제공하는 다른 기업의 존재와 전략을 의미한다. 경쟁 환경을 이해하는 것은 글로벌 시장에서 제품을 채택할지 표준화할지 여부를 결정하는 데 필수적이다.

① 경쟁의 강도

경쟁이 치열한 시장에서 기업은 경쟁업체와 차별화하기 위해 제품을 적응시켜야 할 수도 있다. 여기에는 특정 세분시장에 호소하기 위해 기능, 가격 또는 마케팅 전략을 수정하는 것이 포함된다. 그러나 경쟁이 덜 치열하거나 회사의 표준 제품에 경쟁업체가 쉽게 복제할 수 없는 고유한 기능이 이미 있는 시장에서는 표준화가 더 나은 선택일 수 있다.

② 경쟁사의 전략 및 제안

경쟁업체가 현지 취향, 선호도 또는 규정에 맞게 제품을 개조한 경우 기업은 경쟁력을 유지하기 위해 동일한 작업을 수행해야 할 수 있다. 경쟁사의 전략과 제안을 이해하면 경쟁우위를 확보하기 위해 적응이 필요할 수 있는 영역을 식별하는 데 도움이 될 수 있다. 반면에 경쟁사의 제품이 표준화되고 시장이 이에 잘 반응하는 경우 기업은 특히 규모의 경제 또는 강력한 글로벌 브랜드를 활용할 수 있는 경우 표준화를 선택할 수 있다.

③ 시장점유율 및 위치

회사가 시장 내 입지를 구축하거나 시장점유율을 확보하려는 시장에서는 현지 선호도에 맞게 제품을 조정하는 것이 효과적인 전략이 될 수 있다. 마찬가지로 기업이 이미 강력한 위치를 차지하고 있는 경우 제품을 조정하여 시장 입지를 더욱 공고히 할 수 있다. 반면에 표준화된 제품으로 이미 상당한 시장점유율을 차지하고 있는 회사나 표준화된 제품이 충족되지 않은 요구사항을 충족하는 신규 진입자의 경우는 표준화를 유지하는 것이 유리할 수 있다.

④ 경쟁 행위에 대한 대응

기업은 경쟁업체의 행동에 대응하여 제품을 조정해야 할 수 있다. 예를 들어 경쟁업체가 특정 고객 요구에 맞는 신제품을 출시하는 경우 기업은 직접 경쟁하기 위해 자체 제품을 조정할 수 있다. 반면에 경쟁 조치가 회사의 시장 지위에 큰 영향을 미치지 않거나 표준화된 제품이 브랜드 충성도와 같은 요인으로 인해 경쟁을 견딜 수 있는 경우 표준화가 유지될 수 있다.

⑤ 혁신을 통한 경쟁우위

기업은 현지시장에 맞는 방식으로 혁신하여 경쟁우위를 창출함으로써 제품을 적응시킬 수 있다. 여기에는 현지 자원의 사용, 현지 추세에 맞추거나 현지 문제에 대한 해결책 제시가 포함된다. 반면에, 혁신이 보편적으로 매력적인 획기적인 기능 또는 수요가 높은 기능으로 이어지는 경우 표준화는 글로벌 규모에서 빠른 확장 및 잠재적인 선발자 우위를 허용하므로 유리할 수 있다.

미국의 패스트푸드 대기업인 맥도날드는 100개 이상의 국가에서 운영되고 있으며 국제적 성공을 위한 주요 전략 중 하나는 메뉴를 현지 취향과 선호도에 맞게 조정하는 것이다. 이 전략은 종종 '글로컬라이제이션(glocalization)'이라고 불리며 글로벌 브랜드가 진입하는 현지시장에 제품이나 서비스를 적용한다.

맥도날드는 새로운 시장에 진입할 때 현지 취향, 식단 선호도, 문화적 규범 및 소비자 행동을 이해하기 위해 광범위한 시장조사에 투자한다. 이 연구는 현지 주민들에게 어필할 수 있도록 특별히 고안된 메뉴 항목 개발에 도움을 준다. 맥도날드는 특히 종교적 또는 사회적 규범이 식습관을 규정하는 국가에서 문화적 민감성을 고려한다. 예를 들어, 인구의 상당 부분이 종교적 신념 때문에 쇠고기를 기피하는 인도에는 쇠고기 제품을 제공하지 않는다. 대신 감자와 완두콩 패티인 McAloo Tikki를 포함하여 다양한 채식 옵션을 개발했다. 맥도날드는 또한 현지 입맛에 맞게 제품의 맛을 조정한다. 예를 들어, 동아시아 국가의 메뉴에는 현지에서 인기 있는 데리야끼, 해초 또는 매운 소스와 같은 맛이 있는 항목이 포함되는 경우가 많다. 일본에서는 Ebi Filet-O(새우 버거)와 데리야키 맥버거(Teriyaki McBurger)가 현지 입맛에 맞춰진 제품의 예이다. 일상적인 메뉴 조정 외에도 맥도널드는 지역 선호도 또는 축제를 기반으로 계절별 또는 기간 한정 제품을 도입한다. 예를 들어, 독일의 맥도날드는 옥토버페스트 즈음에 돼지고기 샌드위치인 맥립(McRib)을 제공했다. 일본에서는 벚꽃 시즌을 대표하는 맛이 특징인 사쿠라 테리타마 버거가 제철 메뉴다. 맥도날드는 제품뿐만 아니라 브랜드가 인식되는 방식도 조정한다. 예를 들어, 프랑스와 같은 일부 유럽 국가에서 맥도날드는 미국에서의 이미지에 비해 더 고급스러운 위치에 있다. 프랑스의 맥카페(McCafe) 제품에는 마카롱과 고메 커피 옵션이 포함되어 더욱 세련된 식사 경험을 반영하고자 한다. 맥도날드는 현지 취향에 적응하면서도 글로벌 브랜드의 정체성을 유지하기 위해 빅맥과 감자튀김과 같은 일부 클래식 제품을 계속 제공한다. 이러한 균형을 통해 글로벌 일관성과 브랜드 인지도를 유지하면서 현지 취향을 충족시킨다.

글로벌 시장에서 맥도날드의 성공은 글로벌 브랜드 정체성을 유지하면서 현지 취향에 효과적으로 적응하는 능력에 기인한다. 신중한 시장조사, 문화적 민감성, 풍미 적응 및 사려 깊은 브랜드 포지셔닝을 통해 맥도널드는 전 세계 다양한 범위의 소비자에게 어필할 수 있었다. 이 사례는 글로벌 마케팅 전략에서 유연성과 적응의 중요성을 강조한다.

3) 적응과 표준화의 균형을 위한 전략

글로벌 시장 탐색은 복잡하며 제품 적응과 표준화의 균형을 맞추는 전략적 접근방식이 필요하다. 기업은 다양한 시장의 고유한 요구와 선호도를 충족하면서 일관된 브랜드 이미지를 유지할 수 있는 최고의 접점(sweet spot)을 찾아야 한다. 적응과 표준화의 균형을 맞추기 위한 전략을 개발의 주요 단계와 고려사항은 다음과 같다.

① 포괄적인 시장조사

새로운 시장에 진입하거나 기존 시장에서 전략을 조정하기 전에 철저한 시장조사를 수행해야 한다. 현지 소비자 선호도, 문화적 규범, 법적 규정 및 시장 역학을 이해한다. 현지 고객의 가치를 아는 것은 제품 또는 서비스의 어떤 측면을 표준화하거나 적응해야 하는지에 대해 정보에 근거한 의사결정을 내리는 데 도움이 될 수 있다.

② 핵심가치 및 USP 정의

제품 또는 서비스의 핵심가치(core value)와 고유한 판매 제안(Unique Selling Proposition: USP)[3]을 식별한다. 이는 브랜드를 정의할 때 시장 전체에서 일관성을 유지해야 하는 요소이다. 예를 들어 고품질 제품으로 알려진 기업은 이 표준을 보편적으로 유지해야 한다.

③ 경쟁구도분석

각 시장의 경쟁구도를 이해한다. 경쟁업체가 자신을 어떻게 포지셔닝하고 있는지 평가하고, 제품을 조정하고 혹은 표준화된 접근방식을 유지하고 있는지에 대한 분석이 필요하다. 경쟁분석은 주어진 시장에서 어떤 전략이 효과적인지에 대한 통찰력을 제공할 수 있다.

④ 고객경험 현지화

제품 자체는 표준화된 상태로 유지될 수 있지만 고객경험은 현지화되어야 한다. 여기에는 언어, 고객서비스, 심지어 마케팅 캠페인도 포함된다. 고객이 연결되고 가치 있다고 느끼도록 하는 것이 시장 성공에 필수적이다.

⑤ 비용편익분석(benefit-cost analysis)[4]

비용-편익분석을 수행하여 제품의 각 측면에 대해 조정 또는 표준화가 더 실행 가능한지를 결정한다. 규모의 경제를 위한 표준화와 현지 수요에 맞게 제품을 조정하는 생산비, 운송 및 잠재적 투자수익률(ROI)을 고려해야 한다.

3) 고유한 판매 포인트라고도 하는 고유한 판매 제안(USP)은 자사의 제품이나 브랜드를 경쟁업체와 차별화시키는 마케팅 용어이다. USP는 "경쟁업체는 갖지 못한 자사가 보유한 특별한 무엇"으로 정의할 수 있다.

4) 사업으로 발생하는 편익과 비용을 비교해서 시행 여부를 평가하는 분석방식이다. 사업 시행으로 수반되는 장래의 편익과 비용을 현재가치로 환산한 뒤, 총편익을 총비용으로 나눈 비율이 1 이상이면 경제적 타당성이 있다고 판단한다(출처: 기획재정부).

⑥ 준수 및 규정

현지 법률 및 규정을 준수하는지 확인해야 한다. 때때로 적응은 단순한 마케팅 결정이 아니라 법적 요구사항이다. 법적 문제를 피하기 위해 현지 규제 환경을 인식하고 그에 따라 제품을 조정해야 한다.

⑦ 모니터링 및 조정

시장에서 제품을 확립한 후에는 성능, 고객 피드백 및 시장동향을 지속적으로 모니터링해야 한다. 필요에 따라 전략을 조정할 준비를 해야 한다. 시장은 역동적이기에 적응과 표준화의 성공적인 균형을 위해서는 주기적인 재평가와 조정이 필요할 수 있다.

⑧ 기술 활용

기술을 활용하여 적응 및 표준화를 촉진한다. 예를 들어, 전자상거래 플랫폼을 사용하면 표준화된 제품 제공을 유지하면서 현지화된 가격 및 허용할 수 있다.

⑨ 현지 파트너십 구축

현지 파트너 또는 유통업체와의 관계 구축은 매우 중요할 수 있다. 그들은 현지시장에 대한 통찰력을 제공하고 규정을 탐색하는 데 도움을 주며 마케팅 또는 유통 전략을 조정하는 데 중요한 역할을 할 수 있다.

⑩ 문화 및 커뮤니케이션

내부 기업 문화 및 커뮤니케이션 전략이 글로벌 전략과 일치하는지 확인할 필요가 있다. 직원과 이해관계자는 적응과 표준화의 균형의 중요성을 이해하고 이 전략을 효과적으로 구현하는 데 참여해야 한다.

적응과 표준화의 균형을 맞추는 것은 전략적 사고, 유연성 및 현지시장에 대한 깊은 이해가 필요한 지속적인 프로세스 과정이다. 이러한 요소의 균형을 성공적으로 맞추는 기업은 다양한 시장에서 관련성과 매력을 보장하면서 강력한 글로벌 브랜드를 구축할 수 있다.

03 글로벌 시장을 위한 제품 개발

1) 글로벌 시장 요구 및 선호도 이해

기업이 전 세계적으로 확장됨에 따라 다양한 시장에 걸쳐 소비자의 다양한 요구와 선호도를 이해하고 해결하는 것이 중요하다. 글로벌 시장을 위한 제품 개발의 첫 번째 단계는 시장의 요구와 선호도를 깊이 이해하는 것이다. 여기서는 이 목표를 달성하기 위한 주요 구성요소와 전략을 살펴본다.

(1) 시장조사 수행

다양한 시장에서 설문조사, 인터뷰 및 포커스 그룹 인터뷰를 수행하여 1차 조사에 참여한다. 이는 소비자 선호도, 요구사항 및 구매행동에 대한 직접적인 정보를 수집하는 데 도움이 된다. 2차 조사를 통해 기존 시장 데이터 및 연구를 활용하여 광범위한 시장 추세, 선호도 및 잠재적 기회를 이해한다.

(2) 문화적 영향 분석

문화적 영향을 이해하는 것이 필수적이다. 문화는 선호도, 의사결정 프로세스 및 가치를 포함하여 소비자 행동의 다양한 측면에 영향을 미친다. 우선 사회적 규범, 가치, 전통 및 신념을 고려해야 한다. 예를 들어, 색상과 기호는 문화마다 다른 의미를 자질 수 있기 때문이다. 또한, 언어의 느낌, 관용구 및 의사소통 스타일에 주의를 기울여야 한다. 이는 제품을 인식하는 방식에 영향을 미칠 수 있기 때문이다.

(3) 경제적 요인 이해

시장마다 경제 상황이 다르므로 소비자의 구매력과 선호도에 영향을 미칠 수 있다. 다양한 시장의 소득 수준과 경제성을 분석하여 제품 가격을 효과적으로 책정하고, 인플레이션이나 실업률과 같이 소비자 지출에 영향을 미칠 수 있는 경제 동향을 이해한다.

(4) 소비자 행동 및 생활양식

다양한 시장의 소비자가 구매결정을 내리는 방식을 조사한다. 브랜드 충성도, 가격 민감도 및 편의성과 같은 요소를 고려해야 하며, 건강 의식, 환경적 지속 가능성 또는 기술 채택과 같은 생활양식의 트렌드 및 선호도를 이해한다.

(5) 법률 및 규정 준수

제품 사양, 라벨링 및 마케팅에 영향을 미칠 수 있으므로 다양한 시장의 법적 및 규제 요구사항을 이해한다. 다양한 시장에서 필요한 제품 표준, 안전 요구사항 및 인증을 조사하고, 제품 가격 및 가용성에 영향을 미칠 수 있는 수입 제한 및 관세에 유의해야 한다.

(6) 경쟁구도

다양한 시장의 경쟁구도를 분석하여 어떤 제품이 제공되고 어떻게 포지셔닝되는지 이해한다. 경쟁 제품, 기능 및 가격 책정 전략을 조사하고, 시장이 포화 상태인지 또는 제품이 채울 수 있는 격차가 있는지 평가한다.

(7) 기술 활용

기술을 활용하여 글로벌 시장에 대한 통찰력을 얻고, 데이터 분석, 소셜미디어 청취 도구 및 기타 디지털 자원을 사용하여 소비자 선호도 및 추세를 이해한다.

(8) 현지 이해관계자와의 관계 구축

현지 파트너, 유통업체 및 소비자와 관계를 구축하며 그들과 교류하여 시장의 요구와 선호도에 대한 통찰력을 얻는다.

2) 문화적 감성이 포함된 제품 디자인

기업이 글로벌 시장에 진출함에 따라 소비자 기반의 문화적 다양성을 인식하는 것이 중요하다. 제품은 소비자의 기능적 요구를 충족할 뿐만 아니라 그들의 문화적 감성과도 맞아야 한다. 문화적 요소를 제품 디자인에 통합하면 매력을 높이고 대상 고객과 더 깊은 관계를 형성할 수 있다. 다음은 문화적 감성을 통합하는 단계와 실제 비즈니스 적용이다.

(1) 1단계: 문화적 상징과 미적 감각 수용

글로벌 시장에서 제품 전략에 혁신을 통합하는 것은 소비자의 변화하는 요구에 대응하기 위해서이다. 글로벌 시장에서 제품을 개발할 때 고려해야 할 중요한 측면은 문화적 상징과 미적 감각이다. 다양한 문화에서 중요하게 여겨지는 상징과 미적 취향을 이해함으로써 기업은 현지 소비자들과 깊은 연결을 형성할 수 있는 제품을 만들어낼 수 있다. 여기에서는 문화적 상징과 미적 감각의 중요성을 살펴보고, 관련 비즈니스 사례를 제시한다.

우선 문화적 상징은 특정 문화 내에서 다양한 상징, 이미지 및 개념에 부여된 의미와 연관성을 의미한다. 미적 감각은 문화적 맥락에서 아름다움과 시각적 요소에 대한 감상을 의미한다. 기업은 제품 디자인과 마케팅에 문화적 상징과 미적 감각을 통합함으로써 소비자들과의 익숙함, 연결 및 관련성을 창출할 수 있다.

코카콜라는 문화적 상징을 글로벌 마케팅 캠페인에 성공적으로 통합하고 있다. 예를 들어, 코카콜라는 중국의 설날 기간 동안 문화적 상징인 등불, 잉어 및 용과 같은 디자인이 적용된 특별 에디션 병을 출시한다. 이를 통해 코카콜라는 설날의 축제적 분위기와 문화적 중요성을 연결하고자 한다. 이러한 문화적인 디자인은 소비자들과 강한 감정적 유대감을 형성하여 브랜드의 친밀도와 판매를 증가시킨다.

글로벌 시장을 위해 제품을 개발할 때는 다음과 같은 문화적 상징과 미적 감각과 관련된 사항을 고려해야 한다. 표적시장에서 문화적으로 중요한 상징, 이미지, 색상 및 디자인 요소를 심층적으로 조사한 후 이해를 토대로 제품 디자인과 마케팅 전략을 구성한다. 또한, 포장, 브랜딩 및 제품 디자인을 수정하여 대상 시장의 문화적 취향과 일치하는 요소를 통합한다. 이러한 적응은 소비자들에게 소속감과 문화적인 관련성을 느끼게 한다. 대상 문화를 깊이 이해하는 현지 예술가, 디자이너 및 영향력 있는 인플루언서와 협력한다. 그들의 통찰력과 전문지식은 문화적 상징과 미적 감각을 반영하는 제품 개발에 도움을 줄 수 있다. 문화적 상징과 미적 감각을 통합할 때 기업은 예민성을 발휘하고 문화적 요소를 무단도용하지 않아야 한다. 문화와 문화유산에 대한 존중은 중요하며, 기업은 문화 컨설턴트와 협력하여 진정성을 보장하고 의도치 않은 모욕을 피해야 한다. 문화적 상징과 미적 감각을 효과적으로 통합함으로써 기업은 제품의 매력을 높이고 브랜드 충성도를 강화하며 글로벌 시장의 소비자들과 더 깊은 연결을 형성할 수 있다. 그러나 문화적 요소를 통합하고 동시에 다양한 시장에서 일관된 브랜드 정체성을 유지하는 균형이 중요하다. 기업은 문화적 적응을 전체적인 브랜드 전략이나 메시지와 일치시켜야 한다. 문화적 상징과 미적 감각의 이해와 활용은 변화하는 글로벌 시장의 요구에 부응하기 위한 혁신을 통합하는 한 가지 측면에 불과하다.

(2) 2단계: 색상 민감도

색상은 다양한 문화에서 서로 다른 의미와 연관성을 가지고 있다. 따라서 색상 민감도를 이해하고 문화적 선호도에 맞게 제품의 색 구성표를 조정하는 것은 글로벌 마케팅 전략을 개발할 때 매우 중요하다.

색상 민감도는 색상이 다양한 감정을 불러일으키고 메시지를 전달하며 특정 문화적 맥락 내에서 상징적 가치를 지닌다는 인식을 의미한다. 한 문화에서 긍정적인 색으로 간주될 수 있는 것이 다른 문화에서는 부정적인 의미나 문화적 금기를 가질 수 있다. 이러한 색상 민감도를 인식하고 존중함으로써 기업은 현지 소비자에게 어필하는 제품을 만들고 의도하지 않은 오해나 문화적 위반을 피할 수 있다.

맥도날드는 문화적 선호도에 맞춰 색 구성표를 조정하는 대표적인 회사이다. 녹색이 환경 의식 및 건강과 관련이 있는 유럽에서는 일부 맥도날드 매장이 브랜딩 및 인테리어 디자인에 더 많은 녹색을 사용한다. 이 전략적 색상 적응은 지속 가능성과 건강한 생활양식에 대한 문화적 강조와 공감하여 브랜드를 유럽 소비자에게 더욱 매력적으로 어필한다. 글로벌 제품 전략에서 색상 감도를 고려할 때 기업은 다음 사항을 염두에 두어야 한다. 우선, 표적시장에서 색상의 문화적 중요성에 관한 철저한 연구를 수행한다. 해당 문화에서 다양한 색상에 부여된 긍정적, 부정적, 상징적 해석을 이해한다.

이 지식은 제품 디자인 및 마케팅 자료에서 색상 선택 및 사용을 안내한다. 또한, 제품, 포장, 로고 및 광고의 색상 구성표를 수정하여 표적시장의 색상 선호도에 맞추어 긍정적인 감정을 불러일으키고 문화적 가치와 미학에 부합하는 색상을 선택한다. 이러한 적응은 소비자 참여와 브랜드 인지도를 향상시킬 수 있다. 또한, 문화적 금기와 상징에 유의해야 한다. 예를 들어, 빨간색은 전통적으로 많은 문화권에서 행운이나 축하와 관련이 있지만 일부 문화권에서는 위험이나 경고와 관련될 수 있다. 문화적 민감성을 존중하고 그에 따라 색상 사용을 조정한다. 지역 및 지역적 차이도 고려해야 한다. 색 조합은 국가 또는 지역 내에서도 다를 수 있다. 국가 내 대상 지역에 특정한 색상 선호도와 의미를 이해하기 위한 조사를 수행한다. 그에 따라 색상 전략을 맞춤화하여 현지 소비자의 공감을 얻는다. 마지막으로 테스트 및 피드백 수집이 중요하다. 시장조사, 설문조사 및 포커스 그룹 인터뷰(FGI)를 수행하여 색상 선호도 및 연관성에 대한 피드백을 수집한다. 이 데이터는 색상 전략을 미세 조정하고 대상 청중과 효과적으로 공감하도록 도와준다.

(3) 3단계: 언어 및 명명 규칙

언어는 문화의 중요한 측면이며 글로벌 마케팅에서 중요한 역할을 한다. 새로운 시장으로 확장할 때 기업은 제품 이름과 설명이 문화적으로 적절한지 확인하고 현지 소비자와 공감하며 의도한 메시지를 효과적으로 전달해야 한다.

언어 및 명명 규칙은 소비자가 제품을 인식하고 연결하는 방식에 영향을 미친다. 의미 있고 기억에 남으며 문화적으로 공감하는 브랜드명과 설명을 만들기 위해서는 언어적 뉘앙스, 문화적 언급 및 언어적 선호도를 고려하는 것이 필수적이다.

KFC(켄터키프라이드치킨)는 중국에서 “It's finger-lickin' good”이라는 슬로건을 '吮指原味'로 수정했다. 번역된 슬로건은 “손가락으로 핥아도 본연의 맛을 맛볼 수 있다”는 의미로 중국 관객들에게 더 잘 전달된다. 슬로건을 문화적으로 적절하고 공감할 수 있는 표현으로 조정함으로써 KFC는 소비자와 효과적으로 연결하고 브랜드의 메시지를 매력적인 방식으로 전달하려고 했다.

글로벌 제품 전략에서 언어 및 명명 규칙을 다룰 때는 다음 측면을 고려해야 한다. 첫째, 번역 및 현지화이다. 전문번역서비스에 투자하여 제품 이름, 슬로건 및 마케팅 자료를 정확하고 문화적으로 적절하게 번역한다. 현지화에는 표적시장의 언어 선호도, 관용적 표현 및 문화적 참조에 맞게 언어를 조정하는 작업이 포함된다. 둘째, 문화적 관련성이다. 대상 청중과 공감하는 문화적 참조, 기호 및 관용적 표현을 고려해야 한다. 이를 통해 친숙함과 관련성을 만들어 소비자 참여 가능성을 높이는 데 도움이 된다. 셋째, 발음 및 사용 용이성이다. 대상 언어에서 발음하기 쉽고 기억하기 쉬운 이름을 선택한다. 의도하지 않은 부정적인 의미가 있거나 현지 주민들이 발음하거나 기억하기 어려운 이름은 피해야 한다. 넷째, 지적 재산권이다. 선택한 이름이 표적시장의 기존 상표 또는 저작권을 침해하지 않도록 철저한 조사를 수행한다. 적절한 등록 절차를 통해 브랜드의 지적 재산권을 보호한다. 다섯째, 시장조사 및 피드백이다. 제품 이름 및 설명에 대한 소비자 인식 및 선호도를 측정하기 위해 시장조사, 설문조사 및 포커스 그룹 인터뷰를 수행한다. 마지막으로, 법률 및 규제 고려사항이다. 제품 이름, 라벨 및 광고와 관련된 현지 법률 및 규정을 숙지하여 언어 요구사항을 준수하고 법적 문제를 방지해야 한다.

기업은 언어 및 명명 규칙을 신중하게 고려함으로써 강력한 브랜드 정체성을 만들고 제품 속성을 효과적으로 전달하며 현지 소비자들 사이에서 긍정적 인식을 확립할 수 있다. 문화적으로 적절한 언어 전략은 소비자 신뢰, 브랜드 충성도 및 시장 성공에 기여한다.

(4) 4단계: 문화적 관습 및 의례

현지 관습과 의례를 이해하는 것은 문화적으로 적절하고 글로벌 시장에서 유용한 제품을 디자인하는 데 필수적이다. 문화적 관습과 의례는 소비자 행동, 선호도 및 기대를 형성하는 데 중요한 역할을 한다. 이러한 관습과 의례에 대한 이해를 제품 디자인 및 마케팅 전략에 통합함으로써 기업은 더 깊은 수준에서 소비자와 공감하는 제품을 만들 수 있다.

문화적 관습과 의례는 사회적 전통, 종교의식, 축제 행사 및 일상적인 일과를 포함한 광범위한 관행을 포함한다. 이러한 관행은 깊은 문화적 의미를 지니고 있으며 종종 소비자 행동, 제품 사용 및 구매결정에 영향을 미친다. 문화적 관습과 의례를 인식하고 통합함으로써 기업은 특정 문화 집단의 고유한 요구와 선호도에 맞게 제품을 맞춤화할 수 있다.

글로벌 화장품 회사인 로레알(L'Oreal)은 제품 제공에서 문화적 관습과 의례에 대한 이해를 보여준다. 피부 미백이 일부 아시아 문화권에서 인기 있는 뷰티 의식임을 인식한 로레알은 아시아 시장을 위해 특별히 다양한 피부 미백 제품을 개발했다. 이 기업은 문화적 아름다움 관행과 관련된 특정 요구 및 선호도를 해결함으로써 대상 고객을 효과적으로 수용하고 강력한 브랜드 입지를 구축해왔다.

문화적 관습과 의례를 글로벌 제품 전략에 통합할 때 다음 사항을 고려해야 한다. 첫째, 문화 관련 시장조사이다. 표적시장과 관련된 문화적 관습, 전통 및 의례에 대한 깊은 이해를 얻는다. 이러한 관행이 소비자 행동, 제품 선호도 및 사용 패턴에 어떤 영향을 미치는지 살펴보아야 한다. 둘째, 문화적 필요의 식별이다. 문화적 관습과 의식에서 발생하는 특정 필요와 선호도를 식별한다. 특정 기업의 제품이 이러한 요구사항을 해결하거나 이러한 관행과 관련된 문화적 가치에 부합할 방법을 결정하는 것이 필요하다. 셋째, 제품 기능 조정이다. 문화적 관습 및 의례에 맞게 제품 기능 또는 포장을 수정한다. 제품이 기존의 문화적 관습과 의례를 강화하거나 지원할 방법을 고려해야 한다. 이러한 적응에는 특정 재료, 디자인 요소 또는 문화적 선호도에 맞는 기능을 통합하는 것이 포함될 수 있다. 넷째, 현지 전문가와의 협업이다. 대상 문화의 관습과 의례에 대한 깊은 지식을 보유한 현지 전문가, 문화 컨설턴트 또는 고문들과 협력하는 것이 필요하다. 그들의 통찰력은 문화적 요소를 제품 디자인 및 마케팅 전략에 정확하게 표현하고 통합하는 데 도움이 될 수 있다. 다섯째, 현지 문화에 대한 존중과 감수성이다. 존중과 감수성을 가지고 문화적 관습과 의례에 접근해야 한다. 문화적 전유, 공격적인 고정관념(stereotype) 또는 오해를 피해야만 한다. 현지 이해관계자와 협력하여 제품 전략이 문화적 가치 및 규범에 부합하도록 한다. 마지막으로 문화적 관련성 전달이다. 제품의 문화적 관련성을 소비자에게 명확하게 전달한다. 제품이 특정 문화적 요구, 관습 또는 의식에 어떻게 부합하는지 강조해야 하는데, 이는 마케팅 메시지, 포장 또는 제품이 문화적 관행과 일치함을 강조하는 제품 설명을 통해 수행될 수 있다.

문화적 관습과 의례를 제품 전략에 통합함으로써 기업은 소비자에게 깊은 공감을 불러일으키는 제품을 만들고 문화적 연결을 촉진하며 글로벌 시장에서 경쟁우위를 확보할 수 있다.

(5) 5단계: 인체공학 및 사용 패턴

인체공학(ergonomics) 및 사용 패턴을 고려하는 것은 글로벌 제품 전략을 개발할 때 매우 중요하다. 다른 문화권의 사람들은 제품과 상호작용할 때 고유한 물리적 특성, 선호도 및 습관을 지닐 수 있다. 이러한 변형을 이해하고 이를 제품 설계 및 기능에 통합하면 사용자 경험, 만족도 및 시장 성공 확률을 높일 수 있다.

인간공학은 사용자의 필요, 능력 및 한계에 맞는 제품 또는 시스템을 설계하는 연구를 말한다. 제품을 만들 때 신체적 편안함, 안전성, 효율성 및 사용성을 고려하는 것이다. 반면에 사용 패턴은 다른 문화권의 사람들이 문화적 습관, 관습 및 선호도에 따라 제품을 사용하고 상호작용하는 방식과 관련이 있다.

글로벌 자동차 제조업체인 도요타(Toyota)는 다양한 시장을 위한 자동차 인테리어를 디자인할 때 인체공학과 사용 패턴을 고려한다. 예를 들어, 대가족 여행이 일반적인 인도에서는 도요타 모델이 더 큰 그룹을 수용하기 위해 넓은 인테리어를 강조하는 경우가 많다. 이러한 적응은 가족 여행 경험에 대한 문화적 선호도를 충족시키고 사용자의 편안함과 만족도를 향상시킨다.

글로벌 제품 전략에서 인체공학 및 사용 패턴을 다룰 때 기업은 다음 요소를 고려해야 한다. 첫째, 신체적 차이이다. 다른 지역의 사람들은 신체 크기, 체형, 비율과 같은 다양한 신체적 특성을 가질 수 있음을 인식한다. 제품을 디자인할 때 이러한 차이점을 고려하여 다양한 문화적 배경을 가진 사용자가 편안하고 접근할 수 있도록 한다. 둘째, 문화적 습관 및 선호도이다. 제품 사용과 관련된 문화적 습관, 관습 및 선호도를 학습한다. 예를 들어 일부 문화에는 제품 취급 또는 상호작용과 관련된 특정 의식이나 예절이 있을 수 있다. 이러한 문화적 고려사항을 제품 디자인에 통합하여 사용자 만족도를 높인다. 셋째, 사용자 친화적인 인터페이스(user-friendly interface)이다. 문화적 배경이나 언어 숙련도와 관계없이 직관적이고 이해하기 쉬운 사용자 인터페이스를 디자인한다. 다양한 읽기 방향, 입력 기본 설정(예: 터치 또는 키패드) 및 문화적 기대치를 수용할 수 있도록 버튼, 아이콘 및 컨트롤의 배치를 고려해야 한다. 넷째, 고유한 요구사항에 대한 적응이다. 특정 문화적 요구사항이나 선호도에 맞게 제품 기능을 사용자 지정한다. 예를 들어, 요리에 사용되는 기기나 도구는 현지 요리 기술이나 재료에 맞게 조정이 필요할 수 있다. 마지막으로 사용자 테스트 및 피드백이다. 사용자 테스트를 수행하고 다양한 문화적 배경을 가진 사용자로부터 피드백을 수집한다. 이 피드백은 개선이 필요한 영역을 식별하고 제품 디자인이 다양한 사용자의 인체공학 및 사용 요구사항을 효과적으로 충족하는지 확인하는 데 도움이 될 수 있다.

인체공학을 통합하고 다양한 문화에 특정한 사용 패턴을 고려함으로써 기업은 편안하고 사용자 친화적이며 표적시장의 선호도와 습관에 잘 맞는 제품을 만들 수 있다. 이 접근방식은 사용자 만족도와 유용성을 향상시키고 궁극적으로 시장에서의 성공을 도와준다.

(6) 6단계: 문화적으로 관련된 기능 및 혁신

문화적으로 관련된 기능과 혁신을 제품 전략에 통합하는 것은 다양한 문화의 특정 요구와 선호도를 충족하는 데 필수적이다. 표적시장의 고유한 요구사항과 우선순위를 이해함으로써 기업은 소비자에게 깊은 공감을 불러일으키고 경쟁우위를 확보할 수 있는 제품을 만들 수 있다.

문화적으로 관련된 기능 및 혁신은 특정 문화 또는 문화 그룹의 요구와 욕구를 충족시키기 위해 특별히 맞춤화된 제품 속성, 기능 또는 디자인 요소를 말한다. 이러한 문화적 특정 요구사항을 해결함으로써 기업은 현지 소비자가 더 유용하고 가치 있으며 관련성이 있다고 인식하는 제품을 만들 수 있다.

선도적인 기술 회사인 LG전자는 문화적으로 관련된 기능을 제품에 통합하는 것을 시연하였다. 중동에서 LG전자는 대추야자를 신선하게 보관할 수 있도록 설계된 특수 칸막이가 있는 냉장고를 선보였는데, 이 혁신은 현지에서 날짜의 문화적 중요성을 인식하고 중동 소비자의 특정 요구를 해결하였다. LG전자는 현지 전통에 맞는 제품 기능을 제공함으로써 매력을 높이고 표적시장과의 강력한 연결을 구축하였다.

문화적으로 관련된 기능과 혁신을 글로벌 제품 전략에 통합할 때 다음과 같은 사항들을 고려해야 한다. 첫째, 시장조사 및 소비자 통찰력이다. 포괄적인 시장조사를 수행하여 표적시장 내의 문화적 요구, 선호도 및 문제점을 식별한다. 현지 소비자와 소통하고 통찰력을 수집하며 특정 요구사항을 이해한다. 이 연구는 문화적으로 관련된 기능과 혁신을 개발하기 위한 기초적인 역할을 한다. 둘째, 현지 전문가와 협력이다. 깊은 문화적 지식과 이해를 가진 현지 전문가, 컨설턴트 또는 파트너와 긴밀히 협력할 필요가 있다. 이러한 전문가는 표적시장에 반향을 일으키는 문화적으로 관련된 기능과 혁신을 식별하는 데 귀중한 통찰력과 지침을 제공할 수 있다. 셋째, 맞춤화 및 개인화이다. 소비자가 자신의 문화적 선호도나 특정 요구에 맞게 제품을 조정할 수 있는 맞춤화 옵션 또는 개인화 기능을 제공한다. 이 접근방식은 주인의식을 제공하고 개인의 취향을 충족시켜 소비자 참여와 만족도를 향상시킨다. 넷째, 문화적 상징 및 참조(reference)이다. 대상 문화에서 중요한 문화적 상징, 참조 또는 주제를 통합한다. 여기에는 문화적 자부심을 불러일으키고 감성적인 수준에서 소비자의 공감을 불러일으키는 시각적 요소, 패턴 또는 동기가 포함될 수 있다. 다섯째, 현지화된 마케팅 및 메시징이다. 문화적 가치, 미학 및 커뮤니케이션 스타일에 맞게 마케팅 자료 및 메시징을 조정한다. 문화적 맥락을 반영하고 대상 청중과 공감할 수 있는 언어, 시각자료 및 설명을 사용한다. 마지막으로 현지 장인 또는 디자이너와의 협업이다. 현지 장인 또는 디자이너를 참여시켜 문화적으로 영감을 받은 요소를 제품 디자인, 포장 또는 홍보자료에 주입한다. 이 협업은 진정성을 강화하고 현지 인재를 장려하며 대상 문화와의 연결을 강화한다.

문화적으로 관련된 기능과 혁신을 통합함으로써 기업은 기능적일 뿐만 아니라 특정 문화적 맥락에서 소비자에게 깊은 의미가 있는 제품을 만들 수 있다. 이 접근방식은 강력한 브랜드-소비자 관계를 조성하고 소비자 충성도를 높이며 시장 성공을 주도한다.

(7) 7단계: 포장 및 프레젠테이션

포장 및 프레젠테이션은 제품과 소비자 사이의 시각적 및 촉각적 인터페이스 역할을 하므로 글로벌 제품 전략에서 중요한 역할을 한다. 문화적 감수성은 포장까지 확장되며 기업은 포장 디자인과 프레젠테이션이 제품 매력과 소비자 참여에 어떤 영향을 미칠 수 있는지 고려해야 한다.

포장은 제품을 보호하고 보관하는 것 이상의 다양한 용도로 사용된다. 브랜드 정체성, 제품 정보, 감정적 단서를 전달하는 커뮤니케이션 도구 역할을 한다. 문화적 요인은 포장 디자인, 색상, 기호, 재료 및 전반적인 미학에 대한 소비자의 인식에 큰 영향을 미친다. 기업은 포장 및 프레젠테이션의 문화적 감성을 이해하고 활용함으로써 제품의 매력을 높이고 소비자와 효과적으로 연결할 수 있다.

인기 있는 초콜릿 브랜드인 킷캣(KitKat)은 문화적 선호도에 맞춘 포장과 프레젠테이션의 중요성을 보여준다. 일본에서는 킷캣이 특히 수험생들 사이에서 선물용으로 인기다. 선물을 주는 문화에 맞추기 위해 일본의 킷캣은 다양한 독특한 맛과 포장 디자인을 제공한다. 이러한 디자인에는 행운의 메시지, 복잡한 패턴 및 생생한 색상이 포함되어 격려와 행운을 위해 선물을 주는 일본 전통에 부합한다. 네슬레의 킷캣은 일본어로 "킷토 캇토"라고 부르는데, 이는 반드시 이긴다 혹은 쟁취한다의 의미를 가진 "킷토 카츠(Kitto Katsu)"와 발음이 비슷하여 이를 마케팅으로 활용하여 성공하였다.

❖ **그림 8-2** 킷캣의 수험생 캠페인

글로벌 제품 전략에서 포장 및 프레젠테이션을 다룰 때는 다음 측면을 고려해야 한다. 첫째, 문화적 상징 및 이미지이다. 대상 문화와 관련된 의미 있는 문화적 상징, 모티프 또는 이미지를 통합한다. 이러한 시각적 요소는 친숙함, 자부심 또는 정서적 유대감을 불러일으켜 제품의 매력을 강화할 수 있다. 둘째, 색상 심리학 및 선호도이다. 대상 문화 내에서 다양한 색상에 부여된 문화적 의미와 연관성을 이해한다. 색 구성표와 조합을 조정하여 문화적 선호도에 맞추고 원하는 감정이나 메시지를 효과적으로 전달한다. 셋째, 원재료 및 지속 가능성이다. 포장 원재료 및 지속 가능성에 대한 문화적 태도를 고려해야 하는데, 환경친화적이거나 지역 선호도에 맞는 재료를 선택해야 한다. 포장 디자인을 통해 지속 가능성 노력 또는 친환경 노력을 전달하여 의식 있는 소비자의 공감을 얻을 필요가 있다. 넷째, 기능 및 실제 고려사항이다. 사용 용이성, 보관 편의성 및 제품 보호와 같은 포장의 기능적 측면을 다룬다. 문화적 소비습관이나 특정 사용 시나리오에 맞게 포장 크기 또는 형식을 조정해야 한다. 다섯째, 라벨 및 정보의 현지화이다. 포장에 있는 모든 라벨 및 제품 정보가 현지 언어로 정확하고 적절하게 번역되었는지 확인한다. 라벨 요구사항, 영양 정보 및 제품 클레임에 대한 현지 규정 및 지침을 준수해야 한다. 마지막으로, 감정적 호소 및 스토리텔링이다. 설득력 있는 이야기를 전달하거나 감정적 반응을 불러일으키는 공예품 포장 및 프레젠테이션, 문화적 가치에 부합하거나 향수, 축하 또는 열망을 불러일으키는 설명, 그래픽 또는 시각자료를 사용해야 한다.

포장 및 프레젠테이션의 문화적 감성을 고려함으로써 기업은 소비자에게 시각적으로 매력적이고 문화적으로 공감하는 경험을 만들 수 있다. 이 접근방식은 제품 차별화, 소비자 참여 및 브랜드 충성도를 향상시킨다.

3) 국제표준 및 규정 준수

글로벌 시장에서 제품을 개발할 때 국제표준과 규정을 준수하는 것은 매우 중요하다. 국제표준과 규정은 제품의 안전성, 품질, 규제 준수 등을 보장하기 위해 설정되어 있다.

(1) 국제표준 및 규정의 이해

제품을 개발하고 시장에 출시하기 전에 해당 국가나 현지의 국제적인 기준과 규정을 잘 이해해야 한다. 제품 안전성, 품질, 환경적인 영향 등에 관련된 국제표준을 숙지하고, 제품이 판매될 국가 또는 지역에서 요구되는 규정을 준수해야 한다.

(2) 제품 인증 및 규정 준수

글로벌 시장에서 제품을 판매하려면 해당 국가 또는 현지의 인증 절차와 규정 준수를 완료해야 한다. 이를 위해 제품에 필요한 인증을 취득하고, 해당 규정을 준수하는 테스트 및 절차를 수행해야 한다. 예를 들어, 전기제품의 경우 전기 안전 인증, 화학물질이 포함된 제품의 경우 화학물질 규제 준수 등이 해당될 수 있다.

(3) 국가 및 지역별 규제 요구사항

제품을 글로벌 시장으로 확장할 때는 각 국가나 지역의 특정 규제 요구사항을 준수해야 한다. 제품 라벨링, 포장, 제품 안전 요건 등에 관련된 지역별 규정을 정확히 이해하고 준수해야 한다. 이는 제품을 판매하고 수입하려는 국가 또는 지역에서의 규정 준수를 보장하는 데 도움이 된다.

(4) 국제표준인증기구와의 협력

국제표준인증기구와의 협력은 제품 개발 및 규정 준수에 있어 중요한 역할을 한다. 국제표준인증기구인 ISO(International Organization for Standardization) 및 기타 관련 기구들은 제품 품질, 환경 관리, 안전성 등에 대한 국제적인 표준을 제공하고 있다. 이러한 기구들과 협력하여 제품 개발과 관련된 국제기준을 준수하는 것이 필요하다.

ISO 시리즈

ISO 9001(품질경영시스템)
ISO 14001(환경경영시스템)
ISO 26000(사회적 책임)
ISO 31000(기업 리스크 관리)
ISO 45001(안전보건경영시스템)
ISO 50001(에너지경영시스템)

❖ **그림 8-3** ISO 인증의 종류

(5) 규정 준수 관리

글로벌 시장에서는 규정 준수를 철저히 관리해야 한다. 규정 요구사항을 준수하기 위해 내부 프로세스와 시스템을 갖추고, 제품 개발과 생산 과정에서 규정 준수를 지속적으로 모니터링해야 한다. 규정 준수 관리는 제품의 안전성과 품질을 유지하고, 법적 문제를 예방하며, 소비자 신뢰를 구축하는 데 중요한 역할을 한다.

국제기준과 규정 준수는 제품의 성공적인 글로벌 시장 진출과 성과에 영향을 미친다. 글로벌 시장으로 진출하는 기업은 이러한 요구사항을 충족시키기 위해 국제적인 기준과 규정을 적절히 이해하고 준수하는 것이 필요하다.

4) 브랜딩, 네이밍 및 포장 고려사항

브랜딩, 네이밍, 포장은 제품 전략에서 매우 중요한 역할을 한다. 이러한 요소들은 제품의 시각적인 인상을 형성하고 소비자에게 브랜드 가치와 제품의 신뢰성을 전달한다.

(1) 브랜딩 전략

브랜딩은 기업의 정체성과 가치를 소비자에게 전달하는 과정이다. 글로벌 마케팅에서는 브랜드 전략을 개발할 때 다음과 같은 사항을 고려해야 한다. 먼저, 국제 브랜드 일관성이다. 글로벌 시장에서 브랜드 일관성을 유지하는 것은 중요하다. 기업은 전체적인 브랜드 메시지와 가치를 국제적으로 일관되게 유지하고, 브랜드의 핵심속성을 강조하는 방법을 고려해야 한다. 둘째, 현지 컨텍스트를 반영해야 한다. 현지시장의 문화, 가치, 선호도에 맞게 브랜드 메시지와 전략을 조정해야 한다. 현지 소비자들이 브랜드와 제품에 대해 감정적으로 연결될 수 있도록 현지 컨텍스트를 고려하는 것이 중요하다. 셋째, 다국적 브랜드 포지셔닝이다. 각 국가 또는 지역에서의 브랜드 포지셔닝을 고려해야 한다. 국가별 또는 지역별로 브랜드의 위치를 조정하여 시장 요구에 최적화된 브랜드 이미지를 구축할 수 있다.

(2) 제품 네이밍

제품의 이름은 브랜드와 제품의 인식을 형성하는 중요한 요소이다. 국제 마케팅에서는 다음과 같은 네이밍 고려사항을 염두해야 한다. 첫째, 문화적 적합성이다. 제품명이 해당 문화에서 문화적으로 적합하고 받아들여질 수 있도록 고려해야 한다. 언어적인 의미, 문화적인 연관성, 발음의 용이성 등을 고려하여 제품명을 선택해야 한다. 둘째, 로마자 표기법이다. 로마자 표기법을 사용할 경우, 해당 국가 또는 지역에서 일반적으로 사용되는 로마자 표기법을 따라야 한다. 로마자 표기법의 일관성과 발음의 용이성을 고려해야 한다. 셋째, 상품 브랜드와의 일치 여부이다. 제품명은 해당 상품 브랜드와 일치하고 상호 보완적인 관계를 가져야 한다. 제품명이 브랜드 메시지와 가치를 충실히 전달하며, 브랜드와 제품 간의 일관성을 유지해야 한다.

(3) 포장 디자인

포장은 제품을 시각적으로 표현하고 소비자에게 전달하는 중요한 역할을 한다. 국제 마케팅에서는 포장 디자인을 할 때 다음과 같은 사항을 고려해야 한다. 첫째, 문화적 감수성이다. 포장 디자인은 해당 문화에서 인식되고 감수성을 자극해야 한다. 문화적인 상징, 색상 의미, 그래픽 요소, 로고 등을 활용하여 문화적으로 호감을 불러일으킬 수 있는 디자인을 고려해야 한다. 둘째, 제품 정보 전달 측면이다. 제품의 기능, 특징, 사용방법 등을 명확하게 전달할 수 있는 포장 디자인을 선택해야 한다. 소비자들이 제품에 대한 정보를 쉽게 파악하고 제품의 가치를 이해할 수 있도록 고려해야 한다. 셋째, 현지 규정을 준수해야 한다. 각 국가 또는 지역의 포장 규정을 준수해야 하는데, 제품 라벨링, 경고 표시, 제품 정보 등에 대한 현지 규정을 정확히 이행해야 한다.

브랜딩, 네이밍, 포장은 제품의 마케팅 전략과 소비자 인식에 큰 영향을 미치는 중요한 요소이다. 이러한 고려사항을 적절히 반영하여 제품을 효과적으로 포지셔닝하고 소비자들에게 독특하고 인상적인 경험을 제공할 수 있다.

5) 신제품 출시 또는 기존 제품 라인 확장

신제품 출시 또는 기존 제품 라인 확장은 글로벌 마케팅 전략에서 중요한 부분이다. 제품 라인을 확장하거나 신제품을 출시함으로써 기업은 시장 세분화를 확대하고 고객 기대에 부응할 수 있다.

(1) 글로벌 시장 요구 파악

신제품 출시 또는 기존 제품 라인 확장을 고려할 때, 먼저 글로벌 시장에서의 요구사항을 파악해야 한다. 시장조사와 고객 피드백을 활용하여 글로벌 시장의 우선순위,

성장 동향, 고객 요구사항 등을 파악한다. 이를 통해 신제품 출시 또는 제품 라인 확장이 시장에서의 경쟁력을 확보하고 고객을 만족시킬 수 있는지 평가한다.

(2) 제품 개발 및 디자인

신제품을 출시하거나 기존 제품 라인을 확장하기 위해 제품 개발 및 디자인을 진행해야 한다. 다음과 같은 단계를 고려한다.

- **1단계: 시장조사**
  시장 트렌드, 경쟁 제품, 기존 고객 피드백 등을 분석하여 신제품의 개발 방향을 결정한다. 경쟁우위를 가지거나 시장에서 부족한 부분을 파악하여 기회를 찾을 수 있다.

- **2단계: 제품 기획**
  신제품의 목표, 기능, 기대 효과 등을 기획한다. 시장조사 결과와 고객 요구사항을 고려하여 제품의 고유 가치를 결정한다.

- **3단계: 디자인 및 개발**
  제품 디자인과 개발을 진행한다. 제품의 외관, 기능, 품질, 안전성 등을 고려하여 제품을 디자인하고 개발한다. 고객의 사용 경험을 개선하기 위해 사용자 친화적인 디자인 요소를 반영할 수 있다.

(3) 마케팅 전략

신제품 출시 또는 기존 제품 라인 확장을 위해서는 효과적인 마케팅 전략을 수립해야 하는데, 다음과 같은 요소들을 고려한다.

- 대상 시장 설정: 신제품이나 기존 제품 라인 확장의 대상 시장을 명확히 설정한다. 시장 세분화, 고객 프로파일링, 경쟁 환경 등을 고려하여 대상 시장을 정하고 해당 시장의 우선순위를 파악한다.
- 마케팅 메시지 및 커뮤니케이션: 신제품의 가치를 강조하는 마케팅 메시지와 커뮤니케이션 전략을 수립한다. 제품의 고유한 특징과 이점을 강조하여 고객에게 제품의 가치를 전달한다.
- 채널 및 판매 전략: 제품의 유통경로과 판매 전략을 계획한다. 글로벌 시장에서 제품을 효과적으로 판매하기 위해 현지 파트너와의 협력, 온라인 판매 채널의 활용, 유통망 구축 등을 고려한다.
- 홍보 및 광고 전략: 신제품 출시 또는 제품 라인 확장을 위한 홍보 및 광고 전략을 수립한다. 글로벌 시장의 문화적 특성과 트렌드에 적합한 광고 채널, 방식, 콘텐츠 등을 고려한다.

신제품 출시 또는 기존 제품 라인 확장은 기업의 성장과 글로벌 시장에서의 경쟁력 확보에 중요한 역할을 한다. 이를 위해 적절한 제품 개발, 마케팅 전략, 판매 전략을 수립하여 고객의 요구를 충족시키고 성공적인 제품 출시 또는 라인 확장을 이끌어야 한다.

04 글로벌 시장에서 제품수명주기 관리

1) 제품수명주기의 개념(도입기, 성장기, 성숙기, 쇠퇴기)

제품수명주기(Product Life Cycle: PLC)란 제품이 시장에서 처음 도입되어 성장하고 성숙해 가며 최종적으로 쇠퇴하는 과정을 설명한다. 글로벌 시장에서 제품수명주기를 관리하는 것은 제품의 성공과 기업의 성과에 영향을 미치는 중요한 요소이다.

(1) 도입기

도입기는 새로운 제품이 시장에 처음으로 출시되는 단계이다. 이 단계에서는 제품이 소비자들에게 알려지고 인지도를 확보하는 것이 주요 목표이다. 다음은 도입기에서 중요한 특징과 활동에 대한 상세한 설명이다.

- **제품 개발 완료**: 제품 개발 단계를 마치고 제품의 디자인, 기능, 특징 등이 최종화된다. 제품의 특징과 이점을 강조하여 소비자들에게 새로운 제품을 소개할 준비가 된다.
- **시장조사**: 도입기에서는 시장조사가 매우 중요하다. 시장조사를 통해 대상 시장의 경쟁 상황, 소비자 요구사항, 트렌드 등을 파악하여 적절한 마케팅 전략을 수립할 수 있다. 또한, 경쟁업체와의 차별화 요소를 찾아 경쟁력을 확보할 수 있다.
- **마케팅 전략 수립**: 도입기에서는 제품의 마케팅 전략을 수립해야 한다. 제품의 표적고객층을 정하고, 제품의 가치와 이점을 강조하는 마케팅 메시지를 개발한다. 또한, 적절한 마케팅 채널과 홍보 활동을 선택하여 제품을 소비자들에게 알리는 계획을 수립한다.
- **시장 진입**: 도입기는 제품을 시장에 진입시키는 단계이다. 초기 수요를 확보하기 위해 세분시장을 선택하고, 해당 세분시장에 대한 마케팅 활동을 진행한다. 광고, 홍보 활동, PR 등을 통해 제품을 소비자들에게 알리고 관심을 끌어야 한다.
- **시장 교육**: 도입기에서는 소비자들에게 제품에 대한 교육과 정보 제공이 필요하다. 제품의 특징, 기능, 사용법 등을 소비자들에게 알려주어 제품에 대한 이해를 높이고 구매에 대한 의사결정을 도와준다. 이를 위해 교육적인 콘텐츠, 데모, 시

연 등을 활용할 수 있다.

- 초기 수요 확보: 도입기에서는 초기 수요를 확보하는 것이 중요하다. 제품의 가격, 제공하는 가치, 구매 유인 요소 등을 고려하여 초기 소비자들에게 제품을 유혹하는 전략을 수립해야 한다. 초기 고객들의 만족도와 입소문을 통해 제품의 인지도와 판매량을 높일 수 있다.

도입기에서는 제품을 시장에 소개하고 인지도를 확보하기 위한 다양한 활동이 필요하다. 이를 통해 초기 수요를 확보하고 제품의 성장을 이끌어가는 기반이 마련된다. 마케팅 전략의 효과적인 수립과 소비자들의 제품에 대한 교육은 이 단계에서의 성공을 결정짓는 중요한 요소이다.

(2) 성장기

성장기는 제품이 시장에서 빠르게 성장하고 있는 단계이다. 초기 도입기를 통해 제품이 시장에 입지를 확보하고 인지도를 높였다면, 성장기에서는 제품의 수요와 매출이 크게 증가한다. 성장기에서는 다음과 같은 특징과 활동이 중요하다.

- 수요 증가: 성장기에서는 제품에 대한 수요가 크게 증가한다. 초기 수요를 넘어서 시장에서 다양한 고객들이 제품을 찾고 구매하게 된다. 이는 기업에게 큰 비즈니스 기회를 제공하며, 매출과 이익의 증가를 이끌어낸다.
- 경쟁 증가: 성장기에서는 경쟁업체들이 시장에 진입하고 경쟁이 치열해진다. 성공적인 제품은 경쟁업체들의 관심을 끌게 되므로, 경쟁업체들과의 경쟁력을 유지하고 개선하는 것이 중요하다. 가격경쟁, 제품 기능의 혁신, 고객서비스 향상 등을 통해 경쟁우위를 유지할 수 있다.
- 생산량 확대: 수요의 증가에 따라 생산량을 확대해야 한다. 효율적인 공급망 및

생산 시스템을 구축하여 생산량을 증가시키고, 고객의 수요를 충족시킬 수 있어야 한다. 생산량 확대를 위해서는 원자재 공급, 생산 설비, 인력 등을 적절하게 조절하고 관리해야 한다.

- 시장점유율 확대: 성장기에서는 시장점유율을 높이는 것이 중요하다. 시장에서의 경쟁을 이기기 위해 표적고객층에 대한 마케팅 활동을 강화하고, 제품의 고유 가치와 이점을 강조하여 고객들에게 제품을 더욱 매력적으로 전달해야 한다. 이를 통해 시장점유율을 확대하고 기업의 성장을 이룰 수 있다.
- 제품 개선: 성장기에서는 제품의 개선과 혁신이 필요하다. 고객의 요구와 피드백을 수집하고 분석하여 제품을 지속적으로 개선하는 것이 중요하다. 제품의 품질, 기능, 디자인 등을 개선하여 경쟁업체들과의 차별화를 이뤄내고 고객들에게 지속적인 가치를 제공할 수 있다.

성장기에서는 제품의 수요가 급증하고 기업에게 많은 기회를 제공한다. 이를 위해 경쟁업체들과의 경쟁력을 유지하고 개선하며, 고객들에게 매력적인 제품과 서비스를 제공해야 한다. 마케팅 활동, 생산량 조절, 제품 개선 등을 통해 제품의 성공적인 성장을 이룰 수 있다.

(3) 성숙기

성숙기는 제품이 시장에서 안정적인 성장을 이룬 후에 도달하는 단계이다. 이 단계에서는 제품의 판매량과 수익이 안정화되며, 시장 세분화와 경쟁이 더욱 치열해질 수 있다. 성숙기에는 다음과 같은 특징과 활동이 관련된다.

- 시장 포화: 성숙기에서는 시장 포화도가 높아진다. 제품을 사용하는 고객들이 거의 대부분을 차지하고 있으며, 시장에는 경쟁업체들이 다수 존재한다. 이로 인해

고객들의 선택 폭이 넓어지고 가격경쟁이 치열해질 수 있다.

- 경쟁 확대: 성숙기에서는 경쟁업체들이 시장에서 점차적으로 증가하며 경쟁이 더욱 치열해진다. 경쟁업체들은 제품 기능의 향상, 가격경쟁, 마케팅 활동 등을 통해 시장에서 경쟁력을 유지하려고 한다. 이에 따라 기업은 경쟁업체들과의 경쟁력을 강화하기 위한 전략을 수립해야 한다.
- 제품 혁신: 성숙기에서는 제품의 혁신이 중요한 역할을 한다. 기업은 제품을 지속적으로 개선하고 혁신하여 경쟁업체들과의 차별화를 이루어야 한다. 제품 기능의 개선, 디자인의 혁신, 추가 서비스의 제공 등을 통해 고객들에게 더 나은 가치를 제공할 수 있다.
- 시장 세분화: 성숙기에서는 시장 세분화가 더욱 중요해진다. 기업은 고객들의 다양한 선호도에 맞춰 목표 그룹을 정확히 파악하고, 각 그룹에 맞는 마케팅 전략을 수립해야 한다. 고객들의 선호를 정확히 파악하여 제품을 세분화하고 다양한 제품 라인을 제공함으로써 고객들의 다양한 선호를 충족시킬 수 있다.
- 효율성 향상: 성숙기에서는 효율성을 향상시키는 것이 중요하다. 생산과 공급 체인을 최적화하여 생산비를 줄이고 효율성을 높일 수 있다. 또한, 고객서비스 및 지원, 후속 제품 관리 등을 효율적으로 운영하여 고객 충성도를 유지하고 만족도를 높일 수 있다.

성숙기에서는 시장 포화와 경쟁이 더욱 심화되므로, 기업은 경쟁업체들과의 경쟁력을 유지하고 개선하는 것이 중요하다. 제품의 혁신, 시장 세분화, 효율성 향상 등을 통해 기업은 성숙기에서의 경쟁에서 유리한 위치를 유지할 수 있다.

(4) 쇠퇴기

쇠퇴기는 제품이 시장에서 점차 인기를 잃고 판매량과 수익이 감소하는 단계이다.

이 단계에서는 제품의 수요가 줄어들고 경쟁이 더욱 치열해질 수 있다. 쇠퇴기에는 다음과 같은 특징과 활동이 관련된다.

- 수요 감소: 쇠퇴기에서는 제품에 대한 수요가 감소한다. 시장에서 새로운 제품이나 기술이 등장하면서 고객들의 관심과 선호도가 변화할 수 있다. 이로 인해 기존 제품에 대한 수요가 줄어들게 되고, 판매량과 수익이 감소하는 경향을 보인다.
- 경쟁 증가: 쇠퇴기에서는 경쟁업체들이 제품의 쇠퇴를 예견하고 시장에서의 경쟁을 더욱 강화시킨다. 제품의 가격경쟁이 치열해지고, 경쟁업체들은 제품의 특징, 기능, 가격 등을 조정하여 경쟁력을 유지하려고 한다.
- 제품 다각화 및 혁신: 쇠퇴기에서는 제품의 다각화나 혁신을 통해 제품의 생명을 연장하려는 시도가 있을 수 있다. 제품의 혁신, 추가 기능의 개발, 디자인의 개선 등을 통해 고객들에게 새로운 가치를 제공하고 경쟁력을 유지할 수 있다. 그러나 이는 쇠퇴를 완전히 뒤집을 수는 없으며, 단지 제품의 수명을 연장하는 노력일 뿐이다.
- 비용 관리: 쇠퇴기에는 비용 관리가 더욱 중요해진다. 판매량과 수익이 감소하면서 수익성이 줄어들게 되므로, 비용을 효율적으로 관리하는 것이 필요하다. 비용 절감, 생산 및 운영의 효율성 향상, 마케팅 비용의 최적화 등을 고려하여 제품의 경쟁력을 유지하면서도 비용을 줄일 수 있다.
- 제품 전환 또는 철수: 쇠퇴기에서는 제품의 수익을 유지하기 어려울 때 제품 전환 또는 철수를 고려해야 한다. 제품의 다른 시장으로의 전환, 관련 제품의 철수, 서비스 중심의 전략 등을 고려하여 기업의 비즈니스 전략을 재조정할 수 있다.

쇠퇴기에서는 제품의 인기와 판매량이 감소하며 경쟁이 치열해진다. 기업은 경쟁업체들과의 경쟁력을 유지하거나 제품의 생명을 연장하기 위해 제품의 혁신, 비용 관리,

제품 전환 등을 고려해야 한다. 쇠퇴기에서의 전략적인 결정은 기업의 장기적인 성공과 생존에 영향을 미친다.

2) 글로벌 시장에서 제품수명주기의 차이점

글로벌 시장에서 제품수명주기는 다양한 요인들로 인해 국내시장과 다를 수 있다. 기업들은 이러한 차이점을 이해하고 전략을 적절하게 조정하는 것이 중요하다. 다음은 글로벌 시장에서 제품수명주기가 어떻게 다를 수 있는지를 설명한다.

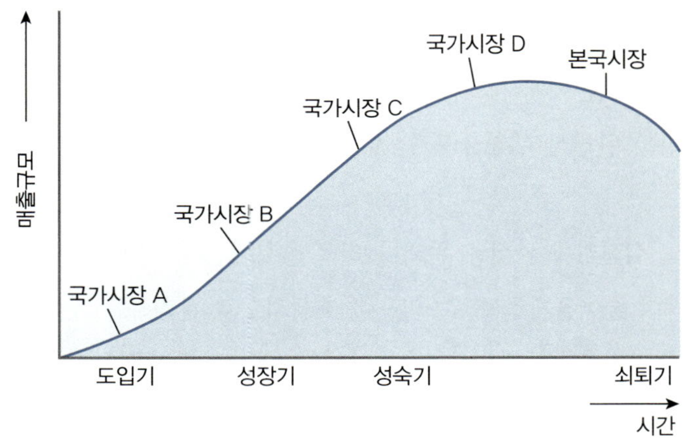

❖ **그림 8-4** 국가별 시장에서 제품수명주기의 활용

출처: Gillespie & Hennessey (2011).

(1) 도입기에서의 차이점

글로벌 시장에서 제품의 도입기는 시기와 수용도에서 차이를 보일 수 있다. 이 단계는 제품이 글로벌 시장에 처음으로 소개되는 시점을 가리킨다. 글로벌 시장에서의 제품 소개는 국내시장과는 다른 독특한 도전과 기회를 가지고 있다. 시기적인 측면에서, 글로벌 시장에서의 제품 도입은 국내시장과는 다른 시기에 발생할 수 있다. 이는 문화적 차이, 경제적 발전 수준, 시장 준비 정도 등에 의해 결정된다. 예를 들어, 특정 국가에서는 제품의 수용이 더욱 빠르게 이루어질 수 있지만, 다른 국가에서는 시장 이해도를 높이기 위해 더 많은 시간과 노력을 투자해야 할 수 있다. 수용도 측면에서는 글로벌 시장에서의 제품 도입은 소비자들에게 받아들여지는 정도에 따라 다를 수 있다. 소비자들은 제품의 신뢰도, 가치 제안(value proposition), 문화적 적합성 등을 고려하여 제품을 수용하게 된다. 문화적 차이, 언어적 차이, 지역적 선호도 등은 제품 수용도에 영향을 미칠 수 있는 요소이다. 그리고 마케팅 전략상, 글로벌 시장에서 제품을 소개할 때는 표적시장의 특성과 요구사항을 고려한 적절한 마케팅 전략이 필요하다. 문화적, 언어적, 규제적인 차이를 고려하여 제품의 가치 제안과 브랜드 메시지를 표적시장에 맞추어 조정해야 한다. 예를 들어, 제품의 브랜드명, 포장 디자인, 마케팅 캠페인 등을 표적시장의 선호에 맞게 수정하고 개발해야 한다. 또한, 글로벌 시장에서의 제품 도입을 위해서는 해당 시장을 철저히 이해해야 한다. 문화적, 경제적, 사회적, 정치적 요인을 고려하여 시장의 특성과 동향을 파악해야 한다. 이를 통해 제품의 선호에 맞는 제품 전략을 수립할 수 있으며, 적합한 마케팅 전략을 개발할 수 있다. 시장 도입기에는 글로벌 시장에서의 독특한 도전과 기회를 이해하고 적절한 전략을 수립하여 제품의 성공적인 소개를 달성해야 한다.

(2) 성장기에서의 차이점

글로벌 시장에서 제품의 성장기는 시장의 규모, 경쟁 조건, 경제 조건에 따라 달라질 수 있다. 이 단계에서 제품은 판매량과 수익이 지속적으로 증가하는 시기를 의미하며, 다음과 같은 특징을 가질 수 있다.

첫째, 수요의 증가이다. 성장기에서는 제품에 대한 수요가 증가한다. 이는 새로운 시장 진입이나 기존 시장에서의 고객들의 수요 증가로 인해 발생할 수 있다. 글로벌 시장에서는 시장 규모가 크고, 경제발전이 빠른 국가에서 성장기가 더 빠를 수 있다. 둘째, 시장점유율 확대이다. 성장기에서는 경쟁이 치열해지며, 기업들은 시장점유율을 확대하기 위해 노력한다. 제품의 경쟁력을 강화하고, 마케팅 및 판매 노력을 증가시켜 고객들의 주목을 끌고 시장에서의 지위를 강화한다. 셋째, 제품 개선 및 다각화가 필요하다. 성장기에서는 제품을 개선하거나 다각화하여 고객들에게 더 나은 가치를 제공하는 것이 중요하다. 고객들의 선호에 맞는 제품 개선을 통해 경쟁우위를 확보할 수 있다. 또한, 시장 세분화를 통해 다양한 고객 그룹에 맞춤형 제품을 제공할 수도 있다. 넷째, 글로벌 시장 확장이다. 성장기에서는 글로벌 시장 확장의 기회가 제공된다. 성공적인 성장을 경험한 기업들은 더 넓은 글로벌 시장으로 진출하고, 글로벌 브랜드로의 발전을 추구한다. 글로벌 시장 확장을 통해 기업은 수익성을 향상시키고 성장을 지속할 수 있다. 다섯째, 투자 및 확장이다. 성장기에서는 기업이 생산능력을 강화하고, 유통경로를 확장하며, 마케팅 및 판매 노력을 증가시키는 등의 투자와 확장이 필요하다. 성장에 필요한 자금과 자원을 투입하여 제품의 공급능력을 강화하고, 시장 확장을 위한 전략적인 결정을 내리는 것이 중요하다.

성장기에서는 제품이 글로벌 시장에서 성공적으로 성장하고 시장점유율을 확대할 수 있도록 적절한 전략을 수립하고 실행하는 것이 핵심이다.

(3) 성숙기에서의 차이점

글로벌 시장에서 제품의 성숙기는 시장 포화도, 고객 선호도, 경쟁 상황 등에 영향을 받을 수 있다. 다음은 성숙기와 관련된 차이점들이다.

우선, 글로벌 시장에서의 제품 성숙기는 시장 포화도와 관련이 있다. 일부 시장에서는 제품이 빠르게 포화 상태에 도달할 수 있다. 이는 경쟁업체들이 증가하고 제품의 선택 폭이 넓어지는 등의 요인으로 인해 발생할 수 있다. 이러한 시장에서는 제품의 성숙기가 상대적으로 빠르게 도래할 수 있다. 둘째, 글로벌 시장에서의 성숙기는 고객 선호도와 관련이 있다. 초기에는 새로운 제품에 대한 관심과 수요가 높을 수 있으나, 시간이 지남에 따라 고객들의 선호도가 변화할 수 있다. 고객들은 새로운 제품을 경험하고 적응하면서 자신의 선호에 맞는 제품을 찾는 경향이 있다. 이에 따라 기업들은 제품을 개선하거나 다양한 옵션을 제공하여 고객들의 선호도를 충족시킬 수 있는 전략을 구사해야 한다. 그리고 글로벌 시장에서의 성숙기는 경쟁 상황에 영향을 받을 수 있다. 초기에는 경쟁업체들이 제품을 출시하거나 시장에 진입하는 것이 상대적으로 쉽지 않을 수 있다. 그러나 시장이 성숙기로 진입하면 경쟁업체들이 더 많아지고, 제품의 경쟁력이 강조되기 시작한다. 경쟁업체들은 제품의 가치 제안을 개선하거나 가격경쟁 등을 통해 경쟁력을 유지하려고 한다. 마지막으로, 글로벌 시장에서의 성숙기는 마케팅 활동에 중요한 영향을 미친다. 초기에는 제품을 알리고 고객들의 인식을 확보하는 데 주력할 수 있지만, 성숙기에서는 기업들은 마케팅 전략을 재조정해야 한다. 마케팅 활동은 제품의 가치 제안을 강조하고, 고객들의 필요와 선호에 맞춘 메시지를 전달하는 데 중요한 역할을 한다. 또한, 고객 유지와 충성도 제고를 위한 마케팅 활동도 필요하다.

글로벌 시장에서의 제품 성숙기는 다양한 요소에 의해 영향을 받으며, 이에 따라 기업들은 제품 전략을 조정하고 적절하게 대응해야 한다.

(4) 쇠퇴기에서의 차이점

글로벌 시장에서 제품의 쇠퇴기는 기술의 발전, 고객의 선호도 변화, 시장 동향 등에 의해 다양하게 변할 수 있다.

먼저, 글로벌 시장에서 제품의 쇠퇴기는 기술의 발전에 큰 영향을 받을 수 있다. 새로운 기술이 등장하면 기존 제품의 경쟁력이 약화되고 시장점유율이 감소할 수 있다.

기업들은 새로운 기술 도입이나 제품 혁신을 통해 경쟁력을 유지하거나 회복하기 위해 노력해야 한다. 또한, 글로벌 시장에서 제품의 쇠퇴기는 고객의 선호 변화에 따라 달라질 수 있다. 기존 제품의 기능이나 디자인이 고객들의 선호와 맞지 않거나, 새로운 제품이나 브랜드가 더 많은 고객들의 관심을 끌게 되면 기존 제품은 쇠퇴할 수 있다. 기업들은 고객들의 선호 변화를 예측하고, 제품 개선이나 다각화를 통해 고객들의 요구를 충족시키는 새로운 가치 제안을 제시해야 한다. 시장 동향 측면에서는, 글로벌 시장에서 제품의 쇠퇴기는 시장 동향에 따라 다양하게 변할 수 있다. 경제적 변화, 경쟁업체의 등장, 제도적 변화 등 시장 환경의 변화에 따라 제품의 수요가 감소하고 시장점유율이 감소할 수 있다. 기업들은 시장 동향을 지속적으로 모니터링하고, 이에 대응하는 전략을 수립하여 쇠퇴기에서도 경쟁력을 유지해야 한다.

글로벌 시장에서 제품의 쇠퇴기는 다양한 요소에 의해 영향을 받으며, 이에 따라 기업들은 제품 전략을 조정하고 변화하는 시장에 적응해야 한다.

3) 제품 단종 및 철수 전략 관리

제품의 수명 주기에서 단종 단계와 철수 전략은 중요한 요소이다. 단종 단계는 제품의 판매와 생산을 중단하고 시장에서 철수하는 단계를 의미한다. 글로벌 마케팅에서는 이러한 단종 단계와 철수 전략을 효과적으로 관리해야 한다.

(1) 제품 단종 및 철수의 발생 이유

제품이 시장에서 포화되어 수요가 감소하고 경쟁력을 잃을 경우, 단종과 철수를 고려해야 한다. 시장에서 더 이상 경쟁력을 유지하기 어려운 상황에서는 단종 전략을 실행하여 자원을 효율적으로 분배하고 새로운 제품에 집중할 수 있다. 그리고 기술의 진보나 혁신으로 인해 기존 제품이 더 이상 시장의 요구를 충족시키지 못하는 경우, 제품 단종을 고려할 수 있다. 기술의 변화에 적극적으로 대응하여 새로운 제품을 개발하고 단종 단계에서의 전략을 수립해야 한다. 또한, 법적인 규제나 규정에 따라 제품이 더 이상 판매되거나 생산될 수 없는 경우 철수 전략을 수립해야 한다. 이는 제품 안전성, 환경보호 등과 관련된 사항을 준수하기 위한 것이다.

(2) 제품 단종과 철수 전략의 관리

제품수명주기 동안 단종 단계와 철수 전략을 고려한 계획을 수립해야 한다. 이를 통해 단종 시점을 미리 예측하고 적절한 철수 전략을 수립할 수 있다. 그리고 제품 철수 전략을 수립하여야 하는데, 제품 철수는 소비자에게 영향을 미칠 수 있는 중요한 프로세스이기 때문이다. 철수 과정에서 고객들에게 올바른 안내와 보상을 제공해야 한다. 또한, 제품의 철수에 따른 비용과 리스크를 고려하여 적절한 전략을 수립해야 한다. 제품의 단종과 함께 제품에 사용된 자원의 관리도 중요하다. 자원의 재활용, 재사용, 혹은 안전한 처분을 고려하여 환경에 대한 영향을 최소화해야 한다. 제품의 단종 및 철수 전략은 글로벌 마케팅에서 제품수명주기를 관리하고 성공적으로 단종 단계로 진입하기 위해 필수적인 요소이다. 단종과 철수 전략을 효과적으로 수립하여 기업의 자원과 브랜드 이미지를 보호하고 새로운 제품 개발과 성장에 집중할 수 있다.

05 글로벌 마케팅의 제품 전략을 위한 미래 동향 및 고려사항

글로벌 시장이 계속 진화함에 따라 기업은 효과적인 제품 전략을 개발하기 위해 앞서 나가고 미래 트렌드를 예측하는 것이 중요하다. 다음은 염두에 두어야 할 몇 가지 향후 추세 및 고려사항이다.

1) 디지털 혁신

디지털 혁명은 비즈니스 환경을 재편하고 있으며 기업은 경쟁력을 유지하기 위해 디지털 기술을 수용해야 한다. 미래의 제품 전략은 전자상거래 플랫폼 활용, 모바일 애플리케이션 채택, 고객 통찰력 및 개인화된 경험을 위한 데이터 분석 활용을 포함하여 디지털 혁신을 통합해야 한다. 디지털 혁신은 글로벌 마케팅에서 제품 전략을 개발하는 데 핵심적인 역할을 한다. 디지털 혁신의 세부 내용을 살펴보면 다음과 같다.

(1) 전자상거래 플랫폼(E-commerce platforms)

디지털 혁신은 제품 전략에 전자상거래 플랫폼을 통합하는 것을 의미한다. 온라인 판매 채널을 효과적으로 활용하여 제품을 글로벌로 마케팅하고 고객에게 쉽고 편리한 구매 경험을 제공하는 것이 중요하다. 이를 위해 웹사이트 또는 앱을 개발하고 온라인 상점을 구축하여 고객과의 상호작용을 강화할 수 있다.

(2) 모바일 앱(mobile applications)

모바일 애플리케이션은 소비자들이 제품에 대한 접근성과 편의성을 높여준다. 제품 전략에는 모바일 앱의 개발과 최적화가 필수적이다. 이를 통해 고객은 언제 어디서나 제품 정보를 얻을 수 있고, 구매 과정이 간편해지며, 개인화된 서비스를 받을 수 있다.

(3) 데이터 분석(data analytics)

데이터 분석은 제품 전략에 있어 중요한 역할을 한다. 고객 데이터와 시장 트렌드를 분석하여 소비자의 선호도, 구매 동향, 제품 특성 등을 이해하고 예측하는 데 활용할 수 있다. 데이터 분석을 통해 개인화된 제품 추천, 표적 마케팅, 효과적인 마케팅 캠페인 등을 수행할 수 있다.

(4) 디지털 마케팅(digital marketing)

디지털 혁신은 제품 마케팅 전략에도 큰 영향을 미친다. 소셜 미디어, 검색 엔진 마케팅(SEM), 콘텐츠 마케팅 등의 디지털 마케팅 채널을 활용하여 제품을 대상 고객에게 홍보하고 마케팅 메시지를 전달할 수 있다. 또한, 온라인 광고, 영상 마케팅, 영감형 마케팅(inspirational marketing) 등의 디지털 마케팅 전략을 사용하여 브랜드 인식을 높이고 고객과의 상호작용을 촉진할 수 있다.

(5) 고객경험(customer experience)

디지털 혁신은 고객경험을 향상시키는 데도 중요한 역할을 한다. 제품을 디지털 플랫폼과 통합하여 개인화된 서비스, 소셜 커머스 기능, 편리한 결제 옵션 등을 제공할 수 있다. 또한, 가상현실(VR), 증강현실(AR) 등의 기술을 활용하여 고객에게 혁신적인 상호작용 경험을 제공할 수 있다.

디지털 혁신을 제품 전략에 통합함으로써 기업은 더욱 경쟁력 있는 제품을 개발하고 고객과의 관계를 강화할 수 있다. 디지털 혁신은 제품 마케팅, 판매 채널, 데이터 분석, 고객경험 등 다양한 영역에서 기업의 글로벌 마케팅을 혁신적으로 변화시키는 핵심 요소이다.

2) 지속 가능성 및 사회적 책임

소비자는 지속 가능성 및 사회적 책임에 대해 점점 더 많은 관심을 갖고 있다. 기업은 친환경 소재, 윤리적 소싱, 책임 있는 생산 공정 등을 고려하여 제품 전략을 환경 및 사회적 가치와 일치시켜야 한다. 녹색 포장, 에너지 효율적인 설계 및 탄소발자국 감소가 중요한 고려사항이 될 것이다.

사회적 책임(social responsibility)과 지속 가능성(sustainability)은 글로벌 마케팅에서 제품 전략에 중요한 요소로 작용한다. 사회적 책임과 지속 가능성의 세부 내용은 다음과 같다.

(1) 환경친화적 제품

사회적 책임과 지속 가능성을 고려한 제품 전략은 환경친화적 제품 개발을 포함한다. 이는 친환경 재료의 사용, 생태계 보호를 고려한 제조 과정, 친환경적인 에너지 사용 등을 의미한다. 환경친화적 제품은 탄소 배출을 줄이거나 재생에너지를 활용하여 기후 변화에 대한 대응을 강화하는 등 지속 가능한 비즈니스 모델을 구축하는 데 도움을 준다.

(2) 윤리적 공급망 관리

제품 전략은 제품의 전체 공급망을 고려해야 한다. 사회적 책임과 지속 가능성을 고려한 제품 전략은 윤리적인 공급망을 구축하고 관리하는 것을 목표로 한다. 이는 노동 조건 개선, 인권 보호, 공정한 임금 지불, 기업 간 협력 및 투명성 강화 등을 포함한다. 공정한 공급망을 구축하여 사회적으로 책임 있는 비즈니스 활동을 실천함으로써 기업의 평판 향상과 소비자들의 신뢰를 얻을 수 있다.

(3) 사회적 영향

지속 가능한 제품 전략은 사회적인 영향을 고려한다. 제품의 사용이 사회적 문제 해결에 기여하는지, 현지 사회에 긍정적인 영향을 주는지 등을 고려한다. 사회적으로 책임 있는 제품은 사회의 다양한 이해관계자들에게 혜택을 제공하고 지역공동체의 발전을 지원한다. 이는 현지 고용 창출, 교육 지원, 재난 구호 등 다양한 방식으로 이루어질 수 있다.

(4) 투명성과 보고 체계

지속 가능성과 사회적 책임은 기업의 투명성(transparency)과 보고 체계(reporting system)를 강화하는 데에도 영향을 미친다. 기업은 제품의 사회적, 환경적 영향을 평가하고 보고하는 데 주력해야 한다. 지속 가능성 보고서(sustainability report), 사회적 영향 보고서(social impact report) 등의 체계적인 보고방식을 도입하여 이해관계자들에게 기업의 사회적 책임과 지속 가능성 노력을 투명하게 전달할 수 있다.

❖ 그림 8-5 지속 가능성 보고서와 사회적 영향 보고서

출처: 삼성전기 홈페이지, Riot Games 홈페이지.

사회적 책임과 지속 가능성은 현대 비즈니스에서 더욱 중요해지고 있다. 이러한 요소들을 고려하여 제품 전략을 개발하는 것은 기업의 글로벌 마케팅에서의 경쟁력을 향상시키고, 지속 가능한 성장을 실현하며, 사회적으로 올바른 비즈니스 활동을 실현하는 데에 큰 도움이 된다.

3) 개인화 및 맞춤화

소비자는 개인화된 경험과 개인의 필요에 맞는 제품을 찾고 있다. 미래의 제품 전략은 소비자가 선호도에 따라 제품을 개인화할 수 있도록 맞춤화 옵션을 제공하는 데 초점을 맞춰야 한다. 여기에는 사용자 정의 가능한 기능, 개인화된 포장 또는 고객이 제품 디자인 프로세스에 참여할 수 있는 공동 제작 기회가 포함될 수 있다. 개인화(individualization)와 맞춤화(customization)는 제품 전략에서 점점 더 중요한 역할을 하고 있다. 개인화와 맞춤화 관련 사항들은 다음과 같다.

(1) 개인화

개인화는 고객의 개별적인 요구와 선호도를 고려하여 제품을 맞춤화하는 것을 의미한다. 기업은 고객 데이터와 분석을 활용하여 고객의 선호도, 구매 기록, 행동 패턴 등을 파악하고 이를 기반으로 제품을 개인화한다. 개인화는 제품의 기능, 디자인, 사용자 경험 등에 대한 맞춤 옵션을 제공함으로써 고객들에게 특별한 경험과 가치를 제공한다.

(2) 맞춤화

맞춤화는 고객이 제품의 특정 요소를 자신의 선호에 맞게 선택하거나 조정할 수 있는 기능을 제공하는 것이다. 예를 들어, 제품의 색상, 크기, 소재 등을 선택할 수 있는 맞춤 옵션을 제공하는 것이다. 맞춤화는 고객의 개별적인 욕구와 선호도를 반영하여 제품을 최적화할 수 있는 기회를 제공한다.

4) 인공지능 및 자동화

인공지능(AI)과 자동화(automation) 기술의 통합은 제품 전략을 위한 새로운 기회를 제공한다. AI 기반 챗봇(chatbot), 가상 비서 및 예측 분석을 통해 고객경험을 향상하고 제품 추천을 최적화할 수 있다. 기업은 인공지능과 자동화를 활용하여 제품 개발, 공급망 관리 및 고객 참여를 개선하는 방법을 모색해야 한다. 인공지능과 자동화는 마케팅의 미래를 형성하는 글로벌 제품 전략의 핵심 트렌드이다.

(1) 인공지능(AI)

인공지능(AI)은 인공지능과 기계 학습 기술(machine learning technology)을 제품 개발 및 마케팅 프로세스에 통합하는 것을 말한다. 여기에는 데이터, 알고리즘 및 자동화를 활용하여 의사결정을 개선하고 운영을 최적화하며 개인화된 고객경험을 제공하는 것이 포함된다. 인공지능을 통해 기업은 방대한 양의 데이터를 분석하고 귀중한 통찰력을 얻고 데이터 기반 의사결정을 통해 제품 개발, 마케팅 캠페인 및 고객 상호작용을 개선할 수 있다.

자연어 처리, 예측 분석 및 추천 시스템과 같은 인공지능 기반 기술을 활용함으로써 기업은 고객 선호도를 더 잘 이해하고 시장 동향을 예측하며 개별 요구사항에 맞게 제품 및 마케팅 노력을 조정할 수 있다. 인공지능은 또한 고객지원을 위한 챗봇, 지능형 공급망 관리, 개인화된 콘텐츠 제공과 같은 자동화된 프로세스를 지원하여 효율성과 고객만족도를 향상시킨다.

(2) 자동화(automation)

자동화는 기술과 소프트웨어를 사용하여 반복적인 작업을 수행하고 프로세스를 간소화한다. 사람의 개입을 줄이고 오류를 최소화하며 생산성을 높이는 것을 목표로 한다. 글로벌 제품 전략의 맥락에서 자동화는 제조, 물류, 마케팅 및 고객서비스를 포함한 다양한 영역에 적용될 수 있다.

제조 분야에서 로봇 및 지능형 시스템과 같은 자동화 기술은 효율적이고 정밀한 생산 프로세스를 가능하게 하여 비용을 절감하고 품질관리를 향상시킨다. 물류에서 자동화 시스템은 공급망관리, 재고관리 및 유통을 최적화하여 적시 배송을 보장하고 오류를 최소화한다. 자동화는 또한, 기업이 이메일 마케팅, 소셜미디어 일정 및 캠페인 추적과 같은 반복적인 마케팅 작업을 자동화할 수 있는 마케팅에서 중요한 역할을 한다. 이를 통해 마케팅 담당자는 전략 계획, 콘텐츠 생성 및 데이터 분석에 집중할 수 있으므로 궁극적으로 캠페인 효과와 투자수익률(ROI)이 향상된다. 또한, 자동화는 챗봇, 가상 도우미 및 셀프서비스 포털을 사용하여 고객서비스를 향상시킬 수 있다. 이러한 자동화 시스템은 고객문의에 신속하고 개인화된 응답을 제공하여 응답시간을 개선하고 전반적인 고객경험을 향상시킨다. 인공지능 및 자동화를 수용함으로써 기업은 글로벌 시장에서 경쟁우위를 확보할 수 있다. 이러한 기술은 능률적인 운영, 개인화된 고객경험, 데이터 기반 의사결정을 가능하게 하여 궁극적으로 끊임없이 진화하는 글로벌 시장에서 비즈니스 성장과 성공을 주도한다.

5) 글로벌 문화 감성

글로벌 시장이 확대되면서 성공적인 제품 전략을 위해 문화적 감성이 중요해지고 있다. 기업은 현지 문화, 관습 및 선호도를 이해하여 그에 따라 제품 및 마케팅 접근방식을 조정해야 한다. 여기에는 제품 기능, 포장, 브랜딩 및 커뮤니케이션 스타일을 조정하여 다양한 글로벌 고객과 공감하는 것이 포함된다. 글로벌 문화 감성은 글로벌 마케팅 및 제품 전략의 중요한 측면이다. 여기에는 전 세계의 다양한 시장과 대상 고객의 문화적 느낌과 선호도를 이해하고 존중하며 적응하는 것이 포함된다.

마무리사례 **타파웨어(Tupperware)**

타파웨어(Tupperware)는 20세기 내내 주방 조직에 혁명을 일으키고 전 세계 주방을 지배한 유명 브랜드이다. 1946년 사일러스 타파(Earl Silas Tupper)가 설립한 이 회사는 물과 공기를 효과적으로 차단하는 밀폐 플라스틱 용기를 세계 최초로 선보였다. 70년 이상의 경험을 바탕으로 사일러스 타파는 100개 이상의 국가에서 주방을 책임지고 있으며, 글로벌 마케팅 규모에서 탁월한 제품 관리 혁신을 선보였다. 'Wonderlier Bowl', 'Bell Tumbler'와 같은 혁신적인 플라스틱 밀폐 용기는 주부들 사이에서 엄청난 인기를 얻었으며 Tupperware는 한세대를 풍미하는 이름으로 자리 잡았다. 특히 미국 포춘지는 '20세기 인류의 역사를 바꾼 39가지 제품' 중 최고의 가정용 주방용품으로 타파웨어 제품을 꼽았다.

타파웨어는 밀폐 식품 보관 용기라는 선구적인 개념을 도입했다. 이 혁신적인 제품은 식품 보존 개선, 유통기한 연장, 장기간 등안 식품을 신선하게 유지하는 기능 등 기존 저장방법에 비해 이점을 제공했다. 타파웨어의 밀폐 밀봉과 내구성이 뛰어난 플라스틱 소재는 주방에서 편리함, 향상된 위생을 제공하여 일반적인 소비자 불만사항을 해결했다. 또한, 타파웨어의 제품 혁신은 다양한 식품 보관 요구에 적응할 수 있었다. 이 기업은 다양한 크기와 모양의 용기를 포함하도록 제품 라인을 확장하여 다양한 유형의 식품 및 보관 요구사항을 충족했다. 타파웨어는 또 전자레인지용 용기, 모듈식 보관 시스템, 최적의 구성을 위한 특정 기능을 갖춘 용기와 같은 특수 제품을 출시했다. 이러한 적응력 덕분에 타파웨어는 전 세계적으로 광범위한 소비자에게 어필할 수 있었다. 그리고 타파웨어의 제품 혁신은 고유한 직접 판매 비즈니스 모델로 보완되었다. 기업은 타파웨어 제품을 시연하고 고객에게 직접 판매하는 개인이 주최하는 독립 컨설턴트 또는 "타파웨어 파티"에 의존했다. 이러한 직접 판매방식은 컨설턴트와 고객 간의 개인적인 관계를 형성했을 뿐만 아니라 타파웨어의 고유한 기능과 이점을 보여주는 제품 교육의 기회를 제공했다. 이 마케팅 전략은 여러 국가에서 현지화된 마케팅 노력을 촉진했기 때문에 타파웨어의 혁신적인 제품이 전 세계적으로 도달하는 데 기여했다. 문화적 적응 측면에서는, 글로벌 마케팅에서 타파웨어의 성공은 현지 문화적 선호도와 상황에 맞게 제품을 적응시키는 능력에 기인할 수 있다. 기업은 다양한 현지의 소비자들의 다양한 요구와 식습관을 이해하는 것이 중요하다는 점을 인식했다. 예를 들어, 타파웨어는 특정 국가에서 일반적으로 소비되는 전통 요리나 식품을 보관하기 위한 용기와 같은 문화적 관행에 특화된 제품을 개발했다. 이러한 현지화 전략을 통해 타파웨어는 전 세계 소비자의 공감을 얻어 제품 채택 및 시장 침투가 증가했다. 마지막으로 최근 몇 년 동안 타파웨어는 제품 혁신을 통해 지속 가능성에 대한 약속을 보여주었다. 이 기업은 재사용 가능한 실리콘 식품 저장 대안 및 재활용 재료로 만든 제품과 같은 친환경 옵션을 도입했다. 지속 가능성에 대한 이러한 강조는 환경을 고려한 제품에 대한 소비자 선호도 증가와 일치하며 사회적 책임을 다하는 기업으로서 타파웨어의 브랜드 이미지를 강화한다. 타파웨어의 제품 혁신은 사람들이 음식을 저장하고 정리하는 방식을 변화시켰을 뿐만 아니라 적응성, 직접 판매 모델, 문화적 감수성 및 지속 가능성 노력을 통해 성공적인 글로벌 마케팅의 모범이 되었다. 제품 제공을 혁신하고 발전시키는 회사의 능력을 통해 타파웨어는 글로벌 시장에서 관련성과 경쟁력을 유지할 수 있었다.

▲ 타파웨어

그런데 "20세기 주방의 혁신이라고 불리는 이러한 타파웨어가 생사의 갈림길에 서 있다. 오늘(10일) KTLA 보도에 따르면 타파웨어가 재무공시를 통해 '자금 부족으로 인해 폐업 직전에 있다'고 발표한 뒤 기업 주가는 49% 급락했다. 이날 타파웨어는 '기업이 계속 운영될지 의심스러운 상황'이라며 '가능한 현금을 확보하고 직원 해고나 부동산 매매를 통해 비용을 절감할 계획'이라고 밝혔다. 보다 저렴하고 트렌디한 주방 제품이 나날이 쏟아지는 가운데 타파웨어는 젊은 층의 인기를 잃으며 지난해(2022년) 주가가 90% 폭락했다. 타파웨어는 소매 유통상인 타겟(Target)과 소매업체를 통해 물건을 판매하기로 계약을 맺기도 했지만, 상황을 반전시키기엔 충분하지 않다는 지적이다. 이같이 극심한 재정적 압박을 받고 있는 기업에 과연 투자가 이뤄질 수 있는지에 대해서도 의문이 남는다."

출처: 라디오코리아뉴스 (2023.4.10).

학 · 습 · 정 · 리 · 문 · 제

1. 어떻게 제품이 국제 진출을 위한 촉매 역할을 하는 동시에 문화적 감수성을 반영할 수 있습니까? 예를 들어 보시오.

2. 제품 적응 및 표준화의 하이브리드 접근방식이 어떤 시나리오에서 유익할 수 있을까?

3. 디자인의 문화적 민감성과 글로벌 시장 요구 사이의 균형을 어떻게 달성할 수 있는가?

4. 기업은 제품수명주기를 연장하기 위해 제품을 혁신할 것인지 또는 제품을 중단할 것인지를 어떻게 결정해야 하는가? 문화와 시장 역학은 어떻게 영향을 미치는가?

5. 기업은 어떻게 혁신을 활용하여 글로벌 경쟁력을 유지할 수 있는가?

CHAPTER 09

GLOBAL MARKETING

글로벌 가격관리

학 습 목 표

글로벌 마케터는 전 세계적으로 적절한 가격을 설정해 제품의 가치 교환을 시도한다. 이 장에서는 글로벌 가격결정의 특수한 문제에 대해 학습한다.

1. 글로벌 가격 전략의 개념 | 2. 글로벌 가격결정의 고려사항

3. 글로벌 가격결정방식 | 4. 글로벌 가격 전략 유형 | 5. 국제 이전가격 전략

09 CHAPTER 글로벌 가격관리

도입사례 스타벅스 지수

스타벅스 라테 가격 보면, 그 나라 화폐가치가 보인다

2023년 3 · 1절에 일본을 오가는 항공편 예약률이 90%를 넘었다고 한다. 그걸 두고 이런저런 말이 많았지만 여행지를 결정하는 데는 민족감정보다 경제적 고려가 많이 작용했을 것이다. 같은 돈이라도 어느 나라에서 쓰느냐에 따라 구입할 수 있는 상품과 즐길 수 있는 서비스에는 큰 차이가 있다. 해외여행 계획을 세울 때는 비슷한 상품과 서비스의 가격이 한국에선 얼마인지를 한번쯤 생각해 보게 된다. 그런 고민에는 각 나라의 통화 간 교환 비율, 즉 환율이 결정되는 원리와 적정 환율 수준을 추정해 볼 수 있는 원리가 담겨 있다. 구매력 평가설이라고 하는 환율에 관한 가장 기본적인 이론이 그것이다.

주요국 스타벅스 지수(단위: 달러)

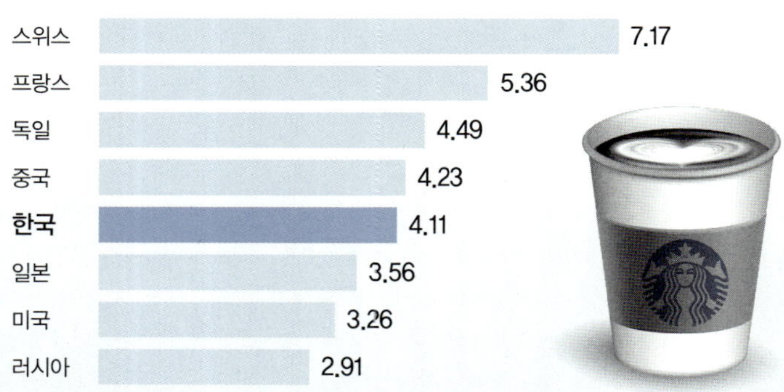

※ 각국 스타벅스 톨 사이즈 카페라떼 가격을 달러로 환산한 것
자료: 비주얼 캐피털리스트

출처: 한국경제 (2023.3.6).

▶ 스벅 라테로 계산한 적정 환율은?

구매력 평가설은 영어로 'purchasing power parity'라고 한다. PPP라는 줄임말로 많이 쓴다. 보통 구매력 평가설로 번역하지만 원어의 의미를 살려 '구매력 동등성'이라고 하는 것이 이해에 도움이 된다.

구매력 평가설의 기본 가정은 같은 금액의 돈은 어느 나라에서든 '동등한 구매력'을 가져야 한다는 것이다. 예를 들어, 한국에서 스타벅스 카페라테가 5000원이라면, 미국 스타벅스 카페라테의 원화 환산 가격은 5000원이어야 한다.

이런 가정에 따라 '적정 환율'을 추정해 볼 수 있다. 만약 스타벅스 카페라테가 한국에서 5000원, 미국에서 5달러라면 적정 원・달러 환율은 1000원이다. 구매력 평가설에 따라 환율을 계산하는 공식은 e=P/Pf로 나타낸다. 여기서 e는 명목 환율, P는 자국 물가, Pf는 외국 물가다. 이 공식이 의미하는 바는 국내 물가가 외국 물가에 비해 크게 오르면 국내 통화가치는 하락(환율 상승)하고, 국내 물가가 안정되면 통화가치는 상승(환율 하락)한다는 것이다.

출처: 한국경제 (2023.3.6).

01 글로벌 가격 전략의 개념

일반적으로 가격은 제품의 가치를 나타낸다. 하지만 가격에는 경제적인 측면도 있고 사회심리적 측면도 있다. 경제적 측면에서는 제품을 구매할 때 지불해야 할 비용을 말하는 것으로 제품에 따라 가격의 탄력성이 달라질 수가 있다. 필수적인 제품은 가격변동에 상관없이 수요가 크게 변하지 않아 가격탄력성이 낮지만, 사치품은 가격변동에 따라 수요의 변동이 커서 가격탄력성이 높다. 예를 들어, 경기가 나빠지면 필수품에 대한 수요는 크게 변하지 않지만 사치품에 대한 수요는 크게 줄어드는 것을 알 수 있다.

이와 같은 경제적 측면 외에 가격은 사회·심리적 측면이 있다. 우리나라에서 고급차를 주로 구매하는 사람들을 대상으로 조사한 결과를 보면, 원래 부자들이 아닌 경우 자신의 사회적 신분이나 지위를 과시하려는 욕구 때문에 고급 자동차를 구매하는 경우가 많다는 것을 알 수 있다.

글로벌 시장에서 가격은 제품의 글로벌 성격에 따라 두 가지 형태로 존재한다. 즉, 제품이 석유나 다이아몬드, 반도체처럼 전 세계적으로 통일된 시장이 존재하는 글로벌 제품인 경우에는 글로벌하게 동일한 가격이 유지된다. 이런 제품들은 산업재에 많다. 예를 들어, 보잉에서 만드는 대형 여객기의 가격은 전 세계에서 동일하다. 그러나 맥주, CD 등 대부분의 소비재들은 전 세계에서 구매 가능하지만 글로벌 시장보다 각국의 시장 환경을 반영하여 가격이 매겨진다. 즉, 이 제품들은 국가 간 비용, 정부규제, 경쟁, 시장상황의 차이를 반영하여 국가별로 가격이 매겨진다. 예를 들어, 맥주 제품의 경우 시장이 매우 분할되어 있어, 하이네켄 여섯 캔 한 박스가 어느 나라에서 팔리느냐에 따라 거의 50% 정도 가격 차이가 난다(Green & Keegan, 2020). 예를 들어, 우리나라의 경우, 하이네켄 맥주의 가격은 다른 수입 맥주, 그리고 국내시장의 약 80%를 차지하는 국산 맥주, 즉 오비와 카스 맥주와의 경쟁을 반영하여 가격이 매겨진다.

글로벌 마케터는 이러한 각국 시장의 차이뿐만 아니라, 글로벌 시장의 기회와 제한 요소를 동시에 고려하여, 글로벌 가격 시스템과 전략을 개발해야 한다. 예를 들어, 인터넷의 확산은 제품에 대한 정보를 전 세계에서 손쉽게 얻을 수 있게 만들었다. 따라서, 글로벌 기업은 동일한 제품에 대해서 각국의 고객들이 다른 가격에 대해서 어떤 반응을 보일지 생각하면서 가격을 매겨야 한다.

또한 글로벌 마케터는 글로벌 가격을 책정할 때 비용 이외의 내부요인, 즉 관리자에 따라 서로 다른 가격 전략의 목표를 갖고 있다는 것을 인식해야 한다. 예를 들어, 국별 관리자와 지역본부, 그리고 본사의 경영자들은 전사적인 이익보다 각자 자기가 맡은 영역의 수익성에 대해서 보다 관심을 갖고 있다. 또한 기능별 부서의 책임자들은 자기가 맡은 부서의 관점에서 가격 정책을 결정하려고 한다. 글로벌 마케팅 책임자는 전 세계적으로 가격경쟁력을 갖기를 원하는 반면, 재무부서의 책임자는 이익을 높이기를 원하며, 세무 담당자는 가격 정책이 각국의 이전가격 규정에 부합하는지에 보다 관심을 갖고 있다. 따라서, 글로벌 마케터는 이러한 외부 및 내부요인을 고려하여 이들을 모두 충족시킬 수 있는 글로벌 가격 정책을 결정해야 한다.

02 글로벌 가격결정의 고려사항

해외시장에서 가격을 결정할 때 어떤 요소들을 고려해야 되는가를 알아보자. 첫째, 기업이 추구하는 목표를 생각해야 한다. 기업이 추구하는 목표가 매출 위주인지 아니면 시장점유율을 높이는 것인지 혹은 이익을 높이는 것인지에 따라서 가격 차이가 달라진다. 만약 매출을 높이는 것이 목표라면 가격을 가능한 한 낮게 책정해서 판매량을 늘려야 할 것이고, 해외시장점유율을 높이는 것이 목표이면 역시 가격을 낮추어야 할 것이다. 그러나 해외시장에서의 목표가 이익을 확대하는 것이라면 가격을 올리는 전략을 사용해야 한다.

둘째, 목표고객의 특성에 따라서 가격 전략이 달라질 수 있다. 해외시장에서 목표로 삼은 고객들의 구매력이나 소득 수준, 그리고 구매의욕 등에 따라 가격 전략을 다르게 해야 한다. 예를 들어, 중국 시장에 진출할 때 목표고객이 중국의 상류층으로 해외 제품을 주로 선호하며 구매력이 높고 가격에 민감하지 않은 특성을 가지고 있다면 높은 가격 수준을 유지하는 고가격 전략이 효과적이고, 반면 목표고객이 저소득층이고 가격에 민감한 계층의 경우라면 가능한 가격을 낮추는 저가격 전략이 좋을 것이다.

셋째, 해외시장의 경쟁을 고려해야 한다. 일반적으로 해외시장에는 현지시장을 주도하는 현지 기업이 존재하며, 이미 진출한 외국 경쟁업체들이 있을 가능성도 높다. 따라서, 이들 기업과 비교하여 경쟁력을 유지할 수 있는 가격을 결정하는 것이 필요하다.

예를 들어, 해외시장에서의 경쟁이 치열할수록 고가격 정책은 어려울 것이다. 글로벌 마케터는 이처럼 해외시장의 경쟁 상황을 고려하여 가격을 결정해야 한다.

넷째, 원가를 고려해야 한다. 글로벌 마케터는 제품의 제조원가뿐만 아니라, 판매와 마케팅 비용, 그리고 간접비를 고려해서 원가를 추정하고 그것을 고려하여 가격을 결정해야 한다.

다섯째, 국제적인 제약요소들을 고려해야 한다. 국제 간의 거래에 부과되는 관세를 비롯해 환율, 반덤핑 규정, 이전가격 규정 등 글로벌하게 적용되는 국제적 제한요소를 고려하여 가격을 결정해야 한다.

03 글로벌 가격결정방식

1) 원가지향적 가격결정

원가지향적 가격결정은 제품의 생산원가에 일정한 이윤을 가산하여 가격을 산정하는 방식이다. 이러한 방식에는 원가가산(cost plus pricing)과 이윤가산(markup plus pricing)의 두 가지가 있다.

(1) 원가가산방식

원가가산방식은 기업이 제품을 생산하여 판매하는데 소요되는 모든 원가에 일정한 이윤을 가산하여 글로벌 가격을 결정하는 방법이다. 제품 원가에 더해지는 이윤은 글로벌 마케터의 기대 수준에 따라 달라지는데, 이윤율이 높아지면 가격이 상승하는 결과를 초래하므로 이윤율은 시장에서 형성되어 있는 가격을 고려하여 결정할 수밖에 없다. 이 방식은 다른 가격결정방식에 비해 논리적인 근거가 뚜렷하고, 생산자와 구매자 모두에게 공평하다는 인식되어 있어 많은 글로벌 마케터들이 이용하고 있다. 물가상승률이 지속되거나 원자재 가격 변화가 심한 경우에도 이 방식이 많이 사용된다. 그러나 이 방식은 글로컬 가격이 원가를 기준으로 결정됨으로써 해외시장에서 경쟁기업의 가격이나 수요구조를 무시하는 경우가 발생할 수 있고 산정과 배분이 어려운 경우에 사용하기 어렵다.

(2) 이윤가산방식

이윤가산방식은 글로벌 마케터가 미리 순이익의 크기나 이익률을 정해 놓고 이에 맞추어서 글로벌 제품의 가격을 결정하는 방식이다. 이를 위해 글로벌 마케터는 손익분기점을 파악하고 가격 수준별 예상매출액을 산출한 다음, 목표 이익을 달성할 수 있는 가격 수준을 확정한다. 이러한 방식을 선택할 수 있는 기업들은 정해진 목표 이익을 달성할 수 있는 능력이 있어야 한다는 점에서 주로 시장에서 선도적인 위치에 있거나 매우 안정적인 산업에 속한 기업들이다.

2) 목표지향적 가격결정

목표지향적 가격결정은 글로벌 마케터가 목표시장에서 추구하고자 하는 마케팅 목표에 따라 가격을 결정하는 방식이다. 이러한 방식에는 침투가격 전략(penetration pricing)과 고가격 전략(skimming pricing)이 있다.

(1) 침투가격 전략

침투가격 전략을 추구하는 마케터는 낮은 가격에 제품을 공급함으로써 단기간에 목표시장에서 교두보를 확보하고자 하는 목적과 단기이익을 희생하더라도 장기이익을 더 많이 올리려는 목적을 두고, 시장 진출 초기부터 시장을 선점하고 있는 경쟁기업에 비해 낮은 가격을 책정한다. 경쟁기업의 제품과 비슷한 품질의 제품에 낮은 가격을 책정하는 것은 상대적으로 고객을 쉽게 확보할 수 있는 경쟁수단이 된다. 침투가격 전략은 경쟁기업에 비해 낮은 원가구조의 확보하는 경우, 수요의 가격탄력성이 큰 제품의 경우, 목표시장이 대규모 시장인 경우, 높은 경험곡선의 효과로 규모의 경제 효과를 거둘 수 있는 경우에 성공할 수 있다.

(2) 고가격 전략

고가격 전략은 일반적으로 높은 가격을 지불하고서도 제품을 구매할 의사가 있는 목표시장의 고소득층을 표적으로 삼는 전략이다. 판매하는 고품질 제품에 의도적으로 높은 가격을 책정함으로써 가능하면 많은 단기이익을 실현하고자 하는 가격전략이다. 고가격 전략은 차별화된 혁신제품의 경우, 수요의 가격탄력성이 낮은 경우, 고가격-고품질 연상효과가 큰 경우, 경쟁 제품의 시장진입이 어려운 경우, 제품의 법률적 보호가 있는 경우에 성공할 수 있다.

3) 인지가치지향적 가격결정

인지가치지향적 가격결정은 구매자의 가치에 대한 인식을 근거로 하여 가격을 결정하는 방식이다. 글로벌 마케터들은 제품에 대한 구매자의 지각된 가치를 높이기 위해 비가격적 변수를 사용한다. 예를 들어, 동질의 커피 한 잔의 값이라도 분위기로 인해 부가되는 인식가치 때문에 테이크아웃 커피전문점, 호텔, 카페, 식당 등에서의 가격이 각자 상이한 경우이다.

인식가치지향적 가격결정방식은 글로벌 마케터가 목표시장의 수요자에 대한 정보, 경쟁기업에 대한 정보, 판매 장소에 대한 정보를 잘 파악하고 있어야 성공할 수 있다. 특히, 글로벌 마케터는 목표시장의 고객들이 마음속으로 상이한 경쟁제품들의 가치를 어떻게 인식하는가를 잘 알고 있어야 한다.

4) 경쟁지향적 가격결정

경쟁지향적 가격결정은 제품의 가치보다는 경쟁 제품의 가격을 주요한 가격결정 기준으로 사용하는 것이다. 이러한 방식에는 모방에 의한 가격결정과 입찰에 의한 가격결정방법이 있다.

(1) 모방에 의한 가격결정

모방에 의한 가격결정은 제품의 원가나 가치보다는 경쟁제품의 가격과 비슷한 수준으로 글로벌 가격을 정하는 방식이다. 이러한 방식은 과점상태의 시장에서 손도기업이 존재하는 경우, 소바자들의 가격탄력성이 낮거나 알 수 없는 경우, 동질적인 제품들이 치열한 경쟁 상태에 직면하는 경우 등에서 주로 사용된다. 모방에 의해서 가격을 설정하더라도 현지시장에 진출한 초기에는 경쟁제품보다 낮은 가격을 채택하고 이후 상황에 따라 제품의 가격을 서서히 올리는 것이 바람직하다. 왜냐하면 동질적 제품인 자사제품이 현지시장에 진출한 초기에는 제품 인지도가 낮은데다 이미 현지에서 기반을 잡은 경쟁제품들과 경쟁해야 하기 때문이다. 그러나 자사제품이 경쟁제품에 비해 차별화될 수 있는 경우 자사제품의 가격 차별화가 가능하다.

(2) 입찰에 의한 가격결정

입찰에 의한 가격결정은 입찰을 통해 가장 낮은 가격으로 가격을 책정하는 방식으로 입찰에 참가하는 경쟁기업들의 가격이 중요한 변수가 된다. 낙찰방식의 변형으로는 너무 낮은 가격을 제시하여 부실을 초래하는 것을 방지하기 위하여 발주자는 최저낙찰가격을 설정하여 그 이하의 가격으로 입찰한 기업은 계약에서 제외하는 경우도 있고, 사업의 규모가 크거나 장기간에 걸치는 경우에는 가격결정방식으로 낙찰과 협상을 병행하는 경우도 있다. 낙찰방식은 구매자가 수입국 정부가 되는 경우, 기업 고객이어서 구매물량이 많은 경우, 건설 수출의 경우 등에서 보편적으로 사용된다.

04 글로벌 가격 전략 유형

1) 본국중심적 가격 확장 전략

본국중심적 또는 가격 확장 전략은 국내가격 정책을 해외시장으로 확장시키는 것으로 국내에서의 가격 정책을 외국에서도 똑같이 적용하는 경우를 뜻한다. 예를 들면, 국내·외를 막론하고 모든 구매자에게 같은 가격을 적용하는 정책이다. 따라서 구매자 입장에서는 나머지 운송비와 관세를 모두 직접 부담하게 된다. 이 대안은 단순하기 때문에 그대로 응용이 가능하고, 별도의 정보수집도 필요하지 않기 때문에 추가비용도 많이 들지 않는다.

그러나 외국시장의 여러 경제 또는 소비자 여건을 고려하지 않기 때문에 부적절한 가격을 책정할 가능성이 높다는 것이 중요한 단점이라 할 수 있다. 예를 들어, 도요타의 렉서스가 비슷한 품질에 20,000달러 적은 가격으로 시장에 진입하였을 때, 가격 확장 정책을 고수하던 벤츠는 큰 타격을 받았다. 1993년 새로 CEO가 된 헬무트 워너(Helmut Werner)는 생산력 향상과 비용절감 노력으로 고객중심적이고 경쟁지향적인 가격 정책으로 변경하였다. 그리고 E 클래스와 S 클래스 세단의 저가형 모델들을 시장에 내놓았다. 그 결과 메르세데스 벤츠는 이제는 가격에서도 고급 자동차 시장에서 경쟁자와 경쟁할 수 있는 시장중심적 기업으로 변신하였다(Green & Keegan, 2020).

2) 현지국 중심적 가격 적응 전략

현지국 중심적 또는 가격 적응 전략은 해외시장의 가격 전략을 현지시장에 맞게 적응하는 방법으로 각 시장의 경제 및 소비자 여건을 고려해 이에 맞는 가격을 책정하는 것이다. 예를 들어, 가격탄력성이 작은, 즉 고객이 가격에 둔감한 시장에서는 가격을 비싸게 받고, 가격탄력성이 큰, 즉 고객이 가격에 민감한 시장에서는 가격을 낮게 받는 것이다. 이러한 전략은 각 시장으로부터 이윤을 최적화할 수 있다는 장점이 있다.

그러나 중요한 단점은 총체적인 고려가 등한시될 수 있다는 것으로, 예컨대 같은 글로벌 이미지를 내세우려 하는 기업의 제품이 한 나라에서는 가격이 비싸지만 다른 나라에서는 값이 저렴하다면 상당한 이미지 혼동이 있을 수 있다. 이보다 더 중요한 문제는 국가 간 비공식적인 제품의 거래인데, 회색시장은 바로 이러한 가격 차이로 초래되는 것이다.

3) 세계 중심적 가격 전략

세계 중심적 가격 전략을 사용하는 회사는 전 세계적으로 단일가격을 사용하지 않으며, 자회사나 그 지역 유통업자들이 자체적으로 결정하는 가격도 허용하지 않는다. 그 대신, 세계 중심적 가격 전략은 이 양자의 중간적인 전략을 의미한다. 구체적으로 이 전략은 현지시장의 독특한 요인들을 가격결정에 반영해야 한다는 인식에 근거를 두고, 본사와의 조정하에 현지 비용이나 소득 수준, 경쟁, 그리고 현지 마케팅 전략을 고려하여 세계 중심적 가격을 결정한다. 요약하면, 세계 중심적 가격 전략은 본사에서 가격에 대해 전 세계적으로 통일된 원칙을 정해 주고, 구체적인 적용은 현지에 맞게 조정하는 방법을 사용한다(Green & Keegan, 2020).

05 국제 이전가격 전략

국제 이전가격은 관계회사 간의 국제적 거래, 즉 본사와 해외 자회사의 거래 또는 해외 자회사 간의 거래에 책정되는 가격을 의미한다. 오늘날의 대규모 글로벌 기업들은 전 세계적 조직을 바탕으로 경영활동을 전개하고 있기 때문에 부품, 완제품, 기술 등의 기업 간 내부 거래가 국제적으로 빈번하게 발생하고 있다. 따라서, 글로벌 기업의 경우 국제 간 거래에 있어서 이전가격의 책정이 중요한 문제로 부각된다.

국제 이전가격이 문제가 되는 것은 시장가격과 다를 수 있기 때문이다. 글로벌 기업은 전 세계적 이익의 극대화를 위해 이전가격을 책정하려고 한다. 예를 들어, 세율이 낮은 나라의 자회사에서 이익을 많이 내도록 하는 것이 전체적으로 유리하기 때문에 그 자회사에서 다른 국가의 자회사로 판매할 때에는 시장가격보다 높은 가격을, 수입할 때에는 반대로 낮은 가격을 책정하는 것이다. 이 외에도 관세를 줄이기 위해, 혹은 외국 정부의 해외 송금 규제를 회피하기 위한 수단으로 이전가격 전략을 사용하기도 한다. 그러나 각국의 정부는 조세 수입을 확보하기 위해 외국기업의 조세 회피 노력을 감시하기 때문에 글로벌 기업의 이전가격 책정은 각국의 세법 규정에 맞게 하여야 한다.

1) 국제 이전가격결정방법

국제 이전가격 전략에는 다음과 같은 세 가지 방법이 존재한다. 글로벌 기업은 기업의 성격, 제품, 시장, 그리고 상황에 따라 세 가지 방법 중 선택하여 사용한다.

첫째, 시장 기반 이전가격결정법이다. 이 방법은 해외시장에서 경쟁적인 가격으로 이전가격을 결정한다. 이 방법은 소속 관계가 없는 제3의 기업에게 적용하는 가격인 시장가격(Arm's Length Pricing)과 유사한 가격으로 이전가격을 책정하는 방법이다. 이 방법의 단점은 특정 지역의 마케팅 목표상 부적합할 수 있다. 이를테면 새로 진입하는 시장의 경우, 현지 기업과 경쟁을 해야 하는 입장에서 시장가격은 현지 법인의 경쟁력을 약화시킬 것이다.

둘째, 원가 기반 이전가격결정법이다. 이 방법은 내부원가를 이전가격을 결정하는 기반으로 삼는 방법으로 앞에서 설명한 원가가산 가격결정법처럼 제품의 원가를 계산하여 이전가격을 결정하는 방법이다. 어떻게 원가를 계산하느냐에 따라 자회사의 관세와 세금 부담은 달라진다. 이 방법은 가급적 가격을 낮게 책정하기 위한 것으로, 보내는 관계사의 수익은 고려하지 않고 원가만을 만회한다는 철학으로 가격을 책정하는 것이다. 내부원가를 결정할 때 고정비용과 변동비용을 다 포함할 경우 가격 책정의 폭이 좁아지게 된다. 그러나 변동비용만을 계산할 경우 좀 더 신축적인 가격책정이 가능해진다.

셋째, 협상 이전가격결정법이다. 이 방법은 관계사들끼리 협상을 통해 이전가격을 결정하는 방법이다. 이 방법은 해외시장 상황이 자주 바뀔 때 많이 사용된다.

이러한 위 세 가지 방법 중 '원가 기반' 방법이 일반적으로 선호되는데, 실제 미국 기업의 경우 반 정도의 글로벌 기업이 이 방법을 사용하고 있다(Keegan, 2014).

2) 국제 이전가격에 대한 규제

글로벌 기업은 전 세계적으로 이익을 극대화하기 위해 서로 다른 세율의 국가들에서 사업을 하는 경우 세율이 높은 국가에서는 가능한 이익을 줄이고 세율이 낮은 국가에서 이익을 높이려고 한다. 각 국가의 세무당국은 이러한 상황을 잘 알고 글로벌 기업의 이익을 검사하고 수익과 비용을 세법에 맞게 재조정하게 함으로써 조세 수입을 높이려고 한다. 예를 들어, 미국 세무당국은 스위스의 시계제조업체인 스와치 그룹에 대해 이전가격을 이용하여 미국에 내야 할 세금과 관세 수백만 달러를 회피한 죄목으로 검찰에 고발하였다(Lopez & McKinnon, 2004). 미국에는 이러한 국제 이전가격에 대한 규정이 세법 482조와 부속 규정에 규정되어 있다.

글로벌 마케터는 기업 간 내부 이전거래에 대한 진출 국가의 세법 규정과 규제 사항을 주의 깊게 살펴서, 이러한 규정에 맞게 이전가격을 결정함으로써 현지 정부로부터 문제가 제기되지 않도록 해야 한다. 국가마다 이러한 이전거래에 관한 규정과 세법이 다르지만 근본적으로는 공통된 원칙은 각국 정부는 국제적으로 사업을 하는 글로벌 기업의 세금회피를 막고 수익이 공정하게 분배되도록 하는 것이다. 이러한 목적을 위해서 일반적으로 각국 정부는 상품의 국제 이전거래에 대해 적용되는 가격의 기준을 동일한 상황에서 독립된 비관련기업 간의 거래에 적용되는 시장가격(arm's length price)으로 하고 있다. 따라서 글로벌 마케터는 자회사와 모회사 또는 자회사 간에 이루어지는 상품과 서비스의 국제적 거래에 대해 시장가격을 기준으로 이전가격을 결정하도록 노력해야 할 것이다.

▶ "대중차 아닌 고급차"… 현대차·기아 승부수 통했다

현대차그룹(현대차·기아)이 지난 1분기 시장 전망치를 웃도는 실적을 기록했다. 특히 지난해 판매량 기준 세계 1위인 일본 도요타와 미국 제너럴모터스(GM)를 뛰어넘는 영업이익(6조4667억원)을 기록해 시장을 깜짝 놀라게 했다. 영업이익률에서도 프리미엄 차종을 생산하는 독일의 메르세데스-벤츠와 상대적으로 판매가가 높은 전기차업체인 미국 테슬라 등을 제외하면 글로벌 완성차업체 중 가장 높은 10.5%(현대차 9.5%, 기아 12.1%)를 기록했다.

자동차업계는 이 같은 현대차그룹 선전의 비결로 우선 고가 브랜드 전략을 꼽는다. 2일 업계에 따르면 2018년 국내 기준으로 평균 3638만원이던 현대차의 승용차 판매가격은 지난해 5000만원을 넘어섰다. 소비자 선호도가 높은 스포츠유틸리티차량(SUV)을 비롯한 레저용 차량(RV) 가격도 같은 기간 3827만원에서 4641만원으로 뛰었다. 가장 변화폭이 컸던 것은 수출용 RV다. 4년 전 3393만원에서 지난해 6279만원까지 가격이 올랐다. 기아도 마찬가지다. 비주력인 승용차의 경우 판매가 차이는 거의 없었다. 반면 같은 기간 RV의 경우 내수용은 3340만원에서 4356만원으로, 수출용은 3885만원에서 5090만원으로 인상됐다.

이에 대해 현대차그룹 관계자는 "현대차의 경우 단가가 높은 제네시스 브랜드와 RV, 그리고 친환경차 비중이 증가하고 있다"며 "기아에서는 첫 전용 전기차인 EV6, 5세대 스포티지, 하이브리드·플러그인하이브리드 모델이 추가된 쏘렌토 등의 출시가 판매가에 영향을 미쳤을 것"이라고 설명했다.

시장에서는 고가 라인업 확충과 더불어 각종 편의사양(옵션)의 '기본화'를 판매가 인상의 주원인으로 꼽는다. 과거 현대차그룹은 옵션이 하나도 없는 이른바 '깡통차'를 앞세워 가격경쟁력을 강조해왔다. 하지만 최근에는 '운전자 지원 시스템(ADAS)'과 같은 고가 옵션도 기본모델에 포함시켜 가격을 높이는 방식의 상품 전략을 사용하고 있다.

이러한 전략은 해외, 특히 미국 소비자들로부터 호평을 받은 것으로 나타났다. 기아 스포티지를 예로 들면, 2021년만 해도 현지 구매자 가운데 저가 트림(사양)을 선택하는 비중이 80%가 넘었으나, 신형 모델 출시 후에는 이 비중이 10%대로 떨어졌고, 지난 1분기에는 7%에 그쳤다.

이와 관련해 송호성 기아 사장은 지난달 열린 'CEO 인베스터 데이'에서 "제품 가격을 높인 초기에는 판매가 어려웠지만 이후 소비자 만족도가 높아지면서 현재의 상품 전략이 기아를 다른 브랜드와 차별화시키는 요인이 됐다"고 밝히기도 했다. 이처럼 판매가격을 올리면서도 현대차·기아는 대당 원가를 완성차 업체 중 가장 낮은 수준으로 유지했다. 삼성증권 분석에 따르면 작년 기준 기아의 대당 매출 원가는 1만9100달러로 주요 업체 가운데 가장 낮다. 가장 높은 벤츠의 30% 수준에 불과하고, 업계 평균(3만6300달러)과 비교해도

절반을 조금 넘는 숫자다. 현대차 대당 원가도 2만4000달러에 불과하다. 시장에서는 현대차 · 기아의 낮은 대당 원가가 향후 전기차 가격경쟁 국면에서도 강점으로 작용할 것으로 본다.

업계 관계자는 "플랫폼 표준화와 부품 공용화 등이 현대차그룹이 제조원가를 낮출 수 있었던 핵심요인"이라고 설명했다.

다만 일각에서는 현대차 · 기아의 높은 영업이익률을 위해 부품을 공급하는 그룹 내 계열사들이 이익을 포기한 것이 아니냐는 지적이 나온다. 현대차그룹 부품사인 현대모비스의 1분기 영업이익은 작년 같은 기간보다 8.1% 늘어나는 데 그쳤다. 영업이익률은 3%도 안 됐다. 같은 기간 현대차 · 기아에 엔진을 공급하는 현대위아는 영업이익이 1% 감소했다.

출처: 매일경제 (2023.5.2).

학 · 습 · 정 · 리 · 문 · 제

1. 글로벌 가격 전략을 결정할 때 고려해야 할 요인에 대해 설명하시오.

2. 글로벌 가격 전략의 고려사항에 대해 설명하시오.

3. 글로벌 가격결정방식에 대해 설명하시오.

4. 글로벌 가격 전략의 유형에 대해 설명하시오.

5. 국제 이전가격의 결정방법에 대해 설명하시오.

GLOBAL
MARKETING

CHAPTER 10

GLOBAL MARKETING

글로벌 유통관리

학습목표

글로벌 마케터는 전 세계에 있는 고객에게 제품과 서비스를 제공하기 위해 최적의 유통경로를 활용하여 가치 전달체계를 구축할 필요가 있다. 이 장에서는 글로벌 유통경로의 개념과 유통경로의 구성원 관리, 글로벌 유통경로의 전략 목표와 유형, 대안에 대해 살펴보고, 글로벌 물류의 개념과 물류관리 활동에 대해 학습한다.

1. 글로벌 유통경로의 관리 | 2. 글로벌 유통경로 전략 | 3. 글로벌 물류관리

10 CHAPTER 글로벌 유통관리

도입사례 유통시장 '온 · 오프' 경쟁 치열, '물류'가 생존 좌우

국내뿐 아니라 글로벌 유통시장에서의 'ON · OFF' 기업들 간 경쟁이 갈수록 치열해지고 있다. 주목할 점은 이 중심에서 '물류'가 핵심 경쟁력으로 작용하여 이들의 현재와 미래 생사여탈권을 좌우하는 요인으로 부각되고 있다는 점이다. 당장 미국 유통시장은 오프라인의 대표주자들인 월마트와 아마존이 치열하게 물류투자 부문에서 경쟁하며 새로운 유통기준을 확립하고 있다. 반면 국내시장에선 네이버와 신세계, CJ대한통운 등이 주식 스와핑 등 합종연횡을 통해 연합전선을 구축하여, 뉴욕증시에 성공적으로 연착륙해 든든한 실탄을 확보한 쿠팡에 전면전을 선언하고 치열한 시장쟁탈을 예고하고 있다. 그럼 글로벌 온 · 오프 시장은 어떤 형태로 시장경쟁에 나서고 있을까? 오프라인 유통업 대표 월마트는 '아마존 프라임'을 겨냥한 '월마트 플러스'를 개발, 단시간 내 상품배송에 적극 나서고 있다. 반면 아마존의 경우 끊임없는 물류 혁명을 통해 다양한 배송 루트를 만들어 양측의 신경전도 갈수록 치열해지고 있다.

국내시장 역시 미국의 온 · 오프 간 시장 선점 경쟁과 별반 다르지 않다. 국내 온라인 검색 최고 기업인 네이버는 유통기반이 전혀 없는 자신들의 검색기능 플랫폼을 바탕으로 오프라인 유통기반이 탄탄한 신세계와 국내 최대 택배사인 CJ대한통운 등과 제휴를 통해 쿠팡의 유통물류 혁신사업에 도전장을 던졌다. 여기에 향후 시장에 또 다른 영향을 미칠 이베이까지 마물로 나와 신 유통시장 선점을 위해 노력하고 있다. 국내외 온 · 오프 유통물류 경쟁 국면에서 '물류 4.0'의 역할이 미국과 국내시장에 어떤 영향을 미칠지 전망해 봤다.

▶ 미국 월마트 · 아마존, '당일배송' 물류 기준 삼아 경쟁

온 · 오프 유통업계를 대표하는 월마트와 아마존은 막대한 자본력을 기반으로 한 첨단물류 시스템을 구축, 전방위 시장공략에 나서고 있다. 특히 양사는 물류배송 부문에 적극 투자, 예전엔 없던 '당일배송'을 물류의 기준으로 만들어 시장을 선점하겠다는 전략이다. 양측의 경쟁은 상대방의 사업 전략을 벤치마킹하는 등 신경전도 이어진다. 첨단물류 기술개발과 융합, 소비자 선택권이 확대되는 차세대 '옴니채널' 유통 모델 창출이 그것이다. 그 중심엔 어김없이 '물류 4.0'이 자리하고 있다. 그럼 새로운 유통물류산업시대를 주도하고 있는 양사의 경쟁 현황과 파급 효과 및 향후 시장은 어떻게 전개될까?

이들이 들고 나온 대표적인 아이템은 '당일배송'이다. 양사는 이를 통해 새로운 업계 표준을 만들고 있다. 통상적으로 미국은 국내와 달리 국토가 넓고 인건비가 높아 당일배송이 쉽지 않은 나라다. 하지만 이곳 유통시장에 당일배송이 부각된 배경은 코로나 팬데믹으로 인한 비대면 배송 수요가 급증했기 때문이다.

미 유통업계는 이전에도 온라인 판매가 확대되는 추세긴 했지만 코로나에 따른 구매 패턴의 급변과 신속한 물류배송 수요는 더욱 가속화되었다. 여기서 주목할 부분은 월마트와 아마존이 기존 소매업체가 흉내 내기 어려운 첨단물류 시스템을 구축, 특히 빠른 물류배송 부문에 적극 투자하고 있다는 점이다. 과거와 달리 '당일배송'이란 신 유통기준을 표방, 이제 미국 소비자들은 이 신속 저렴하고 편리한 배송서비스를 당연하게 인식하고 있다. 반면 자금력이 약한 중소 소매 유통업체들은 이들과 동일한 수준의 물류서비스가 불가능해 고객 이탈 방지 자구책 마련에 비상이 걸린 상황이다.

▶ 재정적 여유 없는 중소 소매업체 고민 커져, 대응력 점차 하락

한편 '물류 4.0' 시대를 이끄는 월마트와 아마존의 경쟁은 첨단기술 개발과 융합, 소비자 선택권이 확대되는 차세대 '옴니채널' 유통 모델 창출에 대한 기대감도 고조시키고 있다. 당일배송은 첨단물류 인프라 구축이 관건이다. 따라서 재정적 여유가 없는 소매업체들은 대형 물류기업들에게 배송을 위탁하지만, 월마트와 아마존은 이들 물류기업들과 별개로 시장을 장악해 서비스를 강화하고 있다. 특히 페덱스(FedEx)와 UPS 등 대형 물류기업들은 중소 소매업체들을 대상으로 풀필먼트와 요금할인 등 다양한 옵션을 제공하고 있지만 월마트와 아마존에 대항하기에는 역부족인 상황이다. 제한된 시간 내 한정된 자원을 통해 빠른 배송을 하기란 쉽지 않은 프로세스다. 특히 배송시간이 짧다 보니 예상치 못한 상황 혹은 오류가 발생할 경우 대응하기가 어렵고 결과적으로 배송지연이 발생, 소비자 불만에 따른 악순환이 거듭되는 셈이다. 반면 월마트와 아마존은 첨단물류 시스템으로 대형 물류기업들과 별개로 물류배송 시장을 장악하고 있다. 빠른 배송조직 구축, 오프라인 강점을 접목해 미국 유통산업 시장에 먼저 포문을 연 것은 월마트다. '아마존 프라임(Amazon Prime)'을 겨냥한 '월마트 플러스(Walmart+)' 서비스를 개발한 월마트는 단시간 내 상품을 고객에게 무료배송하여 아마존 프라임을 능가한다는 평가다. 상품을 들고 스마트폰 앱으로 스캔해 결제한 후 계산대가 아닌 집으로 가져가는 '스캔 & 고' 시스템 도입은 코로나로 줄 서는 것을 기피하는 고객들의 관심을 집중시켰다. 특히 월마트는 월마트 플러스를 시작하면서 오프라인 점포마다 물류 배송인력을 전진배치하고 유사직종보다 3~4달러나 높은 시급을 제공하는 등 2만여 명의 배송인력을 추가 고용하기도 했다.

▶ 월마트, 도심형 미니 물류센터 통해 빠른 문전 서비스 제공

이와 함께 월마트는 미국 전역에 4,700여 오프라인 점포를 보유하고 고객과 가까운 곳에 위치한 점포를 '미니 물류센터'로 활용하여 상품을 아마존보다 더 빨리 고객 문전까지 배송하고 있다. 이처럼 월마트 플러스는 상위 고객 절반 정도가 '아마존 프라임' 회원일 정도로 아마존 고객을 자사로 유치하는 효과를 발휘하고

있다. 여기에 월마트는 캐나다 온라인 플랫폼 기업 쇼피파이와의 업무 제휴로, 아마존의 장점인 품목 다양성에 아성을 깨겠다는 전략을 담고 있다. 이밖에도 월마트는 아마존의 텃밭인 인도에서 온라인 거래 1위 플립카트를 인수하는 한편, 중국 2위 징둥닷컴 주식도 매입하는 등 외부수혈을 통해서 온라인 역량을 강화하고 있다. 유통 전문가들은 "월마트가 아마존의 디지털 혁신을 학습했지만 진정한 승부처는 온라인 기업이 갖기 어려운 오프라인의 강점을 결합한 서비스에서 찾고 있다"고 진단한다.

반면 아마존은 월마트의 맹공에 대응해 2020년 9월부터 미국 전역에 1,000여 개에 달하는 오프라인 '미니 물류센터' 구축에 착수, 배송 속도에서 월마트를 추월하겠다며 반격에 나섰다. 이와 함께 지난 2017년 인수한 홀푸드마켓 점포 475개를 미니 물류센터로 활용했다. 하지만 아마존 프라임 서비스에서 주문받은 상품의 포장과 홀푸드마켓 직원의 접객 업무가 혼재돼 충돌이 빈번하고 효과가 미미해 별도 '미니 물류센터' 구축으로 전략을 변경했다. 이에 따라 아마존의 스터튼 아일랜드 물류센터는 캐나다 물류기술기업 아타보틱스의 수직적 자동화 모델을 도입, 기존에 비해 규모가 현저하게 작은 물류센터를 뉴욕에 설립해 운영 중이다. 이 센터는 좁은 공간에 종업원보다 많은 수의 로봇을 배치, 기존 물류센터보다 50% 정도 많은 주문을 처리하면서 뉴욕 도심 고객에 즉각적인 물류대응에 나서고 있다. 이와 함께 아마존은 아타보틱스의 자동 보관, 검색 및 회수 시스템을 높게 평가, 뉴욕 스태튼과 같은 유형의 미니 풀필먼트 형태의 물류센터를 다른 도시로도 확대하고 있다. 아타보틱스 시스템은 로봇 셔틀이 3차원 공간 창고 내부 X · Y · Z축을 따라 이동, 고객이 주문한 상품을 찾아 가져오는 '올인원(all-in-one)' 공급사슬 시스템 기능을 수행하는 한편, 아마존의 기존 물류거점에선 원거리 배송에 특화하고 있다. 블룸버그 통신은 이 같은 양사의 전략과 현상을 두고 "유통 물류사업의 경계가 모호해지고 있다"며 "기존 유통업계에 널리 알려진 '아마존화'가 아닌 '아마존의 월마트화'라고 지적했다.

한편 아마존은 심층학습, 가상 쇼핑카트, 전자영수증 등 신기술이 총 망라된 '아마존 고(Amazon Go)'에서 취합한 소비자들의 구매 습성과 빈도 및 주기와 함께 결제금액 등 방대한 고객 데이터를 '스마트 데이터'로 활용, 온 · 오프라인 쇼핑을 결합하고 있다. 특히 아마존은 아마존 고의 'JWO(Just Walk Out)' 기술을 통해, 다양한 정보가 한 가닥 실처럼 꿰어지는 '디지털 스레드' 프레임 워크로 고객 동선과 구매주기 및 빈도, 선호상품과 결제액 등 방대한 자료를 수집, 빅데이터 분석을 통해 온 · 오프 쇼핑을 융합하고 있다.

미국의 유통 물류시장의 월마트와 아마존의 빠른 배송 행보가 무조건적 해법은 아니다. 그렇다고 현재 네이버 연합이 추구하고 있는 물류 전략이 정답도 아니다. 예기치 못한 코로나19에 따른 유통시장의 급변과 빠른 물류배송에 편익을 만끽하고 있는 소비자들의 선택이 어떤 방향으로 전개될지는 아무도 모른다. 각각의 특성에 맞춰 최적의 전략을 짜고 있는 온 · 오프 유통기업의 해법들 가운데 어떤 방향이 정답일지는 현재 진행되고 있는 기업들의 행보를 좀 더 지켜봐야 할 것으로 보인다. 이제 소비자들은 무조건적인 물류배송 속도경쟁이 불필요하다는 측과 빠른 배송을 통한 시장 확대에 나선 측의 전략 중 어느 것이 정답일지만 기다리며 즐기면 되는 시점을 맞고 있다.

출처: 물류신문 (2021.4.22).

01 글로벌 유통경로의 관리

글로벌 유통관리는 제품이나 서비스를 생산지점으로부터 해외시장의 소비지점까지 어떠한 방법으로 도달할 것인가를 결정하는 문제와 관련이 있다. 아무리 우수한 제품이라 할지라도 제대로 유통되지 않으면 글로벌 시장에서 성공할 수 없다. 따라서 적절한 글로벌 유통경로의 개발이 절실히 요구된다. 글로벌 마케터는 유통경로 관리, 유통경로 전략 그리고 물적 유통관리의 특성을 고려하여 기업의 장기 목표와 부합하도록 글로벌 유통 전략을 수립해야 한다.

1) 글로벌 유통경로의 본질

글로벌 유통이란 제품이 한 국가의 생산자로부터 중간유통업자를 거쳐 다른 국가의 최종 소비자에게 전달되는 일련의 과정을 말한다. 글로벌 유통의 구조는 기업의 전략, 제품의 특성, 목표시장의 특성, 현지시장 환경에 따라 크게 달라질 수 있다. 달라지는 이유는 제품이 국경을 넘어 이동하므로 지리적 거리, 문화적 차이, 다양한 시장 규제 등으로 국내 유통에 비해 훨씬 복잡해지기 때문이다. 이러한 관점에서 글로벌 유통경로란 특정 기업이 생산한 제품이나 서비스를 해외 소비자들에게 이전시키는 데 관여하는 일체의 조직을 의미한다. 이러한 글로벌 유통경로의 고유한 특징은 다음과 같다 (Frazier, 1999).

글로벌 유통은 중개자 수, 지리적 거리, 문화적 차이, 법 및 물류 문제로 인해 국내 유통보다 더 복잡한 경우가 많다. 글로벌 경로는 시장 인프라, 소비자 선호도, 법적 규제, 경제 상황 등의 요인으로 인해 국가와 지역에 따라 매우 다양하다. 또한, 거리, 문화적 차이, 여러 중개자의 개입으로 인해 글로벌 경로에 대한 통제력을 유지하기가 어려울 수 있기 때문에 글로벌 유통은 시장 상황, 소비자 선호도, 비즈니스 전략의 변화를 수용할 수 있는 유연성을 갖춰야 한다. 이러한 특징으로 글로벌 유통경로의 모든 구성원은 서로 연결되어 상호의존성을 가지게 되고, 각 구성원의 성과는 다른 구성원에 영향을 미치며, 이는 제조업체에서 소비자로의 상품 이동을 촉진하거나 방해할 수 있다.

이처럼 고유한 특징을 가지는 글로벌 유통경로의 기능은 다음과 같다. 첫째, 제조업자와 해외 소비자를 연결시켜 글로벌적 교환을 가능하게 해주고, 운송과 보관 등을 통해 재화나 서비스를 전 세계로 이동시키며, 광고, 정보수집, 위험부담 등을 통하여 기업의 글로벌 마케팅을 보조적으로 지원한다. 셋째, 글로벌 유통경로는 궁극적으로 글로벌 제품의 효용을 증대시키게 된다. 특히 소비자가 쉽게 얻을 수 있는 곳에 제품을 위치하게 함으로써 글로벌 제품의 공간효용을 증대시킨다. 범세계적 경쟁에 대응하기 위한 기업의 마케팅 기능에서 특히 강조되는 것 중의 하나가 바로 공간효용의 증대인데, 이는 글로벌 유통경로를 어떻게 선택하고 관리·통제할 것인가에 의해 좌우된다.

2) 글로벌 유통경로 구성원 관리

(1) 글로벌 유통경로 구성원의 유형

기업이 자사제품을 해외시장의 소비자에게 전달하기까지는 다양한 형태의 유통기구들이 개입하게 되는데, 이들은 제품에 대한 법적 소유권 유무에 따라 중간상(merchant)과 대리상(agent)으로 구분된다. 중간상은 제품에 대한 법적 소유권을 가지고 자체적인 명의와 책임을 지니며 유통 활동을 수행하는 반면, 대리상은 제품에 대한 법적 소유권이 없어 수출입업자의 위탁을 받아 제품을 유통시킨다. 그러나 하나의 유통기업은 어떤 기업에 대해서는 중간상이지만 다른 기업에게는 대리상일 수 있다. 이러한 유통기업은 자국 내 유통경로와 현지국 유통경로에서 다양한 형태로 존재한다(Cateora,

Gilly, & Graham, 2015).

① 국내 유통경로 구성원

국내 유통경로 구성원은 제품이나 서비스가 생산자로부터 같은 국가 내 소비자에게 전달되는 과정에 관여하는 중개자이다. 이들은 제품의 취급, 보관, 홍보, 판매 등 유통 과정에서 중요한 역할을 담당한다. 미국에 본사를 둔 거대 소매점인 월마트는 국내 유통채널에서 주요 소매점으로 활동하고 있다. 소매업체로서 월마트는 다양한 제조업체와 도매업체로루터 제품을 구매하여 유통센터에 보관한 후 개별 매장으로 배송한다. 또한 월마트는 생산자 역할을 하는 자체 브랜드 제품도 보유하고 있다(Stern, El-Ansary, & Coughlan, 1996; Rosenbloom, 2018).

- 제조업체/생산업체: 상품이나 서비스를 생산하는 기업이며, 이들은 원자재 또는 구성요소에서 시작하여 제품을 만든 다음 이러한 제품을 도매업체, 소매업체 또는 최종 소비자에게 직접 판매한다. 대표적인 기업으로 미국에 본사를 둔 글로벌 자동차 제조업체 Ford Motor Company가 있다. 이 기업은 차량을 생산하여 대리점(소매업체) 네트워크를 사용한다.
- 도매상/유통업체: 제조업체로부터 제품을 대량으로 구매하여 소매업체나 기타 도매업체에 소량으로 판매하는 기업이다. 이들은 보관업무를 하고 운송을 처리한다. 일부 도매업체는 마케팅 지원, 애프터서비스, 기술 지원과 같은 더 많은 서비스를 제공하는 경우도 있다. 북미 최대 의약품 유통업체 중 하나인 McKesson Corporation은 제조업체로부터 의약품과 헬스케어 제품을 대량으로 구매하여 약국 및 의료 서비스 제공업체에 유통한다.
- 소매점: 소매점은 소비자에게 직접 제품을 판매하는 기업이다. 소매점에는 오프라인 매장, 온라인 이커머스 플랫폼, 슈퍼마켓, 백화점, 전문점, 할인점, 편의점 등이 포함된다. 시장이 국제적으로 확장하면서 국내 제조업체들의 해외시장 판매를

돕는 소매기업인 다국적 소매점도 존재한다. 다국적 소매기업인 월마트는 대형마트, 할인 백화점, 식료품점 체인을 운영하고, 다양한 제조업체와 도매업체로부터 제품을 구매한 후 소비자에게 직접 판매한다.

- 수출관리기업: 해외시장 판매규모가 상대적으로 작거나 수출을 위한 내부자원이 부족한 기업들을 위해 수수료를 받고 수출관리업무를 대행해 주는 중개인이다. 수출관리기업(export management company)은 기업의 수출담당부서 역할을 하며 수출기업을 위해 판촉, 신용관리, 운송, 시장조사, 자금정보, 특허, 그리고 면허 관련 업무를 완전히 또는 부분적으로 담당한다.
- 종합상사: 종합상사들은 여러 국가에서 제품을 모으고 수송하며 이를 유통하는 중개인이다. 일본의 Sogo Shosha가 대표적인 예이다.
- 수출대리인/중개업자(broker): 중개업자는 제조업체와 도매업체 또는 소매업체 간 거래를 촉진한다. 상품에 대한 소유권은 없지만 서비스에 대한 수수료를 받으며, 제품 판매에 전문지식이 필요한 산업에서 자주 사용된다.
- 상호보완 판매기업: 다양한 국가의 시장을 포괄할 수 있는 유통역량을 갖춘 기업으로 글로벌 마케팅을 위해 타사제품을 취급한다. 대표적인 예로, GE는 수년 간 경쟁이 없으면서도 보완적인 타사의 제품 판매에 편승해 자체 제품 유통을 증가시켜 왔다.

② 해외 유통경로 구성원

해외의 유통경로에는 생산자로부터 소비자에게 제품이나 서비스를 전달하는 데 도움을 주는 다양한 중개자가 존재한다. 이러한 경로 구성원은 해당 국가의 문화적, 법적, 경제적 맥락이나 제품에 따라 크게 다를 수 있다. 다국적 소비재 회사인 Unilever는 다양한 해외 유통 경로 구성원을 이용한다. Unilever는 다양한 국가의 수입업자, 유통업체 및 소매점과 협력하여 제품을 소비자에게 제공하고, 일부 지역에서는 현지 판매 및 마케팅을 처리하기 위해 자체 자회사를 설립했다(Hill, Jones, & Schilling, 2014).

- 도매상과 소매상: 오늘날 크고 작은 다양한 형태의 도매상 및 소매상들은 보다 낮은 단계의 유통경로 구성원들에 대한 재유통이나 최종 소비자를 대상으로 한 유통을 위하여 직접 수입업무에 종사하는 경우가 많다. 특히 선진국의 소매상일 수록 자사의 구매력 또는 자본력을 이용하여 도매업자를 통하지 않고 직접 수입업자들로부터 상품을 구매하기도 하고, 때로는 자사의 수입조직을 이용하여 직접 해외로부터 수입하여 제품을 판매하기도 한다. 또한 선진국의 소매점들은 현지시장에서 인지도를 활용하여 해외의 제조업체에 대한 주문생산방식으로 수입제품에 자사의 상표를 부착하여 판매하는 경우도 많다.
- 해외 유통업체: 해외 유통업체는 국내 또는 해외 제조업체로부터 제품을 구매하여 현지시장에 판매한다. 일반적으로 창고 보관, 광고, 현지 판매, 애프터서비스 등 다양한 업무를 처리한다. 독립적인 중간상의 대표적인 형태로서, 대부분의 유통업자들은 특정국에서의 독점적 판매권을 향유하며, 해외의 제조업체와 긴밀한 유대관계를 맺고 있다. 따라서 이들은 공급업체에 대한 의존도가 상대적으로 높은 편이며, 계약관계도 장기적이고 지속적이다.
- 수입업자: 본인이 상품에 대한 가격을 계산하고, 기타 수반되는 위험을 감수하여 상품을 수입한 후 이를 수입국 현지의 도매업자(distributor or wholesaler)나 소매상(retailer)에게 판매한다. 제품에 대한 전문지식이 필요하기 때문에 주로 특정 제품 계열만을 전문으로 취급하는 수입업자들이 많다.
- 에이전트/브로커: 해외 제조업체와 현지 도매업체 또는 소매업체 간의 거래를 촉진한다. 이들은 상품에 대한 소유권을 가지지 않지만 서비스에 대한 수수료를 받는다.
- 전매상: 일반적으로 전매상(dealer)이란 특정 제품의 매매에 있어 공급업자와 지속적인 관계를 유지하면서 산업재 또는 내구성 소비재를 소비자에게 직접 판매하는 중간상을 말한다. 전매상은 공급업체와의 지속적인 관계를 바탕으로 특정 지역에서 제조업체의 제품을 독점적으로 판매할 권한을 갖는 만큼 품목도 단일

제조업체의 것만으로 한정되는 것이 보통이다. 전매상은 대개 독립적인 중간상으로 활동하나 때로는 제조업체가 필요에 따라 딜러업체의 일정 지분을 보유하는 경우도 있다. 대표적인 예로 현대자동차가 미국 시장에 자동차를 수출할 때 이러한 딜러들을 통한 유통경로를 택한 것을 들 수 있다.

- 중개업자(broker): 해외의 중개업자는 특히 1차 생산품이나 음식료품을 전문적으로 취급하며, 그 대가로 일정액의 중개수수료(brokerage)를 취득한다. 이들은 대개 현지 고객들에 대한 정보가 밝기 때문에 이들을 활용하면 적은 비용으로 해외시장에 신속히 침투할 수 있다는 이점이 있다.
- 이커머스 플랫폼: 디지털 기술의 발달로 아마존, 알리바바, 라쿠텐과 같은 온라인 마켓플레이스는 전 세계 판매자와 구매자를 연결하는 중요한 유통경로로 자리 잡았다.
- 외국의 정부 관련 기관: 각국 정부는 수행하는 사회서비스에 필요한 물자들을 대부분 직접 조달하기 때문에 글로벌 마케터들은 현지 정부 및 공공기관과 거래하게 될 수도 있다. 특히 외환 사정이 어려운 개도국이나 동구권의 공산국가들은 국영무역공사(State trading corporation) 등과 같은 형태로 대외교역창구가 일원화되어 있어서 일반소비재의 경우에도 이러한 기관을 통하지 않고는 수출이 불가능하다. 그러나 외국의 공공기관을 대상으로 한 수출은 대체로 특수상품인 경우가 많고 거래 규모가 크기 때문에 글로벌 입찰과 같은 방식을 취하게 된다.

(2) 글로벌 유통경로 구성원 관리방안

글로벌 유통경로 관리의 목표는 적절한 글로벌 유통경로를 선택하고 이들이 글로벌 기업의 목표와 전략에 따라 효율적으로 작용하여 글로벌 유통경로 운용의 효율성을 높이는 것이다. 이를 위해서는 글로벌 유통경로 구성원에 대한 관리가 매우 중요하다. 그러나 각국의 상이한 유통구조 등 유통환경의 차이로 인해 해외 유통경로의 구축이 쉽지 않고, 해외시장의 유통기구들은 글로벌 기업과는 별개의 독립적인 조직이므로 나름대로 독자적인 목표를 설정하고 그 목표에 따라서 유통경로를 관리하려고 한다. 그런 이유들이 글로벌 기업의 목표에 따라 일관성 있게 해외 유통경로 구성원들을 관리하기 어렵게 만든다. 따라서 글로벌 유통에서 관계 마케팅(relationship marketing) 관리가 중요하다. 코카콜라는 보틀링 파트너, 도매점 및 소매점을 포함하는 방대한 글로벌 유통 네트워크를 관리한다. 유통경로 구성원을 신중하게 선택하고 광범위한 교육과 지원을 제공하며 인센티브로 동기를 부여하고 성과를 정기적으로 모니터링한다. 유통경로 구성원 관리에 대한 이러한 포괄적인 접근방식은 코카콜라가 인상적인 글로벌 시장 입지를 확보하는 데 도움이 되었다. 글로벌 유통경로 구성원에 대한 관리방안을 구체적으로 살펴보면 다음과 같다.

- **경로 구성원 선택**: 제품 및 시장에 적합한 잠재적 유통경로 구성원을 파악해야 한다. 이 과정에는 유통경로 구성원의 역량, 시장 범위, 평판, 재무 안정성, 기업의 목표 및 문화와의 적합성 평가 등이 포함된다.
- **경로 구성원의 충성도 개발**: 기업은 글로벌 마케팅에 있어서 글로벌 유통경로를 구성하는 구성원이 스스로의 행위(기여)에 소속감을 느끼도록 고취시킴으로써, 그들이 기업과 파트너 관계라는 인식을 갖게 하여 기업의 글로벌 유통경로 전략에 효율적으로 작용하도록 한다.
- **경로 구성원에 대한 적절한 보상**: 경로 구성원들이 효과적으로 직무를 수행하도록 동기를 부여하기 위한 방법으로 보상을 한다. 여기서 주의할 점은 동기유인을 위한 보상은 금전만으로는 충분하지 않다는 것이다. 따라서 상황에 맞는 적절하고 논리적인 보상 패키지를 개발해야 한다.
- **경로 구성원의 훈련 및 개발**: 유능한 지원은 업무를 보다 효과적으로 수행하고 높은 판매실적과 이익을 주기 때문에 경로 구성원도 직원과 같이 훈련 및 개발이 필요하다. 이와 같은 적절한 훈련 프로그램을 이용하면 경로 구성원의 기업에 대

한 충성도도 함께 향상될 수 있다.

- 판매실적 기준의 결정: 판매량, 시장 범위, 마케팅 지원, 서비스 수준 및 기타 관련 지표 측면에서 각 구성원에게 기대하는 바를 명확하게 정의해야 한다. 비현실적이거나 성취 불가능한 판매실적 기준 설정은 오히려 경로 구성원들에게 부정적인 영향을 미치게 된다. 따라서 기업과 경로 구성원이 공동으로 성취 가능한 목표 안에서 공정한 평가를 기초로 판매실적 기준을 개발해야 한다.
- 실적의 평가: 판매실적 기준이 결정되고 나면, 이에 의거해 실적을 평가해야 한다. 평가는 정기적으로 수행되어야 하며, 이러한 평가가 개선을 위한 것임을 인식시키도록 해야 한다.
- 경로 구성원과의 효율적인 소통 유지: 유통경로 구성원들이 전 세계적으로 산재되어 있고 언어와 문화가 상이함에 의해 글로벌 마케팅 목표를 달성하기 어려운 경우가 많다. 따라서 경로 구성원과의 효율적인 소통 체계의 개발은 글로벌 마케터의 주요한 과업 중 하나이다.
- 갈등 해결: 지역 또는 고객에 대한 경쟁 등 유통경로 구성원 간에 발생할 수 있는 갈등을 해결하기 위한 프로세스를 개발함으로써 갈등을 공정하고 투명하게 처리하는 것이 중요하다.
- 적응: 시장 상황 변화에 따라 유통경로 구성원 관리 전략을 조정할 준비함으로써 시장 변화에 대응할 수 있다. 여기에는 구성원을 추가하거나 교체하고, 인센티브 제도를 변경하거나 성과 기대치를 수정하는 등의 방안이 존재한다.

02 글로벌 유통경로 전략

글로벌 유통경로와 관련된 여러 가지 전략적 문제는 국내 마케팅을 수행할 때와 근본적으로 큰 차이는 없다. 그러나 해외시장의 경우 국가별로 시장 유형과 경로 대안이 다르기 때문에, 경로 문제에 대한 해결방법이 각국마다 상당히 다를 수 있다. 그러므로 글로벌 마케터들은 글로벌 유통관리의 이 같은 특수성을 고려하면서 전략적 의사결정을 행해야 한다. 여기에는 기업의 광범위한 비즈니스 목표와 일치하면서 생산자와 소비자를 효과적으로 연결하는 중개자 네트워크를 만드는 것이 포함된다.

이와 같이 글로벌 유통경로를 통하여 기업 목표를 효율적으로 달성하고자 하는 전략을 글로벌 유통경로 전략이라고 한다. 이는 해외 목표시장에 대응하는 글로벌 유통경로와 관련하여 경로 시스템을 형성하고 유지, 관리하는 제반 기업 전략을 총칭한다.

1) 글로벌 유통경로 전략의 목표

글로벌 유통경로 전략의 목표는 국제시장에서 소비자에게 제품과 서비스를 최적화하는 것이다. 글로벌 마케팅 전략이 기업의 장·단기 이익 극대화 목표를 반영하듯이, 글로벌 유통경로 전략은 보통 6C's로 불리는 특정한 전략적 목표를 반영해야 한다. 여기서 6C's란 비용(cost), 소요자본(capital requirement), 통제(control), 시장 침투범위(market coverage), 특성(character), 지속성(continuity)을 말한다(Cateora, Gilly, & Graham, 2015).

(1) 비용

글로벌 유통경로 전략에서 비용은 기업이 해외시장의 고객에게 제품이나 서비스를 제공하기 위해 발생하는 총 지출을 의미한다. 구체적으로 살펴보면 다음과 같이 구성된다(Mentzer, & Konrad, 1991).

- 생산비용: 제품 또는 서비스 제작과 관련된 비용으로 원자재, 인건비, 간접비가 포함된다. 기업은 규모의 경제, 프로세스 개선, 원자재 비용 감소 또는 인건비 조달을 통해 생산비용을 최소화하기 위해 노력한다.
- 운송비용: 생산지에서 소비자 위치로 제품을 이동하는 데 드는 비용을 의미한다. 운송비용은 거리, 부피, 무게, 운송수단, 연료 가격 등 여러 요소의 영향을 받기 때문에 기업은 물류 프로세스를 최적화하고 가장 비용 효율적인 운송수단을 선택함으로써 이러한 비용을 관리할 수 있다.
- 보관 및 창고비용: 제품을 판매하기 전에 제품을 보관하는 데 드는 비용을 의미하며 임대료 또는 부동산 비용, 유틸리티, 장비, 인건비 및 재고 운반비용이 포함된다.
- 취급 및 처리비용: 상품 적재, 하역, 포장, 재포장 및 라벨링과 같은 활동이 포함된다.
- 수입 관세 및 세금: 해외로 상품을 수입할 때 기업은 종종 관세와 세금을 납부해야 하는데, 이러한 비용은 국가와 상품 유형에 따라 크게 달라질 수 있다.
- 고객서비스 비용: 반품, 수리, 유지보수, 고객문의 처리를 포함한 판매 후 서비스도 총 비용에 추가되며, 효과적인 고객서비스 관리는 이러한 비용을 절감하는 동시에 고객만족도를 높일 수 있다.

글로벌 마케터는 해외중개인의 기능을 통제함으로써 유통비용을 줄일 수 있다. 예를 들어, 어떤 제품은 유통경로를 길게 해야 유통비용이 감소되지만 일반적으로 유통경로의 길이가 짧아야 유통비용이 감소된다. 그러나 이러한 통제에도 불구하고 유통비용이 줄어들지 않는다면 유통경로 구조를 전반적으로 재구축해야 한다.

(2) 소요자본

글로벌 유통경로 전략에서 소요자본은 유통 네트워크를 구축하고 유지하는 데 필요한 자원을 의미한다. 소요자본은 다음과 같이 구성된다.

- 인프라 투자: 유통경로 네트워크를 구축하려면 창고, 운송 차량, 물류 기술 및 IT 시스템과 같은 인프라에 대한 투자가 필요하다. 이때 필요한 자본의 양은 네트워크의 규모와 복잡성에 따라 달라진다.
- 재고 투자: 기업은 고객 수요를 충족하기 위해 재고에 투자해야 한다. 필요한 소요 자본은 제품 유형, 수요 변동성, 리드 타임 및 기업의 서비스 수준 목표와 같은 요인에 따라 상이하게 구성된다.
- 운전자본: 운송비, 창고비용, 급여 및 세금 지불 등 유통채널의 일상적인 운영에 필요한 자금을 의미한다. 효율적인 운전자본 관리는 기업이 현금 흐름을 최적화하고 금융비용을 절감하는 데 도움이 될 수 있다.
- 위험 완화: 글로벌 유통 활동에는 시장 위험, 신용 위험, 외환 위험, 정치적 위험을 포함한 다양한 유형의 위험이 수반되기 때문에 기업은 보험, 헤징, 비상 계획과 같은 위험 완화 조치를 위해 자본을 할당해야 한다.

글로벌 마케터는 글로벌 유통경로를 구축하는 데 소요되는 자본의 규모와 조달방법, 현금 유입시기 등을 고려하여 유통경로 전략을 수립해야 한다. 일반적으로 기업이 자체 판매망 구축 등 내부 유통경로를 활용하는 경우 소요자본의 규모가 커지며, 중간상이나 대리상 등의 외부 유통경로를 활용하면 소요자본 규모를 줄일 수 있다. 자본의 조달은 보통 제품을 판매함으로써 얻게 되는 자금의 흐름과 밀접한 관계가 있다. 중간상을 이용하는 경우에는 제품 이전과 동시에 자금이 유입되며, 대리상을 이용하는 경우에는 보통 제품이 최종 구매자에게 완전히 이전된 후에 자금이 유입된다.

(3) 통제

통제는 기업이 유통경로에 대해 가지고 있는 힘과 권한의 정도를 의미한다. 통제가 높으면 전략적 결정을 내리고 운영을 표준화하며, 브랜드 무결성(integrity)을 유지하고, 고객만족을 보장할 수 있다. 하지만 높은 수준의 통제를 달성하려면 상당한 자원과 관리 노력이 필요하다. 유통경로에 대한 기업의 통제에는 몇 가지 요소가 있다.

- 제품관리: 시장에서 제품을 소개하고 판매하는 방식을 관리하는 기능을 말한다. 이러한 관리는 제품 배치, 가격 책정, 판촉 활동, 포장과 같은 요소로 확장된다. 기업은 모든 유통경로에서 일관된 제품 진열을 보장하기 위해 엄격한 가이드라인을 시행하는 경우가 많다. 예를 들어, 명품 브랜드는 브랜드의 프리미엄 이미지를 유지하기 위해 제품 진열 및 판매방식을 엄격하게 통제한다.
- 경로 구성원 관리: 경로 구성원 통제는 유통채널 내 중개자(예: 도매업체, 소매업체)의 관리와 관련이 있다. 이러한 관리는 경로 구성원이 기업의 표준과 정책을 준수하고 회사의 목표에 부합하도록 보장한다. 여기에는 계약, 성과 모니터링, 교육 프로그램, 인센티브 등 다양한 메커니즘이 포함됩니다.
- 고객경험: 고객의 여정과 기업의 상호 작용에 영향을 미치는 능력과 관련이 있다. 여기에는 판매 프로세스, 애프터서비스, 고객불만 및 피드백 관리가 포함된다. 이러한 통제를 통해 기업은 모든 접점에서 고객에게 일관되고 긍정적인 경험을 제공할 수 있다.
- 정보: 유통경로 내 정보 흐름 관리가 포함된다. 정보를 효과적으로 통제하면 경로

구성원 간의 조율을 개선하고 의사결정을 개선하며 불확실성을 줄이고 정보 비대칭을 방지할 수 있다.

필요한 통제 수준은 기업의 전략, 자원, 시장 상황에 따라 달라질 수 있다는 점을 기억하는 것이 중요하다. 기업은 통제력 유지와 경로 구성원의 역량이나 자원 활용 사이에서 균형을 찾아야 할 필요성이 있다.

(4) 시장 침투 범위

시장 침투 범위란 목표시장의 잠재고객이 기업의 제품을 이용할 수 있는 범위를 의미한다. 침투 범위의 역할은 다음과 같다.

- 시장 침투: 기업의 제품에 접근할 수 있는 목표시장의 비율이 포함된다. 시장침투율이 높으면 매출과 시장점유율을 높일 수 있지만, 유통 인프라와 운영에 상당한 투자가 필요한 경우가 많다.
- 지리적 확산: 기업의 제품을 사용할 수 있는 지리적 영역과 관련이 있고, 지리적 범위가 넓으면 기업은 더 많은 고객에게 도달하고 단일시장에 대한 의존도를 줄일 수 있다.
- 고객 세그먼트 도달 범위: 목표시장 내 다양한 고객 세그먼트에 도달할 수 있는 능력을 의미한다. 세그먼트마다 다른 유통경로가 필요할 수 있기 때문이다. 예를 들어, 한 기업이 온라인과 오프라인 채널을 모두 사용하여 각각 젊은 고객과 노년층 고객에게 도달할 수 있다.
- 제품 가용성: 고객이 원하는 시간과 장소에서 제품을 사용할 수 있도록 보장하는 것이다. 효과적인 재고관리와 물류는 제품 가용성을 높이고 품절 위험을 줄일 수 있다.

글로벌 유통채널 전략의 목표는 시장 도달 범위를 극대화하는 동시에 유통의 비용과 복잡성의 균형을 맞추고 완전한 시장 침투(full-market coverage)를 달성하는 것이다. 이는, 첫째 기업이 지출하고 있는 해외시장 내에서 최대의 판매고를 달성하고, 둘째 적절한 시장점유율을 유지하고, 셋째 만족할 만한 정도의 시장 침투를 달성하는 것을 의미한다.

하지만 기업이 추구하는 시장 침투의 범위에 따라 시장별, 시기별로 유통경로 체계가 달라질 수 있다. 일반적으로 시장이 고도로 발달된 지역이나 인구가 분산되어 있는 지역에서는 치열한 경쟁과 적절한 유통경로의 부족으로 완전한 시장 침투를 달성하기 어렵다. 따라서 기업들은 모든 시장에서 완전한 시장 침투를 추구하기보다는 주요 인구밀집지역에 집중적으로 침투하고자 한다. 예를 들어 일본의 경우 도쿄-나고야-오사카 지역에 전체 인구의 약 60%가 거주하고 있다. 이러한 도시들은 거대한 시장군을 형성하고 있기 때문에 글로벌 마케터들은 이 지역 시장을 집중적으로 커버하려고 한다.

한편, 시장 침투의 범위에는 기업의 모든 제품 계열이 진출 시장국을 완전히 커버하는 것이 포함된다. 그러므로 완전한 시장 침투를 위해서는 하나의 유통경로에 의존할 것이 아니라 가능한 모든 유통경로를 이용해야 한다. 가령 유통경로를 중간상에게 전적으로 일임하는 경우 중간상은 자신에게 이익이 크고 판매가 손쉬운 제품계열만을 취급하고 나머지 제품계열은 등한시하거나 거절할 수 있다. 이 경우, 모든 제품계열에 대해 시장을 커버하지 못하여 효율적인 해외유통체계의 구축이 어려워지므로 기업이 손해를 볼 수 있다. 따라서 글로벌 마케터는 각 제품계열의 시장 침투 범위를 고려하여 글로벌 유통경로 전략을 수립해야 할 것이다.

(5) 특성

제품, 기업, 시장의 특성은 글로벌 유통경로의 효율성에 큰 영향을 미친다. 이러한 특성에 맞게 유통경로를 조정하는 것은 제품의 성공적인 글로벌 유통을 보장하는 데 매우 중요하다.

- 제품 특성: 첫 번째 주요 고려사항은 제품의 크기, 복잡성, 서비스 요구 사항 및 가치를 포함한 제품의 속성이다. 예를 들어 컴퓨터나 전자제품과 같이 기술적으로 복잡한 제품, 전문지식이나 애프터서비스가 필요한 품목, 부패하기 쉬운 제품, 대량으로 판매되는 제품, 고가의 품목은 일반적으로 직접유통채널에 더 적합하다. 이 전략은 제품을 더 잘 제어하고, 더 높은 품질의 고객서비스를 제공하며, 제품의 가치와 무결성을 유지하기 위해 제품을 효율적이고 신중하게 운송할 수 있도록 보장한다.
- 기업 특성: 기업의 자원, 해외시장 경험, 글로벌화 정도, 조직구조, 국제적 이미지, 개별 시장에 대한 침투 속도도 유통 전략을 결정한다. 예를 들어, 광범위한 글로벌 운영과 경험을 보유한 기업은 직접유통채널을 관리할 수 있는 자원과 지식을 보유하고 있을 수 있다. 반면, 규모가 작거나 해외시장에 처음 진출한 기업이라면 해당 시장에 대한 이해도가 높은 현지 유통업체와 파트너십을 맺는 것이 더 유리할 수 있다.
- 시장 특성: 기업은 각 시장의 유통경로 제약을 확인하고 이에 적응하는 것이 중요하다. 기업은 독점적 관행을 금지하거나 유통업체의 이익을 규제하는 등 유통을 규제하는 현지 법률을 준수해야 할 필요성이 있다. 이러한 제약을 무시하면 심각한 법적·재정적 영향을 초래하여 기업의 평판이 손상되고 시장 입지가 위태로워질 수 있다.
- 유통경로의 진화: 유통경로 전략은 시장 상황, 소비자 선호도, 기술 발전의 변화에 따라 진화해야 한다. 한 시점에 최적이었던 유통경로는 시간이 지남에 따라 더 이상 유효하지 않거나 효율성이 떨어질 수 있다. 기업은 경쟁력을 유지하기 위해 유통채널을 지속적으로 평가하고 조정해야 한다.

(6) 연속성

글로벌 마케터는 해외 유통경로의 지속성을 고려하여 글로벌 유통경로 전략을 수립해야 한다. 연속성은 시장환경의 혼란이나 변화에도 불구하고 생산자에서 최종 소비자까지 상품의 꾸준하고 일관된 흐름을 유지할 수 있는 능력을 의미한다.

- 시장 혼란: 경기침체, 정치적 불안정, 자연재해, 해외시장의 규제 변화 등 유통경로의 연속성을 방해할 수 있는 요인은 많다. 예를 들어, 무역정책의 갑작스러운 변화로 인해 상품 수출입이 더 어려워지거나 비용이 증가할 수 있다.
- 경로 구성원과의 관계: 경로 구성원 간 관계의 지속성과 안정성은 연속성을 보장하는 데 매우 중요하다. 이는 유통업체, 소매업체 및 기타 중개업체와의 관계를 장기적인 헌신과 상호 이익을 장려하는 방식으로 관리해야 함을 의미한다. 또한 경로 구성원의 성과와 재무안정성을 모니터링하여 중단 위험을 예측하고 완화해야 한다.
- 경로 다양화: 연속성을 보장하기 위한 또 다른 전략은 동일한 시장에서 제품을 배포하기 위해 여러 개의 병렬 채널을 구축하는 것이다. 이렇게 하면 한 경로 구성원이 실패하거나 제품 판매를 중단하기로 결정할 경우 완충역할을 제공할 수 있다. 또한 시장의 다양한 세그먼트에 도달할 수 있는 잠재력을 제공한다.
- 적응성: 연속성을 유지하려면 시장 환경의 변화에 적응할 수 있는 능력도 필요하다. 여기에는 가격 책정 또는 프로모션 전략을 조정하거나, 현지 선호도에 맞게 제품을 수정하거나, 기존 유통 파트너가 신뢰할 수 없거나 비효율적인 것으로 판명된 경우 새로운 유통 파트너를 찾는 것 등이 포함될 수 있다.
- 공급망 탄력성: 보다 광범위하게는 공급업체를 다변화하고, 충분한 재고 수준을 유지하고, 강력한 물류 및 위험관리 시스템을 구현하여 공급망에 탄력성을 구축해야 연속성을 보장할 수 있다.

글로벌 마케터는 자사제품의 효과적인 글로벌 유통을 위해 해외 유통경로가 지속적으로 유지되도록 하는 여러 가지 대안을 마련하고 있어야 할 것이다.

Brief Case 코로나에 희비 엇갈린 애플 · 삼성…'계란' 나눠 담은 삼성이 옳았다

애플은 2020년 여름부터 공급망관리(SCM) 실험에 나선다. 이르면 7월부터 신형 아이폰 모델을 미리 생산한 뒤 재고로 쌓아두고 판매한다는 전략이다. 재고를 가능한 한 줄이는 기존 적시생산시스템(JIT)과 정반대 방향이다. 닛케이아시안리뷰 등 외신은 애플이 신종 코로나바이러스 감염증(코로나-19) 확산으로 공급망에 구멍이 생기자 전략을 수정한 것이라고 분석했다.

지금까지 애플의 전략은 'SCM의 교과서'처럼 여겨졌다. 시장조사업체 가트너가 애플을 2018년부터 'SCM 마스터' 반열에 올릴 정도였다. 그러나 코로나-19발(發) 세계적인 제조업 위기가 터지면서 굼떠 보였던 삼성의 전략이 재평가받고 있다.

삼성과 애플의 SCM 차이

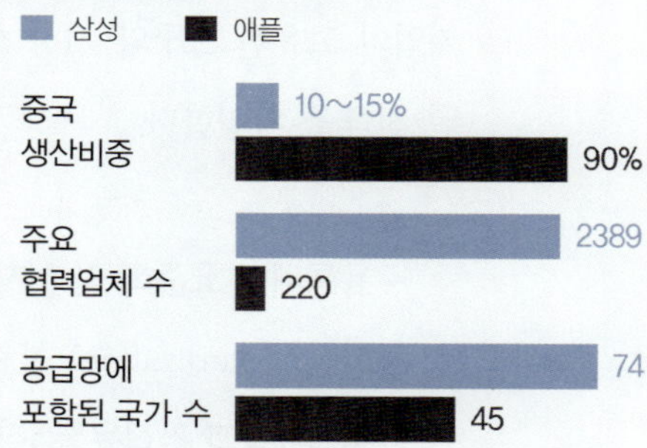

애플은 그동안 제품 설계는 미국이, 생산은 중국이 맡는 이원화 전략을 써왔다. 주요 공급업체 220개 중 약 20%인 41곳을 중국에 두고 있다. 중국 생산 비중은 90%에 달한다. 애플이 경쟁업체보다 압도적으로 많은 이익을 낼 수 있었던 이유이기도 하다.

코로나-19가 터지면서 상황이 바뀌었다. 비용을 절감하기 위해 중국에 공급망을 집중했던 게 악재로 돌아왔다.

중국 폭스콘 공장이 멈추면서 아이폰 생산도 중단됐다. 공장은 재가동했지만 이번엔 핵심부품 조달이 막혔다. 올해 말 출시할 신형 아이폰 생산도 한 달가량 늦어질 전망이다. 애플은 다급히 생산기지를 베트남 등 중국 이외 국가로 이전하는 방안을 검토 중이다.

삼성전자는 애플과 달리 철저한 지역 분산 전략을 취하고 있다. 전 세계 74개국에 생산시설 37곳, 판매거점 52곳을 두고 있다. 삼성전자 1차 협력업체만 2389곳이며 중국 생산 비중은 10~15% 정도다.

삼성전자가 2017년 도입한 'SCM 1일 결정 체제'도 빛을 발했다. 삼성은 빅데이터를 바탕으로 전 세계 원자재와 부품 공급, 제품 수요 등을 한 시간 단위로 측정해 결정하는 시스템을 구축했다. 하루 안에 SCM 의사결정을 할 수 있어 시장 변화에 즉각적인 대처가 가능했다는 평가다.

중국에서 공장이 멈춰서면 SCM 시스템이 한국, 인도, 베트남, 브라질 등 다섯 곳의 스마트폰 공장 중 어느 곳의 생산량을 늘릴지, 부품은 어디에서 조달할지 등을 결정한다. 스마트폰용 카메라 모듈 등 핵심부품도 범용화했다. 제품 모델마다 다른 부품을 쓰면 생산처를 바꾸기 어렵다는 게 삼성 측 설명이다.

삼성 관계자는 "비용이 들더라도 부품 공급처와 생산시설을 분산시켜야 코로나-19 사태와 같은 재앙적 위기 상황에 대응할 수 있다"며 "삼성 반도체 공장이 코로나-19 사태에서도 셧다운(일시적 가동 중단)되지 않았던 건 이 같은 이유 때문"이라고 설명했다.

출처: 한국경제 (2020.4.30). (https://www.hankyung.com/economy/article/2020043063791)

2) 글로벌 유통경로 전략의 유형

글로벌 시장에서는 유통경로의 선택이 기업의 성과에 큰 영향을 미칠 수 있다. 각 기업의 고유한 요구와 시장 상황에 따라 채택할 수 있는 다양한 유형의 글로벌 유통채널 전략을 확인한다.

- 유통채널 표준화 및 현지화: 이 접근방식은 여러 시장에서 유통경로를 표준화하거나(standardization) 현지시장 상황에 맞게 조정하는(localization) 결정을 말한다.
- 직접유통과 간접유통: 직접유통은 중개자를 거치지 않고 최종 소비자에게 직접 제품을 판매하는 것을 말하며, 간접유통은 도매업체, 소매업체, 유통업체와 같은 중개자를 통해 소비자에게 도달하는 것이다.
- 집중유통과 선택적 유통: 집중유통은 소비자 시장의 좁고 특정한 세그먼트에 초점을 맞추고, 단일 중개자를 통해 이루어진다. 선택적 유통은 특정 기준에 따라 선택된 제한된 수의 중개자를 사용하는 것을 포함한다.

이러한 유통채널 전략은 상호 배타적이지 않으며 기업의 목표, 자원, 시장의 특성에 따라 다양한 방식으로 결합될 수 있다. 정보에 입각한 결정을 내리려면 각 전략의 의미와 관련된 장단점을 이해하는 것이 중요하다.

(1) 글로벌 유통경로 표준화와 현지화

글로벌 유통경로에 대한 최선의 접근방식을 결정하는 것은 글로벌 마케터에게 중요한 전략적 질문이다. 이러한 전략적 결정은 각 개별 시장에 가장 수익성이 높은 유통경로를 선택해야 한다는 기업의 전략과 일치해야 할 필요성이 있다.

표준화는 기업이 모든 시장에서 동일한 유통경로와 방법을 사용하는 접근방식이다. 이 전략은 운영 효율성과 규모의 경제 측면에서 이점을 제공한다. 여러 시장에서 동일한 유통 관련 작업을 수행함으로써 기업은 운영을 최적화하고 비용을 절감할 수 있게 된다. 또한 한 시장에서 얻은 교훈과 전략을 유사한 특성을 가진 다른 시장으로 이전하여 운영 확장을 위한 귀중한 지식 기반으로 제공할 수 있다. 예를 들어, 맥도날드는 통합된 글로벌 공급망을 통해 전 세계에 일관된 품질과 제품 배송을 보장함으로써 표준화된 접근방식을 구현한다. 이러한 장점에도 표준화는 모든 전략에 적용되는 것은 아니다. 유통 환경은 시장마다 크게 다를 수 있으며, 한 시장에서 성공한 전략이 반드시 다른 시장에서도 성공하는 것은 아니다.

반면에 현지화는 각 현지시장의 고유한 특성과 수요에 맞게 기업의 유통 전략을 조정하는 것을 의미한다. 현지화는 유연성과 적응력을 제공하여 잠재적으로 시장침투율을 높이고 고객만족도를 높일 수 있다. 예를 들어, 농촌지역에서는 소규모 기업가 네트워크를 활용하고, 인프라가 발달한 도시지역에서는 대형 유통업체와 소매업체를 활용할 수 있다. 그러나 현지화는 유통망 관리의 복잡성 증가와 잠재적인 비용 상승 등의 문제를 야기할 수 있다. 또한 이러한 접근방식은 인프라, 소비자 선호도, 규제 환경 및 기타 특수성을 포함한 각 현지시장의 특성에 대한 심층적인 이해가 필요하다.

표준화와 현지화 사이의 선택은 이분법적인 것이 아니라 많은 글로벌 기업이 글로벌 표준화와 현지 적응을 혼합한 '글로컬(glocal)' 접근방식을 채택하는 연속선상에 있다. 이러한 접근방식은 시장의 다양성, 기업의 자원 및 역량, 제품의 특성, 기존 시장구조 등 여러 요인에 따라 달라진다.

표준화-현지화 스펙트럼에서 어떤 위치를 선택할지 결정하기 전에 종합적인 시장 분석을 수행하는 것이 중요하다. 이러한 분석은 현지시장의 유통경로 구조, 시장집중도, 창고 용량, 운송 가능성, 소비자 소득 수준, 구매습관, 경쟁조건 등을 이해하는 데 도움이 된다. 따라서 글로벌 마케터는 표준화를 통해 얻을 수 있는 글로벌 효율성과 현지화를 통해 얻을 수 있는 현지시장 침투잠재력 간의 상충관계를 파악하여 균형 잡힌 시각으로 접근해야 할 필요성이 있다.

(2) 직접유통경로 대 간접유통경로

해외 제품 유통을 위해 어떤 유통경로를 사용할지 결정하는 것은 글로벌 마케터에게 필수 전략 요소이다. 해외에 위치한 유통조직을 통해 해외에 제품을 유통하는 직접유통과 국내 유통조직을 통해 제품을 유통하는 간접유통 중 어느 쪽을 선택할지 결정하는 것이 핵심이다.

직접유통은 글로벌 유통을 보다 효과적으로 제어할 수 있으므로 많은 기업이 선호하는 방식이다. 여기에는 중개자 없이 고객에게 직접 제품을 판매하는 방식이 포함되며, 기업 소유의 매장, 웹사이트를 통한 온라인 판매, 텔레마케팅 등이 있다. 직접유통은 특정 시장에서 달성 가능한 판매량이 많고 집중되어 있을 때 특히 적합하다. 그러나 인프라와 인력에 대한 상당한 투자가 필요하기 때문에 비용이 증가할 수 있다.

반면에 간접유통에는 도매업체, 유통업체, 소매업체 또는 대리점과 같은 중개자가 포함된다. 이러한 중개자는 기업이 최종 고객에게 제품을 제공하는 데 도움을 준다. 간접유통채널에는 독립 소매업체 또는 온라인 마켓플레이스가 포함될 수 있다. 간접유통은 예상 판매량이 적고 분산되어 있을 때 더 적합하다. 이미 구축된 중개자 네트워크를 활용하여 더 넓은 시장 범위를 커버할 수 있으며, 특히 해외시장에 진출할 때 유용하다. 그러나 기업은 제품 판매 및 서비스 방식에 대한 통제력이 떨어지고 중개업체와 수익 마진을 공유해야 하는 경우가 많다.

결론적으로 직접유통채널과 간접유통채널 간의 선택은 제품의 특성, 목표 시장, 달성 가능한 판매 규모, 원하는 통제 수준, 가용 자원에 따라 다르게 접근해야 한다. 많은 기업이 직접 및 간접유통경로를 모두 활용하는 혼합접근방식을 채택하여 시장 도달 범위와 통제력을 최적화하는 동시에 비용의 균형을 맞추는 전략을 사용하고 있다.

(3) 집약적 유통경로 전략 대 선별적 유통경로 전략

글로벌 유통 전략을 수립할 때 기업은 유통 범위를 결정해야 한다. 기본적으로 집약적 유통과 선별적 유통이라는 두 가지 범주로 구분된다.

집약적 유통 전략은 가능한 한 많은 판매처를 통해 기업의 제품을 판매하는 것을 의미한다. 이 접근방식은 특히 다양한 위치에서 제품을 쉽게 구할 수 있기를 원하는 기업이 선호하는 방식이다. 예를 들어 스낵, 청량음료, 세면용품과 같이 빠르게 변화하는 소비재는 일반적으로 광범위한 고객층을 확보하기 위해 집약적 유통을 사용한다. 글로벌 시장에서는 시장 환경이 국내시장과 크게 다르고 소규모 소매업체가 많아 자사 제품을 효과적으로 취급할 수 있는 유통업체를 찾기 어려울 때 이 전략이 유리한 경우가 많다. 이러한 상황에서 기업은 가능한 한 많은 시장 영역을 커버하기 위해 집약적 유통 전략을 선택하게 된다.

반대로 선별적 유통은 제품을 효과적으로 판매, 서비스 및 홍보할 수 있는 역량을 기준으로 신중하게 선택한 제한된 수의 판매처를 통해 제품을 판매하는 것이다. 이 전략은 일반적으로 특정 수준의 서비스나 고객경험이 필요한 제품이나 프리미엄 또는 특수 상품으로 포지셔닝된 제품에 채택된다. 선별적 유통을 통해 기업은 제품의 시장 포지셔닝을 보다 효과적으로 제어하고, 더 높은 가격을 유지하며, 보다 개인화된 서비스를 제공할 수 있다. 이 전략은 소득분배 격차가 큰 국가에서 유용할 수 있으며, 시장 세분화를 통해 고소득층에 집중하는 것이 수익성이 높다. 예를 들어, 명품 브랜드는 독점적인 느낌을 유지하고 고객경험을 통제하기 위해 제품 판매 매장의 수를 제한하는 선별적 유통을 사용하는 경우가 많다. 이러한 브랜드는 높은 가격대로 인해 더 적은 고객층을 대상으로 하더라도 독점성을 중시하고 프리미엄을 기꺼이 지불하는 특정 시장 세그먼트를 타깃팅함으로써 선별적 유통이 유리하다는 것을 보여준다.

3) 제품별 유통경로 대안

제품 유형에 따라 각기 다른 유형의 유통경로가 필요한 경우가 있다. 제품의 특성, 가치, 타깃 고객 및 기타 요인에 따라 기업은 제품을 소비자에게 전달하기 위해 다양한 방법을 사용한다. 다음은 제품에 따라 다른 유통채널이 필요할 수 있는 몇 가지 사례이다.

- 소비자 패키지 상품: 일반적으로 식품, 음료, 개인 위생용품, 가정용 청소용품과 같이 대량으로 판매되는 저가의 품목이다. 이러한 상품은 판매량과 판매 빈도가 높고 여러 곳에서 판매되는 집약적 유통을 사용하는 경우가 많다.
- 고가 소비재: 전자제품, 가전제품, 사치품과 같은 고가상품은 보다 통제된 유통이 필요한 경우가 많다. 이는 특정 소매점이나 온라인 플랫폼에서만 제품을 구매할 수 있는 선별적 유통을 의미할 수 있다. 이는 브랜드 이미지에 대한 일정 수준의 평판과 통제력을 유지하는 데 도움이 된다.
- 산업제품: 기계, 장비 또는 벌크 자재와 같은 산업재는 일반적으로 고객층이 좁고 가격대가 높다. 따라서 전담 영업팀을 통해 제조업체에서 비즈니스 사용자에게 직접 판매하는 직접유통이 필요한 경우가 많다. 또는 전문산업유통업체를 이용

할 수도 있다.

- 디지털 제품: 소프트웨어, 전자책, 디지털 미디어와 같은 디지털 제품은 기존의 물리적 채널을 완전히 우회하여 온라인 플랫폼을 통해 소비자에게 직접 배포할 수 있다.
- 서비스: 금융서비스부터 엔터테인먼트, 숙박업에 이르기까지 서비스에는 종종 기업의 자체 지점(예: 은행 지점, 호텔) 또는 직접 디지털 채널(예: 스트리밍 서비스, 온라인 뱅킹)과 같은 개인화된 채널 또는 직접 채널이 필요하다.

4) 회색시장

회색시장(gray market)은 정품이 판매되는 비공식적이지만 일반적으로 합법적인 유통채널을 의미한다. 이러한 제품은 동일한 품목임에도 지역에 따라 상당한 가격 차이가 발생하여 승인된 경로에서 우회되는 경우가 많다. 국제적으로는 이러한 현상을 병행수입(parallel import)이라고 한다.

회색시장은 제조업체와 소매업체에게 문제를 제시한다. 첫째, 회색시장은 제품의 가격무결성을 위태롭게 할 수 있다. 고객은 비공식 경로를 통해 동일한 제품을 더 저렴하게 구매할 경우 공식 판매처의 제품이 비싸다고 인식할 수 있으며, 이는 브랜드의 가치제안을 약화시킬 수 있다. 둘째, 회색시장을 통해 판매되는 제품은 제조업체의 표준 보증이 적용되지 않을 수 있으며, 이로 인해 제품 오작동 시 고객불만이 발생할 수 있다. 또한 공인 센터에서 제품을 서비스하지 않는 경우 서비스 품질이 기대 이하일 가능성이 존재한다. 셋째, 회색시장은 내부 경쟁을 유발하여 공식 유통경로와 비공식 유통경로를 대립시킬 수 있고, 더 나아가 공식 판매점의 갈등과 매출 손실로 이어질 수 있다.

회색시장은 더 저렴한 가격을 제공할 수 있지만, 소비자에게는 잠재적인 불이익이 있을 수 있다. 첫째, 판매되는 제품이 정품이라 하더라도 해당 제품이 판매되는 시장의 현지 규정이나 표준을 충족하지 못할 수 있고, 적절한 보증 및 애프터서비스가 제공되지 않으면 소비자 경험에 부정적인 영향을 미칠 수 있다. 둘째, 회색시장은 사기 위험이 더 높다. 상품이 허위 표시되거나, 손상되거나, 극단적인 경우 위조품일 수 있다.

더 넓은 범위에서 회색시장의 존재는 국제무역 관계에 영향을 미칠 수 있다. 한 국가에서 판매된 제품이 다른 국가로 수출되어 원래 가격보다 낮은 가격에 판매될 수 있으며, 이는 원래 시장을 효과적으로 약화시킬 수 있다. 이러한 상황은 유통망에 대한 통제권을 유지하려는 기업에게 복잡한 법적, 경제적 문제를 초래할 수 있다.

회색시장은 단기적으로는 소비자에게 비용이점을 제공할 수 있지만, 장기적으로는 소비자와 제조업체 모두에게 상당한 위험과 복잡성을 초래한다. 제조업체는 엄격한 가격 정책을 시행하고, 유통경로를 모니터링하고, 특정 시장에 맞게 제품을 맞춤화하고, 필요한 경우 브랜드와 비즈니스를 보호하기 위해 법적 조치를 취하는 등 회색시장을 관리하고 통제하기 위해 다양한 전략을 사용할 필요성이 있다.

Brief Case 중국, 자동차용 반도체 공급난에 반도체 '회색시장' 성행

전 세계적인 자동차용 반도체 공급 부족으로 중국 광둥성 선전 등지에서 반도체 '회색시장'이 성행하고 있다고 19일(현지시간) 블룸버그통신이 보도했다. 통상 회색시장은 합법과 불법의 중간에 있는 시장으로, 생산자의 공식 유통채널을 벗어나 물건이 매매되는 통로를 말한다. 반도체 수요는 치솟는데도 공급 부족과 가격 상승이 이어지자 중국 자동차 업체들이 회색시장에서 다급하게 반도체를 사들이고 있다는 것이다. 중국 내 반도체 회색시장은 전부터 존재했으나 최근의 반도체 부족 사태로 인해 급격하게 커졌다. 회색시장에서 거래되는 반도체는 브로커들이 제조사들에 초과주문을 넣거나 재고 반도체를 합법적으로 판매하는 업체가 이익을 늘리기 위해 생산업체와 계약을 위반하는 방법 등으로 확보된다. 브로커들은 반도체 칩 판매 수수료를 받거나 사재기해 두고 가격이 오를 때를 기다리는 방식으로 이익을 낸다. 사재기는 불법이라 중국 정부의 단속 대상이다. 회색시장에서 거래는 주로 위챗 메신저나 이메일 등 온라인으로 이뤄지고 가끔은 선전의 SEG 전자상가 등에서 오프라인으로도 거래가 이뤄진다. 현금거래만 가능하다. 브로커가 사재기한 칩을 나중에 얼마나 더 비싸게 파느냐는 운과 풍부한 현금, '관시'(關係 · 특수관계) 등에 달려 있다. 이들 모두

가 돈벌이에 성공하는 것은 아니라 파산한 뒤 자살 등 비극적인 결말을 맞는 경우도 있다. 이 때문에 브로커들은 더 좋은 관시를 위해 가끔은 반도체 제조업체 임직원에게 뇌물을 주기도 한다. 브로커들은 이렇게 구한 반도체가 어디서 왔는지 추적할 수 없도록 포장에 있는 라벨이나 정보를 지운다. 가짜 칩은 거의 없지만, 폐차된 자동차 부품에서 중고 반도체를 재활용하는 경우는 종종 있다. 공식 유통경로가 아닌 회색시장에서 거래된 반도체의 경우 안전성 문제도 있다. 예를 들어 자동차의 잠김방지제동장치(ABS) 브레이크 모듈에서 가짜 반도체가 고장 나면 그 결과는 목숨까지 위협할 수 있다. 필 쿠프먼 미국 카네기멜런대 전자 · 컴퓨터공학과 부교수는 "반도체는 시간이 지나면 성능이 떨어지기 때문에 재활용 반도체는 예상보다 더 빨리 고장 날 수 있다"고 설명했다. 이 같은 우려 때문에 파생 산업으로 '반도체 품질 검사기'도 등장했다. 이 검사기를 통해 라벨과 포장은 물론, 엑스레이로 반도체 내부까지 확인할 수 있다는 것이 관련 업체들의 주장이다. 중국 정부는 지난해 8월 회색시장의 반도체 가격 조작 여부를 조사해 3명에게 총 250만 위안(약 4억9천200만원)의 벌금을 부과했다. 중국 국가시장감독관리총국(시장총국)은 반도체 사재기가 여러 법 조항을 위반하며, 브로커들이 중국 내 자동차용 반도체 수급 불균형을 악용하고 있다고 강조했다. 중국 정부가 이처럼 반도체 회색시장을 단속하고 관련자들을 처벌하는 등의 조치를 하고 있지만, 반도체가 품귀인 상황에서 이 같은 조치만으로 회색시장이 타격을 받지는 않았다. 게다가 최근 미국의 대중국 반도체 관련 수출 규제로 반도체 수급 상황은 더욱 악화하고 회색시장은 더욱 활발해질 것으로 보인다. 앞서 지난 7일 미국 상무부는 미국 기업이 18nm(나노미터 · 10억분의 1m) 이하 D램, 128단 이상 낸드플래시, 14nm 이하 로직 반도체를 생산하는 중국 기업에 반도체 장비를 수출하는 것을 사실상 금지하는 내용의 수출통제 조치를 발표했다. 이에 중국 승용차협회(CPCA)는 미국의 수출 규제는 반도체 부족을 악화시켜 암시장 활성화를 조장할 뿐이며 시장에서 또 다른 공포로 작용하면서 반도체 공급을 더 불안하게 만들고 있다고 반발했다.

출처: 연합뉴스 (2022.10.19).

03 글로벌 물류관리

글로벌 제품의 거래 및 소유권 흐름은 제품이 물리적으로 적시적소에 공급되어야 비로소 실현 가능하게 된다. 따라서 글로벌 마케터는 제품의 물리적 이동을 시스템화하고 합리화함으로써 경쟁력을 확보하는 물류관리(physical distribution management)를 수행해야 한다.

1) 글로벌 물류의 개념

글로벌 물류는 글로벌 규모의 원산지와 소비 지점 사이에서 상품, 정보 및 기타 자원의 흐름을 관리하는 과정을 말한다. 이 복잡한 프로세스에는 정보 흐름, 자재 취급, 생산, 포장, 재고, 운송, 창고 보관, 보안 및 통관처리 통합이 포함된다. 글로벌 물류의 개념은 공급자에서 소비자에게 상품 및 서비스의 유통 및 보관을 최적화하려는 공급망 관리 분야에 뿌리를 두고 있다. 그러나 글로벌 물류는 국경 간 거래의 추가 복잡성, 국제무역 규정, 다양한 운송 모드, 지역 간 문화적·경제적 차이를 처리함으로써 한 단계 더 나아간다. 글로벌 물류의 주요 목표는 올바른 제품을 올바른 장소, 적시, 올바른 상태로 배송하는 동시에 총 배송비용을 최소화하고 높은 수준의 고객만족도를 유지하는 것이다.

2) 글로벌 물류관리

글로벌 물류관리란 적절한 이윤을 보장하면서 소비자의 욕구를 충족시키기 위해 공급지에서 수요지로 국경을 초월한 제품 또는 원재료의 물적 유통과 관련된 모든 업무를 종합적으로 관리하는 것을 의미한다. 따라서 글로벌 물류관리의 기본 목적은 경제적이고 능률적인 방법으로 글로벌 제품을 목표시장의 소비자에게 원하는 시간에 사용할 수 있도록 전달하는 것이다.

글로벌 물류 활동은 크게 글로벌 수송, 포장, 하역, 보관활동 등의 물자유통 활동과 통신설비를 매개로 하는 문서화 및 정보전달 활동 등을 수행하는 정보유통 활동으로 구분할 수 있다. 이러한 기능들이 상호 유기적으로 연결될 때 원활한 글로벌 물류 활동이 이루어진다.

이러한 글로벌 물류관리 활동의 개선을 통해 신시장 개척이 용이해지고, 비용 감소와 시장 확대를 통해 수익을 증대시킬 수 있다. 그러나 이러한 기능을 만족스럽게 달성하기 위해서는 글로벌 물적 유통의 다양한 구성요소들이 적절하게 통합되어야 한다.

글로벌 물류관리의 주요 구성요소는 창고, 재고, 수송이다. 과거에는 이 세 가지가 각각 별도로 논의되어 왔으나 글로벌 물류에 대한 통합된 결정을 위해서는 이러한 세 가지 요소를 동시에 고려해야 한다. 예를 들어, 창고가 늘어나게 되면 수용비용은 감소하겠지만 재고비용은 증가하게 된다. 그리고 만일 재고비용을 줄이기 위해 재고 수준을 삭감하면 수용비용이 증가하게 된다. 따라서 필요한 제품 수준과 모든 관련 비용을 종합적으로 고려할 때 최적의 글로벌 물류 의사결정이 이루어질 수 있다.

(1) 운송 활동

운송관리는 글로벌 물류의 필수적인 부분이다. 여기에는 상품이 출발지에서 소비지까지 이동하는 것과 관련된 활동의 전략적 계획 및 실행이 포함된다. 운송수단 선택, 운송일정 관리, 중개인 선정, 가장 효율적인 경로 선택 등 다양한 요소가 포함된 효과적인 운송을 통해 상품의 효용 가치를 높일 수 있다.

적절한 운송수단을 선택하는 것은 상품의 특성, 거리, 비용, 배송일정 등 여러 요인에 따라 달라진다. 주요 운송수단으로는 해상, 항공, 육상, 철도가 있으며, 특히 석유와 천연가스에는 파이프라인이 사용된다. 해상운송은 상대적으로 운송시간이 길고 사고위험이 높지만 비용이 저렴하고 용량이 크기 때문에 대량의 물품을 이동하는 데 적합하다. 이에 비해 항공운송은 고가의 경량화물이 증가함에 따라 인기를 얻고 있으며, 속도와 효율성이 뛰어나 시간에 민감한 배송에 선호되는 수단이다. 철도 및 트럭운송을 포함한 육상운송은 다목적성을 제공하며, 특히 '라스트 마일(last-mile)' 배송과 같은 단거리운송에 자주 사용된다. 철도운송은 크고 무거운 물품을 육로로 장거리운송하는 데 효율적인 방법이다.

❖ **표 10-1 운송수단 장단점 비교**

운송수단	적합성	장점	단점
해상	• 대량의 상품	• 저비용, 고용량	• 긴 운송시간 • 높은 사고 위험
항공	• 고가 경량 화물	• 속도, 효율성	• 높은 비용
육상(트럭)	• 짧은 거리 • 라스트 마일 배송	• 다양성	• 도로 인프라 필요성 • 교통 상황
철도	• 육상 장거리 대형 및 중량물	• 효율성, 고용량	• 제한된 유연성 • 철도 인프라 필요성

다음으로 운송일정을 관리하고 최적의 경로를 선택하는 것은 상품의 효율적인 이동을 보장하는 핵심이다. 여기에는 교통 상황, 거리, 날씨 및 잠재적 위험과 같은 요소를 고려해야 한다. 그리고 올바른 운송 중개업체를 선택하면 운송 과정을 간소화할 수 있다. 이러한 업체는 중개자 역할을 하며 화주와 운송업체를 연결하고 일정, 서류작업, 규정 준수 등 운송의 다양한 측면을 관리하는 데 도움을 준다.

20세기 컨테이너의 출현은 전 세계 운송에 혁명을 일으켰다. 컨테이너는 화물의 안전성을 향상시킬 뿐만 아니라 적재 및 하역시간을 크게 단축시켰다. 컨테이너는 '도어 투 도어(door to door)' 물류 서비스와 한 운송업체의 책임하에 단일화물에 여러 운송수단을 사용하는 복합운송의 성장을 촉진했다. 이러한 운송수단의 조합은 효율성을 높이고 비용을 절감하며 더 큰 유연성을 제공할 수 있다. 글로벌 마케터는 각 제품에 적합한 운송방법을 선택할 때 여러 가지 요소를 고려하는 것이 필요하다. 속도, 비용, 부피, 상품의 특성 등의 요소를 기업의 마케팅 목표와 비교하여 평가하여 최적의 운송 전략을 선택해야 한다. 운송관리 시스템(Transportation Management Systems: TMS)과 같은 기술의 발전으로 기업은 이러한 결정을 자동화하고 최적화할 수 있도록 지원받을 수 있다.

(2) 보관 활동

일반적으로 제품의 생산과 소비의 주기가 일치하지 않기 때문에 판매 시까지 제품을 보관하는 창고가 필요하게 된다. 이와 같은 보관기능은 생산과 소비 사이에 존재하는 물량과 시간의 차이를 해결해 준다.

생산과 소비 일정의 불일치로 인해 제품이 판매될 때까지 제품을 보관하는 창고가 필요하다. 보관 서비스는 구매자에게 더 큰 편의를 제공하여 비즈니스 활동을 증가시킬 수 있으므로 기업에게는 강력한 마케팅 도구 역할을 한다. 창고관리에 있어서 기업이 우선적으로 결정해야 되는 사항은 최적의 보유 창고의 수이다. 창고가 많을수록 제품이 소비자에게 신속하게 전달되지만, 그만큼 보관비용이 증가하게 된다. 따라서 보관장소의 수는 소비자에 대한 서비스 수준과 유통비용 간에 균형을 이루도록 결정되어야 한다.

글로벌 기업이 해외시장에서 상품을 보관하는 것이 필요하고 이익이 될 때 창고를 세우게 되는데, 보관시설은 해외 판매지사의 일부분이라고 할 수 있다. 창고의 설립으로 구매자에게 보다 큰 편의를 제공할 수 있고, 보관시설이 없는 경우보다 더 많은 기업 활동을 창출한다는 측면에서 잠재적으로 강력한 마케팅 수단이 된다.

기업은 자체 창고를 사용하거나 글로벌 공공창고를 임차하여 사용할 수 있으며, 경우에 따라서는 두 가지를 모두 이용하기도 한다. 자체 창고를 사용하는 경우에는 관리 및 통제가 쉽게 이루어지지만 많은 자본이 필요한 반면, 창고를 융통성 있게 바꾸지 못한다. 반면에 글로벌 공공창고를 이용하는 경우에는 임차료를 지불하지만, 제품의 검사나 포장 및 선적, 송장 발행 등 부수적인 서비스를 제공받을 수 있다. 또한 자체 창고를 사용하는 경우보다 창고의 형태나 위치 등을 자유롭게 선택할 수 있다.

(3) 재고관리 활동

재고관리는 글로벌 마케터에게 고객만족과 비용 최적화 사이에서 미묘한 균형을 잡아야 하는 과제다. 적절한 재고 수준을 결정하는 작업은 관련 보관, 자본 및 세금 비용을 최소화하면서 주문을 신속하게 처리할 수 있도록 보장하는 데 매우 중요하기 때문이다. 한편으로 기업은 고객의 요구를 즉시 충족할 수 있는 충분한 재고 수준을 유지해야 한다. 고객은 원하는 제품을 지체 없이 배송할 수 있는 기업을 선호하기 때문에 이러한 즉각성은 고객만족도를 크게 향상시키고 경쟁력을 높일 수 있다. 온라인 쇼핑과 빠른 배송 서비스의 시대에 고객서비스의 이러한 측면은 점점 더 중요하다.

그러나 다른 한편으로 재고 수준이 높으면 상당한 비용이 수반된다. 대량의 상품을 보관하면 창고비용이 증가하고, 다른 방법으로 활용될 수 있는 자본이 묶이고, 세금 문제가 발생할 수 있다. 이러한 비용은 기업의 수익에 큰 영향을 미쳐 수익성과 경제적 효율성을 감소시킨다. 이러한 문제 때문에 특히 재주문시기와 수량에 관한 전략적 재고관리 결정이 필요하다. 최적의 재주문시점과 주문수량은 주문처리비용과 재고보유비용 간의 균형을 맞추는 것을 목표로 한다. 예를 들어, 평균 주문수량이 많으면 개별 주문 수가 줄어들어 주문처리비용이 절감된다. 그러나 이 접근방식은 보관하는 재고의 양이 많아져 보유비용이 증가할 수 있다. 반대로 주문수량이 적으면 보유비용은 낮아지지만 주문 빈도로 인해 주문처리비용이 증가한다.

따라서 글로벌 마케터는 주문 리드 타임, 수요변동성, 공급업체 신뢰성, 보관용량 등의 요소를 고려하여 구체적인 비즈니스 상황을 신중하게 평가해야 한다. 신중한 분석과 재고관리도구 및 방법론의 사용을 통해 과도한 비용 발생 없이 고객에게 효과적으로 서비스를 제공할 수 있는 적정 수준의 재고를 유지할 수 있다. 또한 AI 및 머신 러닝과 같은 첨단기술의 등장으로 기업은 수요를 보다 정확하게 예측하고 재고 수준을 더욱 최적화할 수 있게 되었다. 이러한 기술은 과거 판매 데이터 및 기타 시장요인의 패턴을 분석하여 미래 수요를 보다 정확하게 예측하고 기업이 재고 수준을 더 잘 관리할 수 있도록 지원한다.

(4) 하역 활동

하역(material handing)이란 재화의 상하차, 창고에 보관하기 위한 입출고나 창고 내 정리작업 등과 관련된 물류 활동을 말한다. 하역기능에는 하역설비 등을 이용하여 수송화물을 적하 및 양하하는 활동, 창고 내의 입출고 활동 등을 의미하며, 주로 설비기능(equipment function)이 중요한 요소가 된다.

하역은 운송, 보관 및 포장 프로세스의 앞뒤에 있는 필수적인 물류작업이다. 하역은 운송 및 보관 활동에 종속된 것처럼 보일 수 있지만, 하역 또는 더 넓게는 자재 취급은 글로벌 물류의 기본 구성요소다. 공급망의 이 단계는 인건비, 시간, 특수장비 사용이 수반되므로 전체 물류비용에 큰 영향을 미친다.

적재 및 하역작업의 효율성은 전체 공급망의 적시성에 큰 영향을 미칠 수 있다. 이 단계에서 지연이나 오류가 발생하면 다운스트림에 차질이 발생하여 배송지연과 고객 불만으로 이어질 수 있다. 따라서 기업은 기술, 숙련된 노동력, 효과적인 과정을 통해 적재 및 하역작업을 최대한 간소화하는 것이 중요하다.

적재 및 하역작업은 제품 무결성에 직접적인 영향을 미친다. 적절한 장비를 사용하여 세심한 주의를 기울여 취급하지 않으면 이러한 과정에서 상품이 손상되거나 오염될 수 있다. 이는 상품의 품질과 사용성에 영향을 미칠 뿐만 아니라 이러한 과정에서 상품을 보호하기 위해 추가적인 보호조치를 취해야 할 수 있기 때문에 포장비용도 증가한다. 따라서 적재 및 하역작업은 종종 간과되지만 기업의 물류 효율성, 비용 구조 및 고객만족도 수준에 큰 영향을 미칠 수 있다. 따라서 이러한 작업을 적절히 관리하는 것은 전반적인 공급망 효율성을 달성하는 데 매우 중요하다. 적재 및 하역작업에 자동화 및 로봇공학과 같은 첨단기술을 사용하면 효율성을 개선하고 상품 손상 위험을 줄이며 인건비를 최소화하는 데 도움이 될 수 있다. 또한 직원 교육에 투자하면 이러한 작업을 효과적으로 수행하여 사고 위험을 줄이고 전반적인 생산성을 향상시킬 수 있다.

(5) 유통가공 활동

유통가공은 물류 효율성과 고객 만족도를 높이기 위해 유통 과정에서 수행되는 다양한 보조활동으로 구성된다. 이러한 활동에는 제품의 단순가공, 재포장, 조립, 절단 등이 포함될 수 있으며, 전반적인 물류관리에서 다양한 목적을 수행한다. 유통가공의 주요 목표는 주문이 접수된 시점부터 제품을 수령할 때까지의 기간인 리드 타임을 줄이기 위함이다. 유통 과정에서 조립 및 재포장과 같은 활동을 수행함으로써 기업은 주문이 접수되는 즉시 제품을 배송할 수 있도록 준비하여 고객의 대기시간을 단축할 수 있다.

또한, 유통가공 활동을 통해 재고 보유시간을 줄여 재고비용을 절감할 수 있고, 제품의 가치를 향상시키거나 물류 서비스를 개선하고 다양한 고객의 요구를 충족시킬 수 있다. 재포장이나 제품 절단과 같은 서비스를 제공함으로써 기업은 보다 개인화된 제품을 제공할 수 있으며, 이를 통해 고객만족도를 높일 수 있다. 마지막으로 효율적인 물류가공은 운송 및 배송 활동의 비용절감으로 이어질 수 있다. 제품을 효율적으로 포장하고 배송을 준비하면 배송의 부피나 무게를 줄일 수 있어 운송비용이 절감된다.

(6) 포장 활동

포장 물류는 적절한 재료나 용기를 사용하여 제품을 보호하거나 가치를 높이기 위한 다양한 활동을 의미한다. 포장은 보호, 취급 용이성, 판매 촉진, 제품 그룹화, 재포장, 검사 등 물류 과정 내에서 다양한 기능을 수행한다. 기능 측면에서 포장은 주로 상업용 포장과 산업용 포장의 두 가지 범주로 나눌 수 있다.

상업용 포장은 주로 소비자에게 제품을 마케팅하고 판매하기 위한 목적으로 사용되며, 매력적이고 유익한 정보를 제공하여 고객의 구매를 유도하도록 설계된다. 반면에 산업용 포장은 물류에서 중요한 역할을 하며 상품의 보호, 운송 및 보관에 직접 관여한다. 산업용 포장이란 운송 및 보관과 같은 물류 과정에서 제품의 가치와 상태를 유지하기 위해 제품을 안전하게 보호하기 위해 적절한 재료 또는 용기를 사용하는 것을 의미한다. 이러한 유형의 포장은 제품을 그룹화하여 운송, 취급 및 보관이 용이하도록 설계되었다. 산업용 포장에는 팔레트, 상자, 수축 포장, 버블랩 및 운송 중에 제품을 안전하게 보호하기 위해 설계된 기타 재료가 포함될 수 있다. 이러한 포장은 글로벌 공급망에서 상품을 안전하고 효과적으로 배송하는 데 필수적이므로 견고하고 보호력이 뛰어나며 효율적으로 사용할 수 있어야 한다.

또한 전자상거래가 부상하고 글로벌 무역이 증가함에 따라 물류에서 포장의 역할이 더욱 중요해졌다. 환경친화적인 포장재에 대한 소비자 수요가 증가함에 따라 기업은 포장이 견고하고, 보호뿐만 아니라 지속 가능성까지 고려해야 한다.

포장은 제품의 안전성, 취급 및 운송의 효율성, 고객만족도에 직접적인 영향을 미치기 때문에 전체 물류관리에서 매우 중요한 부분이다. 글로벌 마케터는 기업의 물류 운영을 최적화하기 위해 효과적인 포장 솔루션을 개발하고 구현하는 데 관심을 두어야 한다.

(7) 유통정보 활동

정보물류 또는 유통정보 활동은 정보통신기술을 사용하여 다양한 물류작업을 연결하고 조정하여 물류 과정 전반을 효율적이고 종합적으로 관리하는 것을 말한다. 일반적으로 선박 예약 및 주문 관리, 재고 및 화물 이동 추적, 선적 관련 서류 작성, 글로벌 통관 정보처리 및 운송장 작성, 고객정보 관리, 시장정보 제공, 예외 상황의 활동 보고 등 광범위한 기능을 포함한다.

최근 첨단기술의 출현과 확산으로 물류관리에서 정보의 역할이 점점 더 중요해지고 있는 상황에서 기업들은 물류 운영의 효율성을 높이기 위해 컴퓨터 기반 정보 시스템을 도입하고 있다. 이러한 정보 시스템은 다양한 물류 활동을 촉진하는 데 필수적인 데이터를 생성하고 배포하여 운송, 보관, 하역 등 모든 핵심 물류 요소를 포괄하는 상호 연결된 네트워크를 생성한다. 이러한 첨단정보 시스템은 현대 물류 운영의 근간이 되어 기업이 물류 활동을 보다 효과적이고 효율적으로 관리할 수 있도록 지원한다. 이러한 시스템은 공급망의 다양한 측면에 대한 실시간 가시성을 제공하여 기업이 배송을 추적하고, 재고를 관리하고, 배송일정을 관리하고, 통관절차를 보다 효율적으로 처리할 수 있게 해준다.

또한 운송일정의 중복, 화물차량의 유휴기간, 부적절한 재고 수준과 같은 비효율성을 방지하는 데 도움이 되고, 기업은 물류 운영을 최적화하여 비용을 절감하고 서비스 수준을 개선하며 궁극적으로 고객만족도를 높일 수 있다. 그러나 이러한 정보 시스템을 구현하고 관리하려면 기술, 인프라, 숙련된 인력에 대한 상당한 투자가 필요하며, 또한 기업은 데이터의 보안과 데이터 보호 및 개인정보 보호와 관련된 다양한 규제 요건을 준수해야 한다.

Brief Case 나이키가 유통 공룡 '아마존'을 버린 까닭은

"소비자와 직접 관계를 맺을 것이다."

나이키가 2019년 11월 세계 최대의 온라인 쇼핑몰 아마존을 떠날 때 한 말이다. 아마존에는 더는 직접 제품을 공급하지 않겠다고 한 것이다. 다른 말로 유통 전문가를 제치고 소비자에게 직접 판매를 하겠다는 D2C(Direct to Customer) 선언이다.

브랜드가 유통을 이겨본 적이 별로 없는 마케팅 역사를 보았을 때 나이키를 향한 우려의 시선은 이상하지가 않았다. 나이키의 선택은 확실히 모험이었기 때문이다. 그도 그럴 것이 상대는 다름 아닌 세계 최고의 온라인 상거래업체인 아마존이기 때문이다.

당시 나이키의 아마존 의존도는 온라인 매출의 50% 이상을 차지할 정도였다. 그런데 2년이 지난 지금, 나이키의 선택은 '신의 한 수'라는 것이 증명됐다. 코로나-19 팬데믹이 막 시작될 즈음의 결단이었기에 온라인 매출의 증가는 당연한 것으로 평가할 수도 있겠지만, 그로부터 1년 뒤인 2020년 9~11월, 매출은 9%가 증가하고 영업이익은 30% 증가한 15억 달러(약 1조6300억원)를 기록했다. 거기에 D2C 매출은 43억 달러(약 4조 7000억원)로 전년 대비 32% 신장했고, 온라인 판매는 84% 급증했다. 코로나-19의 여파로 오프라인 점포를 폐쇄하면서 3~6월 매출이 36% 폭락하고 6~8월 매출이 1% 가까이 떨어졌지만, D2C 채널인 온라인 판매가 증가하면서 반전에 성공한 것이다. 전체 제품의 30%를 베트남에서 생산하는 나이키는 코로나로 인한 공급망 관리의 어려움으로 매출이 주춤했던 지난해에도 D2C의 비중은 전체 매출에서 40%를 차지한 것으로 알려졌다.

나이키는 단순히 유통마진을 줄여 이익을 더 얻기 위해 그랬을까.

플랫폼 시대가 오자 전자상거래 플랫폼들은 이용자들의 정보를 인공지능 등을 통해 분석하고, 분석된 자료를 바탕으로 고객의 일상을 장악하는 전쟁을 벌이고 있다. 이 전쟁에서 실제 제품을 만들어 플랫폼에 공급하는 제조업들은 고객 경험을 플랫폼에 의존할 수밖에 없는 상황이 됐다. 더 싼 제품이 나오면 브랜드는 언제 쫓겨날지 모르는 신세가 된 셈이다.

나이키가 D2C 전환을 통해 유통비용을 줄이고 이익구조를 바꾸는 것이 일차적인 기대효과가 아닌 이유다. 나이키가 D2C 전환을 통해 성취하고자 하는 목표는 자사몰에 판매 채널을 직접 구축하는 것을 넘어 신규고객을 확보하고 고객과의 직접적이고 지속적인 관계를 만드는 것이다. 그리하여 온 · 오프라인이 연계된 경험을 제공하는 이커머스 체계를 기반으로 종합적인 마케팅을 펼치는 것이다.

다시 말해 고객데이터를 직접 관리함으로써 브랜드에 대한 고객경험의 차원을 기존의 플랫폼을 통한 유통망과는 완전히 차별화하기 위함이다. 나이키는 2019년에 이를 위해 빅 데이터 기반 수요예측 분석기업 셀렉트(Celect)를 인수하고, 21년에는 데이터 통합 플랫폼 스타트업인 데이터로그(Datalogue)를 인수하는 등 D2C를 통한 디지털 트랜스포메이션에 사활을 걸었고, 그것은 지금도 진행 중이다. 이런 노력에 힘입어 모바일 애플리케이션 '나이키 플러스'의 회원 수는 2억5000만명(2021년 기준)을 넘겼다. 블룸버그에 따르면 이들은 나이키 웹사이트(Nike.com) 이용자보다 온라인 스토어에서 3배 이상을 더 쓴다고 하니, 나이키는 D2C를 이용한 고객경험의 혁신을 통해 고객과의 직접적 관계 형성에 성공한 것으로 보인다.

출처: 이코노미스트 (2022.3.12).

마무리사례 DHL 익스프레스, 고객과 함께하는 지속 가능 서비스 도입

세계적인 국제특송기업 DHL 익스프레스가 지속 가능한 항공연료(Sustainable Aviation Fuel)를 사용해 배송과 관련된 탄소배출량을 줄일 수 있는 '고그린 플러스(GoGreen Plus)' 서비스를 론칭했다고 밝혔다.

'고그린 플러스(GoGreen Plus)'는 고객이 직접 지속 가능한 항공연료를 선택할 수 있는 고객 참여형 지속 가능 서비스로 글로벌 특송사 중 DHL 익스프레스가 최초로 도입하게 된다. 해당 서비스는 영국에서 우선 진행되며 뒤이어 이탈리아, 덴마크, 스웨덴, 캐나다, 호주, 남아프리카공화국, 아랍에미레이트에서 출시될 예정이다. 개별 배송 건에 유연하게 적용 가능하며 향후 몇 개월에 걸쳐 전 세계 모든 DHL 익스프레스 고객에게 제공될 예정이다.

이번 달부터 위 국가에 거주하는 고객이라면 누구나 DHL의 온라인 발송 솔루션인 '마이 디에이치엘 플러스(My DHL+)'를 통해 발송물 접수 시 고그린 플러스 서비스 이용이 가능하다. 이를 통해 고객은 달성하고자 하는 이산화탄소환산량(CO2e) 감소와 사용하게 되는 지속 가능 항공유(SAF)의 양을 맞춤화할 수 있는 기회를 얻을 수 있다. DHL을 이용하는 고객이 고그린 플러스를 선택할 경우 운송과 유통 과정을 포함한 고객의 밸류체인(value chain, 가치사슬) 안에서 간접적으로 발생되는 온실가스 배출량인 스코프(Scope) 3을 줄일 수 있다. 이는 탄소 상쇄 이니셔티브(offsetting initiatives)와는 다른 '과학기반 감축 목표 이니셔티브(Science Based Target initiative, SBTi)에 기반한 서비스로 물류 부문에서의 배출량을 줄이는 동시에 DHL 고객의 자발적인 탄소 감축 보고를 위해서도 이용할 수 있다. 고그린 플러스 서비스는 DHL이 브리티시페트롤리엄(BP)·네스테(NESTE)와 협력해 전 세계 DHL 익스프레스 허브에 지속 가능 항공유를 공급하게 됨으로써 가능해졌다. 혁신적인 연료의 재생 가능한 부분은 폐유에서 생산되며 폐기물 및 잔류물에서 나오는 지속 가능 항공유는 기존 제트 연료에 비해 수명 주기 동안 최대 80%의 온실가스 배출 감소를 제공한다.

DHL 익스프레스 CEO 존 피어슨(John Pearson)은 "지속 가능 항공유에 대한 DHL의 투자를 고객도 함께 활용하여 운송 과정에서 발생하는 탄소배출량을 줄일 수 있게 돼 매우 기쁘다"며 "지속 가능 항공유는 현재 항공 분야에서 탄소배출량을 줄이는 주된 경로이므로 고객이 자체 운송 공급망을 보다 지속 가능하게 하도록 도울 수 있는 가장 효과적인 방법"이라고 전했다. 한편, 고그린 플러스 서비스는 2050년까지 탄소배출량 제로를 달성하려는 도이치 포스트 DHL 그룹의 지속 가능성 활동으로 이를 통해 2030년까지 모든 항공 운송에 지속 가능 항공유를 30% 이상 사용한다는 중간 목표에 기여하게 된다. 또한, DHL 그룹은 지속 가능성 로드맵에 따라 모든 사업부의 모든 제품과 서비스에 대한 친환경 대안을 제공하고자 노력하고 있다.

출처: 물류신문 (2023.2.20).

학 · 습 · 정 · 리 · 문 · 제

1. 직접 및 간접유통경로 선택은 기업의 국제시장 침투 및 수익성에 어떤 영향을 주는가?

2. 회색시장은 국제무역, 특히 제품 가격 및 브랜드 평판 측면에서 어떤 영향을 미치는가? 기업은 회색시장이 비즈니스에 미치는 부정적인 영향을 어떻게 완화할 수 있는가?

3. AI와 같은 기술발전은 글로벌 유통관리를 어떻게 변화시키고 있는가? 이러한 기술의 사용이 증가하면 어떤 잠재적인 문제가 발생할 수 있는가?

GLOBAL
MARKETING

CHAPTER 11

GLOBAL MARKETING

글로벌 촉진관리

학습목표

글로벌 마케터는 마케팅 목표를 달성하기 위해 전 세계 고객들과 제품의 가치에 대한 소통을 수행해야 한다. 이 장에서는 글로벌 촉진관리의 개념과 글로벌 광고, 판매촉진, 인적판매, 홍보 등에 대해 학습한다.

11 CHAPTER 글로벌 촉진관리

도입사례 **전통 미디어 광고시장을 추월하는 미국 디지털 광고시장**

글로벌 플랫폼의 등장과 인터넷, 스마트폰의 출시로 세계 어디서나 쉽게 디지털 광고를 하는 것이 가능해졌다. 디지털 광고는 오프라인 광고에 비해 상대적으로 적은 예산으로 많은 사람에게 광고할 수 있으며 특정 타깃에 광고하는 것도 가능하다는 장점을 가지고 있다. 디지털 광고시장은 향후 지속 성장할 전망이지만, 제품 홍보를 위해 디지털 광고시장과 매체의 특성을 잘 확인하는 것이 중요하다.

2022년 6월 미국 스탠더드 미디어 인덱스에 따르면 온라인 검색, SNS, 온라인 비디오, OTT 등과 같은 디지털 매체를 통한 광고가 62%를 차지하고 있고 TV, 잡지, 신문, 옥외광고와 같은 전통 미디어가 미국 전체 광고시장의 38%를 차지하고 있다. 2020년 이전까지 전통 미디어를 통한 광고시장이 상대적으로 더 컸지만 팬데믹 기간 디지털 미디어 광고에 사용하는 비용이 증가하며 2020년 7월 이후 격차가 더 벌어지고 있다. 디지털 미디어 소비가 증가함에 따라 각 기업이 디지털 광고에 지출하는 금액도 빠르게 증가했다. 2021년 미국의 디지털 광고 수익은 2020년 1억3900만 달러에서 35% 증가한 1억8900만 달러를 기록하며 2006년 이후 가장 높은 성장률을 기록했다. 이는 2020년 12% 성장률을 훨씬 웃돌았는데, 팬데믹으로 인한 침체에서 정상화로 돌아서며 급격하게 증가했다. IAB의 CEO인 David Cohen은 경제 전반에 걸쳐 나타난 수많은 비즈니스가 디지털 광고의 성장에 기여했다고 언급했다. 디지털 광고의 종류는 크게 검색 광고, 디스플레이 광고, 비디오 광고 등으로 구분된다. 2021년 기준 검색 광고가 41.4%로 가장 높은 점유율을 기록했으며 디스플레이 광고가 30%, 디지털 비디오 광고가 20.9%를 기록하고 있다. 또한 기준 미국의 디지털 미디어 광고의 78.6%를 10개의 플랫폼이 차지하고 있다. 이는 2020년 78.1%에서 소폭 증가한 수치이다. 이 중 전 세계 최대 검색 플랫폼인 구글이 28.6%를 점유율을 기록했으며 페이스북과 아마존이 각각 23.8%, 11.3%를 기록하며 3개 회사가 전체의 63.7%를 차지하고 있다.

미국 디지털 광고는 2022년 2억3900만 달러를 기록할 것으로 전망된다. 2025년에는 3억1500만 달러를 기록하며 매년 평균 16%의 성장률을 기록할 것으로 전망된다. 디지털 광고시장이 성장하며 기업이 인터넷 사용자당 지출하는 금액도 2022년 584.87달러를 기록하며 2017년 348.81달러보다 67.7% 증가한 금액을 지출할 전망이다. 모바일 광고는 미국의 전체 디지털 광고시장에서 2021년 55.56%, 2022년 57.16%를 기록하며 점차 점유율이 증가하고 있다. 모바일 광고는 2021년 처음으로 1억 달러를 넘어 2022년에는 1억3700만 달러에 이를 것으로 예상된다. 특히 미국 인터넷 사용자의 97%가 모바일 기기를 소유하고 있고 하루 평균 3시간 사용하며 1분마다 브랜드에 노출되고 있다. 이 때문에 즉시 소비로 연결될 수 있는 소매업 관련 광고가 모바일 광고에서 가장 많은 부분을 차지한다. 2021년 소매업의 모바일 광고 지출은 3091만 달러를 기록했으며 이는 전체 모바일 광고의 23.8%를 차지한다. 모바일 광고는 사용자 수에 크게 영향을 받기 때문에 최근 사용자가 급격하게 증가하는 중국의 틱톡이 높은 광고 점유율을 보이며 구글과 페이스북은 모바일 광고 성장이 둔화하고 있다.

전문가들은 광고시장이 사용자가 많은 매체를 중심으로 성장하기 때문에 과거 TV 중심의 전통적인 미디어 광고에서 디지털 광고로의 전환은 피할 수 없는 현상이라고 설명한다. 디지털 광고에서도 시장이 빠르게 변하는 만큼 새롭게 떠오르는 플랫폼으로의 전환이 빠르게 일어나고 있다. 디지털 광고는 기존의 전통적인 광고보다 노출 매체, 타깃 사용자를 특정할 수 있고 형식과 내용도 상대적으로 자유롭기 때문에 많은 기업이 미국 시장 진출 초기에 활용하고 있다. 미국에는 구글을 비롯한 많은 플랫폼에서 디지털 광고를 위한 자체 교육 프로그램을 운영하고 있으며 디지털 광고를 하는 기업들을 지원하는 세일즈랩도 많이 운영하고 있다. 바이어, 소비자에게 초기 인상을 심어주는 것이 중요한 만큼 디지털 광고를 잘 활용하는 것이 필요해 보인다.

출처: 코트라 해외시장 뉴스 (2022.8.1).

01 글로벌 촉진관리의 개념

1) 글로벌 촉진관리와 소통 과정

글로벌 촉진관리는 해외시장의 잠재소비자에게 제품, 서비스 또는 브랜드의 가치와 매력을 효과적으로 전달하기 위해 고안된 메시징 전략의 계획, 구현 및 제어를 의미한다. 글로벌 촉진관리는 광고, 판매촉진, 홍보(PR) 및 개인 판매의 요소를 결합하여 타깃 글로벌 시장의 소비자와 공감할 수 있는 종합적인 커뮤니케이션 전략을 수립하며, 주요 목표는 소비자의 관심을 유도하고, 관련 제품 또는 서비스 정보를 전달하며, 구매 행동을 자극하는 동시에 국제시장 간 문화·경제·규제의 차이를 고려하는 것이다.

글로벌 촉진관리의 중요성은 점점 더 상호 연결되는 글로벌 시장의 특성으로 인해 더욱 강조되고 있다. 기술의 발전과 디지털 플랫폼의 확산으로 기업은 이제 그 어느 때보다 더 효과적이고 효율적으로 다양한 글로벌 시장의 소비자에게 다가가고 참여를 유도할 수 있다. 그러나 이러한 연결성의 증가는 소비자들이 매일 전례 없이 많은 양의 홍보 메시지를 받고 있다는 것을 의미한다. 따라서 기업은 소음 속에서 잠재고객에게 효과적으로 다가가기 위해 잘 조율되고 문화적으로 민감하며 타깃팅된 글로벌 촉진 전략을 개발하고 실행해야 한다.

글로벌 촉진관리는 해외시장에서 브랜드 인지도와 평판을 구축하는 데에도 매우 중요하다. 여러 시장에 걸쳐 일관되고 맞춤화된 홍보 메시지를 전달함으로써 기업은 통일된 글로벌 브랜드 이미지를 구축하는 동시에 다양한 소비자 그룹의 고유한 요구와 선호도를 충족시킬 수 있다. 이러한 방식으로 글로벌 촉진관리는 브랜드 충성도와 고객 유지율을 높이는 데 크게 기여하여 궁극적으로 해외시장에서 지속 가능한 성장으로 이어질 수 있다. 또한 효과적인 글로벌 촉진관리는 기업이 새로운 시장 진출과 관련된 문제를 해결하는 데 도움을 준다. 다양한 시장의 문화적 차이와 소비자 행동을 이해함으로써 기업은 현지 소비자의 공감을 불러일으키는 촉진 전략을 개발하여 해외 제품이나 서비스에 대한 수용도를 높일 수 있다.

글로벌 촉진 활동의 효과는 목표 고객에게 전달되는 메시지가 얼마나 구매의사결정에 영향을 주는가에 따라 결정된다. 그러므로 글로벌 촉진 활동은 소통의 과정으로 볼 수 있다. 글로벌 소통은 글로벌 마케터가 전달하고자 하는 메시지를 부호화(encoding)하여 매체를 통해 전달하면 고객이 이를 해독(decoding)하여 긍정적이거나 부정적인 반응을 나타내고, 이는 다시 소음(noise)과 피드백(feedback)의 과정을 통해 글로벌 마케터에게 전달되는 과정으로 이루어진다.

부호화는 전달한 내용을 시각, 청각, 비언어적 부호나 상징으로 표현하는 것이다. 글로벌 마케팅에서는 부호화의 과정 중 제품의 강점을 포지셔닝하고 목표 고객의 사회·문화적 특성을 반영하여 표준화 및 현지화 여부가 결정된다. 메시지 전달은 목표시장 및 촉진의 목표에 따라 촉진수단을 결정하는 것이다. 촉진수단에는 광고, 홍보, 판매촉진, 인적판매, 홍보 등이 있다. 해독은 고객이 촉진수단에 의해 전달된 부호나 상징을 자신의 경험이나 지식에 근거하여 인지하고 이해하여 해독하는 과정이다. 글로벌 마케터는 문화와 라이프 스타일의 변화에 따라 기존의 제품 이미지나 기능을 변경할 수 있어야 한다. 고객은 전달된 메시지에 대해 문화적 배경, 개성, 라이프 스타일 및 개성에 따라 다르게 반응하게 된다. 고객의 반응은 메시지에 담긴 정보에 따라 제품인지 및 제품에 대한 지식을 획득하기도 하고, 제품 지식에 기초하여 제품에 대한 선호 여부를 결정하고, 선호 여부에 따라 제품 구매의도를 결정하기도 한다.

글로벌 마케터는 피드백을 통해 의도한 메시지가 고객에게 제대로 전달되었는지 파악하여 다음 단계의 촉진 활동 방향을 설정해야 한다. 실제로 마케팅 소통 과정에서 경쟁 활동과 혼동 같은 통제가 어렵고 예측 불가능한 영향력을 지닌 소음 때문에 의도한 정보 및 메시지가 고객에게 제대로 전달되지 않아서 마케터가 전달하고자 하는 개념이나 아이디어와 다르게 해석될 수도 있다. 따라서 마케터는 이러한 피드백 이후 다음 단계의 촉진 활동 방향을 설정해야 한다. [그림 11-1]은 글로벌 마케팅 소통의 과정을 보여준다.

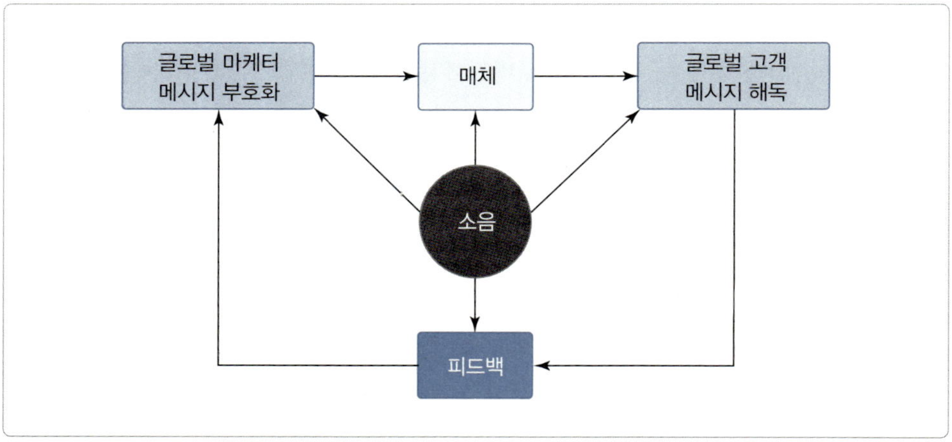

❖ **그림 11-1** 글로벌 마케팅의 소통 과정

출처: Shimp & Andrews (2012).

2) 글로벌 촉진관리의 고려요소

촉진관리의 본질을 소통이라고 볼 때, 제반 글로벌 마케팅 환경이 상이한 해외시장에서의 촉진은 국내 촉진에 비해 장애요인이 더욱 다양하다. 그러므로 이러한 장애요인에 대한 충분한 지식이 없이는 효과적인 소통이 이루어질 수 없다. 따라서 글로벌 마케터는 글로벌 촉진 전략의 수립 시 여러 가지 법률, 문화, 매체, 언어, 그리고 비용 등을 고려해야 한다.

(1) 정부 규제 또는 법률

특정 시장국의 규제와 법적 제도는 촉진 활동의 유형을 결정하는 중요한 요인이다. 그러므로 글로벌 마케터는 촉진 전략 수립에 있어서 이러한 법적 제도에 저촉되지 않는지 여부를 알기 위해 상당한 법률 지식을 갖추고 있어야 하며, 의심스러운 경우에는 변호사 또는 법률전문가로부터 법률자문을 구해야 한다. 법적 제도에 대한 이해 부족으로 글로벌 마케터들이 빠지기 쉬운 함정으로는 다음과 같은 것들이 있다.

① 매체 규제

각 국가마다 광고에 사용할 수 있는 미디어 플랫폼과 사용방법에 대한 자체 규정이 있다. 예를 들어, 일부 국가에서는 특히 특정 시간대의 공중파 텔레비전이나 라디오 광고에 대해 엄격한 규제를 적용하고 있거나 디지털 미디어도 규제의 대상이 된다. 일부 국가에서는 목표 광고나 이메일 마케팅과 같은 디지털 마케팅 전략에 영향을 미칠 수 있는 엄격한 데이터 개인정보보호법을 시행하는 경우도 있다. 그리고 많은 나라에서 어떤 제품들은 광고가 전혀 불가능하거나 허용된다고 해도 특정 매체만으로 제한되고 있다. 주로 주류, 담배, 의약품, 산아제한용품 등이 이러한 범주에 속한다.

② 내용 규제

메시지 내용에 대한 규제도 나라마다 다르다. 예를 들어, 독일에서는 최상급의 광고 표현이나 경쟁사 제품과의 비교광고를 법률로 금지하고 있으며, 대부분의 개도국들은 TV를 통해 저속한 의상이나 폭력 또는 충격적 장면이 방영되는 것을 엄격히 통제하고 있다. 또한 소비자를 오도할 수 있는 단어나 표현의 사용을 금지하고 있으며, 프랑스와 프랑스어권인 캐나다 퀘벡(Quebec)주에서는 프랑스어 이외의 외국어를 사용한 광고가 허용되지 않는다.

③ 촉진비용 규제

어떤 나라들은 촉진비용의 허용한도까지도 법에 명시하고 있으며, 매체에 따른 부가가치세, 광고세 등의 세율을 달리 책정함으로써 주어진 여건하에서 기업들의 매체 선정 의사결정에까지 영향을 미치는 경우도 있다.

④ 판매촉진 행사 내용 규제

국가에 따라서는 과대한 판매촉진 행사를 통한 무질서한 경쟁을 규제하기 위해 연중 판매촉진 행사 가능 기일, 판매촉진선물 액수 등을 규제하기도 한다.

(2) 언어

언어는 커뮤니케이션의 주요 수단이며 기업의 글로벌 촉진 전략의 핵심이다. 하지만 전 세계적으로 언어와 방언이 매우 다양하기 때문에 글로벌 마케팅에서 언어가 큰 장벽이 될 수도 있다. 한 국가 내에서도 수많은 방언이 존재할 수 있으며, 같은 언어라도 지역마다 사용법이 크게 다를 수 있다. 이러한 다양성 때문에 글로벌 마케터는 언어 전달의 뉘앙스에 세심한 주의를 기울여야 한다.

예를 들어, Chrysler가 "Dart is power"이란 광고 문안을 가지고 스페인시장에 진출했는데, 이 문구가 스페인어로는 성욕을 추구한다는 의미로 번역되어 소비자들에게 많은 오해를 불러 일으켰다. 또한 힘과 정열의 의미를 담고 있는 아메리칸 모터사의 "Matodor"라는 차는 푸에르토리코에서 살인자(killer)라는 의미로 번역되기도 하였다.

이러한 사례는 광고 언어의 번역을 꼼꼼하게 검토하는 것이 얼마나 중요한지 잘 보여준다. 언어가 정확하게 번역되었는지, 현지 언어의 발음과 어조로 인해 오해의 여지가 없는지 확인하는 것이 중요하다. 이를 위해 현지에서 번역된 문구를 다른 번역가가 다시 원어로 번역하여 불일치 여부를 확인하는 '역번역(back translation)'을 사용하는 것도 유용한 전략으로 사용된다. 이때 언어 소통에 문제가 발견되면 즉각적인 수정 조치가 필수적이다. 또한 일부 국가에서는 문맹률이 기업 커뮤니케이션 활동에 상당한 어려움을 초래할 수 있다는 점에 유의해야 한다. 문맹률이 낮은 지역에서는 라디오나 텔레비전과 같은 시청각 미디어가 신문이나 잡지 같은 텍스트 기반 미디어보다 더 효과적인 홍보 도구가 될 수 있다. 이러한 현실에 적응함으로써 기업은 홍보 메시지가 효과적으로 전달되고 이해될 수 있도록 하여 글로벌 홍보 활동의 효과를 극대화할 수 있다.

(3) 문화

문화적 다양성은 글로벌 촉진 활동의 도전이자 기회이다. 각 문화는 고유한 방식으로 사회현상을 해석하고 반응하기 때문에 글로벌 촉진관리 수립 시 이러한 인식의 차이를 고려해야 한다. 색상, 상징, 규범, 사회적 관습 등 문화적 요소는 소비자의 인식과 선호도를 형성하는 데 중요한 역할을 하기 때문이다. 예를 들어, 색상은 문화마다 크게 다를 수 있는 상징적인 의미를 지니고 있다. 일부 서구 문화권에서는 흰색이 순결함과 순수함을 의미하지만, 중국이나 인도와 같은 다른 문화권에서는 애도와 죽음과 연관되어 있다. 마찬가지로 일부 기호나 이미지는 특정 문화권에서 부적절하거나 불쾌감을 주는 것으로 간주되어 홍보 자료로 사용하기에 부적합할 수 있다. 또한 금기(taboo)와 사회적 규범은 글로벌 홍보 전략의 성공에 큰 영향을 미칠 수 있다. 기업은 이러한 차이를 이해하는 데 시간과 노력을 투자하여 브랜드에 대한 오해나 부정적인 인식으로 이어질 수 있는 실수를 피해야 한다.

하지만 문화는 고정되어 있지 않다는 점에 유의해야 한다. 즉, 시간이 지남에 따라 진화하며 환경이나 사회의 변화에 영향을 받을 수 있다. 예를 들어 인스턴트커피가 일본 시장에 처음 출시되었을 당시에는 큰 호응을 얻지 못했지만 일본의 라이프 스타일이 점점 더 빠르게 변화하면서 소비자들 사이에서 인스턴트커피의 편리함이 인식되며 점점 더 많이 수용되고 있다.

이와 같이 글로벌 마케터는 기존의 문화적 맥락에 대한 깊은 이해가 중요하지만, 새로운 트렌드와 문화적 변화도 면밀히 주시해야 한다. 이러한 변화에 적응하고 앞서 나가면 다양한 시장 및 고객과 효과적으로 소통할 수 있는 기업의 역량을 크게 향상시킬 수 있다. 이는 전통적인 문화규범에 대한 존중과 새로운 문화 역학관계에 적응할 수 있는 유연성의 균형을 맞추는 것이다.

(4) 매체

각 국가는 기술 인프라, 정부 규제, 문화적 규범의 영향을 받는 독특한 미디어 환경을 가지고 있다. 한 시장에서 쉽게 이용할 수 있고 널리 소비되는 미디어 유형이 다른 시장에서는 접근성이 떨어지거나 선호되지 않는 경우가 있다. 예를 들어, TV, 인쇄물, 라디오, 디지털 미디어는 많은 선진국 시장에서 보편적일 수 있지만, 인프라 제약이나 규제로 인해 특정 지역에서는 이러한 채널이 제한적이거나 존재하지 않을 수도 있다. 예를 들어, 일부 개발도상국에서는 인프라의 한계로 인해 기존 광고매체가 널리 보급되어 있지 않을 수 있다. 그렇다고 해서 효과적인 홍보가 불가능하다는 의미는 아니며, 창의성과 적응력이 필요할 뿐이다. 예를 들면, 대중음악을 재생하고 브랜드 메시지를 전달하는 이동식 밴을 사용하여 지역사회를 돌아다니는 방법이 있다. 이 방법은 고객에게 직접 다가갈 수 있고 서로 간 참여를 유도하는 특성으로 효과적이다.

또한 인터넷 연결과 스마트폰의 확산으로 디지털 미디어 플랫폼은 이전에는 접근하기 어려웠던 시장에 도달하는 획기적인 역할을 하고 있다. 소셜미디어, 이메일 마케팅, 인플루언서 마케팅은 기업이 목표 고객과 소통할 수 있는 새로운 방법을 제공했으며, 기존 미디어보다 저렴한 비용으로 더 넓은 범위로 도달할 수 있게 되었다. 하지만 디지털 미디어 내에서도 선호도는 지역마다 크게 다를 수 있다. 글로벌 환경에서 매체를 탐색하려면 목표 시장의 미디어 인프라와 소비자 행동에 대한 심층적인 이해가 필요하다. 글로벌 마케터는 사용 가능한 매체에 맞게 전략을 조정할 수 있어야 하며, 매체의 한계를 극복할 수 있는 혁신적인 방안을 개발할 수도 있어야 한다.

Brief Case 중문 브랜드 네이밍 방법과 전략

중국어 브랜드 네이밍 시에는 무엇보다 발음하기 쉽고, 기억하기 쉽고, 좋은 이미지를 연상시키는 브랜드가 가장 좋다. 이러한 요소들이 잘 조화되도록 하여 소비자가 선호하는 토털 이미지가 형성되었을 때 중국어 브랜드 네이밍은 성공적이라 할 수 있다. 하지만 한편으로는 중국의 관련 법률에 위배되는지, 중국 소비자의 반감을 연상시키는 단어를 사용한 것은 아닌지, 중국 문화와 위배되는 네임인지 등을 면밀히 고려하여야 하며, 중국 소비자들이 편하게 사용할 수 있는 중문 네이밍을 개발하여 마케팅하여야 한다. 특히, 가장 주의해야 할 것이 부정적인 연상을 피하는 것이다.

네이밍에 담긴 부정적인 연상으로 인해 중국어 네이밍에 실패한 사례들을 종종 볼 수 있다. 럭스(LUX)와 세이프가드(Safeguard)는 세안용 비누, 샤워젤, 샴푸, 린스 등의 위생용품 전문 브랜드다. 럭스는 1986년 초 力士(리쓰)라는 이름으로 중국 시장에 진출하였으나, 강렬하고 마초적인 느낌을 주는 브랜드 네이밍 탓에 위생용품 브랜드의 콘셉트와 전혀 맞지 않아 주요 타깃층 공략에 실패하였다. 힘과 남성을 나타내는 '力', '士'의 한자를 사용한 럭스는 발음은 유사하나 중국어 의미 전달에 실패하였고, 결국 중국 시장에서 좋지 못한 성적표를 남겼다.

일본의 마쓰다 자동차는 한자로 松田이라고 쓰는데 처음에 일본 한자 그대로 중국 시장에 론칭을 했다. 하지만 松田의 중국어 발음은 송티엔(song tian)으로, '하늘나라로 보낸다'라는 뜻의 送天과 발음이 같아서 '하늘나라로 보내는 자동차'라는 의미로 네이밍에 실패한 사례가 되었다. 이후 마쓰다는 마쓰다라는 발음을 그대로 살린 마쯔다(马自达), 즉 '가고 싶은 곳에 간다'라는 의미를 담아 다시 네이밍을 했고, 발음도 살리면서 자동차로 자유를 누린다는 이미지를 형성해 중국에서 자리를 잡을 수 있었다.

오리온 초코파이의 경우도 마찬가지이다. 오리온은 원래 동양제과로 알려졌는데, 동양은 한자로 쓰면 东洋이어서 일제시대 중국인들은 일본인을 东洋鬼子, 동쪽에서 온 악령들라고 불렀고 동양이란 말은 부정적인 일본의 이미지를 연상시켰다. 이후 오리온은 오리온과 비슷한 발음인 하오리요우(好丽友)를 사용했고, 중국어로 '좋은 친구'란 뜻으로 친근함을 강조해 좋은 네이밍으로 중국에서 많은 관심과 사랑을 받고 있다.

에어비엔비(Airbnb)의 경우 중국어로 爱彼迎(aibiying, 아이비잉)으로 네이밍했으나 발음하기도 어렵고 뜻을 이해하기도 어려워 부정적인 반응이 많은 네이밍 중 하나이다.

삼성 갤럭시도 초기에는 盖世와 발음이 유사한 "该死"(죽어야 마땅하다는 의미)로 연상되어 이미지가 부정적이고 희화화되었다. 그 후에 "盖乐世"(가이러스, '세상을 즐거움으로 덮는다'는 의미)로 네이밍을 바꿨다.

출처: 코트라 해외시장 뉴스 (2020.10.27).

02 글로벌 광고

1) 글로벌 광고의 개념 및 특성

광고는 기업, 제품, 서비스에 대한 정보를 시장에 전달하는 데 사용되는 강력한 커뮤니케이션 수단이다. 특히, 기업의 홍보 메시지를 여러 국가에 전파하는 글로벌 광고는 글로벌 마케팅에서 중요한 역할을 차지한다. 홍보와 유사점을 공유하지만 주요 차이점은 광고와 관련된 직접 비용에 있다.

광고의 궁극적인 목표는 기업의 광범위한 글로벌 마케팅 목표와 일치한다. 이 목표에는 기업의 평판 향상, 제품 판매 촉진, 제품 및 브랜드 인지도 향상, 소비자에게 주요 구매결정 요소에 대한 정보 제공, 제품 유통채널 보장, 판매 및 서비스 제공에 대한 정보 제공이 포함된다. 광고의 효과는 AIDMA 모델(Attention, Interest, Desire, Memory or conviction, Action)을 사용하여 잘 설명할 수 있다. 이는 고객이 최초 접촉에서 최종 구매까지 거치는 과정을 세분화하는 소비자 행동 모델이다.

- 주의집중(Ateention): 소비자의 주의를 끌게 함으로써 기업이나 제품을 널리 알리는 고지기능이 있다.
- 관심(Interest): 소비자가 광고 제품에 흥미를 느끼거나 관심을 갖게 되는 것을 이용하여 예상고객들의 구매의욕을 적극적으로 자극시키는 설득기능이 있다.
- 욕구(Desire): 소비자들에게 좋은 이미지를 심어주어 새로운 수요를 일으킴으로써 고객집단을 형성하게 하는 수요 창조의 기능이 있다.
- 기억 또는 확신(Memory or conviction): 판매의 전제조건이 되는 수요의 장기적이고 지속적인 창출을 위하여 단순한 고지나 설득의 단계를 넘어 광고 내용까지도

기억할 수 있도록 하는 인상기능이 있다.

- 행동(Action): 제품을 구매할 결심을 하게 하고 구매행위로 이어지도록 하는 판로 확보 및 판매유지의 기능이 있다.

광고는 기업 또는 제품에 대해 주의를 집중하게 만들고, 인지도를 높이기 위해 고안된 기업의 커뮤니케이션 전략의 중추적인 요소를 차지한다. 광고의 이러한 측면은 기업 또는 제품의 가시성과 도달 범위를 전 세계로 확대하는 등대 역할을 한다. 소비자의 관심을 끌면 광고는 설득력 있는 도구로 전환된다. 광고는 잠재고객의 호기심이나 기존 성향을 활용하여 관심을 유도하고, 광고의 설득력은 소비자가 제품이나 서비스를 더 자세히 살펴보고자 하는 욕구를 불러일으켜 잠재적인 구매의도를 자극하게 된다. 하지만 성공적인 광고는 단순히 관심을 불러일으키는 것에서 그치지 않는다. 더 깊이 파고들어 소비자의 머릿속에 제품이나 서비스에 대한 호의적인 이미지를 심어주어 새로운 수요를 창출한다. 이러한 수요 창출 능력은 충성도 높은 고객기반을 구축하는 데 매우 중요하며, 기업이 장기적인 성공을 추구하는 데 도움이 된다. 또한 광고는 꾸준한 매출 유지를 위한 전제조건인 지속적인 수요 창출을 보장하기 위해 지속적인 인상을 남겨야 한다. 이는 단순히 소비자에게 광고를 상기시키거나 피상적으로 설득하는 것 이상의 의미를 갖는다. 대신 효과적인 광고는 소비자의 머릿속에 광고 콘텐츠를 각인시켜 제품이나 서비스의 매력을 오래도록 지속시키는 데 기여한다. 마지막으로, 효과적인 광고의 목표는 행동을 유도하는 것이다. 광고는 주의집중, 관심, 욕구의 단계를 제품 또는 서비스 구매라는 결정적인 행동으로 전환하기 위해 노력한다. 광고의 이러한 측면은 판매경로를 확보하고 판매를 유지하는 데 중요한 역할을 하며, 소비자를 구매라는 최종적인 결과로 유도한다.

Brief Case 베트남 기업이 선호하는 디지털 마케팅

2020년 한 해 베트남 디지털 마케팅의 시장규모는 약 2억8995만 달러였으며 베트남 인구의 67% 이상은 소셜 네트워킹 서비스를 이용한다. 베트남 기업들은 Facebook, Instagram, YouTube 등의 소셜 네트워킹 서비스 기업계정과 검색 광고 마케팅(SEM)이 기업 홍보에 도움이 된다고 답했다. 베트남의 스마트폰 등록 대수는 인구의 150%인 1억4580만 대에 이르며, 2020년 1월 기준 베트남에서 소셜 네트워킹 서비스를 이용하는 인구는 6500만 명, 소셜 네트워킹 서비스 보급률은 67%에 달한다. 전년 동기 대비 베트남의 소셜 네트워킹 서비스 이용자는 9.6% 증가했다.

2020년 한 해 베트남 디지털 마케팅 시장 규모는 약 2억8995만 달러였으며 소셜 네트워킹 서비스를 활용한 광고와 검색 광고 마케팅(SEM)은 기업이 가장 선호하는 광고 전략이었다.

베트남 전자상거래협회에 따르면 현재 소셜 네트워킹 서비스 플랫폼에 광고를 하는 베트남 기업의 비중은 70%에 달한다. 2020년 시장조사기관인 Q&Me에서 베트남의 172개 대상 기업에 조사한 결과 82%의 기업은 소셜 네트워킹 서비스를 가장 인기 있는 마케팅 플랫폼으로 선정했다. 이어 검색 광고 마케팅(SEM) 50%, 옥외 디스플레이 광고 45%, 온라인 비디오 광고 40% 순이었다. YouTube와 Facebook 미디어에 익숙한 Z세대의 미디어 활용 트렌드를 파악한 대부분의 기업은 각종 소셜 네트워킹 서비스 플랫폼을 이용해 젊은 소비자와 소통한다. 기업은 디지털 마케팅 전문가를 고용해 콘텐츠와 이미지를 게시하는 것에서부터 대규모 캠페인에 이르기까지 다양한 방법으로 디지털 마케팅을 활용하고 있다. 지난 2020년 11월 시장조사기관인 Q&Me가 베트남 기업 172개에게 조사한 결과 Facebook은 최대 규모의 사용자 기반과 이용자 연령대 및 사용 패턴 구분 알고리즘으로 인해 93%의 기업에 가장 효과적인 광고 효과를 주는 소셜 네트워킹 서비스로 선정됐다. 뒤를 이어 YouTube 기업 계정(63%), Instagram 비즈니스 계정(39%), Zalo(37%) 순으로 기업의 광고 효과가 높은 것으로 나타났다.

베트남 소비자들은 TV 시청 및 데스크톱을 사용하기보다 스마트폰, 스마트패드 등을 사용한 모바일 기기를 통한 미디어 정보 활용 및 검색에 더 익숙하다. 베트남 기업들에 가장 인기 있는 소셜 네트워킹 사이트 톱 4는 Facebook, Instagram, Zalo, YouTube이다. 이들 사이트를 적극 활용해 소비자를 유인한다면 전통방식으로 광고하는 것에 비해 비용을 절감하며, 소비자에게 가까이 다가갈 수 있을 것이다. 베트남 기업들이 2위로 선호하는 디지털 마케팅은 검색 광고 상위에 유료 광고를 노출해 고객의 클릭을 유도하는 검색 광고 마케팅(Search Engine Marketing: SEM)이다. 베트남의 디지털 마케팅 회사인 N사 관계자에 따르면 베트남에서 가장 많이 사용되는 검색엔진은 Google로, 베트남에서 검색 광고 마케팅을 수행할 때는 Google을 활용하는 것이 가장 효과적이라고 전했다. 베트남에서 검색엔진 광고(SEM)를 이용해 홍보를 원하는 기업은 2019년 베트남의 검색엔진 시장점유율 94%를 차지한 Google을 이용하는 것도 고려해볼 만하다.

출처: 코트라 해외시장 뉴스 (2020.10.27).

2) 글로벌 광고의 유형

글로벌 광고의 유형은 전통적인 광고와 신흥 광고수단으로 구분된다. 전통적인 광고 유형에는 신문, 잡지를 활용한 인쇄광고와 TV, 라디오 등을 활용한 방송광고 등이 있다. 신흥 광고 유형에는 인터넷과 소셜미디어를 활용한 광고가 있다.

(1) 인쇄광고

신문이나 잡지와 같은 인쇄매체는 전통적으로 광고에 있어 중요한 역할을 해왔다. 특히 신제품을 소개할 때 높은 가시성과 효과를 제공한다. 신문은 다양한 인구집단에 폭넓게 도달할 수 있어 광고 메시지를 빠르게 전파할 수 있는 저렴한 방법이지만, 일시적이라는 특성 때문에 광고의 수명이 짧고 특정 인구집단을 목표로 하기가 어려울 수 있다. 국제적으로 인정받는 간행물은 해외시장을 효과적으로 공략할 수 있다는 장점이 있다. 하지만 대부분 영어와 같은 글로벌 언어로 발행되기 때문에 도달 범위가 시장의 특정 분야로 제한되는 경우가 많다. 따라서 잡지광고는 일반적으로 대량 소비가 필요한 제품보다는 틈새 마케팅에 사용된다.

(2) 방송광고

라디오 및 텔레비전과 같은 방송매체는 인쇄매체 다음으로 광고에서 중요한 위치를 차지하고 있다. 방송광고의 효과는 엔터테인먼트를 활용하여 직접적인 영향을 줄 수 있는 능력에서 비롯된다. 문맹률이 높은 개발도상국에서는 이러한 미디어가 주요 광고 매체로 사용되는 경우가 많다. 기술 발전, 텔레비전 보급률 증가, 인공위성의 출현으로 인해 글로벌 상업용 TV 광고가 증가하면서 무한한 잠재력을 보여주고 있다. 그러나 TV 광고는 비용이 많이 들고 지역적 가용성의 제약을 받을 수 있고, 일부 국가에서는

TV와 라디오의 상업광고를 금지하거나 제한할 수 있다. 방송에서 현지 언어를 사용하기 때문에 광고 효과가 언어 장벽을 뛰어넘지 못할 수도 있으므로 지리적 제약이 따를 수 있다.

(3) 인터넷 및 소셜미디어 광고

디지털 혁명과 함께 인터넷과 소셜미디어는 글로벌 광고를 위한 강력한 플랫폼으로 부상했다. 인터넷과 소셜미디어는 실시간 커뮤니케이션, 인구통계학적 타깃팅, 지리적 유연성, 대화형 참여와 같은 비할 데 없는 이점을 제공한다. 광고주는 검색엔진 마케팅, 디스플레이 광고, 제휴 마케팅, 이메일 마케팅, 동영상 광고를 사용하여 온라인 고객에게 도달할 수 있다. 소셜미디어 플랫폼은 타깃 광고, 인플루언서 마케팅 및 바이럴 캠페인을 위한 기회를 제공한다.

(4) 기타 광고

이 범주에는 옥외광고(광고판, 포스터 등), 직접우편광고, 영화관 광고, 대중교통 광고(대중교통, 택시 광고 등) 등 다양한 기타 글로벌 광고방법이 포함된다. 이러한 방법은 일반적으로 인쇄물이나 방송과 같은 전통적인 미디어가 특정 지역의 원하는 소비자층에 도달하지 못하거나 광고 효과가 낮을 때 활용된다.

Brief Case 글로벌 소셜미디어 광고시장은 앞으로 몇 년 동안 급등할 것으로 예상

시장조사 및 컨설팅 회사인 Million Insights는 'Social Media Advertising Market Size, Share & Trends Analysis' 리포트에서 글로벌 소셜미디어 광고시장은 2020년 1,032억 달러에서 2028년 2,626억 2천만 달러에 달할 것으로 예상했다. 2021년에서 2028년까지 연간 복합 성장률(CAGR)은 12.4%로 예상했다. 증가하는 인터넷 보급률과 전 세계의 소셜미디어 사용자 수가 시장 성장을 주도하고 있다. 소셜미디어는 기업이 고객과의 커뮤니케이션을 개선하고 마케터들을 위한 완전히 통합된 마케팅 플랫폼이 되었으며, 시장 성장을 가속화하고 있다. 소셜미디어 광고는 자동차, 금융 서비스, 소비재, 미디어 및 엔터테인먼트, 소매, 통신 및 기타 부문과 같은 여러 산업 분야에서 빠르게 인기를 얻고 있다.

소셜미디어는 다양한 플랫폼에 의해 수시로 새로운 기능과 함께 진화하고 있으며, 이 부분이 앞으로 몇 년 동안 시장 성장을 가속화할 것으로 기대된다. 또한 소셜미디어에서 가상현실(VR)과 증강현실(AR) 등의 기술 채택의 증가는 예측 기간 동안 시장 성장을 촉진할 것으로 예상된다. 그리고 소셜미디어 플랫폼은 빠른 모바일 액세스와 동영상 콘텐츠로 사용자들 사이에서 인기를 얻고 있으며, 이 또한 시장 성장을 가속화할 것으로 기대된다. 오프라인 채널에 비해 소셜미디어 등 온라인 채널의 수용성이 높아 인도, 중국 등 신흥국에서 청년 인구가 시장 성장을 주도하고 있다.

이외에도 개발도상국 전반에서 급속한 도시화와 가처분소득 증가 역시 시장 성장을 가속화하고 있다. 개발도상국의 저렴한 데이터 요금제와 증가하는 인터넷 사용자 수가 시장을 주도하고 있다. 소셜미디어 플랫폼의 발전은 기업이 사용자와 커뮤니케이션하기 위해 더 새롭고 독특한 방식을 도입하도록 유도할 것이며, 시장 성장을 가속화할 것으로 예상된다. 그러나 유럽의 일반 데이터 보호 규정(GDPR)과 같은 데이터 보안 및 개인정보 보호와 관련된 엄격한 정부 규제는 시장 성장을 계속 저해할 것이다. 이는 고객에 따라 수정된 광고 콘텐츠를 제공하기 위한 고객 데이터의 수집, 저장 및 사용에 상당한 영향을 미친다.

플랫폼 측면에서 모바일 부문은 2020년 70.0% 이상의 매출 점유율을 기록했다. 스마트폰 보급률 상승과 모바일에서 소셜미디어 플랫폼을 사용하는 것이 시장 성장을 촉진할 것으로 예상된다. 소셜미디어 사용자는 2020년에 13% 이상 증가했다. 고유 모바일 사용자는 약 52억 2천만 명으로 전 세계 인구의 66.6%로 이 역시 성장 촉진 요인이다. 데스크톱 부문은 2021년부터 2028년까지 CAGR이 10.6%로 예상된다. 소비자들의 라이프 스타일과 미디어 선호도 변화가 신문과 같은 전통적인 플랫폼에서 디지털 플랫폼으로 전환되고 있다. 또한, 교육 및 비즈니스 목적으로 데스크톱과 노트북에 접속하고, 전문적인 용도로 사용하는 사용자의 일반적인 추세는 광고주들이 광고 목적으로 데스크톱 채널을 채택하는 경향도 있다. 신흥 경제국에서 저렴한 인터넷 요금제가 증가하고 있는 것도 부분적으로 시장 성장의 요인이다.

산업별로는 소매업계는 2020년에 20.0% 이상의 점유율을 기록했다. 브랜드를 홍보하기 위한 소셜미디어의 사용이 증가하면서 소매상품의 소셜미디어 광고의 인기가 증가하고 있다. 소매업계는 소비자 관계를 구축하기 위해 소셜미디어를 채택하고 있으며, 이는 시장 성장을 가속화할 수 있다. 소비재 부문은 2021년부터 2028년까지 CAGR가 가장 높은 14.1%를 기록할 것으로 예상된다. 전 세계적으로 제품에 대한 인지도를 높이기 위한 소셜미디어의 사용이 증가함에 따라 시장 성장이 가속화되고 있다. 요즘 기업들은 소셜미디어 광고를 광고 계획에 통합하고 있어 시장 성장세가 더욱 높아질 것으로 기대된다. 2019년 CMO Survey 보고서에 따르면, 기업들은 마케팅 예산의 거의 12%를 소셜미디어 광고에 지출하고 있다. 특히 최근 몇 년 동안 소비재 회사들의 광고 지출 증가는 디지털 광고 산업의 주요 원동력이 되고 있다. 보고서에 따르면, 북미에서는 모바일 및 인터넷 보급률의 증가로 인해 2020년에 30.0% 이상의 점유율을 기록하였다. 미국과 캐나다의 소비자는 소셜미디어와 같은 새로운 기술과 솔루션에 대한 얼리 어답터 경향이 있으며, 최근 몇 년 동안 미국과 캐나다에서 소셜미디어에 소비하는 시간이 증가하면서 시장 성장이 가속화되고 있다. 또한 미국 쇼핑객의 50%는 브랜드에 충성도가 높으며 소셜미디어에서 브랜드를 팔로우하여 판매 및 신제품 재고에 대한 정보를 얻고 있어 시장 성장을 가속화한다.

아시아 태평양은 2021년부터 2028년까지 가장 높은 CAGR 13.2%를 기록할 것으로 예상된다. 중국, 인도, 일본과 같은 국가에서 소셜미디어 광고에 대한 지출이 증가한 데 기인한다. 젊은이들 사이에서 온라인 채널의 인기와 수용 증가가 시장 성장을 가속화할 것으로 예상된다. 또한 스마트폰과 인터넷의 아시아 국가에서의 대규모 보급은 시장 성장을 가속화할 것으로 기대된다. 아울러 오늘날 소셜미디어는 아태지역에 소셜미디어 사용자가 많기 때문에 다양한 산업 분야의 광고 목표와 전략을 홍보하는 효과적인 메커니즘으로 사용되고 있어 지역 시장 성장을 가속화할 것으로 예상된다.

출처: 매드타임스(MADTimes) (2022.04.16).

3) 글로벌 광고의 의사결정 과정

광고를 수행하는 글로벌 마케터가 직면하게 되는 세부적인 의사결정 과정은 크게 광고 목표의 설정, 광고 예산의 책정, 광고대행사의 선정, 광고 메시지의 선정, 광고매체의 선정, 광고효과의 평가 등과 같은 단계를 거쳐 이루어진다.

(1) 글로벌 광고 목표의 설정

명확한 목표를 수립하는 것은 글로벌 광고 의사결정 프로세스의 중요한 초기 단계다. 뚜렷한 목표 설정은 목표 시장에서의 제품 포지셔닝, 과거 성과 평가, 소비자 및 시장의 특성, 전반적인 글로벌 마케팅 믹스 전략을 고려하여 기업의 광범위한 마케팅 전략과 연계해야 한다.

광고 목표는 일정기간 동안 특정 목표 시장으로부터 기업이 달성해야 할 구체적인 소통 과업으로서, 크게 고지광고(information advertising), 설득광고(persuasive advertising), 리마인더 광고(reminder advertising) 등으로 분류할 수 있다.

고지광고는 제품수명주기의 초기 단계나 새로운 시장에 진입할 때 자주 사용된다. 주요 목표는 브랜드 인지도를 구축하고 소비자에게 제품 또는 서비스에 대한 정보를 제공하는 것이다. 고지광고는 제품의 기능, 이점, 사용방법 또는 가격을 자세히 설명하여 목표 시장이 제품의 가치제안을 이해하는 데 필요한 지식을 제공할 수 있다. 설득광고는 이름에서 알 수 있듯이 목표 시장의 고객이 특정 행동을 취하도록 설득하거나 설득하기 위해 고안되었다. 목표는 잠재고객이 제품을 구매하도록 유도하거나, 제품 또는 브랜드에 대한 인식을 바꾸거나, 경쟁사 제품에서 전환하도록 유도한다. 설득력 있는 광고는 제품이나 서비스의 고유한 판매 포인트와 이점을 강조하는 경우가 많다. 리마인더 광고는 주로 타깃 고객 사이에서 제품 인지도를 유지하는 데 사용된다. 반드시 정보를 제공하거나 설득하는 것이 목적이 아니라 제품이나 브랜드가 가장 먼저 떠오르도록 하는 것이 목표다. 특히, 리마인더 광고는 일반적으로 잘 알려진 제품이나 브랜드에 사용된다.

(2) 글로벌 광고 예산의 책정

예산 설정은 글로벌 광고 의사결정 과정에서 중요한 부분이다. 기본적으로 기업은 광고 목표를 달성하기 위해 투자할 금액을 결정해야 한다. 구체적으로 크리에이티브 개발, 미디어 구매, 캠페인 실행, 모니터링 및 평가와 같은 다양한 작업을 다룬다. 광고 예산은 일반적으로 글로벌 시장에서 잠재고객에게 다가가는 가장 효과적인 촉진수단이기 때문에 대량생산 및 대량판매를 목표로 하는 기업에게 필요한 비용으로 간주된다.

예산책정방법론은 조직마다 다르며 일반적으로 사용되는 몇 가지 방법이 있다.

- 가용자금법: 가용자금법(afforcable method)이란 다른 업무에 지장이 없는 한, 이용 가능한 모든 자금을 광고 예산에 투입하는 방식이다. 단순하고 단기적인 재정 부담을 피할 수 있다는 장점이 있지만, 시장 확대와 같은 장기적인 마케팅 전략을 계획할 때는 불리할 수 있다. 광고 지출은 호황기와 불황기에 따라 크게 달라질 수 있으며, 불황기에는 회사의 재무상태를 악화시킬 수 있다.
- 매출액비율별: 매출액비율별(percentage of sales method)이란 실제 판매가 또는 예상판매가의 일정비율을 광고 예산으로 책정하는 방식이다. 예를 들어, 자동차 회사의 경우는 생산하는 자동차의 한 대당 가격의 일정비율을 광고 예산으로 책정하고, 정유회사의 경우는 판매하는 휘발유 갤런당 몇 센트를 광고 예산으로 책정하는 것이다. 이 방식은 기업 규모에 적합한 광고비를 책정할 수 있고 비교적 안정적인 경쟁관계를 유지할 수 있다는 장점이 있지만, 광고 예산이 비례적으로 감소하기 때문에 계절적 변동과 매출 하락에 대응하기 어렵다는 단점이 있다.
- 경쟁평가법: 경쟁평가법(competitive parity method)이란 자사의 광고비 지출 수준을 경쟁사들이 광고비로 지출하는 수준에 맞추어 책정하는 방식이다. 업계 평균 광고 수준을 유지함으로써 안정성을 확보하고 치열한 광고 경쟁을 방지할 수 있지만, 각 국가에서 경쟁사의 광고 지출에 대한 정확한 데이터를 확보하기가 어려울 수 있다. 또한 회사 규모, 평판 및 기타 요인의 다양성을 고려할 때 수준을 맞추는 것이 항상 합리적이지 않을 수 있다.
- 목표과업법: 목표과업법(cbjective and task method)이란 광고의 목표를 설정하고 그 목표를 달성하기 위한 구체적인 과업을 결정한 후, 그러한 과업을 수행하기 위

한 비용을 광고비로 책정하는 방식이다. 기업의 향후 글로벌 마케팅 목표와 해외 시장 참여도 등을 고려하기 때문에 가장 합리적인 방법으로 간주되지만, 광고 목표 달성에 필요한 모든 과제를 사전에 파악해야 하고, 사용한 광고 예산의 가치를 평가할 수 있는 객관적인 기준을 설정하기가 어려울 수 있다.

(3) 광고대행사의 선정

복수의 시장을 대상으로 하는 광고는 전문성의 문제 때문에 대부분 광고대행사(advertising agency) 등의 외부전문기관에 크게 의존하고 있다. 따라서 적절한 광고대행사의 선정은 광고에서 중요한 의사결정사항이다. 광고대행사는 일반적으로 전 세계에 자회사나 사무소를 두고 있는 글로벌 광고대행사와 각 시장국의 현지 광고대행사, 그리고 본국의 광고대행사로 구분할 수 있다.

글로벌 광고대행사를 이용할 경우의 이점으로는 광고에 대한 책임 및 회계관리의 집중, 조정 및 관리의 용이, 객관성 향상, 경험 축적에 따른 전문성, 관련 시장조사 및 제작 활동의 중복 방지를 통한 비용절감 등을 들 수 있다. 그러나 이런 글로벌 광고대행사의 이용이 증가하고 있음에도 불구하고 기업이 현지국의 광고대행사를 이용하는 이유는 다음과 같다.

- **현지 대행사의 특별서비스**: 현지시장 및 고객정보를 기반으로 현지 대행사가 차별적인 서비스를 제공하므로 글로벌 기업은 글로벌 광고대행사의 이점에도 불구하고 현지 대행사를 택할 수 있다.
- **현지 기업 이미지**: 현지 대행사를 이용함으로써 선량한 현지 기업으로서의 이미지를 높일 수 있고 현지 자회사로 하여금 촉진 활동에 대해 책임을 지도록 한다.
- **글로벌 대행사의 조정역할 미흡**: 글로벌 기업의 촉진 프로그램을 전 세계적으로 조정하는 역할을 글로벌 대행사가 효과적으로 수행하지 못할 수 있으며, 때로는 이

러한 조정이 필요 없는 경우가 있다.

광고대행사의 선정에서 가장 중요한 기준은 특정 광고대행사들이 기업 목표 달성에 얼마나 도움을 줄 수 있는가의 여부가 되겠지만, 실제로는 이렇게 단순한 기준을 적용하기가 어려운 경우가 많다. 따라서 광고대행사의 선정은 대게 다음과 같은 방법으로 이루어지게 된다.

- 광고대행사가 제공할 수 있는 시장 범위(market coverage)의 정도
- 광고대행사가 각 시장국에서 수행하고 있는 업무의 질
- 시장조사, 공중관계를 비롯한 광고 외의 마케팅 서비스의 수행 가능 여부
- 기업의 광고부서와 대행사 간의 상대적 역할
- 광고대행사의 소통 또는 조정·통제 정도
- 광고의 글로벌 표준화 또는 적응화
- 기업의 글로벌 경영규모
- 추구하는 기업의 이미지가 현지 기업인가 글로벌 기업인가의 여부
- 기업의 조직: 현지 이익에 중심점을 두고 있는 고도로 분권화된 기업들은 광고대행사의 선정까지 자회사에 맡기는 경향이 있다.
- 해외사업 형태: 합작투자의 경우 현지 합작선이 의사결정의 주도권을 행사하고 있다면 자연히 광고를 현지의 광고대행사에 맡길 가능성이 높다.

❖ **표 11-1 글로벌 광고회사 순위** (단위: 2022 매출기준, 10억 달러)

순위	기업	국가	매출
1	WPP	영국	17.8
2	Accenture's Accenture Song	미국	16.0
3	Publicis Groupe	프랑스	15.0

4	Omnicom Group	미국	14.3
5	Interpublic Group of Cos	미국	10.9
6	Deloitte's Deloitte Digital	미국	10.3
7	Dentsu Group	일본	9.5
8	Hakuhodo DY Holdings	일본	7.4
9	IBM Corp.'s IBM iX	미국	6.8
10	Cheil Worldwide	한국	3.3

출처: 애드에이지.

(4) 글로벌 광고 메시지의 선정

글로벌 광고 의사결정에 있어서 중요한 분야 중의 하나가 각 시장에 적절한 내용을 담은 효과적인 메시지를 개발하는 것이다. 세계적으로 사람들의 기본적인 욕구와 필요는 거의 동일하지만 그것이 충족되는 방식은 나라마다 차이가 있으므로, 광고 메시지는 이러한 지역적 현실에 부응해야 한다. 즉, 메시지가 각 시장이 가지고 있는 특성과 조화를 이루어야 성공적인 소통이 될 수 있다.

광고 예산을 많이 책정한다고 해서 반드시 광고가 성공하는 것은 아니며, 창조적인 광고 메시지가 광고 성공의 보다 중요한 요인이다. 특히 오늘날과 같이 광고비가 비싸고 경쟁이 심한 환경하에서는 창조적인 광고 메시지의 중요성이 더욱 커지고 있다.

한편 목표 시장의 제품 특성, 구매자 특성, 구매동기, 언어 특성, 시장차별화의 정도 등을 고려하여 광고 메시지를 글로벌 표준화할 것인가, 아니면 현지시장에 적응화할 것인가를 결정해야 한다. 구매동기를 예로 들면, 제품에 대한 구매동기가 각 국가별로 유사할수록 동일한 광고 메시지의 사용이 바람직할 것이다. 코카콜라나 펩시콜라와 같이 미국 시장을 위해 만들어진 메시지를 거의 글자 그대로 번역하여 해외시장에서 사용하는 경우도 있으며, 각 시장국별로 새로운 광고 메시지를 제작하는 경우도 있다.

(5) 광고매체의 선정

글로벌 광고 메시지가 결정되면 이것을 전달할 광고매체를 선정해야 하는데, 광고매체란 광고에 의해서 어떤 영향을 받게 될 것으로 예상되는 개인 또는 집단에 광고물과 광고 메시지를 전달하는 매개물 또는 수단을 말한다. 글로벌 광고매체의 선정 시 나타나는 문제는 첫째, 나라마다 TV, 라디오, 신문, 잡지 등 이용할 수 있는 매체가 다르며, 둘째 한 국가에서의 성공적인 광고매체가 다른 국가 시장에서도 그대로 적용되는 경우가 많지 않다는 것이다.

그러므로 글로벌 광고매체를 이용하기 위해서는 먼저 해당국의 정치, 경제, 사회, 문화적 특성에 관한 지식이 있어야 하며, 특히 대상 국가의 광고 관계 법률을 숙지해야 한다. 또한 여러 가지 광고매체 대안 중에서 각 매체가 지닌 메시지의 전달범위나 도달능력, 각 매체의 활용 가능성 및 비용 등을 감안하여 자사와 자사제품에 가장 적합한 매체를 선정하여야 한다.

(6) 광고효과의 평가

오늘날 해외광고의 중요성에 대한 인식이 높아지면서 국제광고비 지출이 증가하고 있다. 따라서 해외광고에 막대한 비용을 투입하는 기업이라면, 당연히 투입에 대한 산출이라는 측면에서 비용 지출에 따른 광고의 효과성에 대하여 관심을 갖게 된다. 광고는 판매를 유발시키기 위한 자극을 주는 데 목적이 있기 때문에 광고의 판매효과를 정확하게 측정하는 것이 중요하다.

광고의 효과를 극대화하기 위해서는 광고를 실시하기 전과 실시한 후에 테스트하는 두 가지 방법이 있다. 사전조사(pretesting measures)는 본격적인 광고를 실시하기에 앞서 예상 광고 대상자를 대상으로 의견이나 태도를 조사함으로써 여러 대안의 광고 캠페인 중에서 가장 효과적인 것을 선정하기 위한 것이다. 반면 사후조사(post-testing measures)는 광고매체를 통해 나타난 후 광고 대상자들에게 광고주의 의도와 표현 내용이 제대로 전달되었는가와 실제로 얼마만큼의 판매 증대효과가 있었는가를 측정하는 것이다.

03 글로벌 판매촉진

1) 글로벌 판매촉진의 개념

글로벌 판매촉진이란 해외시장에 소비자들의 제품구매의사를 강력하게 자극하기 위한 단기적인 유인을 말하는데 광고, 인적판매, 홍보를 제외한 모든 촉진 활동을 포함한다. 즉, 광고가 시장 또는 시장점유율을 확보하기 위한 장기적 전략 목적을 지니는 활동인 데 비해, 판매촉진은 단기적 진술 목적을 달성하기 위한 글로벌 촉진 활동이라고 할 수 있다.

글로벌 시장에서의 판매촉진 활동 역시 국내시장 판매촉진 활동과 크게 다르지는 않으며 특별히 유의해야 될 사항은 다음과 같다. 첫째, 경제적인 측면에서 보면 통상 후진국 시장일수록 판매촉진의 효과가 크다. 그러나 이것이 미국과 같은 선진국에서는 판매촉진의 효과가 없다는 것을 의미하지는 않는다. 둘째, 법률적인 측면에서 보면 판매촉진 활동을 규제하는 정부정책, 법률 등이 각 국가마다 많은 차이가 있다. 대체로 미국이나 유럽국가 등 선진국에서 판매촉진 활동에 많은 제한을 가하고 있는데, 이는 판매촉진 활동이 고객을 현혹시키거나 기만할 수 있기 때문이다. 또한 대부분의 국가들이 소비자를 보호하기 위하여 광고보다 판매촉진 활동에 대해 더 강력한 규제를 하고 있다. 셋째, 문화적인 측면에서 보면 경품권, 프리미엄 등은 고객들이 그 시장국의 문화적 배경에 따라 달리 해석되기도 하기 때문에 신중을 기해야 한다. 넷째, 소비자를 대상으로 한 판매촉진 활동을 하려면 해외 중간상들을 개입시켜야 하기 때문에 이들의 능력도 고려해야 한다.

현재 글로벌 경쟁이 심화되면서 글로벌 판매촉진 활동의 중요성이 점차 증가하고 있다. 글로벌 판매촉진 활동은 해외시장에 제품을 처음 도입할 때 아주 효과적이다. 또한 글로벌 판매촉진 활동은 기존의 제품시장이 매우 경쟁적이며 표준화되어 있을 때, 특히 단가는 낮지만 매출이 많은 제품의 경우 촉진의 효과가 크게 나타난다. 한편 제품수명주기에 따른 광고와 판매촉진의 효과를 비교해 보면, 제품이 처음 개발되어 시장에 도입된 후 성숙기에 이르기까지는 국제광고의 효과가 더 크게 나타나지만, 제품이 표준화되어 쇠퇴기에 이르면 글로벌 판매촉진의 효과가 더 크게 나타난다.

2) 글로벌 판매촉진의 유형

글로벌 판매촉진에 사용되는 수단은 매우 다양하다. 글로벌 판매촉진은 누구를 대상으로 하느냐에 따라 크게 판매점 판매촉진(dealer gates promotion)과 소비자 판매촉진(consumer promotion)으로 나눌 수 있다.

(1) 판매점 판매촉진

판매점 판매촉진은 해외 판매점의 구매욕구를 환기시키거나 자극하기 위한 글로벌 마케팅 소통의 한 방법이다. 판매점 판매촉진의 궁극적인 목적은 판매점 촉진과 판매점 원조를 통해 해외 판매망을 확충함으로써 해외매출액을 증대시키는 것이다. 해외 판매점에 대한 글로벌 판매촉진 수단으로는 현금 환불, 기관지 발행, 판매점 콘테스트, 판매점 지원 등이 있다.

- 현금 환불(rebate): 현금 환불은 제조업체와 판매점의 공존공영을 목적으로 기업 이익의 분배를 통한 판매촉진방법으로서, 판매점이 일정매출액을 넘어서면 판매점 인도 가격에는 변함이 없지만 일정 기간 후에 지불금액의 일부를 일정비율로 환불해 주는 방법이다.
- 기관지 발행(house organ): 글로벌 기업이 해외시장에 기업의 사명이나 특징, 기술개발 내용이나 기타 고객에게 유용한 정보를 제공하는 정기간행물을 발간함으로써 매출액 증진과 함께 제조업체와 판매점 그리고 소비자와의 소통이 원활하게 이루어지도록 하는 촉진방법이다.
- 판매점 콘테스트(dealer contest): 판매점끼리의 콘테스트를 실시하는 판매촉진방법으로서, 이를 통해 판매점이 자사제품을 우선적으로 판매하게끔 유도하고 소매점의 교육이나 의식 향상, 아이디어의 수집 등을 얻을 수 있다. 구체적인 유형으로는 판매량 콘테스트, 진열 콘테스트, 점포 콘테스트, 판매기술 콘테스트, 아이디어 콘테스트 등이 있다.
- 판매점 지원(dealer helps): 해외 판매점에 대한 장기적인 측면의 판매촉진 활동으로서, 해외 판매점의 경영지도 및 육성과 해외 판매점의 판매에 대한 지원 및 원조의 두 가지로 구분된다.

(2) 소비자 판매촉진

소비자 판매촉진이란 판매점을 통해 판매촉진을 추구하는 것이 아니라 최종 소비자에게 직접 판매촉진 활동을 행하는 것을 말한다. 해외소비자에 대한 판매촉진 수단으로는 견본 증여, 우대권, 전단, 사은품 등이 있다.

- 견본 증여(sampling): 상품 또는 그 모형을 소비자에게 제공함으로써 소비자의 동제품 사용을 유도하는 방법으로서, 무료로 제공하는 경우와 대여해 주는 경우가

있다. 화장품, 의약품, 음료수 등의 일상용품은 무료가 많고, 생산재 등 고가의 신제품인 경우에는 대여해 주는 방법이 많이 사용된다.

- 우대권(coupon): 명시된 제품의 구매 시 구매자들에게 할인을 제공한다는 증빙서이다. 우대권은 신제품에 대한 초기 구매를 촉진하거나 성숙기에 들어선 제품의 판매를 자극할 수 있다.
- 전단(bill): 전단은 일정지역의 광범위한 대상을 위주로 광고전단을 대량 살포하는 방법이다. 제작이 용이하고 제작비용이 적게 들며, 효과가 즉시 나타나고 배포에 극적인 면을 도입할 수 있다는 장점이 있다. 전단은 판매가격을 강조하거나 각 행사 중 즉각적인 효과가 필요할 때, 서비스나 분위기의 앙양을 통한 이미지 제고가 필요할 때 주로 사용된다.
- 사은품(free gift): 제품의 구매를 유도하기 위한 일종의 보상으로 다른 제품을 무료 또는 낮은 비용으로 제공하는 판매촉진이다. 또한, 사은품을 이용한 판매촉진에는 정가에 보다 많은 제품을 판매하는 방식도 있다.

3) 특수한 형태의 글로벌 판매촉진

글로벌 마케팅에서만 찾아볼 수 있는 독특한 형태로는 해외시장에 제품을 전시하는 국제박람회, 종합전시회, 견본시장 등이 있는데 구체적 명칭에 따라 개최 목적, 참가 대상 및 규모, 관람 대상, 행사기간 등이 조금씩 다르다.

기업이 국제박람회 등의 행사에 참가하는 목적은 해외기업의 경영자, 구매담당자, 엔지니어, 마케팅 담당자 등에게 자기 회사와 제품을 널리 알림으로써 글로벌 마케팅을 촉진시키기 위함이다. 이러한 형태의 글로벌 판매촉진의 장점은 다음과 같다. 첫째, 국제박람회 등에는 세계 각지에서 많은 판매자와 구매자가 모여들기 때문에, 다른 방법으로는 몇 년이 걸려도 어려울 정도의 고객과의 접촉 및 상담이 단기간에 가능하다.

둘째, 본격적인 출하에 앞서 제품의 판매 가능성과 잠재적인 유통업자들의 반응을 측정할 수 있기 때문에 시장 실험의 기회로 삼을 수 있다. 셋째, 행사에 참여하는 기업들은 저마다 홍보효과 또는 고객들의 관심을 얻기 위해 최고의 제품과 새로운 기술을 선보이기 때문에 경쟁업체에 대한 시장조사의 기회를 가질 수 있다.

04 글로벌 인적판매

1) 글로벌 인적판매의 개념

영업사원이 직접 대화를 통해 잠재고객을 설득하여 제품을 구매하도록 유도하는 커뮤니케이션 활동의 한 형태인 인적판매는 중요한 전략 중 하나다. 특히 직접적이고 개인화된 커뮤니케이션을 통해 고객이 제품을 더 잘 이해하고 의사결정을 내릴 수 있는 경우, 이 방법은 광고매체보다 더 효과적으로 기업의 제품을 소개할 수 있다.

인적판매의 주요 강점 중 하나는 고객의 특정 욕구 또는 구매동기에 맞게 제품 관련 정보를 맞춤화할 수 있다는 점이다. 영업사원은 고객의 반응을 실시간으로 측정하고 이에 대응할 수 있으므로 구매결정을 촉진할 수 있으며, 이러한 접근방식은 매우 상호 작용적이고 역동적이다. 인적판매의 단점은 고객당 촉진비용이 많이 들고, 해외 고객을 효과적으로 설득하여 제품을 구매하도록 유도할 수 있는 숙련된 인력을 확보하는 것도 쉽지 않다는 것이다. 이러한 문제는 문화적, 법적, 언어적 장벽이 존재할 수 있는 글로벌 규모로 운영할 때 더욱 두드러진다. 이러한 어려움에도 불구하고 인적판매는 국내시장보다 해외시장에서 더 중요한 역할을 할 수 있다. 특정 지역, 특히 개발도상국에서는 광고가 규제되거나 사용 가능한 광고매체가 제한될 수 있다. 또한 임금이 낮은 국가에서는 더 많은 수의 영업사원을 고용하는 것이 가능하기 때문에 인적판매는 실행 가능한 전략이 될 수 있다.

일반적으로 글로벌 인적판매는 대량구매가 가능한 고객이나 복잡한 산업재 또는 단가가 높은 제품 구매자를 위한 주요 홍보 전략으로 활용되는 경우가 많다. 이러한 유형의 상품은 구매결정을 내릴 때 보다 구체적이고 정확한 제품 정보가 필요하기 때문이다. 따라서 광고매체에 대한 접근이 제한적인 저임금 국가에서는 개인 판매에 더 많이 의존할 수 있다.

글로벌 광고와 마찬가지로 글로벌 인적판매의 궁극적인 목표는 소비자를 이해하고, 관심을 자극하고, 설득하여 판매를 촉진하는 것이다. 하지만 글로벌 광고가 해외시장의 고객에게 제품에 대한 정보를 제공하는 단방향 커뮤니케이션 방식이라면, 글로벌 인적판매는 양방향 커뮤니케이션 방식이다. 대면접촉을 통해 고객의 참여를 유도하고 구매결정을 직접적으로 자극한다. 글로벌 인적판매를 위해서는 문화적 감수성, 언어 능력, 적응력, 법률 및 규제 환경에 대한 지식, 관계 구축 능력, 멀티채널 숙련도 등이 필요하다. 특히 숙련된 영업사원을 확보하고 높은 촉진비용을 관리하는 데 어려움이 있지만 이 전략은 고가 또는 복잡한 제품이나 광고 수단이 제한된 시장에서 특히 효과적일 수 있다.

2) 글로벌 인적판매의 유형

글로벌 인적판매에 있어서 가장 어려운 과제 중의 하나는 우수한 판매 인력의 확보이다. 이러한 글로벌 판매 인력의 유형으로는 본사의 해외파견 판매원(expatriate salesperson), 현지인 판매원(foreign salesperson), 제3국인 또는 범세계적 판매원(cosmopolitan salesperson)이 있다. 이를 구체적으로 살펴보면 다음과 같다. 각각 고유한 장점과 단점이 있으며 서로 다른 상황에 적합하다.

(1) 해외파견 판매원

세계무역량이 증가하고 마케팅 직위를 충족시켜 줄 만한 외국인을 확보할 수 있게 됨에 따라 본사의 해외파견 판매원의 중요성은 감소하고 있다. 그러나 기술 수준이 높거나 판매 시 많은 정보와 응용이 필요한 제품의 경우에는 해외파견 판매원이 적합하다. 본사 판매원을 해외에 배치하는 이유는, 첫째 직위를 충족시키기 위하여, 둘째 관리적인 능력을 활용하기 위하여, 셋째 중역에게 글로벌 경험을 쌓게 하기 위하여, 넷째 본사와의 조정 및 통제를 촉진하기 위하여이다.

해외파견 판매원의 이점으로는 높은 기술적 지식이 많고, 기업 및 제품라인에 관해 상세히 알고 있으며, 믿을 수 있고 효과적이라는 것을 들 수 있다. 반면에 불리한 점으로는 해외파견 비용이 많이 들고 문화적·법적인 장벽이 존재하며, 해외에 장기간 거주하고자 하는 직원이 적고 현지시장에서 외국기업의 이미지를 강화시킬 수 있다는 것 등이 있다.

(2) 현지인 판매원

최근 기업들은 본사 판매원을 해외로 파견하는 것보다는 점차 외국의 현지인 채용을 선호하고 있다. 기업들이 현지인 판매원을 고용하는 이유는, 첫째 현지인 판매원들은 문화적·법적인 장벽이 없고, 둘째 적합한 현지 판매원을 더 많이 고용할 수 있게 되었으며, 셋째 해외파견 판매원보다 임금을 포함한 판매원 비용이 적게 들어가고, 넷째 현지에서 외국기업의 이미지를 줄일 수 있기 때문이다.

Brief Case 방판 '판' 바뀌나…아모레, 전용 온라인몰 연다

아모레퍼시픽이 방문판매(뉴커머스)방식으로 영업하는 카운셀러에게 온라인으로 화장품을 판매할 수 있도록 길을 열어주기로 해 방문판매업계가 촉각을 곤두세우고 있다. 코로나-19 후 라이브방송(라방) 등 소셜미디어가 주요 판로로 부상했지만, 방문판매원은 법(방문판매 등에 관한 법률)에 가로막혀 온라인을 활용해 영업할 수 없었다.

하지만 지난달 법이 개정되면서 인적 네트워크에 전적으로 의존하던 방문판매원의 운신의 폭이 넓어졌다. 아모레퍼시픽은 이 법에 근거해 카운셀러가 손쉽게 온라인 판매에 나설 수 있도록 커머스몰 서비스를 시범 운영한다고 3일 발표했다. 방문판매원에게 온라인 판매를 허용한 것은 코로나-19로 업계가 고사 위기에 처했기 때문이다. 방문판매는 그간 인적 네트워크를 활용한 대면 방식으로만 가능했다. 코로나-19가 창궐하고 방역당국이 "방문판매가 코로나-19 감염에 취약하다"고 경고하면서 급격히 쇠퇴했다. 한때 4만 명 수준까지 늘었던 아모레퍼시픽의 카운셀러 숫자는 현재 절반 수준인 2만 명대로 줄었다. 업황이 악화하자 방문판매업계에서는 온라인을 활용한 영업 · 판매를 허용해 숨통을 틔워달라고 정부에 건의했다. 그 결과 지난달 21일 방문판매 등에 관한 법률이 개정됐다. 방문판매 방식에 방문판매업자 등이 개설 · 운영하는 사이버몰을 통한 판매도 포함됐다.

방문판매업계에선 정부가 법을 개정하고 아모레퍼시픽이 전용 플랫폼으로 카운셀러의 마케팅을 지원하기로 함에 따라 방문판매업의 기본 문법이 뒤바뀔 것이라는 관측이 나온다. 방문판매 채널이 소셜미디어 등 온라인 채널로 확장되면서 보다 적극적인 영업이 가능해졌기 때문이다. 이 영향은 아모레퍼시픽과 같은 화장품 회사뿐 아니라 hy, 코웨이 같은 방문판매업을 하는 다른 기업에도 미칠 전망이다.

중 · 장년층 위주였던 고객층이 젊은 세대로 확장할 것이라는 기대도 나온다. 아모레퍼시픽도 2040세대를 겨냥한 새로운 회원 체계 기반의 디지털 사업모델을 구상 중이다. 온라인으로 고객의 피부 고민을 파악하고 이에 맞는 화장품 샘플을 제공하는 등 온 · 오프라인을 넘나드는 마케팅 방식이다.

문제는 온라인 문법에 익숙하지 않은 기존 방문판매원이 이런 변화를 적극적으로 받아들일 수 있느냐는 점이다. 업계에선 "기존 방문판매 조직이 동요하게 되면 방문판매를 핵심 영업방식으로 하는 기업들 입장에선 되레 경쟁력이 약화할 가능성이 있다"는 분석도 나온다. 한 방문판매 사업자는 "온라인 판매가 정착하면 지금과 같은 방식의 방문판매는 사실상 완전히 사라지게 될 것"이라고 내다봤다.

출처: 한국경제 (2023.4.3).

하지만 현지인 판매원은 기업 전체의 원활한 의사소통에 필수적으로 요구되는 본사국의 언어와 문화에 대한 이해가 부족하다는 단점이 있다. 따라서 현지인 판매원의 고용 시 이러한 문제에 대한 교육 및 훈련이 필요하게 된다.

(3) 제3국인 판매원 또는 범세계적 판매원

기업의 국제화가 진행되면서 제3국인 판매원 또는 범세계적 판매원이 나타나고 있다. 즉, A국 사람이 B국 기업을 위해, A국이나 B국 이외의 다른 국가에서 다각적인 마케팅 활동을 전개하고 있는 경우도 쉽게 찾아볼 수 있다. 이러한 현상은 특히 관리층에서 두드러지는데, 최근에 들어서는 일선 판매 인력의 경우까지 확대되고 있다.

이와 같이 제3국인 또는 범세계적인 판매 인력의 활용도가 늘어나고 있는 이유는 기업의 국제화와 함께 개인적 능력이나 동기부여는 반드시 특정 국가에서만 생기는 것이 아니라는 인식이 확대되고 있기 때문이다. 그러나 궁극적으로 어떤 유형의 판매원을 활용할 것인가를 결정하는 데는 언어 및 문화의 국제적 차이, 법적 제약 등과 함께 판매 인력의 인건비 차이도 고려할 필요가 있다.

05 글로벌 홍보

1) 글로벌 홍보의 개념

글로벌 기업이 매체에 기업이나 제품에 대한 뉴스거리 등을 제공함으로써 글로벌 판매를 촉진하는 활동을 글로벌 홍보라고 한다. 단, 여기서 홍보는 광고비나 수수료 등의 어떤 대가를 지불하지 않는 형태를 말한다. 그리하여 과거에는 글로벌 홍보를 유상의 대중 소통수단인 글로벌 광고와 구분하는 경향이 있었으나, 최근에는 기업광고를 포함하여 언론, 전시 및 디자인, 내부 의사소통, 기타의 청각·시각적 활동을 모두 글로벌 홍보의 수단으로 넓게 활용하고 있다. 특정 기업의 제품이 글로벌 시장에서 성공하느냐 실패하느냐는 상표, 제품, 기업의 이미지에 크게 영향을 받는다. 이미지가 좋을수록 해외시장에서 더 많은 제품 판매를 실현할 수 있다. 따라서 글로벌 기업은 이미지의 개선 및 유지를 위하여 노력하게 된다.

글로벌 홍보는 매체의 사용 공간이나 시간에 대한 비용을 지불하지 않고 뉴스거리를 개발·배포하고 이를 관리하는 데 필요한 관리요원에 대한 비용만 지불하면 되므로, 글로벌 광고와 비교하여 매우 낮은 비용으로 인식도를 높일 수 있는 방법이다. 예를 들어 흥미 있는 기사거리를 개발하면 모든 매체에서 보도될 것이고, 이는 많은 비용을 들여 만든 광고와 동일한 효과를 낼 것이다. 더욱이 글로벌 홍보는 글로벌 광고보다 소비자들에게 보다 진실되고 신뢰할 수 있는 메시지로 받아들여질 수 있다. 따라서 글로벌 기업이 장기적인 관점에서 해외시장 기회를 이익화하기 위해서는 해외에서의 홍보 활동에 많은 노력을 기울여야 할 것이다.

2) 글로벌 홍보방식

글로벌 홍보의 경우에 기업 또는 제품에 대한 홍보의 수단으로는 대표적으로 다음과 같은 것들이 있다.

(1) 간행물

해외시장의 소비자들에게 자기 기업 및 제품을 홍보하기 위하여 간행물을 발간한다. 이러한 간행물로는 연간 기업보고서, 브로슈어, 사보(私報), 잡지, 시청각 자료 등이 있다.

(2) 특별행사

자사의 신제품이나 기업 활동에 대한 고객들의 관심을 이끌어내기 위하여 특별행사를 준비하기도 한다. 이러한 특별행사에는 기자회견, 세미나, 전시회, 시연회, 콘테스트, 기념회의 방법이 이용된다.

(3) 뉴스거리

해외시장의 신문이나 TV에 제품에 대한 흥미로운 뉴스거리를 제공함으로써 홍보를 하기도 한다. 뉴스거리를 개발하기 위해서는 이야깃거리를 기사화할 수 있는 집필 능력 및 매체 확보 능력 등이 필요하다.

(4) 연설

기업의 최고경영자가 대중매체나 협회 등에서 연설을 하게 되는데, 이를 통해 기업 이미지를 제고시킬 수 있다. 예를 들어, 아이아코카(Lido Anthony Iacacca)는 대중 앞에서 카리스마 있는 연설을 통해 크라이슬러 자동차의 매출 증대와 크라이슬러사의 주식 매입 확대에 큰 영향을 미쳤다.

마무리사례 2023년 HFSS 규제 시행, '단짠단짠'과의 작별을 준비하는 영국

영국이 비만과의 전쟁을 선포했다. 늘어나는 비만 인구와 비만으로 인한 사회적 비용이 증가하자 국가가 칼을 빼든 것이다. 그 해결책으로 영국 정부는 HFSS(High Fat, Sugar and Salt) 규제 정책을 통과시켰다. HFSS 규제는 고지방, 고당, 고염분 식품의 광고 및 홍보를 제한하는 정책으로 영국 시민들이 건강하지 못한 음식을 덜 섭취하도록 유도하고, 비만율, 그중에서도 특히 아동 비만율을 낮추는 것을 목표로 하고 있다. HFSS 규제로 인해 2023년 10월부터 영국의 마트 매대와 미디어 풍경이 사뭇 달라질 것으로 보인다. 해당 규제는 수입제품에도 차별 없이 적용되므로 영국에 식음료를 수출하고 있는 우리 기업들의 발 빠른 대처가 필요하다.

영국 정부 조사결과, 영국 성인의 무려 63%가 과체중 혹은 비만인 것으로 집계됐다. 아동의 경우 10~11세 아동의 1/4도 과체중 혹은 비만이며, 이마저도 초등학교를 졸업할 때가 되면 그 비중이 1/3로 늘어났다. 비만이 그저 몸무게가 많이 나가기만 한다면 국가에서 개입할 필요가 없다. 그러나 비만은 당뇨, 고혈압 등의 합병증을 일으키는 등 건강에도 해롭다. 심지어는 비만인 사람이 코로나-19에 걸릴 경우 죽을 확률이 더 높은 것으로 나타났다. 이는 지방이 자연스러운 몸의 면역작용을 왜곡시켜 원인불명의 바이러스가 몸 안에 들어왔을 때 비정상적인 염증반응을 일으키기 때문이다. 영국 건강보험공단(National Health Service: NHS)에서 매년 비만으로 인한 합병증에 지출하는 금액이 연간 60억 파운드(한화 약 9조6642억원)에 달할 정도로 비만 문제는 영국이 해결해야 할 큰 과제로 부상했다. 이에 영국 정부는 살찌는 식품을 덜 매력적인 선택지로 만들기로 했다. 그 배경에는 원래 비만이 될 때까지 먹을 일이 없는 사람들이 식품 제공업자의 마케팅 수법으로 인해 필요 이상으로 달고, 짜고, 기름진 음식을 먹었다는 데 있다. 대부분의 사람은 매일 마트에서 장을 보고 직·간접적으로 미디어에 노출되는데, 마트에서 눈에 가장 잘 띄는 곳에 미디어에서 먹음직스럽게 광고하던 그 상품이 있으면 사람들은 자연스럽게 그 물건을 집어 자기 카트에 넣는다는 것이다. 마침 해당 상품이 원 플러스 원 행사라도 하는 경우 그 유혹은 더욱 떨치기가 어렵다. HFSS 규제는 이런 무의식적인 구매 유도행위를 막는 데 초점을 두고 있다.

HFSS 규제는 사람들을 비만으로 만드는 '덜 건강한, 고지방·고당·고염분의 음식'의 TV 광고와 판매촉진 행사를 제한한다. 덜 건강한 선택지들이 눈에 띄지 않으니 소비자들은 상대적으로 건강한 선택지를 고를 수 있고, 자연스럽게 지방, 염분, 당섭취량도 줄어들게 될 것이라는 게 요지다. HFSS 규제 정책은 2018년 정부의 '소아비만 대책(Childhood Obesity Plan)' 발간과 함께 처음 논의됐으며 약 3년간의 협의 절차를 끝으로 2021년 12월 의회에서 의결됐다.

HFSS 규제는 크게 판매촉진 금지, 미디어 홍보 금지 두 가지로 나뉜다.

1) 판매촉진 금지

주스 한 병을 사러 간 마트에서 자신도 모르게 이것저것 구매한 경험이 있을 것이다. 이런 경험을 너도나도 가지고 있는 이유는 마트가 필요하지 않은 물건을 사고 싶도록 탐이 나게 진열해 두었기 때문이다. 마치 주류 코너까지 가려면 수많은 신선식품, 냉동식품, 과자류 등의 진열대를 거치도록 만들어 술만 사려던 소비자가 안주까지 사게 만들듯 어떤 물건이 어디에 위치하고 있는지는 마트의 매출에서 중요한 부분을 차지한다. 실제로 청량음료를 복도 끝에 비치하는 것만으로도 그렇지 않았을 때보다 매출이 50% 이상 증가한다. 뿐만 아니라 눈길을 사로잡는 원 플러스 원 행사 스티커는 필요하지도 않았던 물건이 '지금 안 사면 후회될 물건'으로 보이도록 만들어준다. 사람들은 행사상품을 사면 돈을 절약한다고 생각한다. 하지만 행사상품은 오히려 필요한 양보다 20%가량 많이 사게 만들어 절약보다는 살을 찌우는 데 더 효과가 좋다.

따라서 앞으로는 상점의 입구, 복도의 끝, 계산대 앞 등 소비자의 구매욕을 불러일으키는 위치에 고지방·고당·고염분 음식을 비치하지 못하고, 해당 식음료는 원 플러스 원 등 판매촉진 행사를 진행할 수 없다. 온라인도 오프라인 매장과 같은 제한을 적용받아 주요 위치라 볼 수 있는 홈페이지, 식품 카테고리로 이어지는 랜딩 페이지, 장바구니 페이지, 계산 페이지에서 FHSS 식품을 홍보할 수 없다. 이 제한은 2000스퀘어 피트(약 185㎡, 56평)를 넘는 소매상에 한해 적용되며, 초콜릿 가게 등 특수한 목적의 상점의 경우 면제된다. 또한 사전에 묶음판매용으로 나온 제품이더라도 HFSS에 해당하는 경우 제한사항을 따라야 한다. 진열 관련 규제 위반에 대한 책임은 소매업자에게 있기 때문에 소매업자의 세심한 주의가 필요하다.

2) TV 광고 금지

HFSS 식품 광고는 앞으로 9시 이전 TV에 방영될 수 없다. 현재도 키즈 채널 혹은 어린아이를 주 타깃으로 하는 채널 방영 시간 중에 HFSS 식품을 광고하는 것은 금지돼 있다. 그러나 아이들이 온라인 미디어를 접하는 시간이 늘어나면서 이 제한조치만으로는 어린아이들이 TV에서 막대한 양의 HFSS 식품 광고로부터 보호할 수 없다는 판단에 이르렀다. 정부에서 확인한 결과, 주요 TV 채널에서 내보내는 식품 광고의 절반이 HFSS 식품이었으며, 오후 6시부터 9시 사이에는 그 비중이 60%까지 높아졌다. 동시에 아이들이 가장 TV를 많이 보는 시간도 오후 6시부터 9시까지인 것으로 나타났는데, 아이들은 자연스럽게 HFSS 광고에 자주 노출되고, 자신도 모르는 사이 HFSS 식품에 대한 선호가 생기고 있다.

이번 규제로 모든 종류의 광고가 제한되는 것은 아니다. HFSS 규제는 돈을 주고 제작하는 광고에 한해 적용되며, 자사 블로그, 웹사이트, 소셜미디어 페이지 등 브랜드가 소유한 채널에 광고하는 것은 허용된다. 라디오와 팟캐스트에만 하는 음성 광고나 B2B 판매를 위한 광고 또한 이 법에 적용을 받지 않는다. 고용인이 250명 미만인 작은 사업장 역시 면제 대상이다. 판매촉진 행사 금지에 대한 위반 책임은 소매업자에게 있듯, 광고 금지 위반에 대한 책임은 방송사와 온라인 동영상 콘텐츠 제공자에게 있다. 영국에 서버를 두고 있지 않은 유튜브의 경우에는 광고주에게 그 위반 책임이 있다.

3) 기타

그 외 마트 판매촉진 행사나 미디어 광고에는 해당하지 않지만, 비만 문제를 해결하기 위한 규제사항 중 하나로 식당에서의 음료 리필 금지 조항이 추가됐다. 무제한으로 제공되는 음료는 사람들이 과도하게 음료를 마시도록 만들기 때문이라는 이유에서다.

HFSS 식품 배치에 대한 규제는 2022년 10월부터 시행됐지만, 식품업계의 재고 처분기간 및 준비기간을 고려해 규제 내 원 플러스 원 행사 등 판매촉진행위 금지는 2023년 10월부터 시행하고, 온라인 광고 규제는 2024년 1월부터 시행할 예정이다.

▶ HFSS 해당 여부를 확인하려면?

영국은 HFSS 규제를 원활히 시행하기 위해 제품이 규제에 해당하는지를 상세히 설명하고 있다. 점수표를 만들어 건강하지 않은 정도를 측정하는 척도인 A와 건강함의 척도를 측정하는 C를 계산한 뒤 A에서 C를 뺀 값을 기준으로 해당 여부를 정한다. A 점수는 100g에 포함된 칼로리, 포화지방, 설탕, 소금의 양을 각각 점수로 환산해 더한 값이고, C 점수는 100g당 과일, 채소, 견과류 함량, 비전분다당류(NSP FIBRES) 혹은 소화불능 다당류(AOAC FIBRES), 단백질의 양을 점수로 환산해 더한 값이다. 음식의 경우 A에서 C를 뺀 값이 4점 이상인 경우, 음료의 경우 A에서 C를 뺀 값이 1점 이상인 경우 '덜 건강한' 음식으로 분류돼 HFSS 규제하에 놓이게 된다. 이 점수표는 예외 없이 모든 식음료에 적용된다.

HFSS 규제는 생산지와 상관없이 영국 내에서 팔리는 모든 제품에 적용된다. 따라서 영국으로 식품을 납입하는 경우 자사제품이 HFSS에 해당하는 식음료인지 반드시 확인해야 한다. HFSS 제품이라고 해 수출이 제한되는 것은 아니지만 좋은 위치에 상품을 진열할 수 없고, 광고도 제한될 뿐만 아니라 건강하지 못한 식품으로 분류되면서 브랜드 이미지에도 크게 타격을 줄 수 있어 때문에 매출에 직접적인 영향이 있을 수 있다. 또한 각 성분들의 함유량을 체크해 놓아 혹시라도 불이익을 당하지 않을 수 있도록 대비해야 한다.

이처럼 영국은 정부가 나서 국민들의 식습관을 바로잡고자 노력하고 있으며 위반 책임을 공급자가 아닌 중간 판매자가 진다는 점에서 준수 효과가 더욱 강력할 것으로 보인다. HFSS 규제에 해당하는 식품을 만드는 업계는 레시피를 수정하거나 홍보를 포기해야 하고, 소매업자들은 그동안 고심해서 만든 마케팅 방식을 전면 수정해야 할 것이다. 해당 규제로 식품업계 및 소매업계에 큰 변화가 일 것으로 전망된다.

출처: 코트라 해외시장뉴스 (2022.10.17).

학 · 습 · 정 · 리 · 문 · 제

1. 글로벌 광고 활동의 제반 제약요인에 대해 설명하시오.

2. 글로벌 시장에서 판매촉진을 할 때 마케터가 유의해야 할 점을 제시하시오.

3. 글로벌 홍보가 글로벌 마케팅에서 갖는 의의에 대해 설명하시오.

4. 글로벌 시장에서 인적판매 시 마케터가 유의해야 할 점을 제시하시오.

GLOBAL
MARKETING

CHAPTER 12

GLOBAL MARKETING

글로벌 마케팅의 조직 및 통제

학 습 목 표

글로벌 마케팅을 효과적으로 수행하기 위해서는 적절한 글로벌 마케팅 조직의 설계와 아울러 어떻게 글로벌 마케팅 활동을 통제할 것인가가 중요하다. 글로벌 마케팅을 수행하는 글로벌 기업의 조직에는 어떤 것이 있으며, 어떤 조직구조를 채택할 것인가에 영향을 미치는 요인에 대해 살펴본 후, 어떻게 글로벌 마케팅 활동을 효율적으로 통제할 것인가에 대해 학습한다.

12 CHAPTER 글로벌 마케팅의 조직 및 통제

도입사례 코닝사의 매트릭스(Matrix) 조직

▶ 미국 코닝(Corning)사의 고민

미국의 유리소재기업 코닝(Corning)사는 에디슨이 발명한 백열전구에 쓰이는 유리벌브(Bulb)를 세계 최초로 생산한 이후 전통적으로 연구개발을 중시하였다. 앞선 기술과 우수한 제품으로 세계시장을 선도하던 이 회사는 내열성, 파이렉스(Pyrex) 식기와 생활용품, 의료기기용 소재, 통신과 환경관련 제품군으로 다각화하였다.

급격히 증가한 해외 매출비중과 세계 각국에 산재한 전자, 의료기기 업체와 같은 고객들을 상대하기 위해 코닝사는 미국 이외에도 유럽과 호주, 아시아 등 다양한 지역에 진출하여 해외 사업장과 자회사 조직을 두었고, 1960년대까지 미국 국내회사에 머물던 이 회사는 1970년대 들어 진정한 글로벌 기업으로 성장을 앞두게 되었다. 그러나 해외 생산법인과 자회사 등 글로벌 조직과 미국 본사의 유기적 협조는 미흡했고, 1970년대 들어 매출과 이익 성장의 정체를 경험하게 되었다. 이를 개선하기 위한 여러 차례의 조직개편과 의사결정체계 변화는 본사에 집중된 의사결정과 각 지역시장의 특성 간 부조화를 불러왔다. 결국 각 지역시장의 특수성과 니즈에 대응하는 전략수립과 실행에 어려움을 갖게 된 이 회사는 효율적인 조직구조에 관한 고민을 갖게 되었다.

코닝사는 증가하는 해외부문의 비중을 감안하고 각 해외법인이 현지 상황에 맞춰 독립성을 갖도록 '코닝 해외사업법인(Corning International Corporation)'을 별도 설립하여 코닝사 유리사업부문의 자회사로 만들었다. 그러나 해외 사업장과 자회사 관리자들의 위상을 강화하고 본사에 대한 법적 소속감을 명확히 하는 한편 본사 관리자와의 관계를 명확히 하기 위해 실행된 이 조치만으로는 부족했다. 매출 기여도 면에서 막대한 비중을 차지하게 된 코닝 해외법인의 임원은 조직상으로 동급인 본사 임원들과 동등한 대우를 받기 어려웠고, 본사로부터 원활한 협조를 얻기도 어려웠다. 따라서 해외부문 관리자는 기업 내부의 자원과 역량 활용을 위해 본사의 상위 경영진을 설득하거나, 실무자 레벨에서 조직도상의 업무협조보다 비공식적인 인간관계에 의해 업무가 추진되는 경우가 많았다. 해외법인에 대한 관리가 강조되기 이전인 1960년대까지는 해외법인의 운영과 관리시스템도 정착되지 않아 코닝 유리사업부문과의 재무제표 결합도 어려운 수준이었다. 코닝사는 이러한 문제점을 개선하고자 표준화된 보고양식을 사용하고 정보시스템을 설치 운영하였다. 그러자 해외법인에서는 본사가 일방적으로 목표를 부여하고 그 준수 여부를 통제하는 것에 대한 반발이 일어났다. 또 이전에는 현지법인의 핵심 관리자가 모여 주요 의사결정을 내리고 실행에 들어가던 것에서, 본사의 영문양식을 작성하고 지역본부와의 합의 및 코닝 본사 해외사업부문의 결재까지 얻어야 하는 번거로움을 달가워하지 않았다.

▶ 코닝의 해결방안

코닝사는 지역별로 해외의 많은 생산법인과 자회사를 통합기로 하였다. 1970년대 중반 유럽에만 31개의 법인이 자리잡고 있을 정도로, 필요에 따라 설립된 후 독립 경영에 가깝게 운영되던 생산/판매법인들을 합치는 것은 쉬운 일이 아니었다. 통합된 각 지역사업본부는 영업지원, 마케팅, 행정 및 생산지원 등 공통업무를 수행하였다. 그러나 각 국가별 상황에 대한 정보와 전문성이 떨어지는 지역본부 조직이 각국 현지법인의 통합과 조율을 수행하기란 쉽지 않았다. 해외법인의 통합 이후에도 각 지역의 관리자들은 사업부와 개별조직의 이익을 우선시했다. 기술인력 간의 다양한 교류와 접촉을 통해 강화되던 본사로부터의, 혹은 국내 사업장 간의 기술이전 역시 해외법인에는 원활하게 진행되기 어려웠다. 또 일부 사업에서는 해외 고객사에 대한 가격정책 등 영업과 마케팅 차원에서 공동대응이 필요한 경우도 많았으나, 통제와 정보공유가 원활하지 않았던 코닝사의 해외사업부문은 이러한 면에서도 취약했다.

컨설팅사 맥킨지(McKinsey)에 의뢰한 조직구조 연구결과, 제안된 조직 운영방향은 첫째, 소재산업의 특성상 해외사업 비중이 클 수밖에 없음을 인정하지만 해외 현지의 제각기 다른 요구보다는 글로벌 전체의 비즈니스를 고려할 것, 둘째, 각 사업마다 상품별, 지역별로 필요사항이 다르고 필요로 하는 요구의 비중이 다르므로 이를 일률적으로 정하지 말고 사업별로 개별적으로 정해야 한다는 것, 셋째, 사업을 상품별 혹은 지역별 포커스를 두고 관리할 것인지에 대해 각 사업 환경을 감안하되 코닝 본사의 전략적 방향을 고려할 것 등의 내용이었다. 코닝사는 이러한 원칙을 지키기 위한 방법으로 매트릭스 조직구조로의 전환을 결정하였다. 여기에는 세계적으로 전개되어 있는 사업 활동을 효과적으로 조율하면서도 각 국가별 환경과 사업기반에 따른 고유의 강점을 유지해야 한다는 최고경영진의 의지와 이를 실행에 옮기기 위한 실질적인 방법들이 포함되었다.

▶ 조직 성장으로 인한 고민

전통적인 기업의 조직구조는 탑다운(Top-down) 형태, 즉 권한과 책임은 최상부에 위치하고 그에 연결된 리포팅 라인에 의해 수행역할과 책임이 나눠지는 형태이다. 다른 사업부문의 역할과 책임은 분담되지 않고, 기업 공통성과 이외의 사업성과에 대한 보상도 제각기 이루어진다. 또 기존의 수직, 기능형 조직은 명령과 지휘체계가 단순하고 상사의 통제범위(span of control)가 작아 관리가 용이하다는 점, 그리고 부서/조직별로 단순하지만 강력한 팀워크를 이룰 수 있다는 장점을 갖는다. 그러나 부서/라인별로 역량과 책임의 중복이 발생하여 자원의 효율적 활용이 어렵다는 점과 부서 간 커뮤니케이션이 부적하여 사일로(Silo)현상이 발생할 수 있다는 점은 기존 수직형 조직체계의 결정적인 단점이다. 이러한 단점은 많은 수의 제품과 사업을 갖고 다양한 국가와 지역에 진출한 대기업이 등장하여 이들 간의 경쟁의 범위가 넓어진 글로벌화가 진행되면서 더욱 부각되고 있다. 전사적으로 가용자원의 관리와 활용이 기업 간 경쟁우위를 가르는 요소가 되었기 때문이다.

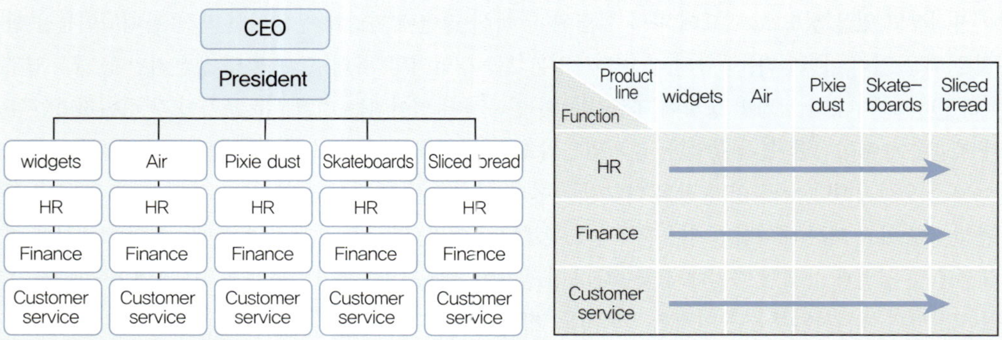

▲ 수직형 기능조직과 매트릭스 조직의 예

제록스와 CE, 다우코닝 등은 1960~1970년대 사이에 조직형태의 변화를 통해 기능별 체계와 기능 간 통합조직의 장점을 취하고자 했던 기업들이다. 이들은 기업의 성장에 따라 사업부문/부서 간 협조가 어려워짐에 따라 다양한 사업 간에 핵심 자원과 기능별 역할을 효율적으로 분배하여 성과를 높이는 방법에 대해 고민하였다. 그 결과 다양한 시도 끝에 일정 수준 이상의 성공을 거둔 것이 바로 매트릭스 조직이다. 이후 많은 기업들은 제품별, 수행기능별, 사업부서나 제품라인별 경계에 따라 정렬된 기존의 체계를 벗어나 이들 간에 효율적인 생산자원의 사용을 위한 매트릭스 조직형태를 채택하였다. 매트릭스 조직은 역량과 책임의 중복을 제거하고 이들을 사업부문 간, 상품별 조직 간, 프로젝트 간 공유 가능한 기능과 공통요소를 구분해낸다. 사업부문 간 필요로 하는 스킬과 자원을 배분하는 조직형태는 기능별 경계를 초월하는 매트릭스 조직의 특성을 보여준다. 중복되는 기능별 스킬셋보다 다기능 조직에 입각한 접근법을 보여주는 것이다. 그렇다면 매트릭스 조직의 특성은 무엇일까?

▶ 매트릭스 조직의 장단점

매트릭스 조직의 장점 중 하나는 무엇보다 과업중심의 경계를 넘어 팀원들 간 정보공유가 늘어나는 것이다. 기존의 기능위주 조직이 관리자의 지시와 주어진 범위 내에서의 업무수행 위주의 닫힌 구조라면, 매트릭스 조직은 이러한 경계를 넘어서게 한다. 특정 부서에만 소속되기보다 최소 두 가지 이상의 보고체계에 속해 복수의 상사, 다양한 팀원과 함께 하게 되는 특성상 한 가지 고정된 관점과 인식에 갇혀 있기보다는 다양한 의견과 정보에 관심을 기울이게 되기 쉽다. 또 기능 조직/사업부문이 주요 정보를 독식하여 정보를 왜곡하고 부분적으로만 전하는 상황으로 전사적인 정보공유 및 전달에 어려움을 줄 수 있는 우려도 매트릭스 조직을 통해 줄일 수 있다는 것도 중요한 단점이다.

둘째로 매트릭스 조직은 지식의 깊이를 키우고 전문적인 능력의 개발과 커리어상 이점을 줄 수 있다는 것이다. 여러 사업부문에 걸쳐 일관성 있는 업무를 수행하여 전문성을 갖추는 면에서 매트릭스 조직은 기존의 기능별 수직조직형태보다 유리하다고 말할 수 있다. 특정제품/사업부문의 마케팅 기능을 수행하는 경우, 이외에 연관된 다른 제품과 사업부문에서 기존 업무와 유관된 영역에서 경험을 쌓는다면, 직무 지식의 깊이와 함께 일관된 경험을 갖게 되고 이는 곧 전문적인 능력과 경력개발을 위한 강점이 될 수 있다. 아울러 이전 같으면 사업부문장과의 업무보고나 교류에서 나아가 기능별 부문장, 즉 전사 마케팅 부문 관리자와의 교류를 통해 해당 분야의 전문적인 교육과 코칭을 받을 수 있는 것도 매트릭스 조직의 장점으로 꼽힌다. 또 전문역량을 가진 사람들이 특정 기능부서와 사업부만을 위해 쓰이는 데서 나아가, 모든 분야에 대한 업무를 수행하게 되어 업무상 규모의 경제 효과까지 얻을 수 있으며 기업 내부 인력에 대한 배치와 활용이 유연해져 신규인력의 충원과 자원확보 필요성을 상대적으로 줄일 수 있다는 점도 강점이다.

매트릭스 조직은 그 특정상 역동성, 신속함, 전문성이 요구되는 조직에서 더욱 효과적이며 조직의 내부자원을 효과적으로 사용하여 외부환경 변화에 신속하게 대응할 수 있다. 그러나 매트릭스 조직은 변화무쌍한 경영 환경에서 기업의 경쟁력을 높이기 위해 만들어진 만큼, 기존의 정태적 환경에서 유용한 기능별 수직형 조직에서 얻을 수 있는 일사분란함과 일원화된 지시에서 나오는 질서, 안정성은 훼손되기 쉽다. 즉, 매트릭스 조직형태는 이원화된 관리와 보고체계를 가지므로 어느 정도의 조직혼란이 불가피하고, 특정업무와 인원에 대해 과부하가 걸릴 수 있다는 점이 단점으로 꼽힌다. 또 정보와 권한이 분산되어 독립적으로 활동하고 평가받는 조직이 늘어남에 따라 개인 간의 정보공유는 활성화되는 반면, 조직단위 간 의사소통이 원활하지 않을 수 있다. 이로 인해 조직원에서 정보와 보고체계의 혼란을 줄 수 있는 것이 매트릭스 체계의 단점으로 지적된다.

▶ 다양한 매트릭스 조직형태의 특성

매트릭스 조직형태는 지금까지 많은 기업에서 보편적으로 채택된 사업/기능별 조직과 특정과업 중심으로 인력의 이동이 자유롭고 해당 과업의 관리자가 강력한 통제권한을 갖는 프로젝트별 조직의 중간에 위치한다. 또, 매트릭스 조직 내에서도 통제권한이 기능별 조직 관리자와 프로젝트 관리자 가운데 어느 쪽에 속하느냐에 따라 기존 기능조직 관리 위주의 약한 매트릭스 조직(functional matrix)과 양자 간의 균형을 이룬 균형 매트릭스(balanced matrix), 프로젝트 관리자가 큰 책임을 가지며 기능별 조직 관리자가 이를 위한 자원을 지원하는 강력한 매트릭스(project/strong matrix)와 같은 다양한 종류로 나뉜다. 이밖에 프로젝트 관리자나 기능별 조직관리자 없이 팀원들이 자율적으로 업무를 위한 전문성을 제공하고 필요시 자원을 배분하는 형태의 '무경계 매트릭스(soft boundaries matrix)'도 있다. 아이디어를 주도하는 사람이 프로젝트를 이끌고 여기에 흥미를 갖는 다양한 사람이 자발적으로 팀을 이뤄 과업을 진행하는 구글(Google)과 같은 기업이 이와 유사한 경우라고 할 수 있을 것이다.

매트릭스 조직은 특정 사업기능 내에서 명확한 책임을 제공하고 기업 전체적으로 전문역량의 효율적인 배분을 가능하게 한다. 공유가능한 서비스와 역량을 이용하여 이를 내부적으로 갖출 필요가 없기에 사업부문, 상품/고객별 조직은 더욱 핵심사업분야에 집중할 수 있다. 이 점은 매트릭스 조직형태의 발전과 확산에 결정적인 역할을 하였다. 오늘날 매트릭스 조직은 단순한 상품별 조직을 보완하는 수준에서 더욱 발전하였다. 예를 들어 IT 프로젝트 관리자나 컨설팅 회사와 같은 경우 더욱 작은 규모의 매트릭스 조직을 활용하여 특정 기술과 자원을 필요로 하는 업무에 개인단위의 역량과 전문성을 활용하고 있다. 매트릭스 조직관리는 또한 특정임무를 위한 '인력풀(pool)' 형태를 위미하기도 한다. 예를 들어 모든 엔지니어는 한 팀에 속해 리더인 다른 엔지니어에게 보고하는 체계에 있지만, 특정 프로젝트에 투입되면 프로젝트 관리자(PM)에게 보고할 수 있다. 즉, 각 엔지니어는 자신의 과업완수를 위해 복수의 관리자에게 보고하는 경우가 발생하고, 기업은 전문성을 갖춘 인력을 한데 모아두었다가 필요시 자유롭게 이들을 활용할 수 있는 것이다.

제각기 다른 조직구조는 추구하는 목적에 따라 그 약점 역시 드러날 수밖에 없다. 새로운 조직을 원한다면 이에 따른 부수적 변화를 감내하고 원래의 취지와 목적을 살릴 수 있도록 힘을 싣고 지켜보는 것이 필요하다. 적합한 조직형태에 대한 고민이 예전부터 계속되어 왔다는 것은 완벽한 조직형태라는 것이 애초에 존재하지 않기 때문일 것이다. 또 '정답'과 같은 조직형태가 있다 하더라도 계속 바뀌는 경영 환경과 성장, 쇠퇴를 거듭하는 기업의 변화로 인해 '영원한 정답'으로 남기도 어렵다. 중요한 것은 경영자와 조직구성원이 늘 변화에 대해 스스로를 맞춰 나가고자 하는 의식과 실행의지를 유지하는 것이다.

출처: 박범진 (2008.7). 월간신한리뷰.

01 글로벌 마케팅 조직의 의의

기업을 하나의 건물에 비유할 때 조직이란 그 건물의 내부에 들어가는 철근콘크리트와 같다. 철근콘크리트 없이는 고층빌딩을 지을 수 없듯이 조직이 없거나 약한 기업체는 성장의 한계에 직면하게 되고, 반면에 조직을 제대로 갖춘 기업은 그 조직이 허용하는 범위 내에서 성장을 추구할 수 있다.

기업은 해외시장에서의 기회를 최대한 활용하기 위해 각 시장의 특성과 경쟁상태 등을 반영하여 글로벌 마케팅 전략을 수립·실행하게 된다. 모든 전략이 다 그러하듯이 글로벌 마케팅 전략도 역시 효율적인 전략의 실행을 위해서는 적절한 조직을 설계하는 것이 필수적이다. 왜냐하면 글로벌 마케팅 전략의 성공적 수행 여부는 그 전략을 수행하기 위한 적절한 글로벌 마케팅 조직의 선정에 직접적으로 영향을 받기 때문이다. 또한 적절한 조직 체계는 효율적인 글로벌 마케팅 전략의 실행을 위해서도 필요하지만 글로벌 마케팅 활동의 통제를 위해서도 필요하다. 따라서 글로벌 마케팅 조직의 설계는 다양한 현지시장의 외부환경적 제약을 반영하는 동시에 기업 전체의 조정과 통합이라는 내부 목적을 동시에 달성해야 하기 때문에 매우 중요하며 복잡한 과제라고 할 수 있다.

글로벌 마케팅 조직의 개발은 먼저 기업의 다양한 대내외 환경에서 수행해야 될 임무를 먼저 분석한 후 그 임무를 가장 효과적으로 수행할 수 있는 조직을 디자인해야 한다. 이를 위해서는 글로벌 마케팅 조직의 결정에 영향을 미치는 요인들에 대해 먼저 분석한 후, 글로벌 마케팅 조직의 다양한 형태에 대해 살펴본다. 또한 글로벌 마케팅 조직이 기업의 국제화가 진행됨에 따라 동태적으로 어떻게 진화하는가에 대해 살펴보기로 하자.

02 글로벌 마케팅 조직의 결정요인과 형태

1) 글로벌 마케팅 조직의 결정요인

(1) 기업의 목표

기업의 비전 및 목표에 따라 그것을 수행하기 위한 조직이 결정된다. 예컨대 다국적 제약회사인 바이엘은 혁신과 지속적인 성장을 강조하는 새로운 비전 및 목표를 도입함에 따라 이들 목표를 더 잘 달성할 수 있도록 세 개의 글로벌 제품부서(건강관리, 영양, 고기술 물질)가 설립되었다.

(2) 최고경영자의 경영태도 및 조직문화

최고경영자의 경영관점이 어떠한가에 따라 글로벌 마케팅 조직도 영향을 받게 된다. 예를 들어, 본국지향적인 경우 모든 주요 의사결정을 본사에서 내리게 되며 해외 마케팅 자회사의 최고책임자도 본국에서 파견하게 된다. 또한 현지국지향적인 경우 주요한 의사결정을 현지 자회사에서 할 뿐만 아니라 조직의 구성도 현지인 위주로 이루어지게 되며, 각 해외시장을 하나의 독립된 시장으로 관리하게 된다. 세계지향적인 경우 인종에 관계없이 인재를 적재적소에 배치하며, 전 세계적 관점에서 이익을 극대화할 수 있도록 효율적 의사결정이 이루어진다.

기업 조직문화의 차이가 조직의 형태에 영향을 미칠 수 있다. 네슬레와 유니레버 등과 같은 글로벌 기업은 전통적으로 고도로 분권화된 조직을 유지하여 왔으며, 주요 의사결정권을 현지 자회사에 위임하고 있다.

(3) 해외 영업활동의 비중

기업 내에서 해의 영업활동의 비중에 따라 조직이 달라질 수 있다. 예를 들어 어떤 기업의 해외매출이 기업 전체 매출에서 차지하는 비중이 낮은 경우 수출부와 같은 단순한 조직이 가능하다. 그러나 해외매출의 비중이 증가한다면 기업의 글로벌 활동의 중요성을 고려하여 조직도 개편되어야 한다.

(4) 경영진의 능력과 질

국제경영활동을 전개하기 위한 경영진의 능력과 질에 따라 조직의 형태가 달라질 수가 있다. 예컨대 현지 마케팅 관리자의 능력이 부족한 경우 분권화된 조직은 어려움에 직면하게 되므로 본사에서 현지에 마케팅 인력을 파견할 수도 있지만 이 경우에도 많은 비용과 현지환경에 적응하기 어려울 가능성도 있다.

(5) 제품의 다양성

기업의 해외제품라인의 다양성은 기업의 조직설계에 영향을 미친다. 다양한 제품라인을 보유하고 있는 기업은 지역별 조직보다는 제품별 조직구조를 택하는 것이 바람직하며, 적은 수의 비슷한 제품계열을 가진 기업의 경우 제품계열 간의 상호의존성이 높기 때문에 제품별 조직은 비효율적이다.

(6) 현지 자회사의 환경

기업이 진출하고자 하는 현지의 환경에 따라 조직형태가 달라질 수 있다. 예를 들어 본국과 비슷한 환경을 지닌 현지국에 진출하는 경우 표준화된 제품 촉진이 가능하므로 지역별 조직구조를 택하지 않는 것이 바람직하며, 현지국의 환경이 본국과 차이가 크고 현지 환경 변화가 중요한 경우 지역별 조직구조를 택하는 것이 바람직하다.

Brief Case 중국은 말로만 '제2본사'

요즘 베이징에 있는 한국 기업 주재원들은 우울하다. 많은 동료들이 한국으로 귀국하기 위해 짐을 싸고 있어서다. 이들을 대신할 새로운 사람이 오는 것도 아니다. 한국 기업들은 조직의 효율화, 현지화 전략의 일환이라고 둘러대지만 실적 부진에 따른 구조조정 성격이 짙다. LG전자, SK, 두산인프라코어 등 많은 대기업이 지난해 중국에서 부진한 성적을 냈다.

아예 중국에서 철수하는 기업도 많다. 한 한국인 변호사는 "기존 설비를 중국 기업에 매각하려는 한국 기업들의 문의가 부쩍 늘었다"고 전했다. "한국 기업의 구조조정 시장이 로펌의 새로운 시장으로 떠오르고 있을 정도"라고 했다.

그러나 인력 구조조정과 철수만이 능사는 아니다. 중국 경제는 지난해 성장률이 7.8%로 주춤했지만 다른 나라에 비하면 여전히 훨씬 높다. 올해는 다시 8%대로 회복할 전망이다. 매년 14~15%씩 폭발적으로 늘어나는 중국인들의 소비는 최소한 2020년까지 계속될 것이라는 게 전문가들의 예측이다. 많은 사람은 "중국이 한국 바로 옆에 있다는 것은 큰 축복"이라고 말한다.

한국 기업들이 그동안의 중국 전략을 다시 점검해야 할 때가 아닌가 싶다. 중국의 한 언론은 한국 A사의 실적 부진에 대해 "여전히 한국 본사가 정책결정권을 갖고 있고, 이로 인해 시장의 대응속도가 늦어져 경쟁에서 밀려났다"고 분석했다.

많은 한국 기업이 '제2의 본사'를 중국에 세운다고 했지만, 중국법인은 규모만 커졌을 뿐 한국 본사의 지사 수준에서 벗어나지 못하고 있다는 지적도 나온다. 한 중국 기업인은 "한국 기업인들을 만나면 '그건 본사에서 결정할 일'이라는 말만 되풀이한다"며 "통제가 너무 심하다는 생각이 들었다"고 했다.

한국 기업 사이에서 중국법인의 최고경영자(CEO)는 '무덤'으로도 불린다. 대부분 임기를 못 채우거나, 채우더라도 영전하기보다는 현직에서 물러나는 게 보통이다. 최근에는 LG전자 중국법인과 베이징현대자동차 CEO가 취임 1년여 만에 퇴진했다. 베이징의 한 경제전문가는 "중국 시장을 안이하게 보는 한국 기업들을 보면 앞날이 캄캄하다"고 말했다. "지금이라도 중국에 최고의 실세와 최고의 인재를 배치해 다시 승부를 걸어야 한다"는 그의 충고가 가볍게 들리지 않는다.

출처: 한국경제신문 (2013.1.23).

(7) 지역경제블록

글로벌 기업의 활동 영역이 EU(유럽연합), USMCA(미국·멕시코·캐나다 협정) 등 특정 지역경제블록권에 속한다면 이를 조직구조에 반영하여 지역별 조직구조를 운용하는 것이 바람직하다. 예컨대 EU에 진출한 많은 기업들은 유럽 각국에 현지 자회사를 보유하고 있지만 유럽지역 본부가 대부분의 중요한 의사결정을 담당하는 형태로 조직을 개편하였다.

2) 글로벌 마케팅 조직의 형태

국제기업의 조직형태는 기능별 조직, 국제사업부제 조직, 제품별 조직, 지역별 조직 및 매트릭스 조직으로 구분할 수 있는데 이를 구체적으로 살펴보면 다음과 같다.

(1) 기능별 조직

기능별 조직은 [그림 12-1]과 같이 최고 경영층 밑에 마케팅, 재무, 생산, 인사, 기획 등의 기능에 따라 부서가 나뉘어 있는 형태이다. 기능별 조직은 기업의 취급품목이 다양하지 않고, 생산 또는 판매 대상지역이 넓지 않을 때 주로 채택된다.

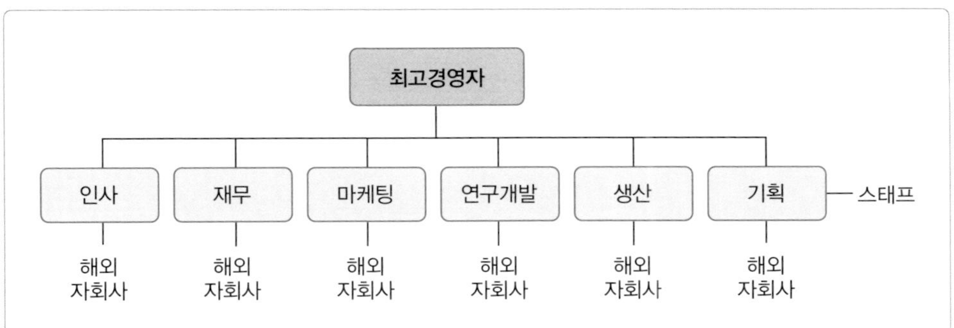

❖ **그림 12-1** 기능별 조직

이 조직구조는 마케팅이나 생산 등의 부문별 기능이 중시될 때 장점을 발휘할 수 있으나, 각 기능별 부서 간에 협조가 어렵기 때문에 실제로 국제기업들의 경영 조직구조로는 별로 이용되지 않는다.

(2) 국제사업부제 조직

국제사업부제란 기업의 국제경영 비중이 커지고 취급제품이 다양해지면서 등장한 조직형태로써, 국제사업부가 [그림 12-2]에서와 같이 다른 제품사업부처럼 하나의 독립된 전략 사업단위로 운용되는 특징을 가진다.

국제사업부제 조직구조에서는 기업의 활동이 국내업무와 국제업무로 구성되는데, 국제사업부는 국내업무와는 별도로 주로 기업의 해외사업을 개발하는 기능을 수행한다. 국제사업부서를 지휘 감독하는 본사의 경영진은 집행 권한을 가지며, 국제사업부의 수익성에 직접적인 책임을 진다.

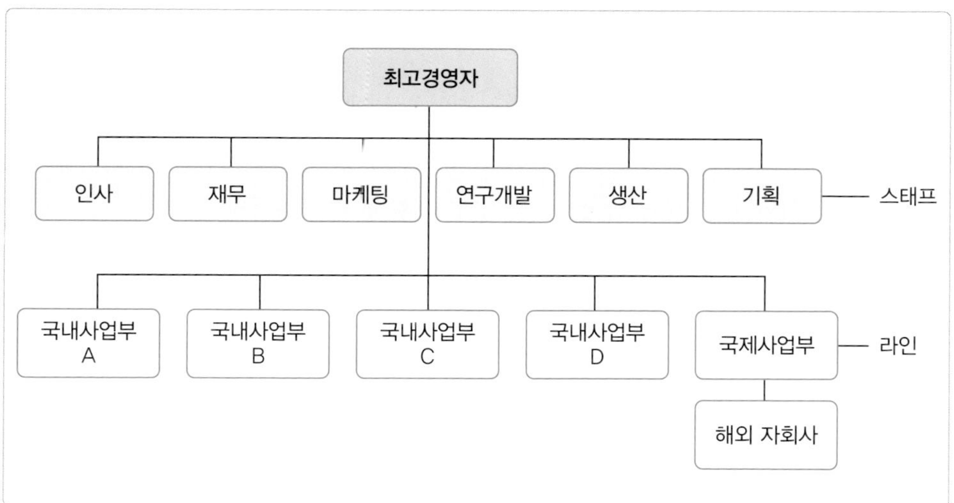

❖ 그림 12-2 국제사업부 조직

성장 단계에 있는 기업들은 세계적인 조직을 효과적으로 운용할 수 있는 숙련된 경영관리인들이 부족하기 때문에 이 조직구조를 선호한다.

국제사업부제 조직의 장점은 해외사업에 필요한 지식과 경험이 축적된 국제사업부에서 해외경영활동을 주도함으로써, 최고경영진이 해외경영업무에서 벗어나 국내업무에 전념할 수 있다는 점이다. 또한 해외영업과 관련된 모든 중요한 정보를 조직 안으로 흡수함으로써 전체 조직차원의 영업 효율성을 높일 수 있는 장점이 있다.

반면 단점으로는 첫째, 국내사업부서와 국제사업부서가 각각 독립성과 자치성을 지닌 조직단위이기 때문에 전사적인 계획의 일괄적인 적용에 어려움이 있을 수 있다. 둘째, 최고경영진의 관심이 주로 국내업무에 집중되기 때문에, 해외업무의 중요성에 대한 인식의 차이가 나타남으로써 기업 부서 간의 갈등을 심화시킬 수 있다. 이러한 현상은 국제사업 활동의 비중이 높아질수록 더욱 뚜렷해진다. 셋째, 국제사업부제에서는 연구개발(R&D) 분야가 본사 차원에서 통제되는 경향이 높다. 즉, 이러한 조직구조 아래에서는 기본적인 연구개발의 방향이 주로 국내시장에 초점을 맞춰 이루어지며, 해외업무를 위한 연구개발은 단지 현지시장의 환경에 맞게 제품을 변경하는 정도에 머무르게 된다.

(3) 제품별 조직

제품별 조직구조는 [그림 12-3]과 같이 최고경영진 밑에 각 제품별로 하나의 독립된 부서를 구성하고 그 제품별 부서 밑에 생산, 마케팅, 인사 등의 기능별로 하부 부서가 이루어진 형태로써, 제품별 부서의 책임자가 자기 부서의 수익을 책임지는 독립채산제 성격을 가진다.

이러한 조직구조를 택한 기업의 특징은 일반적으로 다양한 최종소비자(end-users)층들을 대상으로 하거나, 다양한 품목 혹은 기술집약적인 제품을 취급하며 선적비, 관세 및 기타 특정비용이 현지생산에 많은 영향을 준다.

각 제품군 사이에는 공통점들이 거의 없으므로 이들은 서로 독립적인 활동을 수행한다. 이로 인해 해외의 같은 나라 안에 위치한 서로 다른 자회사들은 본사에 서로 다른 집단의 자격으로 업무보고를 하게 된다.

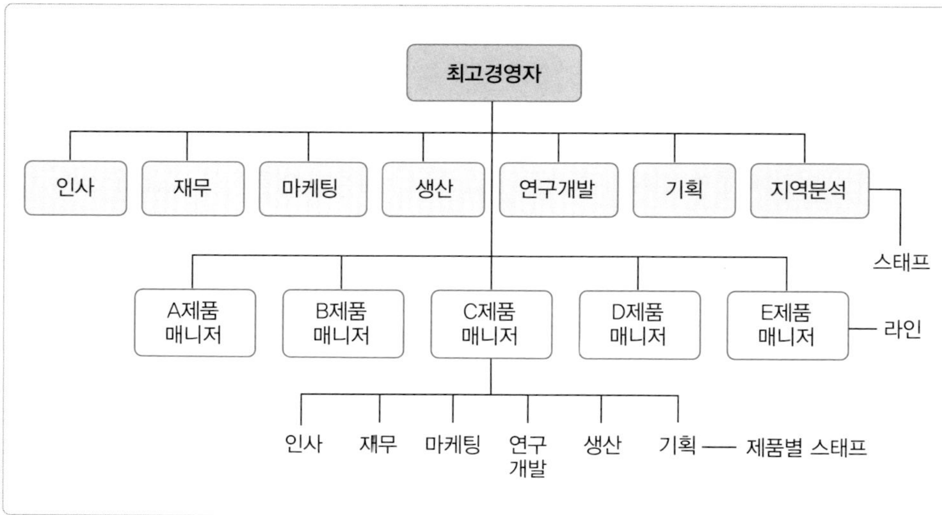

❖ **그림 12-3** 제품별 조직

제품별 조직의 장단점은 다음과 같이 요약할 수 있다.

먼저 장점으로는 의사결정 권한이 제품 부서별로 분산됨으로써 각 부서의 책임자들이 의욕을 갖고 일을 추진해 나갈 수 있으며, 제품수명주기에 따라 제품생산을 효율적으로 통제할 수 있다. 그 반면에 단점으로는 각 제품 부서가 자기 부서의 입장만을 내세우기 때문에 세계시장에서의 전사적인 조정이 어려우며, 제품 부서의 책임자가 다른 부서로 배치될 경우 이전에 근무했던 제품 부서에 대한 편애 내지 편견을 가질 수 있다. 또 제품 책임자가 특정지역의 환경과 경영 특성에 관한 경험과 지식이 부족할 때 해당 지역 전문가들의 협조를 받기 어렵다는 점을 들 수 있다.

(4) 지역별 조직

지역별 조직구조는 [그림 12-4]에서와 같이 최고경영진 아래에 세계시장에서 세분화된 여러 지역이 하나의 부서를 이루고, 각 지역별 부서 밑에 여러 제품과 기능이 하부부서로 존재하는 형태이다.

이 조직에서는 본사가 전 세계적인 계획 및 통제의 책임을 지지만 업무운영의 책임은 지역사업본부에 귀속된다. 지역별 조직구조는 대체로 기업이 진출하고자 하는 지역이 다수이고, 시장 간의 특성의 차이가 뚜렷하여 표준화된 관리체계가 이루어지기 힘들 때 채택된다. 한편 이 조직형태는 미국보다 유럽기업들이 선호하는데 이는 유럽기업들이 미국기업들보다 해외지향적이기 때문이다.

지역별 조직은 집행권한과 책임의 소재가 명백하고, 각 지역의 특성에 맞춰 제품을 적응시킬 수 있으므로 생산과 마케팅 활동의 조화가 원활하게 이루어진다는 장점이 있다.

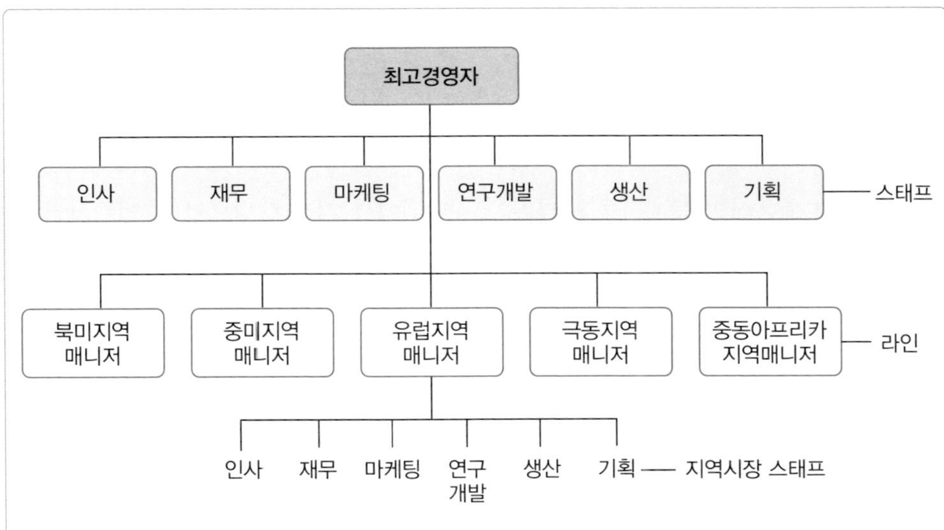

❖ **그림 12-4** 지역별 조직

그 반면 특정제품의 관리를 책임질 경영자가 없기 때문에 개별적인 제품이나 기능, 혹은 기술에 대한 전문지식의 활용이 어렵고 기업의 경영활동이 자칫하다가는 전사적 입장이 아닌 특정지역적 입장에서 이루어질 수 있다는 단점이 있다. 또한 실적이 부진하거나 규모가 작은 지역사업본부의 발언권이 약화되어 본사의 지원이 불균형하게 이루어짐으로써 근무자의 의욕을 떨어뜨릴 수 있다.

(5) 매트릭스 조직

매트릭스 조직이란 앞에서 설명한 기능, 제품, 지역의 세 가지 조직이 상호결합된 다차원적 구조로서, 일차원적 조직구조에 비해 신축성이 있고 조정과 규모의 경제라는 장점을 지니고 있다. 특히 이러한 조직형태는 제품과 지역의 두 부문의 변화에 대해 민감하게 대처해야 하는 국제기업들이 많이 채택한다.

매트릭스 조직구조의 특징은 [그림 12-5]와 같이 업무보고체계가 전통적인 일원적 조직구조와 달리 이원화되어 있다는 점이다. 즉, 매트릭스 조직을 구성하는 적어도 두 차원의 기본 단위에 동일한 권한과 책임을 부여함으로써 해외 자회사들은 자신들이 속해 있는 기본 단위들에게 동시에 보고해야 한다.

이러한 매트릭스 조직의 특징은 곧 장점이 될 수 있다. 즉, 어느 한 기본 단위에서 체크하지 못한 운용상의 문제점들을 다른 조직단위에서 지적해 냄으로써, 업무상의 과실을 줄일 수 있으며, 동시에 단위조직 간의 견제와 균형을 유지하여 기업의 효율적인 경영활동을 전개해 나갈 수 있기 때문이다.

반면에 매트릭스 조직형태는 그 자체가 복잡하고 기본 조직단위들 간의 갈등이 심화될 수 있다. 즉, 기업의 경영 시 다른 조직단위의 권한이 강화되는 것을 막거나, 업무에 대한 책임을 전가하기 위하여 다른 조직단위에서 올라온 보고에 대해 불필요한 제동을 걸어 조직 간의 충돌을 불러일으킴으로써 신속한 업무 추진을 어렵게 만들 수 있다. 또 기본 조직들 간의 권한이 균형을 이루지 못하고 어느 기본 조직단위의 관리자가 막강한 권한을 행사하게 되면 기업 전체로 볼 때 환경의 변화에 적합하지 못한 전략이 수행될 위험성이 있다.

따라서 매트릭스 조직구조에서는 최고경영진이 기본 조직 간의 갈등요인을 어떻게 조정·관리할 수 있을 것인가가 중요한 과제가 된다.

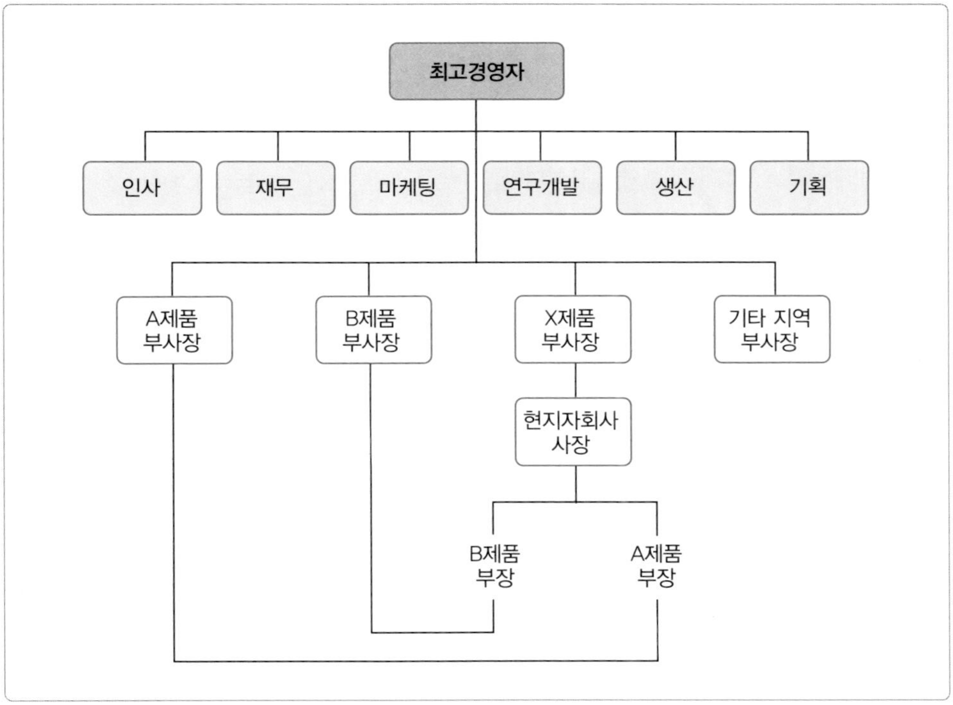

❖ **그림 12-5** 매트릭스 조직

Brief Case 한 손엔 핸들, 한 손엔 메스… 도요타를 대수술하다

▲ 도요타 창업주의 손자인 도요다 아키오 사장이 취임 4년 만에 대대적인 조직 개편과 임원 인사를 단행, 실질적인 '아키오 체제' 출범을 알렸다. 사진은 자사 스포츠카 '하치로쿠(86)'를 직접 몰아본 뒤 엄지를 치켜든 모습. 수준급 운전 실력을 갖춘 스피드광이다.

도요타자동차는 2013년 3월 6일 대표이사 부사장단을 대폭 물갈이하면서 조직구조를 기능 위주에서 철저히 시장 위주로 재편하는 '신(新)체제'를 발표했다. 이후 업계에선 "도요타 76년 역사상 가장 큰 폭의 조직 변화"라는 평가가 나오고 있다.

2009년 53세의 젊은 나이에 거대 도요타 왕국을 맡은 도요다 아키오(豊田章男, 57) 사장은 지난 4년간 대량 리콜과 대지진, 초유의 엔고(円高) 등을 겪으며 방어 경영만 해왔다. 대지진 후에는 1위에서 3위로 추락하는 쓴맛도 봤다. 그러다 지난해 세계 1위 자리를 되찾고 엔화 가치도 빠르게 하락하자 거꾸로 자신감을 갖고 대대적인 공격 모드로 돌입했다는 분석이다.

▶ 젊게, 빠르게, 책임 소재 분명히

아키오 사장은 6일 도쿄 오다이바에 있는 도요타 대형 전시장 '메가웹'으로 국내·외 주요 매체 기자 80여 명을 불러 모았다. 그는 그 자리에서 "도요타의 글로벌 비전을 실현하기 위해 4월 1일자로 조직 개편을 단행한다"면서 구상을 밝히기 시작했다. 4년 전 본인이 사장으로 취임하면서 임명했던 5명의 대표이사 부사장 중 4명을 갈아치우고 젊은 대표이사들을 대거 발탁한다고 밝히자 장내가 술렁였다. 은퇴한 부사장들의 평균 나이는 67세. 새로 임명된 부사장들은 60세 안팎으로 확 낮아졌다.

이어 아키오 사장과 나란히 단상에 오른 조 후지오(張富士夫, 76) 회장은 명예회장으로, 우치야마다 다케시(内山田竹志, 67) 부회장은 회장으로 자리를 옮긴다는 사실을 스스로 밝혔다. 일선에서 물러나 사실상 '고문' 역할을 한다는 의미였다.

조직구조는 뿌리부터 바뀌었다. 이제까지 기획, 생산, 영업, 연구·개발 등 기능 위주로 구성했던 사업 조직을 렉서스, 제1 도요타(북미·유럽·일본 담당), 제2 도요타(기타 신흥국 담당) 등 철저히 시장 위주로 재구성했다. 제1 도요타 담당 부사장은 미국에서 파는 도요타 차량의 개발부터 생산, 판매까지 모두 직접 책임지라는 뜻이다.

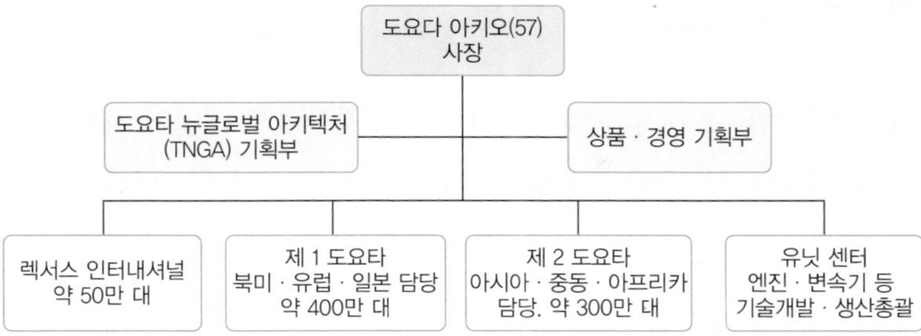

▲ 조직구조 새 판 짠 도요타

렉서스, 제1 도요타, 제2 도요타는 각각 50만대, 400만대, 300만대 규모. 아키오 본인은 렉서스사업부를 지휘하기로 했다. 자회사를 제외한 도요타 · 렉서스의 세계 판매량이 800만대가 넘어가면서 현지 사정을 잘 아는 사람이 직접 판단하도록 규모를 쪼갠 것이다.

아키오 사장은 "해당 조직을 담당하는 대표이사 부사장이 사업 전체와 수익을 직접 책임진다"며 "(그간 문제로 지적됐던) 의사 결정 속도가 빨라질 것"이라고 말했다.

▶ 외부 목소리 듣겠다

북미 · 남미 · 아프리카 · 유럽 등 굵직한 지역 본부의 총책임자로 비(非)일본인을 임명한 것도 달라진 모습이다. 현지화 전략을 강화하겠다는 뜻이다.

아키오 사장은 "과거엔 차를 찍어내면 무조건 팔리는 줄 알았으나 지금은 소량 · 다품종 시대로 접어들었다"며 "철저히 현지화해야 살아남는다"고 말했다. 지난해 도요타 인재개발부 간부들이 삼성 인재개발원을 찾아 삼성의 글로벌 인재 양성 노하우를 배워간 것도 같은 맥락이다.

세계 1위 도요타가 젊은 아키오 사장 체제로 재편된 것이 폭스바겐, 현대 · 기아차 같은 추격자들에 어떤 영향을 미칠지 업계는 주목하고 있다. 아키오 사장은 폭스바겐그룹의 실질적 경영자인 페르디난드 피에히(Piech, 76) 이사회 의장이나 현대 · 기아차 정몽구(75) 회장보다 스무 살 가까이 젊다. 아키오 사장은 "(아버지인) 쇼이치로(章一郞) 명예회장은 80대, 조 후지오 명예회장은 70대, 우치야마다 부회장은 60대, 나는 50대다. 넓은 시야를 가진 이들에게서 값진 조언을 받겠다"고 말했다.

출처: 조선일보 (2013.3.11).

3) 글로벌 조직의 진화 과정

다음의 [그림 12-6]은 국제기업의 경영조직형태가 기업의 해외시장 다변화 정도와 취급제품의 다양성 정도에 따라 변화하는 과정을 보여주고 있다.

기업은 국제화 초기에 국제사업부제로 경영활동을 전개하다가 점차 취급제품이 다양해지면서 조직구조를 제품별 조직으로 바꾸고, 해외시장의 매출액 규모가 커지면 매트릭스 조직을 택하게 된다. 또한 취급하는 제품계열이 다양하지 못한 기업은 지역별 조직을 채택하다가 새로운 제품계열이 추가되면서 조직형태를 매트릭스 구조로 바꾸게 된다.

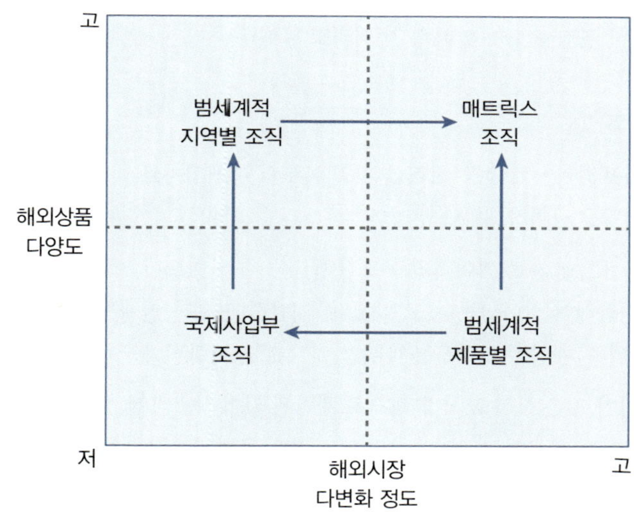

❖ **그림 12-6** 조직형태의 변화

결국 기업은 국제화 유형에 다라 경영조직도 기능별 조직→제품별 조직→지역별 조직→매트릭스 조직의 순으로 변화한다고 말할 수 있다. 그러나 이와 같은 조직 변화는 모든 기업들에게 똑같이 적용되는 것이 아니라 기업이 속해 있는 산업의 종류와 성격, 기업의 특성 그리고 국제경영 환경에 따라 변할 수 있다. 삼성전자와 같은 기업은 상황에 따라 지역별 조직, 제품별 조직, 지역과 제품이 융합된 조직구조 등의 형태로 조직구조를 변화시킨 것을 확인할 수 있다. 반면에 같은 전자업체인 LG전자의 경우를 보면 멀티미디어 사업본부, 디스플레이 사업본부, 홈어플라이언스 사업본부 등의 3개 제품별 사업본부가 중심이 되어 전 세계 34개국에 60개의 생산 및 판매법인을 구축하여 독자적인 책임경영체제를 확보하여 글로벌 경쟁을 벌이는 제품별 조직구조를 채택하고 있다.

03 글로벌 마케팅 통제의 의의

1) 글로벌 마케팅 통제의 의의와 필요성

글로벌 마케팅 전략이 성공하기 위해서는 기업은 적절한 통제시스템을 수립할 필요가 있다. 마케팅 통제는 마케팅 계획과 마케팅 활동의 집행과 더불어 마케팅 관리 과정의 중요한 요소이다. 마케팅 계획은 마케팅 목표를 설정한 후 이를 달성하기 위한 내용과 과정을 결정하는 것이며, 마케팅 집행은 이렇게 결정된 내용을 실행에 옮기는 것이다. 마케팅 통제는 마케팅 집행의 과정과 결과가 목표에 부합하는지를 평가하고 이 평가에 따라 기존의 마케팅 전략을 수정하게 된다.

특히 글로벌 기업은 서로 다른 환경하에서 글로벌 경영활동을 전개하는 본사와 자회사로 구성되어 있다. 그렇기 때문에 국내기업의 통제와 달리 글로벌 기업의 통제는 그 대상이 다양할 뿐만 아니라 범위도 매우 넓어 보다 폭넓은 시각에서 이루어져야 한다. 특히 글로벌 마케팅 통제가 필요한 이유는 무엇보다도 본사와 자회사가 설정한 글로벌 마케팅 목표를 달성하기 위해서 지속적이고도 주기적인 통제가 필요하다는 점이다. 즉 글로벌 마케팅 계획과 집행에 따른 결과를 피드백해서 글로벌 마케팅 계획의 계획과 집행 과정에서의 문제점을 개선함으로써 본사와 자사 간의 글로벌 마케팅 시너지를 창출하여 글로벌 마케팅 목표를 달성하도록 노력해야 한다. 또한 글로벌 마케팅 계획 및 집행 과정에서 끊임없이 변화하는 글로벌 마케팅 환경의 변화에 대한 신속한 대응을 위해서도 글로벌 마케팅에 대한 통제가 필요하다고 할 수 있다.

Brief Case 지역법인에 100% 권한… 불황 파도 넘어

'글로벌 휠라' 지역대표 한국 본사에서 전략 회의
디자인센터 따로 두고 지역별 소비자 취향 실시간으로 맞춰…
성공한 디자인은 공유

"휠라미국은 팀 스포츠 대신 요가 등 여성들이 즐기는 개인 스포츠용품으로 소비자들을 공략 중입니다. 그래서 올해 30% 이상 성장할 것으로 예상합니다." (휠라미국법인 사장)

"남미 젊은이들은 사무실에 출근할 때 하이힐이나 구두 대신 런닝화를 신어요. 우리는 사무실용 런닝화로 시장을 집중 공략하겠습니다." (휠라라틴아메리카 이사)

"중국인들은 스포츠웨어를 일상복으로 입어요. 이 점을 노려 현재 60여개인 가두 점포를 늘려 내년에만 300여개 신규 점포를 열 계획입니다." (휠라중국 부사장)

2007년 당시 휠라코리아의 윤윤수 회장은 휠라글로벌 지주회사 SBI로부터 전 세계 휠라 브랜드 사업권을 넘겨받았다. 그래서 글로벌 브랜드인 휠라의 본사는 서울에 있다. '코리아호(號) 휠라' 출범 후 지난 13일 낮 서울 한 호텔에서 열린 휠라의 글로벌 전략회의에서 윤 회장과 5명의 지역 대표들은 '성공 전략'을 짜내기 위해 머리를 맞댔다.

▶ 철저한 탈집중화로 부활

윤 회장은 "휠라는 '분권', '탈집중화' 경영 전략으로 위기를 헤쳐가고 있다"며 "너무 다른 각 지역 소비자들을 대상으로 하나의 전략은 의미가 없다"고 말했다.

▲ 지난 13일 낮 서울 삼성동에서 스포츠브랜드인 휠라의 각국 임원들이 모여 각국의 불황 속 소비자 공략법에 대해 얘기하고 있다. 맨 왼쪽부터 시계 방향으로 휠라중국 제임스 젱 부사장, 인테그릭스 라지브 바트라 사장, 휠라미국 존 엡스타인 사장, 휠라유럽 엠마뉴엘레 페드로티 사장, 글로벌 휠라 윤윤수 회장, 휠라남미 아르민 크납 이사

실제 휠라의 경영은 각 지역에 100% 독립 경영 재량권을 주는 '연방제' 형식이다. 글로벌휠라가 직영하는 곳은 한국과 미국뿐이다. 유럽 · 중국 등 그 외 지역은 각국 사정을 잘 아는 파트너사에 라이선스 형식으로 100% 사업 재량권을 준다.

휠라남미 사업을 총괄하는 다스(Dass)그룹 아르민 크납(Knab) 이사는 "휠라의 브랜드 이미지를 유지하기 위해 20%는 전 지역이 똑같은 상품을 팔지만 나머지 80%는 지역별 특성에 맞춰 자체 생산 상품을 판다"고 말했다. 유럽 · 중동 · 아프리카를 총괄하는 인테그릭스의 라지브 바트라(Batra) 사장은 "올해엔 불황 속에서도 15%의 매출 성장을 기대한다"고 말했다.

탈집중화 전략은 윤 회장이 글로벌 휠라를 인수한 성공 비결이기도 하다. 유일하게 현지화에 성공했던 휠라코리아가 매년 두 자릿수 성장을 거듭해 본사까지 인수한 것이다.

▶ 세계 각국을 '같은' 이름, '다른' 얼굴로

휠라미국법인 존 엡스타인(Epstein) 사장은 "휠라는 '하나의 DNA'를 강조하지만 지역별 소비자 취향을 실시간 맞추는 '리얼타임 경영'으로 부활하고 있다"고 말했다. 전 세계를 5개 지역으로 나눠 디자인 센터를 따로 두고 성공한 디자인이 있으면 각국 지사들이 무료로 이용할 수 있는 '글로벌 디자인 공유 시스템' 등을 갖춘 것이다. 소비자 공략법도 다양하다.

휠라유럽의 엠마뉴엘레 페드로티(Pedrotti) 사장은 "유럽 쪽은 휠라의 탄생지인 '이탈리아'를 부각시켜 'F-BOX'라는 럭셔리 패션 라인을 키우고 있다"며 "영국과 이탈리아에 26명의 디자이너로 구성된 '특별 패션 디자인 기지'를 세웠다"고 갈했다. 미국은 '상류층 테니스 인구'를 집중 겨냥한다. 엡스타인 사장은 "10명의 '풀타임 영업맨'이 휴양지에 있는 최고급 호텔의 테니스용품 숍들만 관리한다"고 했다.

윤윤수 회장은 "지역별 맞춤 전략을 강화해 5년 내에 글로벌 매출 30억 달러(약 3조4800억 원)의 세계 4위 스포츠 브랜드로 도약하겠다"고 말했다.

출처: 조선일보 (2009.10.15).

2) 글로벌 마케팅 통제의 영역

(1) 비용통제

글로벌 마케팅 비용은 특히 예산에서 벗어날 가능성이 많기 때문에 특별한 통제가 필요하다. 그 이유는 대부분의 해외시장은 국내시장보다 규모가 적은 경우가 많으면서도 침투하기 어렵고, 교통비·물적 유통비·커뮤니케이션비 등을 철저히 통제하지 않을 경우 예상치 못했던 비용이 증가할 수 있기 때문이다. 또한 해외지사나 자회사의 운영비도 마찬가지이며, 본사의 국제사업본부 운영비 역시 예산에 대한 권한과 책임을 명확히 하지 않으면 크게 증가할 수 있다.

(2) 매출액통제

매출액의 측정은 가장 편리한 통제메커니즘의 하나이다. 총매출액에 대한 수치는 다루기가 쉽고 예측과 비교를 하는 것이 간단하여 경영층이 직접 해외 자회사, 지사의 발전과 제품계열별 매출액을 주기적으로 점검하면 통제가 가능하다. 마케팅 기능별 통제책임자는 실제매출액과 잠재매출액을 비교·분석하여 경비에 비해 조력이 충분히 투입되었는가를 판단할 수 있다.

(3) 가격통제

기업체가 다양한 기구를 통하여 수출 내지 글로벌 마케팅을 할 때 가격통제에 특수한 어려움이 따른다. 우선 적정가격 또는 경쟁가격 이상으로 판매하지 않고 지나친 덤핑가격으로 판매하는 경우에는 이익계획에 차질이 오는 것을 막아야 한다. 해외 자회사는 제출하는 판매보고서에 매출액과 총이익에 대한 자료는 보통 포함하나 실제 거래가격에 대해서는 언급이 없는 경우가 많다. 그렇기 때문에 본사는 주기적으로 가격에 대한 보고를 받아야 가격통제를 할 수가 있다. 또한 가격통제를 어렵게 만드는 이유의 하나는 관세 때문이다. 국제경쟁에 융통성 있게 대처하도록 판매되는 제품별 가격범위를 미리 정해 주는 것도 하나의 좋은 통제방법이다.

(4) 제품통제

마케팅 관리자는 시장수요에 적합하고 고객에게 좋은 상태로 제품이 배달되는지에 대해 세심한 관심을 기울여야 한다. 왜냐하면, 글로벌 마케팅을 할 때에 국가 또는 지역별 시장의 성격이 상당히 이질적이고 장거리수송을 필요로 하기 때문에 취급부주의로 도난·파손·변질될 가능성이 많고, 해외에서 현지생산을 할 경우에는 조잡한 제품이 나올 수 있는 등 많은 문제가 발생할 수 있기 때문이다.

(5) 광고촉진통제

글로벌 마케팅 프로모션 활동은 근본적으로 광고와 인적판매로 구성된다. 해외인력관리는 본사가 수행하는 것보다 자회사에서 담당하는 것이 바람직하다. 그렇지만 본사의 사전승인을 받고 사후보고가 이루어지도록 해야 한다.

광고기능은 본사가 전담할 수도 있고 자회사에 분산할 수도 있다. 광고기능을 분산시킬 경우 본사는 비용과 효과에 대해서만 관심을 두면 된다. 광고기능을 집중시킬 때는 본사가 광고 활동을 효과적으로 통제할 수 있도록 주기적인 피드백이 있어야 한다.

(6) 유통경로통제

기업체가 해외시장에서 유통경로를 선정하려 할 때 의사결정의 범위가 극히 제한될 수 있다. 그것은 관리와 통제를 할 수 있는 기회가 적기 때문이다. 또한 시장국별로 유통구조가 이질적이고 발달의 정도가 다르기 때문에, 일원화된 관리와 통제를 하기는 불가능하다. 그러므로 유통경로와 유통업체에 대한 통제제도는 시장국별로 사정에 맞게 융통성 있게 마련하고 운영해야 한다.

3) 글로벌 마케팅 통제의 과정

일반적으로 글로벌 마케팅의 통제 과정은 다음과 같은 다섯 단계로 이루어진다.

(1) 글로벌 마케팅 통제의 대상 결정

글로벌 기업은 본사와 자회사의 글로벌 마케팅 활동과 관련하여 구체적인 통제 대상을 결정해야 한다. 특히 글로벌 기업의 본사와 자회사의 마케팅 조직과 그 책임단위를 정확히 분류하여 글로벌 마케팅 통제의 대상을 결정해야 한다.

(2) 글로벌 마케팅 통제의 기준 설정

글로벌 마케팅 통제를 효과적으로 수행하기 위해서는 정량적 및 정성적인 통제기준이 설정되어야 한다. 정량적인 기준은 시장점유율, 매출액 등과 같은 수치로 파악이 가능한 성과기준을 말하며, 정성적인 기준은 예를 들어 고객만족과 같은 수치로 파악하기 어려운 성과기준을 의미한다. 이러한 기준들은 마케팅 목표와 실제 성과의 비교를 위해 이용할 수 있는 지표가 되기도 하며, 또한 통제의 기준이 되기도 한다.

(3) 글로벌 마케팅 통제와 관련된 정보수집

글로벌 마케팅 활동의 결과에 대한 목표대비 평가를 위해서 각 통제기준에 대한 정보가 수집되어야 한다. 즉, 관련된 정보는 글로벌 기업의 본사와 자회사의 마케팅 조직에 의해 정량적 및 정성적 자료의 형태로 제시되어야 한다.

❖ 그림 12-7 글로벌 마케팅 통제의 과정

출처: 박주홍 (2010). 글로벌 마케팅, p. 312.

(4) 글로벌 마케팅 통제의 기준과 비교 · 분석

글로벌 마케팅 활동의 결과에 대한 정보가 수집되면, 미리 설정한 글로벌 마케팅 평가의 기준과 비교·분석되어야 한다. 이러한 비교·분석은 본사와 자회사의 마케팅 조직과 그 책임단위별로 개별적으로 이루어질 수도 있고, 본사와 자회사의 상호비교를 통해 전 세계적인 관점에서도 이루어질 수 있다.

(5) 결과의 평가 및 수정

통제 과정의 최종 단계는 마케팅 성과에 대해 평가하고 잘못된 계획을 수정하는 과정이다. 만일 통제기준과의 비교·분석에서 마케팅 성과가 차이가 난다면 그 원인을 분석하고 이를 수정하기 위한 피드백이 이루어져야 한다.

마무리사례 **본사와 해외거점의 유기적 협력관계, 전 해외법인 흑자**

삼성전자가 세계적 경쟁력을 갖추는 데는 탄탄한 해외거점들이 큰 몫을 했다. 삼성전자는 현재 생산 및 판매법인 혹은 지점 연구소 등의 형태로 47개국에 진출해 있다. 해외거점은 본사와 유기적 협력관계를 유지하면서 사업효율을 높여나가고 있으며 거의 전 사업장이 지금은 안정적 수익구조를 갖췄다는 평가를 받고 있다. 삼성이 효율적 글로벌 경영시스템을 구축하게 된 것은 나름대로 수많은 시행착오를 겪으면서 노하우를 축적했기 때문이다.

해마다 5~6월이면 본사 재무관련 임직원은 90여개 해외거점에 대한 경영진단을 위해 세계 각지로 떠난다. 1개 거점당 파견 인원은 3명. 4~5일간 치밀하게 사업현황을 분석한다. 새로운 이슈가 발생해 집중 진단이 필요한 경우에는 10여명이 팀을 이뤄 현지에 파견된다. 단순히 흠을 잡으려는 감사가 아니다. 부족한 부분을 지적하고 미래 경쟁력을 가질 수 있는 사업발전 방향을 모색하는 경영컨설팅에 가깝다는 게 회사 측 설명이다.

삼성전자의 해외거점은 '리틀 삼성전자'다. 체질과 경쟁력 면에서 충분한 기능을 할 수 있어야 한다. 법인장의 기능도 단순히 생산과 판매에 한정되지 않는다. 본사의 마케팅 전략에 따라 제품을 판매하는 게 아니라 법인에서 목표한 수익을 반드시 내는 경영자가 돼야 한다.

삼성전자는 전 세계 해외법인에 전사적 자원관리(ERP)시스템을 구축했다. 58개 해외법인의 업무프로세스를 표준화하고 경영 효율을 높이기 위해서다. 이 시스템을 가동하면서 삼성은 전 세계 해외법인의 경영 상황을 실시간으로 확인할 수 있게 됐다. 서울에 앉아서도 해외법인의 판매 물류 수출입 상황 등을 면밀하게 체크할 수 있게 된 것이다. 이에 따라 경영 의사결정도 대폭 빨라져 본사와 해외거점 간 협력도 원활해졌다.

최도석 경영지원 총괄 사장은 "해외법인까지 포함하는 ERP가 완성되면서 삼성전자는 확고한 글로벌 기업 이미지를 갖게 됐으며 디지털 e컴퍼니로 변신할 수 있는 기본 여건도 완비케 됐다"며 의미를 부여했다.

해외법인에 파견되는 인력은 철저한 교육을 받는다. 법인장 교육 과정까지 따로 마련할 정도다. 인사이동에 따른 업무 공백을 최소화시키기 위해 해외 업무와 관련한 매뉴얼도 만들었다.

출처: 한국경제신문 (2002.5.2).

학 · 습 · 정 · 리 · 문 · 제

1. 글로벌 마케팅 조직의 형태에는 어떤 것이 있는지 알아보고 각각의 장단점에 대해 설명하시오.

2. 글로벌 기업의 글로벌 마케팅 조직구조의 결정요인에 대해 설명하시오.

3. 기업의 국제화 과정과 조직구조의 변화에 대해 설명하시오.

4. 글로벌 마케팅 통제의 개념과 필요성에 대해 설명하시오.

5. 글로벌 마케팅 통제의 과정에 대해 설명하시오.

글로벌 마케팅의 미래에서는 인터넷 마케팅과 글로벌 기업의 사회적 책임(CSR)이 무엇인지에 대해 학습한다. 인터넷 마케팅은 글로벌 마케팅 전반의 패러다임에 변화를 주고 있으며, 다양한 방향으로 진화하고 있다. CSR 역시 단순 봉사 가념이 아닌 글로벌 기업의 새로운 마케팅 가능 영역으로 자리잡았다.

GLOBAL
MARKETING

PART 05

글로벌 마케팅의 미래

CHAPTER 13

GLOBAL MARKETING

글로벌 마케팅의 새로운 이슈

학 습 목 표

이 장에서는 첫째, 기업의 사회적 책임이 중요하게 대두된 과정과 글로벌 기업의 사회적 책임에 대한 전략적 접근방법을 학습한다. 둘째, 최근 ESG 관점에서 그 중요성이 커지고 있는 회계 투명성과 관련하여 글로벌 마케팅 감사의 개념 및 절차에 대해 학습한다.

1. 글로벌 마케팅과 기업의 사회적 책임(CSR) | 2. 글로벌 마케팅 감사

13 CHAPTER 글로벌 마케팅의 새로운 이슈

도입사례 주주 자본주의에서 이해관계가 자본주의로

▶ "대기업 착한 척 하지마!", 안티 워크 자본주의 떴다.

최근 ESG는 기업의 지속 가능한 발전을 위한 동인이며, 노동/환경/인권의 취약지역에 대한 교역을 통제하는 수단이 되고 있다. ESG의 추세와 더불어, 보호무역주의가 강화됨에 따라 ESG가 국제적인 표준으로 고착화될 가능성이 커지고 있다.

영국은 2025년까지 모든 기업에 ESG와 관련한 정보공시 의무화를 발표했으며, 우리나라 금융위원회도 상장사를 대상으로 2030년까지 기업의 지속가능경영보고서 공시 의무화를 발표한 바 있다. 물론 미국, 일본 등 주요 국가에서도 ESG 공시 확대를 지속적으로 추진하고 있다. 투자자들이 관련 공시를 요구하고, 고객도 지속가능경영 준수를 요구하면서, 사회문제에 대한 국제적 이니셔티브나 국가적 정책 변화를 통해 기업의 역할 및 책임의 변화, 이해관계자 통합 관점의 신뢰경영으로, 새로운 변화의 물결이 나타나고 있다(이준희, 2021).

결국, 이러한 시점에서 우리는 ESG 경영을 관통하는 핵심 개념이 '이해관계자 자본주의'임을 주지해야 한다. 밀턴 프리드먼은 '기업의 사회적 책임은 보유자원을 활용해 이윤 증대에 집중하는 것'이라 강조했지만(Friedman, 1970), 이제는 새로운 변화가 요구되고 있다. 주주자본주의 폐해를 막고 지속 가능한 경제를 만들어야 한다는 인식이 많은 지지를 받게 되면서, 그 해결방안으로 ESG 경영이 주목을 받게 되었다. 그동안 주주자본주의는 경제학과 경영학과 같은 학문적 영역에 이바지함은 물론 글로벌 경제의 실질적 번영에도 크게 이바지한 것이 사실이다. 그러나 주주자본주의는 기업의 재무적성과 극대화 중시로 인해 지속적인 경제발전 토대를 빠르게 훼손하기도 했다. 결국, 이해관계자 자본주의는 그동안 자본주의를 지배해 온 주주자본주의 철학에서 벗어나 '기업과 관련된 이해관계자 및 생태계 모두를 고려해야 한다.'는 철학을 반영하여 탄생된 개념으로 볼 수 있다(한상범 · 권세훈 · 임상균, 2021).

아래의 표를 보면, 이해관계자 자본주의는 장기적 안목에서 경영이 가능하며, 주주를 포함한 다양한 이해관계자들의 이익 극대화에 초점을 두고 있음을 알 수 있다.

구분	이해관계자 자본주의	주주 자본주의
기업 이념	기업은 한 공동체	주주가 기업의 주인
경영 목표	이해관계자들의 이익 극대화	주주 이익 극대화
기업성과 측정방법	주식가격, 고용관계, 공급자와 구매자의 거래관계 등	기업의 시장가치(주식가격)
장점	• 장기적 안목에서 경영 가능 • 이해관계자의 이해상충 조화	• 투자위험 분산으로 일반인 투자 촉진 • 소유와 경영 분리로 경영 효율 제고
단점	• 주주이익 경시 가능성	• 경영자의 단기성과주의

출처: 조선경제, Weely Biz (2022.6.9).

01 글로벌 마케팅과 기업의 사회적 책임(CSR)

글로벌 기업의 사회적 책임(CSR)은 해외시장에 진출한 기업 활동과 현지화 전략에 중요한 요소로 간주되고 있다. CSR에 대한 기업의 인식은 소극적 관점에서 점차 전략적 관점으로 발달하였다.

소극적 관점에서는 CSR을 기업 이익에 배치되는 요인으로 생각하였다. 이후 자발적 관점에서는 기업이 속한 사회적 환경의 발전이 결과적으로 기업에 이익을 준다는 방향으로 인식의 변화가 있었다. 최근에는 이러한 CSR을 전략적 관점에서 접근한다. 사회투자 관점(social investment theory)으로 접근하여 기업 성장과 CSR이 공통의 연결고리로 묶여 있다고 인식하고 있다.

글로벌 기업의 전략적 CSR 활동은 이러한 변화를 기반으로 CSR 활동을 해외시장 진출 시 중요한 의사결정의 한 축으로 분류하여 현지화 전략에 활용하려 한다.

1) 글로벌 CSR 환경의 변화

기업의 사회적 책임을 강조하는 분위기가 무르익으면서 국제사회기구들도 글로벌 기업의 CSR에 대한 다양한 가이드라인을 제시하기 시작하였다. 〈표 13-1〉은 UN이 발표한 글로벌 콤팩트 10대 원칙이다.

❖ 표 13-1 UN 글로벌 콤팩트 10대 원칙

영역	원칙
1. 인권	원칙 1. 기업은 국제적으로 공표된 인권의 보호를 지지하고 존중한다.
	원칙 2. 기업은 인권 학대에 연루되지 않을 것을 분명히 한다.
2. 노동	원칙 3. 기업은 실질적인 결사의 자유 및 단체교섭권을 인정한다.
	원칙 4. 기업은 모든 형태의 강제노동을 철폐한다.
	원칙 5. 기업은 아동 노동을 실질적으로 철폐한다.
	원칙 6. 기업은 고용과 작업에서의 차별을 철폐한다.
3. 환경	원칙 7. 기업은 환경문제에 대한 사전주의적 접근법을 지지한다.
	원칙 8. 기업은 보다 큰 환경적 책임을 장려하는 조치를 수행한다.
	원칙 9. 기업은 환경친화적인 기술의 개발과 확산을 촉진한다.
4. 반부패	원칙 10. 기업은 금품강요 및 뇌물수수 등을 포함하는 모든 형태의 부패에 반대한다.

UN은 크게 4가지 영역, 인권, 노동, 환경, 반부패 등을 대상으로 글로벌 기업의 CSR 활동 원칙을 제시하고 있다. UN의 이러한 발표는 우선 글로벌 기업의 경영활동에 표의 내용을 중심으로 한 운영원칙을 일반적으로 적용하려는 데 있다. 다음으로 UN을 포함한 보편적 인간복지 발전을 고민하는 다양한 국제기구의 목표를 글로벌 기업 활동에 반영하려는 목적이다.

이외에도 UN의 사회책임 투자원칙(UN Principles for Responsible Investment: UN PRI), OECD의 다국적기업 가이드라인(OECD Guideline for Multinational Enterprises) 등 다양한 글로벌 CSR 기준이 발표되고 있다. [그림 13-1]은 다양한 글로벌 기업의 CSR이 포괄해야 하는 범위로, 경제·환경·노동·사회·인권·제품책임 분야를 제시하고 있다.

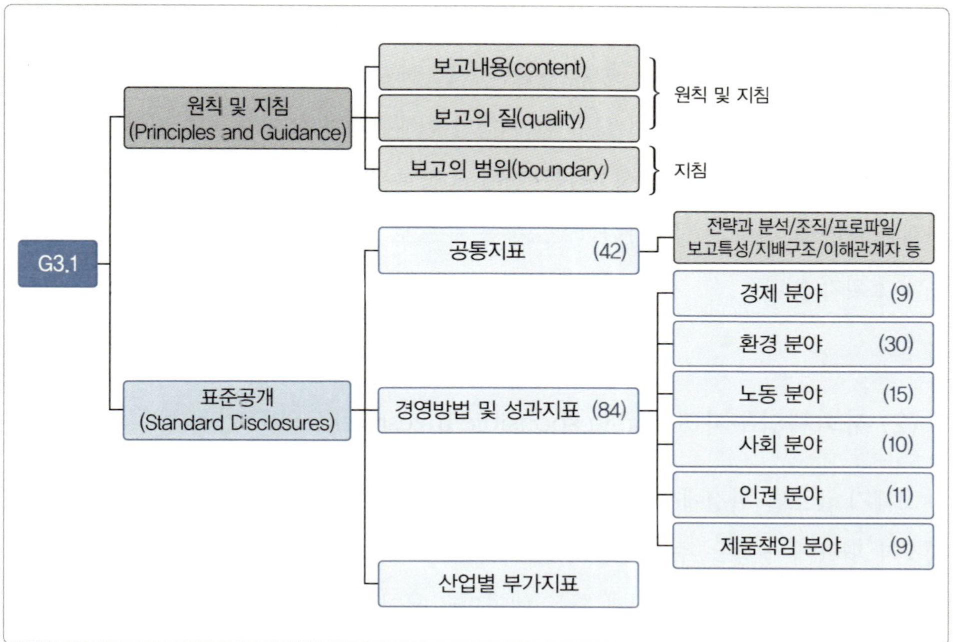

❖ **그림 13-1** 글로벌 CSR 분야

출처: Global Reporting Initiative (2011). Sustainability Reporting Guidelines을 인용하여 재구성.

2) 글로벌 CSR의 효과

글로벌 기업의 CSR은 전통적 기업성장 관점에서 보면 이해하기 어려운 현상이다. 이윤 추구를 기본으로 하는 기업이 해외시장의 지역사회 발전에 공헌하고 수익 확대에 위배되는 활동을 전개하기 때문이다. 기존 글로벌 기업의 성장과 관련한 접근은 장기적 관점에서 생각하면 다른 결론에 도달한다. 글로벌 기업의 CSR은 마케팅 전략 측면에서 활용 가능한 지점이 많다. 이로써 얻을 수 있는 장기적 효과는 다음과 같다.

(1) 글로벌 기업, 제품 이미지 제고

CSR의 기본 접근은 기업 활동과 관련한 모든 사람을 이해관계자로 보는 데 있다. 직원, 고객, 지역사회, 임원 등이 모두 한 기업의 이해관계자이다. 이들의 이해는 서로 다른 지점이 있지만 관계를 형성한다는 점에서 공통분모가 있다. 글로벌 기업의 CSR은 이해관계 간의 신뢰를 형성하는 데 도움을 주므로 장기적으로 기업 이미지를 제고하는데 효과가 있다.

(2) 사회책임투자(Social Responsible Investment: SRI) 가능성

21세기 글로벌 환경에서 기업의 사회적 책임은 더 이상 권고사항이 아니며, 기업의 성장과 평판에 영향을 주는 요인이다. 최근에는 기업의 단순 재무성과가 아닌 CSR 활동을 결합한 시장에서의 평판과 활동 내역으로 투자를 하는 집단이 성장하고 있다. 사회책임투자가는 이러한 기관으로 안정적 투자 재원 역할을 할 수 있다.

(3) 우수인재 확보

글로벌 기업은 해외시장에 진출하면서 외국기업으로서 위치를 얻게 된다. 외국기업에 대한 이미지는 국가별 상황에 따라 다르지만 무차별적인 호의를 보이는 경제권역은 드물다. 글로벌 기업의 CSR을 활용한 마케팅 활동은 이러한 기업 이미지에 좋은 평판을 유도할 수 있다. 투자와 더불어 진출 지역에 기여하는 활동을 하는 기업으로 이미지를 잡으면 우수한 현지 인재를 확보하는 데 유리하다.

(4) 현지화 전략 실행 효과

글로벌 기업은 현지화 압력을 받으면서도 정작 외국기업으로서의 어려움이 있어 현지 사회에 완전 동화하는 모습을 보이기 어려운 경우가 많다. 글로벌 기업의 CSR은 진출 대상 국가나 시장의 구성원으로 자리 잡는 데 도움을 준다. 다양한 사회공헌 활동으로 진출 국가 내 여론을 우호적으로 조성하고, 단순히 수익만을 추구하는 기업이 아닌 함께 성장하는 기업이라는 이미지를 줄 수 있기 때문이다.

3) 글로벌 CSR 전략

글로벌 CSR 전략은 사회적 책임에 대한 다국적기업의 인식이 변화하면서 새로운 방향으로 발전하였다. [그림 13-2]는 이러한 전략적 글로벌 CSR의 실행 과정을 보여준다.

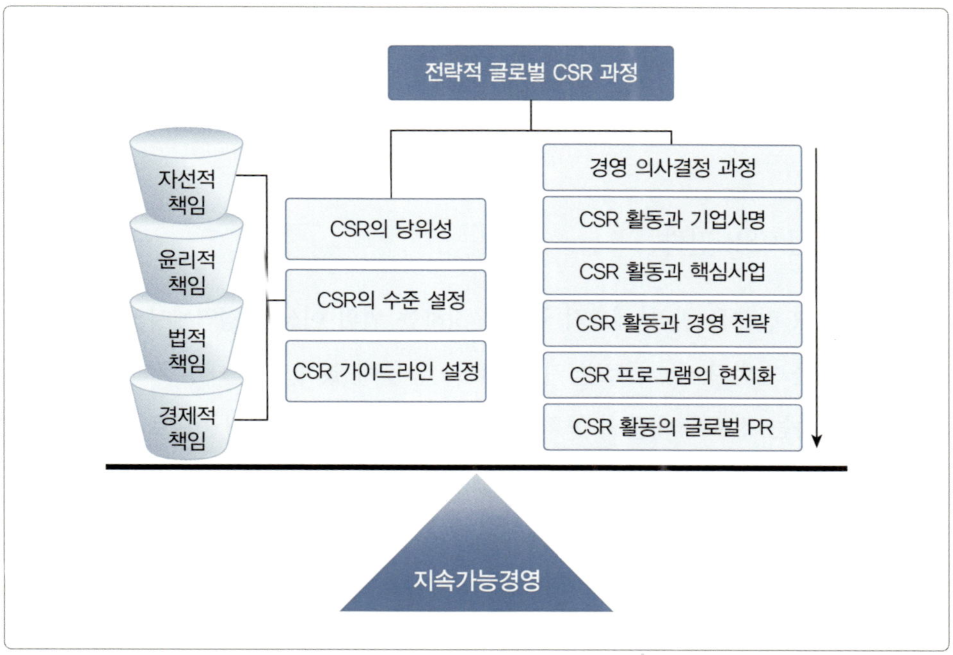

❖ 그림 13-2 글로벌 CSR 과정

전략적 글로벌 CSR 과정을 보면 CSR의 핵심요소인 자선적·윤리적·법적·경제적 책임을 기반으로 CSR의 당위성과 수준을 설정한다. 이후 경영 의사결정 과정을 고쳐 기업사명(mission), 핵심사업을 정하고 경영 전략을 수립한다. 모든 활동은 결과적으로 CSR 활동의 현지화를 통해 드러난다. 또한, 전략적 글로벌 CSR 활동은 지속 가능 경영의 균형 위에서 진행된다. 다시 말해 지나친 CSR로 기업의 지속 가능 성장에 어려움을 주지 않는 선에서 진행된다.

허스티드와 앨런(Husted & Allen, 2007)의 연구를 기반으로 글로벌 기업의 CSR 전략을 살펴보면 다음과 같다.

(1) 가시적 CSR 전략

전통적 마케팅 전략이 제품과 서비스에 대한 브랜드를 고객에 인식시키는 데 있다면 CSR 전략에서는 제품과 서비스에 투영한 CSR 부가가치를 알리는 방법으로 접근한다. 즉, CSR 활동의 구체적 내용을 제품과 서비스에 투영하는 전략을 사용한다. 이로써 해당 제품을 소비하는 고객이 글로벌 기업의 CSR 활동을 제품과 서비스를 통해 인식하게 만드는 전략이다.

(2) 자발성 CSR 전략

자발성 CSR 전략은 법적·제도적 규범이 정하는 범위 이상의 영역에서 CSR 활동을 전개하는 것을 말한다. 즉, 글로벌 기업의 CSR 활동에 있어 진출 대상국의 정부, 사회기관이 요구하는 정도에 대한 수동적 대응이 아닌 능동적 CSR 활동으로 기업 이미지와 평판 제고를 추구하는 전략이다.

(3) 중심적 CSR 전략

중심적 CSR 전략은 기존 마케팅 전략과 달리 사회적 이슈와 관련한 제품과 서비스를 출하여 CSR 활동을 시장에 알리는 전략이다. 기존 마케팅 전략에서 혁신은 제품과 서비스의 속성에서 출발한다고 보았다. 그러나 CSR 전략을 활용하면 사회적으로 민감한 현안에 대응할 수 있는 제품과 서비스를 선제적으로 출시하여 진출 시장이 속한 사회가 갖는 문제를 해결하는 데 앞장서야 한다.

(4) 활용 가능 CSR 전략

CSR 초기 연구들은 사회공헌활동이 별도의 보상을 요구하지 않는 순수한 선행이라는 관점에서 접근했다. 그러나 최근에는 사회공헌의 결과를 활용할 수 있도록 글로벌 기업의 이해관계자에게 CSR 활동을 인식시킬 것을 요구한다. 즉, CSR 결과를 글로벌 기업의 고객, 주주, 협력기업, 외부기관 등이 인식할 수 있도록 접근해야 함을 의미한다.

02 글로벌 마케팅 감사

글로벌 마케팅은 해외시장 간 환경의 차이와 거리와 언어, 관습, 전통의 차이로 인한 의사소통의 문제로 마케팅 통제활동에 여러 어려움을 가져다준다. 앞의 조직 부문에서 언급했듯이, 글로벌 기업은 사업 규모가 커지고 자회사가 늘어남에 따라 지역본부와 같은 중간 본사를 만들게 된다. 이것은 마케팅 통제 시스템에 또 다른 조직단위를 추가하게 된다. 이러한 이유로 글로벌 마케팅 통제는 국내 마케팅 통제와 여러 면에서 차이가 나며, 더 많은 요인들이 영향을 미친다.

일반적으로 경영학에서 통제는 경영자가 조직의 목표를 달성하는 데 있어 자원이 효율적으로, 그리고 효과적으로 사용되었다는 것을 확인하는 과정이라고 정의한다(Keegan, 2014). 마케팅 통제는 이러한 목적을 달성하기 위해 마케팅 활동에 대해 통제 활동을 실시하는 것이다. 글로벌 마케팅 통제 과정에서 만들어진 평가와 측정치는 글로벌 마케팅 계획을 수립하는 데 주요한 고려요인으로 이용된다.

1) 글로벌 마케팅 감사의 개념

글로벌 마케팅 감사는 글로벌 기업의 전체 또는 사업부를 단위로 현재와 잠재적인 문제, 기회가 무엇인지를 찾아 글로벌 마케팅 성과를 개선하기 위한 행동계획을 제시하기 위한 목적으로, 글로벌 마케팅의 환경, 목표, 전략, 프로그램, 정책 및 활동들을 종합적으로, 체계적으로, 그리고 주기적으로 검사하는 것이다(Keegan, 2014). 이러한 글로벌 마케팅 감사는 기업의 글로벌 마케팅 활동을 평가하고 개선하기 위한 수단이다. 즉, 기업의 글로벌 마케팅 목표, 기회 및 자원에 비추어서 마케팅 전략, 정책 및 절차가 얼마만큼 효율적으로 그리고 효과적으로 이루어졌는지를 평가하기 위한 활동이다.

마케팅 감사는 두 가지 특성이 있다. 첫째, 체계적이고 공식적 활동이다. 무작위로 계획 없이 질문을 하는 것은 마케팅 감사가 아니며, 마케팅 감사는 순차적으로 진단단계를 밟아서 이루어진다. 둘째, 연례적으로 이루어진다. 대부분의 문제는 그 문제가 완전히 드러나서 위기로 확대되기 전까지 계속적으로 진행된다. 따라서, 마케팅 감사가 주기적으로 이루어지는 것이 중요하다. 특히 겉으로 보기에 아무런 문제나 어려움이 없는 경우에도 마케팅 감사는 주기적으로 이루어져야 한다.

마케팅 감사의 범위는 경우에 따라서 다르나, 전체 마케팅 감사는 포괄적으로 이루어진다. 이 경우 종합적으로 모든 마케팅 믹스 분야, 즉 제품, 가격, 유통, 마케팅 커뮤니케이션, 고객서비스와 마케팅 조사 전략 등 분야에서 마케팅 환경, 목표, 경쟁, 전략, 조직, 시스템과 절차에 대해 평가를 하는 것이다.

마케팅 감사는 독립적인 외부기관에 의뢰할 수도 있고 내부에서 진행할 수도 있다. 독립적인 마케팅 감사는 기업의 영향력에서 자유로운 외부인에 의해서 진행되나, 완전히 객관적일 수는 없다. 왜냐하면, 기업이 돈을 지불하는 컨설턴트나 전문적 감사기관에 영향을 미칠 수 있기 때문이다. 따라서 진정으로 독립적인 감사를 원하면 객관적 감사의 중요성에 대해 외부 감사인에게 강조해서 이해를 구해야 한다. 외부 감사의 또 다른 한계는 해당 산업에 대해 이해가 부족하다는 점이다. 산업에 종사하는 노련한 실무자는 쉽게 알아낼 수 있는 것들을 경험이 없는 외부 감사인은 인식하지 못할 수 있다. 반면, 경험 많은 내부 실무자가 알아보지 못하는 객관적 징후들을 외부 감사인이 찾아낼 수도 있다.

이러한 외부 감사의 한계 때문에 산업을 잘 이해하는 마케팅 인력에 의해 진행되는 내부 감사 또는 자체 감사는 매우 가치가 있다. 그러나 내부 감사는 외부 감사의 장점인 객관성이 결여될 수 있다. 이러한 두 감사 형태의 장점과 단점 때문에 두 가지 감사가 동일한 범위에 동일한 기간 동안 동시에 이루어지는 것이 바람직하다. 그리고 그 결과를 비교하면 마케팅 부문의 성과를 개선할 수 있는 방법에 대한 보다 깊은 통찰력을 얻게 될 것이다(Keegan, 2014).

2) 글로벌 마케팅 감사의 절차

글로벌 마케팅 감사는 몇 가지 단계로 이루어진다.

첫 번째 단계는 감사팀과 경영자가 만나 감사의 목적, 범위, 깊이, 자료원, 보고서 양식, 기간에 대해 합의하는 것이다. 구체적으로 마케팅 감사에는 마케팅 환경 감사, 마케팅 전략 감사, 마케팅 조직 감사, 마케팅 시스템 감사, 마케팅 생산성 감사, 마케팅 기능 감사 등이 포함된다.

이처럼 감사의 목적과 범위, 기간 등이 결정되면 두 번째 단계는 자료를 수집하는 단계이다. 감사팀은 구체적 인터뷰 계획, 2차 자료수집, 내부자료 검토 등의 자료수집 계획을 세워 자료를 수집한다. 자료수집의 기본적 원칙은 감사받는 사람의 의견에만 전적으로 의존하지 말라는 것이다. 예를 들어, 영업 조직을 감사할 때, 영업 관리자와 마찬가지로 현장의 영업사원의 이야기를 듣는 것이 중요하다. 또한, 고객과 공급업체에 직접 접촉하여 이들의 이야기를 듣는 것도 매우 중요하다.

또한 감사팀에서 창의적인 감사기법들을 개발해야 한다. 예를 들어, 한 부서의 책임자가 그 부서의 활동에 대해 실제 파악하고 있는지, 그리고 부서원들과 실제 접촉하고 있는지를 알기 위해서, 해당 부서의 우편물 보관실을 방문하여 책임자가 그 방을 방문한 적이 있는지를 알아보는 것도 좋은 방법이다. 만약 책임자가 그 방을 방문한 적이 한 번도 없다면, 그것은 책임자의 관리 스타일과 부서의 분위기에 대해 많은 것을 이야기해 준다.

세 번째 단계는 수집한 자료를 분석하는 단계이다. 많은 자료를 수집했더라도 제대로 분석이 되지 않는다면 의미가 없다. 특히 글로벌 마케팅 감사에서 해외시장에 관한 자료가 포함되어 있는 경우에는 해외시장에 대해 잘 알고 있는 현지 인력과 본사의 전략과 다른 나라에서의 비슷한 경험에 대해서 알고 있는 본사 스태프에 의해서 공동으로 분석이 이루어져야 한다.

마지막 네 번째 단계는 보고서를 준비하고 발표하는 단계이다. 자료수집과 분석이 끝났으면 감사보고서를 작성하여 발표해야 한다. 감사 발표에서는 감사 목적과 범위를 다시 설명하고, 주요 감사결과, 추천 전략, 그리고 결론을 이야기해야 하며, 또한 앞으로 계속 조사할 부분에 대해서도 언급해야 한다.

3) 문제점 및 향후 과제

글로벌 감사는 많은 문제점과 단점이 있다. 예를 들어, 감사의 목적이 주요한 문제를 포함하지 않는다면, 감사 목적을 잘못 설정한 것이다. 감사자는 감사를 수행하면서 필요하다면 감사 목적과 우선순위를 변경하는 데 유연해야 한다. 마찬가지로 새로운 자료가 감사 중간에 나타나면 감사자는 열린 마음으로 그 자료를 대해야 한다. 따라서 감사자는 체계적으로 미리 결정된 계획에 따라 감사를 진행해야 하며, 동시에 감사하는 동안에 나타나는 새로운 자료와 방향에 대해 유연하게 접근해야 한다.

글로벌 마케팅 감사의 가장 큰 문제 중의 하나는 감사를 시킨 경영자가 실제 실적이 보여주는 것보다 감사가 더 많은 것을 제시할 것이라는 높은 기대를 가지고 있는 것이다. 설령 감사결과가 중요한 새로운 방향이나 만병통치약 같은 해결책을 제시하지 못해도 감사는 가치 있는 것이다. 조직의 모든 구성원들이 약간의 추가적 개선책이 성공과 평범함을 다르게 간드는 것이라는 사실을 깨달아야 한다. 감사를 통해 극적인 해결책이나 만병통치약을 찾지 말고, 추가적인 약간의 개선이 글로벌 마케팅에서 승자가 되는 비결이라는 사실을 받아들여야 한다.

글로벌 마케터는 다양한 해외시장 환경에서 펼쳐지는 마케팅 활동을 평가받기 위해 국내 마케터보다 더 많은 마케팅 감사를 필요로 한다. 성공적 글로벌 기업의 경우 전략 수립과 실행의 탁월성을 위해서는 글로벌 마케팅 감사가 첫 번째 우선순위가 되어야 한다.

계획의 수립과 통제는 상호 보완적이며 중첩된다. 글로벌 마케팅 감사에서 나온 정보로 계획 수립이 시작되고 계획 수립의 결과로 더 효과적인 자료를 만들어 낸다. 계획 수립은 크게 전략계획과 운영계획으로 나누어진다. 전략계획은 시장과 제품의 관점에서 기회를 찾아내고, 목표를 설정하고, 목표를 달성하기 위해 인적자원과 재무적 자원을 배분하는 과정이다. 반면, 운영계획은 전략계획에서 설정한 전략적 목표와 자원배분이 구체적인 실행 프로그램과 프로젝트로 녹아들어가는 과정이다(Keegan, 2014).

글로벌 마케팅 감사는 국내 마케팅 감사에 비해 추가적인 어려움이 있다. 글로벌 기업의 환경 변화는 각 해외시장의 환경 변화가 합해진 것이라고 볼 수 있다. 이러한 복합적 환경으로 인해 글로벌 마케팅 감사는 보다 복잡하고 이질적인 환경을 다루어야 되고, 그 결과 더 많은 어려움이 따르게 된다. 또한 본사와 해외시장 간의 거리 격차와 각국 마케팅 관리자 간의 언어, 습관과 관행의 차이로 인해 글로벌 마케팅 감사는 의사소통 문제가 추가적으로 발생하게 된다. 이러한 문제점들이 글로벌 마케팅 감사가 해결해야 할 추가적인 과제들이다.

글로벌 기업이 글로벌 전략을 수립하려고 하면, 자회사의 사업에 대한 통제가 자회사 자체에서 본사로 반드시 옮겨져야 한다. 물론, 글로벌 전략을 수립하는 과정에서 자회사는 계속 가치 있는 정보를 투입하지만, 전략에 대한 통제는 자회사에서 본사로 옮겨져야 한다. 이러한 통제권의 이동은 자연스럽게 조직 권력의 이동을 수반하며, 변화에 대한 저항이 생길 수 있다. 즉, 자회사의 자치권과 현지 문제는 현지에서 해결한다는 전통이 본사의 영향력과 통제력을 약화시킬 수 있다.

이 문제를 해결하고 본사에서 통제권을 확보하기 위해 경영자는 세 가지 대안을 사용할 수 있다. 첫째, 데이터 관리 기제를 사용하는 방법이다. 둘째, 경영관리 기제를 사용하여 경영자의 인식을 자회사의 자치권보다 전 세계적인 글로벌 성과가 중요하다는 것으로 변화시키는 것이다. 셋째, 갈등 해결 기제를 사용하여 본사와 자회사 간의 갈등을 해결하는 것이다(Keegan, 2014).

4) 계획 수립과 예산

마케팅 계획과 예산은 글로벌 마케팅 활동을 통제하는 기본적인 두 가지 수단이다. 마케팅 계획은 매출 계획, 이익 목표, 그리고 마케팅 프로그램에 대한 지출 계획이 표시되며, 이런 내용들이 금전적으로 예산에 의해 구체화된다. 예산은 재무적 목표와 이 목표를 달성하기 위한 지출을 나타낸다. 통제는 실제 매출과 지출을 측정하며, 실제 성과와 예산 사이에 차이가 없거나 긍정적인 차이가 발생하면, 추가적 수정 활동이 취해지지 않는다. 그러나 계획보다 매출이 감소하는 등 부정적 차이가 발생하면 지역 본부와 국제 본사의 경영자와 스태프 부서의 주의를 받게 되고, 이들은 부정적 성과의 원인을 찾고 이를 개선하려는 행동계획을 수립하고 실행에 옮긴다.

5) 성과 평가

성과를 평가할 때, 일반적으로 글로벌 기업들은 실제 성과를 예산에서 설정한 목표 성과와 비교한다. 따라서 예산에서 어떻게 기준을 정하느냐가 평가에서 매우 중요하다. 대부분의 글로벌 기업들은 예산을 정할 때 두 가지 기준, 즉 작년의 실적과 산업 평균 또는 역사적 기준을 많이 사용한다. 보다 당위적인 방법은 본사에서 각 해외시장을 조사하여 달성 가능하고 바람직한 성장 목표를 추정하여 이를 기준으로 삼는 방법이다.

규모가 큰 글로벌 기업들은 전 세계의 시장에서 해당 제품의 성과를 계속적으로 추적하고 모니터링하는 제품 전문가를 본사에 둔다. 이들 전문가의 역할은 제품의 출시부터 시장에서 퇴장할 때까지 제품을 책임지는 것이다. 일반적으로 제품은 규모가 크고 발달된 국가에서 먼저 소개되고, 순차적으로 규모가 작고 덜 개발된 국가에 소개된다. 그 결과, 전 세계적으로 보면 한 제품이 서로 다른 시장에서 다른 제품수명주기 단계에 놓여 있게 된다. 따라서, 제품 전문가의 주된 역할은 제품이 먼저 소개되었던 선진국에서의 경험과 교훈이 후발 개도국의 제품 관리에 접목되도록 하는 것이다. 또한 제품 전문가는 동일한 실수를 해외시장에서 반복하는 것을 막으려고 노력하며, 한 나라에서 배운 것을 다른 나라에 적용하려고 노력한다.

반면 규모가 작은 글로벌 기업들은 제품 전문가를 두는 대신 핵심시장에서의 핵심

제품 관리에 집중한다. 여기에서 말하는 핵심제품이란 매출, 이익 목표 및 경쟁 상황에 주요한 영향을 미치는 제품을 의미하며, 시장에 처음 소개되고 많은 관심을 요하는 신제품이 되는 경우가 많다. 이런 핵심제품의 실적이 예산에서 설정한 목표와 차이가 발생하면 본사에서 직접 개입하여 문제의 원인이 무엇인지를 찾고, 현지 관리자가 이 문제를 해결할 수 있도록 도와준다.

6) 계획 및 예산 수립 시 고려사항

아래와 같은 요인들은 글로벌 마케팅 계획과 예산에 중요한 영향을 미치므로, 글로벌 마케터는 이들 요인을 고려하여 마케팅 계획과 예산을 수립해야 한다.

첫째, 해외시장의 잠재력이다. 제품의 시장잠재력이 어느 정도인지를 평가하는 것은 제품 계획의 중요한 요소이다. 한 제품을 복수의 해외시장에 출시하는 글로벌 마케팅 계획의 경우 각 해외시장의 시장잠재력을 평가하여, 이를 계획에 반영하여야 한다.

둘째, 해외시장의 경쟁이다. 글로벌 마케팅 계획은 각 해외시장의 경쟁을 고려하여 수립되어야 한다. 현지시장의 경쟁이 심할수록 시장점유율을 올리기 어렵고, 새로운 시도에 대한 경쟁자의 대응이 강력하다. 특히 현지 경쟁자의 움직임은 글로벌 마케팅 계획 수립에 매우 중요한 요소이다. 왜냐하면 대부분의 글로벌 기업들은 자기들이 강한 본국에서 강한 경쟁자가 존재하는 해외시장으로 옮겨가기 때문에, 본국의 경험에서 얻은 시장 기준이나 마케팅 성과에 대한 기대는 강력한 현지 경쟁자가 존재하는 해외시장에서는 비현실적이고 맞지 않다.

셋째, 대체품의 영향력이다. 시장에서의 경쟁의 원천 중 하나는 대체품의 존재이다. 서로 다른 발전 단계에 있는 해외시장에 제품이 출시되면, 대부분의 경우 이를 대체하는 기존 제품이 존재한다. 따라서 글로벌 마케팅 계획을 수립할 때 반드시 이러한 대체품의 영향과 위협을 고려하여 계획을 수립해야 한다.

넷째, 계획 수립 과정이다. 글로벌 마케팅 계획과 예산의 목표치가 결정되는 방법 못지않게 중요한 것은 해외 자회사 관리자와 목표에 대해 의사소통하는 과정이다. 오늘날 사용되는 가장 정교한 목표에 대한 의사소통방법 중의 하나는 쌍방향 계획 수립방법(indicative planning method)이다(Keegan, 2014). 이 방법은 먼저 본사에서 해외 지역에 대한 추정치를 국가별로 분할하여 각 국가의 자회사 관리자에게 하나의 지침으로 전달한다. 그러면 해외 자회사는 본사에서 보내온 지침과 현지시장의 고객, 경쟁자 및 중요한 시장환경의 변화에 대해 자체적으로 분석한 자료를 같이 고려하여 자체의 계획을 수립한다. 이러한 쌍방향 계획수립은 본사의 글로벌 시각과 추정치와 현지에서 자기들이 자체적으로 수립한 구체적 마케팅 계획과 결합하여 이루어지기 때문에 우수한 성과를 만들어 낸다.

본사가 자회사에 내려주는 지침을 만들 때, 즉 현지시장의 시장잠재력에 대한 추정과 현지 자회사의 경쟁력에 대한 정보를 기반으로 현지시장의 예상 매출과 이익에 대한 지침을 만든다. 그리고 이러한 본사의 지침이 현지 자회사에 의해서 반드시 받아들여지는 것은 아니다. 쌍방향 계획수립 방법이 정상적으로 가동되거나 본사의 지침이 현지 사정을 반영하지 못해 비현실적이라면 자회사에서 본사를 가르칠 수 있다. 반면, 본사의 지침이 합리적이면 자회사에서는 본사의 지침이 제시한 달성 가능한 그러나 야심적인 목표를 선택할 것이다. 만약 자회사에서 본사에서 제시한 목표를 달성할 방법을 모른다면 토론과 본사의 개입을 통해 자회사에서 본사에서 제시한 목표를 달성할 수 있는 계획을 수립하거나, 또는 본사에서 실현가능한 목표로 지침을 수정하게 될 것이다.

다섯째, 시장점유율이다. 마케팅 성과를 측정하는 또 다른 중요한 측정치는 시장점유율이다. 시장점유율은 해외시장에서의 자사의 성과를 경쟁자의 성과와 비교하여 보여주기 때문에 중요한 측정치다. 비록 추정치라도 이 자료가 없으면, 해외시장에 대해 정확하게 파악하지 못한다. 따라서, 개별 해외시장의 시장점유율에 관한 자료가 글로벌 마케팅 계획수립에 반영되어야 하며, 특히 매출이 큰 시장의 경우에는 제품별 시장점유율이 반영되어야 한다.

여섯째, 비공식적 통제방법이다. 예산에 덧붙여 마케팅 계획 수립에 비공식적 통제방법이 중요한 역할을 한다. 주요 비공식적 통제방법 중의 하나는 사람을 한 시장에서 다른 시장으로 이동시키는 것이다. 일반적으로 관리자가 다른 시장으로 이동하게 되면, 이전 시장의 경험, 특히 마케팅 성과에 대한 기준을 같이 가져간다. 따라서 실적이 낮은 시장을 맡았을 때 새로운 시각으로 그 시장을 보게 되고, 그 결과 성과기준을 수정하거나 실적이 낮은 원인을 찾아낸다. 또 다른 비공식 통제수단은 자회사의 스태프와 본사의 스태프 또는 자회사 간 스태프들이 만나는 것이다. 이러한 접촉은 마케팅 계획과 통제에 유용하게 활용될 수 있는 정보와 판단을 교환할 수 있는 기회를 제공한다. 특히 한 지역의 스태프들이 함께 모일 수 있는 연례행사는 마케팅 계획과 예산 수립에 비공식적 정보를 투입하는 중요한 계기가 된다.

학 · 습 · 정 · 리 · 문 · 제

1. 기업의 사회적 책임에 대한 기업들의 인식 과정의 변화를 설명하시오.

2. CSR 활동이 글로벌 기업의 현지화 전략에 미치는 영향을 설명하시오.

3. 글로벌 마케팅 감사의 절차에 대해 설명하시오.

4. 글로벌 마케팅 계획과 예산을 수립할 때 고려해야 할 요인에 대해 설명하시오.

참/고/문/헌/

권업, 서민교, 한동철, 현재훈 (2013). 글로벌마케팅. 이프레스.
김길환, 김대원, 권순환, 황인덕 (2021). ESG 경영의 부상: 당면 이슈와 기업의 대응. 한국국제경영학회 추계학술대회.
김병구, 강신애, 김재진, 양지연, 이강문 (2020). 국제경영학. 경문사.
김주헌 (2012). 국제마케팅. 문영사.
김채형 (1999). 헬름즈버트법과 역외적용. 국제법학회논총, 44(1), 111.
김철, 김경희, 김진, 오윤조, 황윤섭 (2013). 디지털 네트워크 시대의 국제 마케팅론. 청람.
대한상공회의소 (2015.6). 국내기업의 해외 준법리스크 대응과 과제.
무역협회 (2014.12.30). 미국 소매유통시장 진출전략.
문병준, 김재범, 서용구, 정인식, 최진아 (2012). 국제마케팅. 비즈프레스.
문정빈 (2014). 시장· 비시장 전략은 하나다. 동아비즈니스리뷰, 151호, Issue 2.
문준연 (2006). 글로벌마케팅. 명경사.
박길상 (2012). 국제마케팅. 비엔엠북스.
박범진 (2008.7). 월간신한리뷰. 코닝사의 매트릭스(Matrix) 조직.
박주홍 (2010). 글로벌 마케팅. 박영사.
방호열 (1990). 국제경영학. 법문사.
서민교, 박병일 (2013). 글로벌 경영. 서울경제경영.
서민교, 오한모, 이유경, 조연성, 김병구, 문철주 (2016). 글로벌마케팅. 이프레스.
이규현 (2012). 글로벌 마케팅: 해외시장 개척을 위한 이론과 사례. 경문사.
이상현, 박윤주 (2015). 에콰도르-페루 국경 분쟁의 결과와 의미. 이베로아메리카, 17(1), 1-26.
이장로, 신만수 (2018). 국제경영. 홍문사.
이철 (2020). 글로벌마케팅. 학현사.
이철, 장대련 (2006). 국제마케팅. 학현사.

임성훈 (2015). 표준 국제경영 2.0. 학현사.

주성수, 김성현 (2014). 글로벌 CSR 사례집. 한국국제협력단 보고서.

한상만, 김종대, 허대식, 박찬수, 김재구, 이경전, 홍철규, 이준서, 정진섭 (2023). 이해관계자 중심 경영. 박영사.

홍대식 (2011). 공정거래법 진행자로서 공정거래위원회의 역할과 과제. 서울대학교 법학, 52(2).

中華民國行政院大陸委員會 (1999.3). 戒急用忍政策說明.

Becker, G. S. (1964). *Human Capital: A Theoretical and Empirical Analysis, with Special Reference to Education*, New York: Columbia University Press for the National Bureau of Economic Research.

Buckley, P. J., & Casson, M. C. (1998). Analyzing foreign market entry strategies: Extending the internalization approach. *Journal of international business studies*, *29*, 539-561.

Cateora, P. R., Gilly, M. C., & Graham, J. L. (2015). *International Marketing (17th ed.)*. McGraw-Hill.

Cavusgil, S. T. (1996). Pricing for global markets. *The Columbia Journal of World Business*, *31*(4), 66-78.

Chakravarthy, B., & Perlmutter, H. V. (1985). Strategic Planning for a Global Business. *Columbia Journal of World Business*, *20*(2), 3-10.

Chinese Culture Connection. (1987). Chinese values and the search for culture-free dimensions of culture. *Journal of Cross-Cultural Psychology*, *18*(2), 143-164.

Czinkota, M. R., & Ronkainen, I. A. (2004). *International Marketing (7th ed.)*. Thomson Learning.

Czinkota, M. R., & Ronkainen, I. A. (2009). *International Marketing (9th ed.)*. South-Western College Pub.

Czinkota, M. R., & Ronkainen, I. A. (2013). *Global Marketing (10th ed.)*. South-Western Cengage Learning.

Daniels, Radebaugh & Sullivan (2019). *International Business (16th Global edition.)*. Pearson.

Deloitte (2020). 코로나-19에 따른 기업의 대응 방안.

Frazier, G. L. (1999). Organizing and managing channels of distribution. *Journal of the Academy of Marketing Science*, *27*(2), 226-240.

Friedman (2006). The world is flat: a brief history of the twenty-first century, expanded ed. New York, NY: Farrar, Strauss and Giroux.

Gillespie, K., & Hennessey, H. D. (2011). *Global Marketing (3rd eds.)*. South-Western CENGAGE Learning.

Global Reporting Initiative (2011). Sustainability Reporting Guidelines

Green & Keegan (2020). *Global Marketing (10th Global edition)*. Pearson.

Grief (1993). "Contract enforceability and economic institutions in early trade: The Maghribi traders' coalition" *American Economic Review*, *83*, 525-548.

Hill, C. W., Jones, G. R., & Schilling, M. A. (2014). *Strategic Management: Theory: An Integrated Approach*. Cengage Learning.

Hofstede, G. (1990). *Cultures and Organizations: Software of the Mind*. London, McGraw-Hill.

House, R., Javidan, M., Hanges, P., & Dorfman, P. (2002), Understanding Cultures and Implicit Leadership Theories Across the Globe: An Introduction to Project GLOBE. *Journal of World Business*, *37*, 3-10.

Husted, B. W., & Allen, D. B. (2007) Strategic Corporate Social Responsibility and Value Creation among Large Firms: lessons fromm the Spanish experience. *Long Range Planning*, *40*(6), 594-610.

Johansson, J. K. (2009). Global Marketing: Foreign Entry. *Local Marketing, and Global Management (5th ed.)*. McGraw-Hill Higher Education.

Kahn, H. (1979). World Economic Development 1979 and Beyond. *Journal of Economic Issues*, *15*(3). 809-812.

Keegan, J. W. (2014). *Global Marketing Management (8th ed.)*. Pearson.

Keegan, J. W., & Green, C. M. (2012). *Global Marketing (7th eds.)*. Prentice-Hall.

Keegan, J. W., & Green, C. M. (2015). *Global Marketing (9th ed.)*. Pearson.

Keller, K. (2013). *Strategic Brand management (4th eds.)*. Pearson.

Korbin, S. J. (1982). Managing Political Risk, Assessment: Strategic Response to Environment Change, Berkeley: University of California Press, 29.

Kostova & Zaheer (1999). "Organizational legitimacy under conditions of complexity: The case of the multinational enterprise". *Academy of Management Review*, *24*(1), 64-81.

Kotabe, M., & Helsen, K. (2010). *Global Marketing Management (5th eds.)*. Wiley.

Kotler, P., & Armstrong, G. (1998). *Principles of Marketing (8th ed.)*. Prentice-Hall.

Laufs, K., & Schwens, C. (2014). Foreign market entry mode choice of small and medium-sized enterprises: A systematic review and future research agenda. *Interna-*

tional business review, 23(6), 1109-1126.

Li, Hernandez, & Gwon (2019). "When do ethnic communities affect foreign location choice? dual entry strategies of Korean banks in China". *Academy of Management Journal, 62*(1), 172-195.

Li, Li, Zhang, & Gwon (2023). "Stronger together: Country-of-origin agglomeration and multinational enterprise location choice I an adverse institutional environment". *Strategic Management Journal, 44*(4), 1053-1083.

Mentzer, J. T., & Konrad, B. P. (1991). An efficiency/effectiveness approach to logistics performance analysis. *Journal of Business Logistics, 12*(1), 33.

Nebus, & Rufin (2010). "Extending the bargaining power model: Explaining bargaining outcomes among nations, MNEs, and NGOs". *Journal of International Business Studies, 41*(6), 996-1015.

North, D. C. (1990). Institutions, Institutional Change and Economic Performance, Cambridge University Press.

Peng, M. (2003). Institutional transitions and strategic choices. *Academy of Management Review, 28*(2), 275-296.

Piketty (2014). Capital in the Twenty-First Century. Cambridge, MA: Belknap Press.

Rosenbloom, B. (2018). *Marketing Channels*. Cengage Learning.

Shimp, T. A., & Andrews, J. C. (2012). *Advertising, Promotion, and Other Aspects of Integrated Marketing Communications (9th ed.)*. South-Western Cengage Learning.

Smith, A. (1776). The Wealth of Nations.

Statista (2020). Burgernomics: The price ofa Big Mac in global comparison.

Steenkamp & Hofstede (2002). International market segmentation: issues and perspectives.

Stern, L. W., El-Ansary, A. I., & Coughlan, A. T. (1996). *Marketing Channels (5th ed.)*. Prentice Hall.

Suhhash, C. J. (2008). *Essentials of Global Marketing*. Marsh Publications.

Turner, P. (1993). Measuring international price and cost competitiveness.

Tybout, A. M., & Hauser, J. R. (1981). A marketing audit using a conceptual model of consumer behavior: Application and evaluation. *Journal of marketing, 45*(3), 82-101.

Usunier, J. C., & Shaner, J. (2002). Using Linguistics for Creating Better International Brand Names. *Journal of Marketing Communications, 8*(4), 211-229.

뉴스, 신문, 잡지 등

KBS News (2021.6.11). 중국, '미국에 동조하면 보복 제재' 현실화... 한국 기업들 어쩌나?
MBC News (2022.3.3). 열대우림 파괴, 동성 제초제 살포... 국제사회 비난받는 한국 대기업들.
SBS News (2022.1.13). 현대중그룹-대우조선 합병 무산... EU 제동에 '빅2'로 재편 물건너가.
데일리안 (2022.12.22). 글로벌 500대 기업 중 韓 16곳…진출업종도 8개로 열세.
동아일보 (2011.4.1). 태생적 글로벌 기업(Born Global). 창업부터 세계시장 노리는 슈퍼벤처.
동아일보 (2022.7.23). 삼성, 20년간 252조원 美에 투자... 반도체 공장 11곳 신설 계획.
동아일보 (2023.5.17). 기아, 멕시코에 전기차 설비 투자 촉진.
동아일보 (2023.6.27). 한기업, 맹그로브 70만그루 심자...베트남 주민들 "숲도 삶도 복원".
동아일보 (2023.6.9). 공급망 탈중국... 외국인 한국투자 40% 늘었다.
매일경제 (2023.5.2). "대중차 아닌 고급차"... 현대차·기아 승부수 통했다.
매일경제 (2023.6.8). 정의선과 아키오의 엇갈린 전략…포니와 크라운에 있다.
물류신문 (2021.4.22). 유통시장 '온·오프' 경쟁 치열, '물류'가 생존 좌우.
물류신문 (2023.2.20). DHL 익스프레스, 고객과 함께하는 지속 가능 서비스 도입.
삼정 KPMG 경제연구원 (2020). 코로나-19로 인한 거시경제적 영향 및 대응방향.
연합뉴스 (2022.10.19). 중국, 자동차용 반도체 공급난에 반도체 '회색시장' 성행.
연합뉴스 (2023.5.27). 미·중 반도체 전재 확산 속 한국에 협력 손 내민 중국.
이코노미스트 (2022.3.12). 나이키가 유통 공룡 '아마존'을 버린 까닭은.
조선경제 (2022.6.9). "대기업 착한 척 하지마!", 안티 워크 자본주의 떴다.
조선비즈 (2023.3.1). 확 바뀐 설화수·이니스프리, 글로벌 고객 눈높이 맞춘다.
조선일보 (2018.7.30). 중국서 마트사업 철수 중인 롯데, 백화점도 접기로.
조선일보 (2023.5.25). 한국 제품 줄줄이 베낀 중국 짝퉁, 중국 법원서 한국 식품회사들에 졌다.
조선일보 (2023.5.31). 기도 시간에 꺼지고, 케밥 척척... 삼성·LG "이젠 중동".
조선일보 (2018.7.30). 중국서 마트사업 철수 중인 롯데, 백화점도 접기로.
중앙일보 (2018.5.11). 사드 보복 돚 견디고... 11년 만에 중국 사업 접는 롯데마트.
중앙일보 (2021.7.1). '별의순간'을 잡은 한국 기업들.
한경 (2022.6.11). 다국적 기업들, 러시아 전쟁으로 590억달러 날리다.
한경 (2023.4.10). 베트남서 눈돌린 韓기업... 규제 깐깐해지자 미국행.
한국경제 (2020.4.30). 코로나에 희비 엇갈린 애플·삼성…'계란' 나눠 담은 삼성이 옳았다.
한국경제 (2023.3.6). 스타벅스 라테 가격 보면, 그 나라 화폐가치가 보인다.
한국일보 (2017.9.11). 중국 사드보복 버티기 한계... 한국 기업들 속속 철수.
한국일보 (2023.2.2). 반부패 사정에 베트남 관가 복지부동... 한국 기업·교민, 너무하다.

인터넷 자료

BMRA (Business marketing research association) (www.recyclemetals.org)

coface.com (2023).

Dolloar General (www.dollargeneral.com)

Freedom House (2023). (www.freedomhouse.org)

Global Innovation Index (2022).

Happy Planet Index (2019). (https://happyplanetindex.org/hpi/)

https://openstax.org/books/introduction-political-science/pages/11-3-types-of-legal-systems-around-the-world

Human Development Reports (2020). (http://hdr.undp.org/en/content/download-data)

IMF (2022). World Economic Outlook

indiex (www.indiex.com)

internet-marketing (riveriaglobal.com)

Market Trends (www.markettrends.com)

Our World in Data (2022). (https://ourworldindata.org/human-development-index)

Spsoftglobal.com

Statista (2020). Misery index

World Bank (2022).

찾/아/보/기/

서민교

고려대학교 경영학박사
현, 대구대학교 경영학부 교수
현, ㈜대구백화점 · EXCO 사외이사
전, 대구대학교 경상대학 학장 · 총장직무대행 역임
전, 한국인터넷전자상거래학회 · 한국국제경영관리학회 · 한국산업경영학회 ·
한국국제경영학회 회장 역임
수상: 한국산업경영학회 · 한국인터넷전자상거래학회 · 한국지식정보산업연합학회 ·
한국국제경영학회에서 우수 논문상,
2007~2018년 대구대학교 우수연구상 및 2014년 Best Teaching Professor상,
한국경영학회 제1회 우수경영학자상 · 제41회 대구광역시 문화상
주요 저서: 글로벌경영(서울경제경영) 등 다수

이건희

서강대학교 경영학박사(국제경영전략 전공)
University of Colorado, Boulder, MBA(Finance)
현, 영남대학교 글로벌 비즈니스학과 교수
현, 한국전략경영학회 부회장
현, 한국국제경영학회 부회장
현, 한국국제경영관리학회 부회장
주요 저서: 최신 전략경영(한경사) 등 다수

권순환

미국 뉴욕주립대학교 버팔로 경영학 박사(전략 및 국제경영 전공)
현, 계명대학교 경영대학 경영학전공 조교수
현, 한국전략경영학회 편집위원, 이사
현, 한국국제경영학회 이사
현, AIB, AOM, SMS 정회원
전, BearingPoint, Seoul office 경영컨설턴트(전략, 중장기 계획, 구매분야 ERP 업무담당)
전, 농협중앙회 미래경영연구소 부연구위원(4차 산업혁명, 신사업 발굴 업무담당)
수상: 2021년 글로벌경영학회, 우수 논문상,
2021년 Strategic Management Society, GSJ Best Paper Prize,
2016년 Academy of Management, Business Policy and Strategy Division, Outstanding Reviewer Award

정재휘

서강대학교 경영학박사(국제경영 전공)
현, 광운대학교 국제통상학부 부교수
현, 한국국제경영학회 편집위원, 상임이사
현, 한국국제경영관리학회 편집위원, 상임이사
현, 한국경영컨설팅학회 편집위원, 상임이사
현, 경제정의실천연합 경제정의연구소 위원
전, LS전선 신규사업본부 전략기획팀 과장
수상: 2021년 한국국제경영관리학회 우수논문상, 2016년 전문경영인학회 우수논문상,
2014년 한국국제경영학회 우수박사논문상

배문규

영남대학교 무역학과 박사(국제경영 전공)
현, 영남대학교 무역학과 강사
수상: 2022년 한국경영학회 우수논문상

글로벌 마케팅

1판발행 2023년 9월 5일 **1판 1쇄 인쇄** | 2023년 9월 10일 **1판 1쇄 발행**

지은이 서민교, 이건희, 권순환, 정재휘, 배문규

펴낸이 최용구 | **펴낸곳** 도서출판 **이프레스**
주소 (04316) 서울시 용산구 원효로 89길 19 (원효로1가)
전화 02) 537-1720(영업부), 537-1721(편집부), 537-1711(팩스)
이메일 epress01@naver.com | **홈페이지** www.epress1.com
등록 2009년 12월 10일 제16-2710호
기획마케팅 최용구 장만동 최충구 송대용 | **책임편집** 석기은 황가연

ISBN 979-11-91348-39-2 93320

정가 29,000원
